# TRAITÉ COMPLET

DE

# LA PEINTURE

*Cet ouvrage se trouve aussi :*

Chez DEFLORENNE, libraire, quai de l'École, n° 16,

H. BOSSANGE,

Et les principaux libraires de l'Étranger.

Paris. — Typographie Panckoucke, rue des Poitevins, 8 et 14.

# TRAITÉ COMPLET

DE

# LA PEINTURE

PAR

M. PAILLOT DE MONTABERT.

---

TOME PREMIER.

TABLE. — INTRODUCTION. — DICTIONNAIRE DES TERMES DE PEINTURE. — CATALOGUE D'OUVRAGES PUBLIÉS SUR LA PEINTURE. — CATALOGUE D'ESTAMPES PUBLIÉES D'APRÈS L'ANTIQUE. — LISTE ALPHABÉTIQUE DES PEINTRES DU MOYEN AGE, DE L'ÉCOLE PRIMITIVE ET DES PEINTRES MODERNES JUSQU'A NOS JOURS.

PARIS,

J.-F. DELION, LIBRAIRE,

Quai des Augustins, n° 47.

1829-51.

# PRÉFACE.

Les éloges qu'on ne cesse de prodiguer aux auteurs des plus célèbres tableaux, qui depuis quatre cents ans illustrent nos écoles, laissent dans presque tous les esprits une conviction fort naturelle, mais qu'il est important de combattre : c'est que dans les siècles futurs on n'aura rien de mieux à faire, pour illustrer de nouveau le bel art de la peinture, que de marcher exactement sur les traces de ces fameux maîtres modernes qui surent porter, dit-on, cet art à la perfection; et que toute innovation, toute méthode différente, tentée soit dans la théorie, soit même dans la pratique, ne pourrait que le troubler et le corrompre. Quatre siècles de beaux-arts! quel titre pour la vanité, quel prétexte pour la routine et l'indolence! Mille et mille honneurs rendus par les villes, par les rois, par les nations entières aux Raphaël, aux Rubens, aux Michel-Ange, quel motif de conviction! Enfin tant de progrès remarquables dans toute notre civilisation; quelle preuve imposante de l'excellence des modernes dans tous les arts! Cependant il importe de considérer sans prévention les résultats naturels de cet état des choses et d'en démontrer tous les inconvéniens.

Lorsque l'on dit que tous les tableaux célèbres sont des modèles qu'il faut s'efforcer d'imiter, on doit répondre que non; ces tableaux ne pouvant servir que de modèles partiels, parce qu'ils pèchent presque tous contre plusieurs principes fondamentaux de l'art, principes qui firent briller l'art des Grecs d'un éclat soutenu pendant plus de deux mille ans. Mais, ajoutera-t-on, l'art de la peinture est probablement basé aujourd'hui sur des lois fixes, positives, immuables; et il est vraisemblable que la philosophie a déterminé les grandes questions relatives à cette poésie muette, mais toute puissante, que les écrivains de l'antiquité ont assimilée à la poésie d'Homère, d'Euripide, d'Anacréon, etc. Répondons encore négativement, et disons que ces grandes questions ne se trouvent éclaircies ni dans les écrits philosophiques où il s'agit des principes de l'art, ni dans les livres publiés expressément pour l'instruction des peintres. Mais enfin, poursuivra-t-on, nos institutions d'art en Europe, nos écoles sont certainement dirigées de manière à ne pas laisser dévier les élèves de la véritable route qui conduit au but commun à tous les beaux-arts; et les législateurs ont eu sans doute le plus grand soin d'empêcher que, parmi nous, ces mêmes beaux-arts sortent du caractère moral absolument essentiel à leur utile destination rien de tout cela. S'il est vrai, conclura-t-on alors, que ces conditions manquent, il faut reconnaître que les doctrines écrites jusqu'ici, que les théories générales ou élémentaires sont elles-mêmes incomplètes ou vicieuses, et que les livres n'atteignent point encore le but : cela n'est que trop vrai, et c'est cette vérité qu'il importe de signaler ici.

J'affirmerai donc, sans crainte d'être contredit, qu'il n'existe point en Europe de traité méthodique et complet de l'art de la peinture; ce qui a été publié sur ce bel art se trouvant épars dans des livres, ou confus, ou surchargés d'inutilités rebutantes. Et non-seulement ces écrits sont d'un faible secours par la manière dont ils sont conçus et par leur stérilité, qui a laissé des lacunes immenses dans les questions les plus importantes, mais ils consacrent presque tous des erreurs très-pernicieuses, parce que leurs auteurs se sont plutôt servis des tableaux qu'ils avaient sous les yeux pour former une doctrine, qu'ils ne se sont aidés de la géométrie, de la philosophie et de la nature enfin, pour instruire et former des artistes.

La cause principale de ce retard et de ce dénûment provient de ce que les ouvrages sur la peinture n'ont pas été, en général, composés par des peintres; car, malgré la propension de ceux-ci vers certains goûts exclusifs et vers certaines manières d'écoles, ce sont eux néanmoins qui jusqu'à présent ont pensé de la manière la plus juste et la plus profonde, en traitant de la théorie; et cela ne pouvait pas être autrement. En effet, les artistes sont seuls capables de pénétrer dans tous les principes et dans tous les secrets de l'art; eux seuls peuvent répandre du jour sur toutes les règles de détails qui constituent l'art et la science. Quant aux littérateurs non artistes, ou aux connaisseurs très-superficiels, ils ne peuvent qu'exposer, avec plus ou moins de talent, des lieux communs empruntés à la métaphysique de l'art; mais ils ne sauraient apprendre rien de technique, rien d'artistique aux peintres. Aussi est-il arrivé que ces divers ouvrages, plus ou moins ingénieux, ont inspiré et devaient inspirer le dégoût ou la défiance des élèves pour les règles écrites, et même le mépris pour toutes les théories.

Cependant, malgré ces préventions, les peintres studieux sentent tous les jours le besoin d'un ouvrage didactique, dont l'usage serait facile, qui comprendrait vraiment toutes les questions essentielles, et enfin dont le style serait absolument technique, c'est-à-dire très-significatif pour les artistes.

Ce sont ces considérations, ainsi que le désir ardent de servir cet art si noble de la peinture, qui m'ont déterminé à entreprendre un Traité dans lequel se trouveraient réunis, selon un ordre rigoureusement méthodique, et les préceptes connus et ceux qui sont encore à produire; mais il fallait surtout que ce Traité fût débarrassé de cette multitude d'idées étrangères qui n'ajoutent rien à la théorie, et qui peuvent même nuire au talent.

Un travail aussi important exigeait de longues méditations et des recherches toutes nouvelles. Aussi n'est-ce qu'après plus de vingt ans consacrés à ces recherches, et après avoir suffisamment grossi le dépôt des matériaux nécessaires à la construction de ce grand ensemble, que je l'ai enfin produit, et que je me détermine à l'offrir au public. Combien de fois n'ai-je pas été effrayé d'une tâche qui me paraissait devoir excéder les forces du théoricien le plus persévérant! Combien de fois suis-je resté déconcerté et comme épouvanté, en découvrant tant de grandes lacunes qu'il était impossible de remplir même à l'aide des meilleurs écrits sur cet art !

Mais cette même disette de bons écrits sur la peinture, ce silence pour ainsi dire désespérant de nos artistes habiles, cette espèce d'isolement au milieu d'un chaos; et de plus le courage, le dévouement qu'inspire toujours le désir d'atteindre un but glorieux et utile, ont excité constamment, ont exalté mes efforts. J'ai cru d'ailleurs que de longs voyages faits dans les villes principales où se cultivent les arts, qu'un séjour de plusieurs années au sein de la méditation des ateliers et parmi les monumens antiques de Rome; qu'une certaine indépendance dans les affections, indépendance résultant de l'habitude de vivre de bonne heure chez les hommes de pays divers et très-éloignés, pouvaient me mettre plus qu'un autre à l'abri des préjugés et des goûts exclusifs et nationaux, goûts si funestes chez ceux qui se sont occupés de théorie. J'ai espéré aussi que les études et les recherches faites avec des artistes de talens divers et de différentes écoles, ainsi que les nombreux extraits faits dans les bibliothèques, où j'ai pu consulter les écrivains sur les arts dans diverses langues; que le grand avantage enfin d'avoir joint constamment la pratique à la théorie, et de m'être éclairé plusieurs années dans l'école du célèbre David, à qui l'art de la peinture a tant d'obligations, j'ai espéré, dis-je, que toutes ces causes pourraient au moins me faire approcher, jusqu'à un certain point, du but très-élevé qui était devenu l'objet de toutes mes sollicitudes. Mais une considération surtout m'a déterminé, et doit jeter, ce me semble, quelqu'intérêt sur mon ouvrage, malgré toutes ses imperfections; c'est qu'un livre de cette espèce manque à l'Europe, et que si la poésie et la musique ont eu leur code, la peinture n'ayant point encore eu le sien parmi nous, ce Traité classique restait à entreprendre. C'est aux artistes non prévenus à juger jusqu'à quel degré je me suis approché d'un but qu'il était si difficile d'atteindre.

Après avoir exposé ces premiers avertissemens, je crois nécessaire de rendre raison des causes de l'étendue de cet ouvrage, et de m'expliquer relativement à la manière dont y sont traitées la plupart des questions, je veux dire par raisonnemens et non par discours dogmatiques et concis. Je conviens que les raisonnemens, tels que je les ai développés, peuvent faire languir parfois l'esprit de tout lecteur naturellement pénétrant, tandis que les sentences et les aphorismes abrègent le style et concentrent les questions théoriques. On serait donc tenté de croire ces derniers suffisans et préférables même dans tout ouvrage didactique; cependant j'espère que l'on ne me blâmera pas d'avoir adopté la méthode par raisonnemens, bien qu'elle augmente beaucoup le volume d'un traité : on m'approuvera même, si l'on réfléchit surtout à l'état où se trouve aujourd'hui la théorie de la peinture, si on réfléchit à la nature des écrits qui ont paru sur cet art, à la nullité de nos écoles et à cette foule de préjugés que l'insouciance, l'aveuglement, j'oserai même dire la mauvaise foi, laissent germer, croître et se multiplier de toutes parts, préjugés que tout théoricien sincère se croit obligé de combattre.

On fait des livres didactiques ou pour les professeurs ou pour le public : on destine ces livres soit aux écoles en particulier, soit à toutes sortes de lecteurs. Dans l'antiquité, le plus grand nombre des livres didactiques étaient faits pour les écoles et pour être professés. Ces livres renfermaient le dépôt des documens purs, des sentences fondamentales, des dogmes enfin et des axiomes qui devaient fournir aux maîtres la matière de l'instruction publique : or de tels livres supposent des écoles, et ces écoles existaient; mais aujourd'hui que nous ne possédons point de véritables écoles d'art (je tâcherai de démontrer que nos écoles n'en ont que le nom), à qui s'adresser quand on veut communiquer des principes, ainsi que des démonstrations et des applications de ces mêmes principes? Faut-il faire comme Léonard de Vinci, Dufresnoy, Albert-Durer, Desargues et autres, dont les préceptes concis et isolés sont restés presque sans effet, et nécessiteraient des commentaires très-étendus ? Non ; l'expérience a démontré que leurs excellens préceptes n'ont point produit de conviction. Il faut donc avoir recours aux raisonnemens ; il faut prévoir et exposer toutes les objections, aller au-devant de toutes les résistances, accumuler les preuves, remuer et éveiller les esprits par un grand nombre d'idées, observer un certain ordre dans ces idées, et par cela disposer les esprits à reconnaître, à adopter une théorie. Il faut exposer les grands principes sous toutes leurs faces et sous tous les rapports qui les rendent évidens ; il faut intéresser l'imagination, persuader et satisfaire le bon sens, ménager l'irritabilité de tant de gens portés à croire à l'excellence de leur goût ; faire arriver en foule les exemples, opposer les fautes aux qualités ; parcourir tout le domaine des productions en peinture, rappeler souvent les anciens et les interroger en présence des modernes, fatiguer enfin et dompter la rebelle accoutumance. Or comment faire emploi de tous ces moyens sans un langage, en quelque sorte surabondant, et sans donner au discours une certaine étendue?

D'ailleurs est-ce un mal aujourd'hui de faire apercevoir aux jeunes gens qui veulent s'engager dans la carrière épineuse de la peinture, ainsi qu'aux parens qui influent sur les résolutions de ces élèves, combien est vaste et élevé l'art qu'ils ont le désir d'embrasser, combien l'étude en est longue et difficile? Cet utile avertissement ne peut donc résulter que d'un traité qui comprendrait, avec toutes les règles, leur entier développement; tandis qu'un abrégé peu imposant laisserait à penser que tout l'art, tout le savoir peuvent se trouver aisément et naturellement dans la tête et dans l'imagination d'un jeune artiste, et que toute sa science doit consister dans quelques recettes et non dans une grande et profonde théorie. Ainsi il arrivera peut-être que cette étendue peu ordinaire de l'ouvrage que nous publions, retiendra des jeunes gens trop exaltés, trop entreprenans, trop peu méfians enfin de leur passion presqu'innée pour la peinture, passion qui au reste ne dénote nullement le talent, bien qu'en cela on prenne si souvent le change. Ces élèves, dis-je, reculeront peut-être à l'aspect de ces études longues et multipliées; et quand ils apercevront toutes les difficultés que leur développe notre Traité, difficultés qu'ils n'entrevoient pas ordinairement, ou qu'ils ne découvrent que très-tard et lorsqu'ils se sont trop engagés, ils ne se consacreront désormais à ce grand art de la peinture que lorsqu'ils se sentiront le courage, la force et toute l'aptitude qu'il exige, ou bien lorsqu'indépendans par leur fortune et leur position, ils n'auront pas à redouter de tardifs et pénibles repentirs. Dans ce cas donc on verrait moins d'écoliers et plus d'habiles peintres, et l'art y gagnerait ainsi que la société.

Le contraire de ce que je suppose ici ne saurait arriver : car quelqu'imposante, quelque redoutable que soit aux yeux des jeunes peintres cette théorie, ils ne se dépiteront pas, ils ne s'obstineront pas à suivre aveuglément les conseils de la routine en bravant toutes les règles, et en faisant gloire de les fronder et de les méconnaître : un tel dédain ou un tel excès d'indépendance ne sauraient avoir lieu. En effet, les règles positives et incontestables qui se trouvent classées et rangées selon leur ordre dans notre ouvrage sont si frappantes, elles deviendront si commodes, si utiles à tous les élèves qui auront une fois seulement essayé d'en faire usage, ou qui même ne les auront qu'aperçues, qu'à moins de supposer que ces élèves veulent à jamais languir et rester en arrière dans la pratique de la peinture, on ne peut penser qu'ils s'obstineront à dédaigner et à enfreindre ces mêmes règles. Au reste il est vraisemblable que l'ordre selon lequel nous offrons chaque question bien distincte et posée séparément, préviendra toute espèce de crainte et de dégoût, puisque chaque lecteur sera à même de n'étudier que le seul point qui pourra le plus l'intéresser.

Quant à ceux qui prétendent s'instruire et devenir habiles sans tant de fatigues, à peu de frais, et en parcourant un simple abrégé, je ne me suis pas chargé de leur enseigner ce secret, que j'eusse cherché néanmoins avec opiniâtreté si l'expérience ne m'eût appris qu'il est introuvable. C'est pour ceux-là au reste que j'ai parlé assez longuement de la nécessité des règles, question qui se trouve traitée dans l'Introduction.

Je crois devoir annoncer que dans ce livre on ne trouvera aucun de ces ménagemens de circonstance, aucune de ces réserves, de ces modifications qui, laissant toujours après elles beaucoup d'incertitude, refroidissent à la fin le lecteur. J'ai dit librement ce qui m'a paru devoir être dit dans l'intérêt de l'art. J'ai tâché d'écrire pour les artistes de tous les pays, et non pour les lecteurs de Paris seulement. Aussi ce ne sont pas des personnages en vogue, ou de ces protecteurs qu'on est si souvent forcé inutilement de ménager et de flatter, qui se sont présentés à ma pensée dans tout le cours de ce travail; mais ce sont des élèves ingénus, remplis d'ardeur et de sincérité. J'ai toujours cru causer, disserter et conférer sur l'art avec de jeunes peintres studieux et de diverses contrées, avec des élèves d'autant plus avides de savoir qu'ils n'ont encore interrogé que des professeurs muets, ou peu sincères, que des livres incomplets ou confus; élèves chastes qui ont reculé devant ces ateliers où tout n'est que routine, présomption et manière, qui tous les jours enfin s'affligent de ne point rencontrer cette vérité qu'ils cherchent partout, ces lumières qui fuient devant eux, cette théorie vraie, seul soutien et consolation de tout artiste sincère; c'est à ceux-là, dis-je, que je n'ai pas craint d'offrir des notions toutes nouvelles, des méthodes opposées à nos routines vulgaires, de ces idées enfin qui tôt ou tard se font jour à travers les préjugés. Ce sont donc ceux-là que je me suis efforcé de servir en leur offrant un livre, puisqu'on s'obstine à ne point les aider par des écoles régulières et complètes.

Il n'est peut-être pas hors de propos de donner ici un aperçu du nombre des questions qui, dans ce Traité, doivent intéresser par leur nouveauté.

Le lecteur remarquera, dans le premier

volume, une liste à peu près complète de tous les peintres connus et de tous les pays. Ce manuel était si nécessaire que je ne saurais croire que je sois le premier qui l'aie offert au public.

Après l'introduction, on trouvera un catalogue de plus de deux mille écrits sur la peinture. Aucun recueil n'en avait réuni un aussi grand nombre.

J'ajouterai que, dans ce premier volume, un dictionnaire explicatif et critique de quelques termes offre le vrai sens de beaucoup de mots omis dans les autres traités, et dont l'explication et la critique étaient absolument nécessaires à la théorie de la peinture.

Le deuxième volume contient des recherches nouvelles et des tables relatives aux divers styles de l'art dans l'antiquité. Chacun sait que l'érudition des archéologues ne suffit pas pour compléter la connaissance qu'il nous faudrait acquérir de la théorie des anciens : or, on reconnaîtra, j'espère, la nouveauté et l'utilité de ce travail, dont je pourrais de plus mentionner ici la difficulté.

La théorie de la beauté (elle fait partie du quatrième volume) peut être considérée comme étant absolument neuve, malgré tout ce qu'on a écrit sur ce point fondamental.

Quant à la méthode de perspective appliquée au dessin, au clair-obscur, au coloris et à la touche (voyez les volumes VI, VII et VIII), j'ose assurer que si cette méthode nouvelle pour les modernes était adoptée en Europe, elle produirait une grande réforme et une amélioration remarquable dans la peinture.

Signalons enfin comme un procédé qu'on peut appeler nouveau celui qui termine le huitième volume et qui s'y trouve traité sous le nom d'Encaustique.

Je pourrais citer de plus le projet d'une Calcographie universelle d'antiques (tom. II, chap. 16), les chapitres du tome VI sur les proportions et sur les changemens proportionnels, question tout-à-fait inconnue à nos artistes, et par laquelle nous avons pu expliquer et retrouver ce que c'était que le canon de Polyclète, et quel était le procédé des artistes anciens dans l'art d'embellir les figures et les ressemblances. Enfin je pourrais indiquer plusieurs autres points ou documens nouveaux, relatifs soit à la philosophie, soit au technique, soit au matériel de la peinture.

Il importe maintenant, je crois, de présenter dans cette préface quelques observations sur le plan qui a été suivi dans tout ce Traité.

Je n'ai point cru devoir exposer en particulier et comme dans un tableau synoptique, le plan détaillé de cet ouvrage, par la raison que la table générale des chapitres offre réellement au lecteur le tableau analytique le plus exact et le plus développé qu'on puisse produire de tout ce traité complet. Tout le monde sait qu'une table de ce genre est elle-même un exposé suffisamment méthodique et détaillé du plan d'un ouvrage lorsque ce plan est bon. En effet, ou la marche de tout l'ensemble ainsi que l'ordre des divisions est vicieuse, et dans ce cas un exposé préliminaire, quelque détaillé, quelqu'exact qu'il soit, sera toujours inutile, puisqu'il n'annoncera et ne promettra aucun ordre satisfaisant ou cette marche et cette méthode sont bonnes, et alors pourquoi la table générale des chapitres ne suffirait-elle pas et ne composerait-elle pas à elle-seule cet exposé ou cette analyse ? Sans prétendre donc que le plan adopté dans tout notre Traité soit absolument tel qu'il doit être, j'ose assurer que l'étude seule de cette table générale des chapitres sera très-profitable aux personnes qui, pour étudier la théorie de la peinture, se donneront la peine d'y suivre avec attention les divisions et l'ordre que nous avons cru devoir adopter. Les élèves, en étudiant cette table générale, abrégeront beaucoup leurs recherches, puisqu'ils embrasseront facilement tout l'ensemble et tous les grands rapports des principales parties ou conditions de la peinture.

Nous avons cru devoir réunir dans le volume 1^er^ les tables, les listes, les dictionnaires, le catalogue d'auteurs, etc., matières qui, toutes, auraient interrompu le cours de ce travail, si elles avaient occupé la place que prescrivait l'ordre rigoureux des questions ; d'ailleurs leur réunion dans un même volume offre l'avantage de la commodité. On trouvera donc dans ce premier volume la Table générale des chapitres. Quant à l'introduction, on remarquera qu'on lui a donné un certain développement pour prouver aux artistes les plus indépendans la nécessité des règles ou de la théorie, ainsi que le besoin d'un traité complet et méthodique de la peinture.

Le volume II traite de l'histoire de l'art dans l'antiquité. On demandera peut-être pourquoi cette partie n'a pas été placée à la fin de tout ce Traité, où il semble qu'elle eût convenu davantage : je répondrai qu'en effet il se trouve dans cet historique de la peinture certaines idées, certains raisonnemens qui, peut-être, eussent été mieux compris par le lecteur s'il eût été initié d'abord à toutes les doctrines techniques que renferment les huit volumes suivans ; mais j'ai pensé que cette histoire, lue d'abord par l'artiste, serait propre à le porter avec ardeur à l'étude assez longue de ces mêmes doctrines : tel est le motif qui m'a déterminé à placer avant tout cette partie vraiment attachante et instructive.

Le volume III offre d'abord la suite de l'histoire de l'art, c'est-à-dire tel qu'on peut le considérer à l'époque du moyen âge, puis à l'époque des écoles primitives modernes, et enfin chez les modernes proprement dits. Dans ce même volume se trouve placée la définition de la peinture, qui certainement devait précéder toutes les questions de la théorie.

Au volume IV, qui commence par la division de la peinture, on trouvera traitée la grande et utile question de la beauté, cette clef des plus grands secrets de l'art. Une telle matière devait naturellement précéder, non la définition de la peinture et sa division, mais les cinq principaux moyens de cet art. Il convenait de réunir dans ce même volume toute la partie de la composition.

Ici je dois dire pourquoi je ne place pas, ainsi qu'on l'a fait dans plusieurs livres, le dessin, le coloris, etc., avant la composition; c'est que l'ordre théorique ne doit point être le même que l'ordre qui est à suivre dans des leçons ou dans des écoles, ou bien qui est à suivre par un élève en particulier. Il y a donc de la différence entre un cours et un traité (j'ai cru devoir prescrire, vol. III, chap. 117, l'ordre qui est à suivre dans les études du peintre). Mais, quant à l'ordre didactique, il fallait, pour s'y conformer, supposer d'abord un sujet imaginé et non représenté; ainsi nous avons eu raison de placer avant tout les règles de la composition.

Dans les volumes v^e et vi^e est compris tout ce qui concerne le dessin.

Le septième et le huitième volume traitent des trois autres grands moyens de l'art; savoir : le clair-obscur, le coloris et la touche. Ces trois parties n'ont pas pu être réunies en un seul volume à cause de leur étendue. Dans le huitième volume, on traite des différens genres en peinture et du procédé encaustique qu'il serait si convenable d'adopter.

Enfin dans le neuvième volume se trouve rassemblé tout ce qui se rapporte au matériel de l'art, le procédé de la peinture à huile, à fresque, à gouache, etc., ce qui est relatif aux couleurs matérielles, et divers autres points techniques traités collectivement, sous le titre général de Questions diverses relatives au matériel de la peinture.

Voilà tout ce que j'avais à dire sur le plan et l'ordre de cet ouvrage. La table seule, je le répète, devant servir d'exposition et d'explication analytique de tout le Traité.

Je finis en ajoutant que si j'ai donné à cet ouvrage le titre de Traité complet, ce n'est pas que j'aie eu la prétention de l'avoir rendu absolument complet, car quel traité pourrait l'être? mais je l'appelle complet afin de donner au lecteur la véritable idée qu'il doit se faire de ce livre méthodique dans lequel toutes les parties de l'art sont traitées ou expliquées, ou au moins exposées selon leur ordre naturel. Il résultera, j'espère, de ce titre, que le lecteur, fixant son attention sur cet ouvrage tout à la fois théorique et pratique, désirera vérifier si un titre aussi imposant lui convient, et si ce Traité est digne de l'art très-étendu dont il semble promettre d'expliquer tous les secrets.

Les considérations que je viens d'exposer doivent nécessairement faire regarder mon travail comme fort différent des ouvrages qui ont été publiés jusqu'ici : il ne sera donc pas assimilé, j'espère, malgré tous ses défauts, à tant de livres composés à la hâte, soit par des littérateurs plus ou moins habiles, mais qui n'ont point pratiqué l'art, soit par des artistes qui ont eu soin d'ajuster leurs leçons à la mesure de leur talent.

---

# TABLE GÉNÉRALE

DES

# CHAPITRES.

# TABLE GÉNÉRALE

DES

# CHAPITRES.

## INTRODUCTION.



## § I.

CHAPITRES. Pages.

CHAPITRES. Pages.

## § II.

. . . . . . . . . .

# VOLUME II.

## HISTOIRE DE LA PEINTURE.

CHAPITRES. Pages.

CHAPITRES. Pages.

CHAPITRES. Pages.

CHAPITRES. Pages.

CHAPITRES. Pages.

CHAPITRES. Pages.

CHAPITRES. Pages.

CHAPITRES. Pages.

# VOLUME III.

## HISTOIRE DE LA PEINTURE DANS LE MOYEN AGE.

CHAPITRES. Pages.

CHAPITRES. Pages.



## HISTOIRE DE LA PEINTURE CHEZ LES MODERNES.

## DÉFINITION DE LA PEINTURE.

CHAPITRES. Pages.

## ÉLOGE DE LA PEINTURE.



## PERFECTIBILITÉ DE LA PEINTURE.

CHAPITRES. Pages.

CHAPITRES. Pages.

# VOLUME IV.

## DIVISION DE LA PEINTURE.

CHAPITRES. Pages.



1 On a cru devoir donner ici de l'extension à ce titre pour ajouter au caractère analytique de cette table générale des chapitres.

CHAPITRES. Pages.

## THÉORIE DE LA BEAUTÉ.

CHAPITRES. Pages.

CHAPITRES. Pages.

CHAPITRES. Pages.



## COMPOSITION.

CHAPITRES. Pages.

# VOLUME V.

## DESSIN.

CHAPITRES. Pages.

CHAPITRES. Pages.

CHAPITRES. Pages.

# VOLUME VI.

## DESSIN.

CHAPITRES. Pages.

CHAPITRES. Pages.

CHAPITRES. Pages.

CHAPITRES. Pages.

CHAPITRES. Pages.

CHAPITRES. Pages.

CHAPITRES. Pages.

CHAPITRES. Pages.

CHAPITRES. Pages.

CHAPITRES. Pages.

CHAPITRES. Pages.

CHAPITRES. Pages.

CHAPITRES. Pages.

## DRAPERIES.

CHAPITRES. Pages.

# VOLUME VII.

## CLAIR-OBSCUR.

CHAPITRES. Pages.

CHAPITRES. Pages.

CHAPITRES. Pages.

CHAPITRES. Pages.

CHAPITRES. Pages.

CHAPITRES. Pages.

CHAPITRES. Pages.

CHAPITRES. Pages.

## COLORIS.

# VOLUME VIII.

## COLORIS.

CHAPITRES. Pages.

CHAPITRES. Pâges.

CHAPITRES. Pages.

## DE LA TOUCHE.

CHAPITRES. Pages.

CHAPITRES. Pages.



## DIFFÉRENS GENRES EN PEINTURE.

CHAPITRES. Pages.

CHAPITRES. Pages.

## PROCÉDÉS MATÉRIELS.

CHAPITRES. Pages.

CHAPITRES. Pages.

# VOLUME IX.

## PROCÉDÉS MATÉRIELS.

CHAPITRES. Pages.

CHAPITRES. Pages.

## QUESTIONS DIVERSES RELATIVES AU MATÉRIEL DE LA PEINTURE.

FIN DE LA TABLE GÉNÉRALE DES CHAPITRES.

# INTRODUCTION.

# INTRODUCTION.

## CONSIDÉRATIONS

1° SUR LA NÉCESSITÉ DES RÈGLES DANS LES BEAUX-ARTS; 2° SUR LE BESOIN D'UN TRAITÉ COMPLET ET MÉTHODIQUE DE PEINTURE.

---

Il importe de démontrer qu'un art aussi grand et aussi difficile que l'art de la peinture, ne peut être connu entièrement ni pratiqué avec succès sans le secours et la connaissance de toutes les règles qui le constituent art. En développant cette vérité, nous démontrerons aussi le danger d'une méfiance trop commune aujourd'hui, c'est-à-dire, de la prévention contre les règles que tant d'artistes, qui comptent sur leur sentiment, leur imagination et leur facilité, regardent ou comme des entraves, s'ils y ont égard, ou comme des lois gênantes, s'ils les choisissent pour guides.

### §. I.

### *Définition de ce qu'on doit entendre par règles dans un art.*

On définit les règles dans un art, en disant qu'elles ne sont autre chose que le sentiment du beau réduit en méthode. Rappelons ici que le goût n'est autre chose aussi que ce sentiment du beau, sentiment qui est perfectible, on ne saurait le nier. « Un art en général est une collec- » tion ou un recueil de règles pour faire bien ce qui peut » être fait bien ou mal, car ce qui ne peut être fait que » mal n'a pas besoin d'art.... Les règles ne sont que des » principes généraux tirés d'observations particulières » plusieurs fois répétées, et toujours vérifiées par la ré- » pétition; ainsi toute observation renferme un précepte, » et tout précepte naît d'une observation. (LE BATTEUX.) » Cette définition doit persuader, ce me semble, que ce qu'on appelle des règles est l'ouvrage du bon sens, et qu'émanant de la nature, et non du caprice des hommes, elles ne sont dans tous les actes physiques et moraux que l'analyse de ce qui est bon. Pourquoi donc les redouterait-on, comme des tyrans du génie, puisqu'il est évident qu'elles en sont le flambeau, et comment se fait-il qu'on les dédaigne, puisqu'elles sont d'un si grand secours, soit pour nous affermir, soit pour nous diriger?

## *Pourquoi dit-on que les règles sont inutiles?*

Tous les jours on entend dire que les règles sont moins nécessaires aux artistes qu'aux littérateurs, aux poètes ou aux savans, et l'on rencontre beaucoup de personnes disposées à penser que l'art de la peinture en particulier est infiniment plus indépendant des règles que tous les autres arts. Mais c'est l'idée fausse qu'on se forme du génie du peintre, ainsi que des dispositions innées pour la peinture, qui cause cette étrange opinion.

On a tant répété que les chefs-d'œuvre dans cet art sont le résultat des seules dispositions naturelles et d'un enthousiasme ou d'un feu qui ne doit être ni restreint ni refroidi, qu'on s'est imaginé que les règles étaient pour le moins inutiles. Mais qui sont ceux qui s'obstinent dans ce préjugé ? Ce sont des gens qui, ne concevant rien au-dessus des productions vulgaires, remarquables seulement par quelques élans de l'imagination, trouvent commode de conclure que le degré de mérite de ces ouvrages est toujours en raison de ce degré d'imagination. Et, comme la vanité s'associe presque toujours à nos jugemens, en fait de beaux-arts, puisque dans nos mœurs nous ne les considérons que comme une affaire de goût, et non comme de nobles et utiles moyens propres au perfectionnement des sociétés, nous ne manquons pas de saisir les occasions de faire parade de notre sensibilité, de notre sagacité et même de notre faculté imaginative en fait de critique au sujet des productions du pinceau; aussi nous gardons-nous bien d'analyser les ouvrages savans, profondément médités et rendus propres à leur morale destination, tandis que nous vantons les productions étincelantes de vivacités pittoresques, relevées par les traits d'une imagination originale, fantasque et toute indépendante, productions enfin dans lesquelles on reconnaît les moyens naturels et brillans de l'artiste, mais non l'emploi bien entendu et utile de ces moyens.

De ce que les règles ne suffisent pas pour faire produire des chefs-d'œuvre en peinture, on a conclu qu'elles sont inutiles, et que le sentiment seul suffit. Mais est-ce bien des véritables règles qu'on a voulu parler, et ne serait-ce pas des recettes académiques, des routines du maniérisme et des lazzis d'ateliers ? Où en est réduit en effet le peintre sans imagination et sans moyens, lorsqu'il n'a recours qu'à ces prétendues règles, c'est-à-dire, à ces recettes ? Il finit par les maudire, les repousser, et va répétant partout que les règles lui ont été funestes, bien plus encore qu'inutiles. Rien n'est moins surprenant que cette prévention contre les véritables règles, puisqu'elle provient de l'ignorance même de ceux qui prétendent s'en passer. Un mot très-juste de M. Dacier est à rapporter ici. « Si » les règles, dit-il, ne sont pas pour eux, elles seront » contre eux et feront juger leurs ouvrages..... C'est ce » que sentent très-bien les ennemis des règles, car non-» seulement ils les discréditent en feignant de les dédai-» gner, parce qu'ils n'ont pas la force ni le talent d'en » faire usage, mais ils les redoutent et les haïssent, parce » qu'elles servent à éclairer sur leurs imperfections. » Depiles disait aussi : « Combien de gens qui ne jugent » d'un tableau que par la seule partie qu'ils préfèrent, et » qui ne comptent pour rien celles qu'ils ignorent ! »

La prévention contre les règles n'infatuait point les grands génies qui jadis illustraient la peinture. Ces hommes célèbres recherchaient les règles ; ils les appréciaient, les rassemblaient, et s'en aidaient pour diriger leur génie : Apelle, Protogène, Léonard, Raphaël, Albert-Durer, Tiziano et Poussin en sont la preuve. Il semble même que la plupart de ceux qui ont écrit sur les règles, ne l'aient fait que dans le but de s'en mieux servir, en recueillant en une seule méthode générale les divers préceptes qu'ils s'efforçaient de découvrir. Ne pourrait-on pas même avancer qu'Aristote, Cicéron, Horace, Quintilien, Boileau et Dufresnoy n'aient écrit leurs théories que pour mieux classer, saisir et employer ces règles, tant ils étaient jaloux d'en fortifier et d'en embellir continuellement leur talent ?

*Avant Homère avait-on des théories écrites?*

On fait tous les jours une objection assez vaine contre la nécessité des règles. Avant Homère, dit-on, il n'y avait point eu d'Aristote; donc les règles ne sont point la cause, mais le résultat : enfin les règles n'étant venues qu'après les chefs-d'œuvre, on peut produire des chefs-d'œuvre, sans connaître les règles.—D'abord rien ne nous assurera qu'il n'y avait pas eu d'Aristote ou d'écoles de théorie poétique avant Homère, et Aristote lui-même dit au sujet du précepte de l'unité « qu'Homère, qui a excellé » en tout genre sur les autres poètes, semble avoir par- » faitement connu cette qualité, soit par les lumières na- » turelles d'un heureux génie, soit par les règles de l'art. » Ainsi ces règles écrites existaient peut-être avant ce grand poète, suivant la pensée d'Aristote. Au surplus les règles n'ont-elles donc d'existence que quand elles sont déposées dans des écrits, et une série de maîtres excellens ne peut-elle pas suppléer à des doctrines renfermées dans des livres? Enfin on peut dire que les bons ouvrages sont eux-mêmes des livres toujours ouverts qui, une fois bien compris par des génies supérieurs, produisent ainsi les règles et peuvent faire naître des chefs-d'œuvre.

Écoutons ce que dit l'auteur des Sentimens agréables, Lévêque de Pouilly. « Ceux qui ont excellé parmi les » poètes, les orateurs et les peintres, n'ont pas toujours » agi par l'inspiration de l'instinct; ils ont souvent guidé » leur travail par des réflexions fines et profondes sur ce » qui pouvait plaire à l'esprit; ils les ont comme gravées » dans leurs ouvrages, et c'est en les y recueillant qu'on » a formé les théories de la poésie, de l'éloquence et de

» la peinture. » On peut conclure, après ce raisonnement, que ces mêmes poètes et ces mêmes peintres eussent pu, s'ils l'eussent cru nécessaire, réunir et écrire cette théorie mentale, que la succession des idées et des observations avait réalisée dans leur esprit. Les règles ne sont donc point venues après les chefs-d'œuvre, mais les chefs-d'œuvre après les règles ; sans cela ces chefs-d'œuvre seraient le résultat ou du hasard, ou de quelques accès d'enthousiasme et de fièvre, et ils seraient aussi communs dans les tems d'ignorance et de corruption que dans le tems du savoir et du bon goût ; ils seraient aussi communs chez les peuples barbares que chez les peuples éclairés. Si Aristote a écrit, il est vraisemblable que ça n'a pas été par la curiosité stérile de rassembler des préceptes, mais pour prouver aux hommes qu'ils ne peuvent s'en passer, et que les règles sont toutes utiles, puisqu'ils ont bien fait quand ils les ont observées, même sans savoir qu'ils s'y conformaient.

Mais disons plus : les règles sont aussi anciennes que le monde, puisqu'elles sont dans la nature et qu'on ne peut les puiser que là ; le goût des poètes et des peintres n'a pas été les chercher ailleurs, et les théoriciens ne sauraient jamais développer d'heureuses critiques, s'ils ne puisent eux-mêmes à cette source éternelle que rien ne saurait corrompre. Or, puisque la nature existait avant l'art, les règles ou les préceptes existaient avant la création des chefs-d'œuvre. Je répète donc que, si les règles naturelles ne furent écrites que plus tard, pour servir aux poètes et aux artistes, elles n'en existaient pas moins auparavant et partiellement dans le génie naturel de tous les hommes éclairés d'autrefois, et cela, bien qu'elles n'aient été portées qu'à un faible degré dans les ouvrages primitifs, puisque mille secrets ne sauraient naître à la fois dans une tête de génie. Il en résulte que les règles ont eu leur commencement, leur perfectionnement, et qu'à la fin elles ont constitué un code parfait. Ainsi les rejeter, quoique les plus grands maîtres s'y soient conformés par instinct; les trouver sans valeur, parce qu'elles n'étaient point écrites au tems des maîtres qui les ont cependant reçues ou imaginées; les déclarer enfin inutiles ou gênantes, quoique ces mêmes maîtres s'en soient servis comme d'un flambeau, n'est-ce pas agir sans jugement ou sans sincérité ?

Mais, pour prévenir encore le dédain de ceux qui s'imaginent que les règles sont l'ouvrage fort inutile de gens sans droit de nous les prescrire, je rappelerai ce que Gédoyn disait au sujet de Quintilien. « Les règles écrivait-» il, ne tirent point leur autorité de ceux qui nous les » donnent, mais de ceux qui les ont pratiquées avec suc-» cès. » Ajoutons ici quelques réflexions fournies par un écrit assez récent. « Les théories, dit l'auteur, reposent » toutes sur le seul fait de notre organisation intellec-» tuelle et morale. L'homme n'a pas plus créé les pré-» ceptes des arts qu'il n'a créé les lois de l'entendement » et de la volonté; ils ont été tracés pour tous les tems » et pour toutes les langues par la même main qui a fait » les sentimens, les besoins et les plaisirs de notre ame. » C'est donc dans sa propre nature que l'esprit doit les » chercher. Découverts à leurs sources, ils sont utiles et » féconds; ils fortifient, ils éclairent cette raison d'où ils » émanent, mais qui les renfermait à leur insu. L'esprit » qui sait s'étudier et qui les trouve écrits en lui-même

» n'a plus besoin de leur chercher d'autre autorité ; » la conscience est un témoin qui suffit. »

### *Pourquoi certains maîtres ont-ils été célèbres, quoiqu'ils aient ignoré ou blessé les règles ?*

Une autre objection que l'on fait ordinairement contre la nécessité et la puissance des règles, c'est qu'un certain nombre d'hommes très-habiles et très-célèbres les ont ignorées ou méconnues, et qu'ils semblent, pour ainsi dire, ne devoir leur grand talent qu'à cette espèce d'indépendance dédaigneuse qui les affranchissait de tous les préceptes. Cette objection n'a aucun poids, si l'on a soin de ne pas confondre la célébrité avec l'excellence de l'ouvrage. En effet, de ce que de grands défauts n'ont pas empêché ces hommes célèbres de jeter un vif éclat, doit-on conclure que la raison ou les règles, ce qui est la même chose, eussent terni cet éclat et cette célébrité, et ne peut-on pas penser des règles de la peinture ce qu'on pense des règles de la grammaire, qui n'ont jamais empêché les grands auteurs de bien écrire, de bien traduire et de bien composer dans quelque genre que ce soit ?

Il est certain, j'en conviens, que les plus illustres fous qui ont étonné le monde et laissé des traces durables de leur exaltation morale, n'eussent obtenu que la moitié de leur renommée et eussent produit peu de surprise, s'ils n'eussent écouté que la saine raison ou le bon sens, père des préceptes. Mais ne doit-on pas remarquer que c'est plutôt leur honte que leur gloire qui est la source de ce souvenir que l'on conserve d'eux, et que leurs faits, malgré tant de célébrité, n'en sont pas moins monstrueux et haïssables. Enfin il n'est point vrai que les règles, ou, pour mieux dire, les lumières de l'art, eussent gêné et ébloui les grands hommes qui ont semé beaucoup d'extravagances dans leurs ouvrages, et il est plus vrai de dire que ces mêmes lumières les auraient aidés et les auraient guidés vers un bien plus haut degré de perfection et de célébrité. Au surplus, de même que les fous ne serviront jamais de modèles, de même les écarts brillans dans les arts ne doivent jamais être préférés aux véritables préceptes sans lesquels le génie ne peut rien enfanter d'utile et d'excellent.

Michel-Ange, répète-t-on, ne doit ses grands succès qu'à son indépendance; Schakespear et le Dante ne se fussent que traînés, si les règles les eussent une fois enchaînés. —Mais qui peut établir par des preuves cette proposition? Qui ne parviendrait pas au contraire à démontrer que la succession des idées qui ont élevé ces grands hommes, n'était qu'une série de préceptes bien saisis appartenant à leur propre théorie mentale? Leur vol a été fier et hardi sans doute; mais combien, avec une méthode plus sûre et mieux observée, n'eût-il pas été plus transcendant, plus égal, et surtout mieux dirigé vers le véritable but qu'ils semblaient ne pas avoir aperçu, malgré tant de prétention à l'atteindre? Au surplus, si ces hommes ont été fameux, ce n'est point à cause de leurs fautes, mais c'est malgré leurs fautes, et les artistes qui prétendraient s'étayer sur leur exemple, pour s'affranchir des règles, seraient toujours tenus d'offrir en compensation de cette violation des principes, autant de beautés, c'est-à-dire, autant de qualités éminentes et extraordinaires qu'en ont offert ces mêmes hommes. Ainsi, à ceux qui mettent en avant que les écarts du génie ou les fautes n'empêchent ni la grande beauté du résultat, ni la célébrité, on peut répondre que, s'il est vrai que le beau peut s'obtenir par des compensations, cela ne prouve point qu'on puisse atteindre au beau sans les règles. Enfin, il faut bien le remarquer, les grandes beautés par lesquelles sont compensées les grandes fautes, appartiennent à des Michel-Ange, à des Schakespear, ou à des hommes tous doués de dispositions extraordinaires. Mais qu'aurait à espérer celui qui ne posséderait pas comme eux une prodigieuse force d'imagination ? Ne tomberait-il pas, en imitant leurs écarts, dans la plus complète abjection ? On peut au contraire, avec des moyens naturels moins transcendans, et par le secours des documens et des lumières de la théorie, atteindre un but plus utile et tout aussi glorieux. En effet, tous les jours on place et l'on admire à côté de ces hommes extraordinaires d'autres génies plus tempérés, mais plus purs; des ames moins violentes, mais plus perfectionnées : et si les jugemens de la postérité diffèrent sur la préférence qui doit être accordée aux uns ou aux autres, tous ces hommes habiles n'en sont pas moins placés de droit sur le même rang. Cependant quel principe doit diriger, même la postérité, dans cette préférence ? Ce n'est point, selon moi, la valeur particulière de l'homme, mais bien l'excellence et l'utilité de son œuvre, en sorte que l'admiration doit être réglée sur cette même excellence et sur cette utilité.

Ainsi quel serait celui qui se placerait à un degré supérieur à cette classe de génies privilégiés ? Ce serait celui qui à la force naturelle de l'ame, source des élans les plus énergiques, unirait la plus grande intelligence ; qui embrasserait dans le même tems toutes les lois et toutes les combinaisons ; ce serait celui qui, maître de cette imagination qu'on peut appeler divine, et possédant cette raison imperturbable qui n'agit que par principes et dans la vue de l'ordre et du bien, saurait produire, comme d'une simple volition, les plus grands résultats. Eh ! qui ne reconnaît pas là le prince des poètes et le chef des statuaires ? Car Homère et Phidias, qui atteignirent ce but, ont fait naître la même admiration.

Vers quelle funeste conséquence ne serait-on pas entraîné par la fausse idée que, certains maîtres ayant été justement célèbres sans les règles, on peut adopter, comme des qualités modèles, les fautes elles-mêmes de ces hommes de génie ? Les arts sont cependant affligés tous les jours d'une erreur aussi fâcheuse, et la connaissance complète de la théorie de l'art peut seule parer à ce mal. Mais apportons des exemples.

N'a-t-on pas vu toute l'école flamande suivre le style et le dessin de Rubens, parce que Rubens imposait par son hardi coloris ? Ainsi on a cru long-tems en Flandre, et cela faute d'une théorie générale, que Rubens était un modèle complet dans son art. L'école romaine suit encore le coloris de Raphaël, parce que Raphaël a été habile dans la composition et le dessin, et que, faute des véritables règles du coloris, on a cru à Rome que la couleur de Raphaël constituait une partie de sa célébrité, ou que son coloris était tel qu'on devait l'attendre d'un grand dessinateur. Il en a été ainsi au sujet de Michel-Ange et de tant d'autres maîtres qui ont entraîné des imitateurs de leurs défauts, sans former des imitateurs de leurs qualités. Où trouver la cause de ce désordre, si ce n'est dans le mépris des règles ou dans la marche fausse de la théorie, pour ne pas dire de l'art moderne lui-même?

Mais expliquons-nous encore avant de terminer cette section. Quand on dit que le génie ne connaît pas de règles, c'est fort mal s'exprimer : il faut dire que le génie sait sacrifier quelques règles à d'autres, qui sont plus importantes, selon les cas. Ainsi Rubens, dans un célèbre portrait de moine vêtu de blanc, a tenu fort clair le plan oblique de la joue, et fort brun le plan oblique de la robe blanche, ce qui est contre la règle du clair-obscur vrai, puisqu'ici l'habit est effectivement plus blanc que la tête; mais il fallait une masse brune, Rubens l'avait imaginée sur cette obliquité de la robe (il eût mieux fait de l'imaginer ailleurs), et son génie lui a fait sacrifier le vraisemblable au beau. Agir ainsi, ce n'est pas mépriser les règles, ce n'est pas suivre son génie seul et contradictoirement aux règles, puisque c'est au contraire distinguer celles qui deviennent les plus importantes dans tel ou tel cas, et sacrifier les moindres, pour arriver au résultat toujours imparfait duquel doit se contenter l'imperfection humaine. Enfin, si beaucoup d'invraisemblances sont appelées des traits de génie, il ne faut pas prendre le change et vanter un tableau à cause de ses défauts, ni l'estimer en raison de ses faussetés.

### *Est-il permis de donner le nom de nouvelles beautés aux écarts du génie?*

L'art dégagé des règles, ont dit quelques louangeurs, crée de nouvelles beautés inconnues dans les théories. Mais je demanderai dans quelles théories? Car, si les théories sont complètes, l'art ne créera rien de beau qui leur soit étranger, et cette opinion prouverait seulement que l'on n'a peut-être pas encore tout embrassé dans les théories. Si Longin n'eût pas écrit sur le sublime, eût-on été autorisé à dire que Corneille a créé le genre sublime, genre que n'ont ni signalé ni distingué les théoriciens de l'antiquité? De même aurait-on le droit d'avancer que Michel-Ange a créé le genre terrible, bien qu'il vienne à l'esprit de tout le monde que ce terrible michel-angelesque est sauvage, extravagant et hors de l'art, malgré tout le grand talent de cet artiste surprenant?

Qu'importe au reste pour notre question que les théories soient encore incomplètes, il suffit ici qu'elles ne soient point dangereuses, et non-seulement elles ne le seront point, si elles sont justes, mais, quoiqu'incomplètes, elles seront très-nécessaires à ceux qui n'ont pas assez de force de génie pour les prévoir et les concevoir sans l'assistance des écrits; et, si les théories sont complètes, l'art qui produit n'ajoutera rien qu'elles n'aient expliqué et prescrit. Ainsi cette opinion, que par des écarts on pourrait reculer les bornes d'un art, provient plutôt d'un aveuglement que de l'idée de l'immensité de cet art.

Que quelques combinaisons soient nouvelles, on peut le supposer; mais, comme les élémens en sont aussi anciens que les règles ou que la nature elle-même, les génies qui s'écartent des règles, s'écartent de la raison, et, au lieu de produire de nouvelles beautés, ils ne produisent certainement que des monstres. . . .

Ici se présente une objection qui, quoique subtile, n'est point embarrassante. Les règles, dira-t-on, sont forcées de se plier parfois aux mœurs, aux circonstances, aux climats enfin, et au génie des peuples; donc elles ne sont ni immuables, ni universelles. — Or je nie que les règles soient forcées de céder à ces causes ; ce sont les hommes qui par l'effet de ces causes se trouvent disposés et forcés à délaisser certaines règles, à les méconnaître et à s'y soustraire dans leurs ouvrages. L'histoire de l'art prouve assez que les règles sont universelles ; elle prouve que toujours certains peuples ont mal fait, lorsqu'ils ont cru devoir les enfreindre. Si une nation corrompue et dont le goût devient dépravé, influe sur les tableaux et sur toutes les productions du génie, aura-t-on le droit de dire qu'il faut que chez ce peuple les règles fléchissent ? Non. C'est le moral du peuple qui a fléchi et qui dans sa faiblesse a délaissé les règles. Celles-ci, malgré ce cas particulier, ne perdent jamais leur propre caractère d'inaltérabilité, caractère qui les attache, les associe à l'esprit humain en général et considéré dans son état de perfection. Ce sont donc les productions, mais jamais les règles qui sont sujettes à subir les nuances passagères de l'esprit.

*Le génie ne peut se concevoir sans la faculté de sentir et de pratiquer les règles, et, quoique les règles ne donnent pas de génie, elles se transforment à la fin en sentiment.*

On trouve dans Reynolds un mot fort remarquable. « Le sentiment, dit-il, peut faire des poètes, et non des » peintres, parce que la peinture est fondée sur une suite » d'études que le cœur ne saurait deviner. » Ailleurs il ajoute : « Ceux qui représentent la peinture comme une » espèce d'inspiration, comme un don de la nature ac- » cordé dès le berceau à certaines personnes privilégiées, » semblent s'assurer bien plus favorablement par là de » l'esprit de leurs lecteurs, et avoir un air bien plus décidé

» et séduisant, que l'observateur qui s'arrête à examiner » froidement par quels moyens on peut se rendre maître » de l'art, comment il est possible d'agrandir et de for- » tifier l'esprit, et quels sont les guides qu'il faut choisir » pour parvenir à la perfection. » Ainsi cette phrase : *Il faut être né peintre*, est démentie par la marche lente et pénible de l'art, par la barbarie et l'incertitude de ses premiers assais; aussi serait-il bon d'y substituer cette autre phrase : *On ne sait que ce qu'on apprend.*

Quelques auteurs modernes ont fort bien relevé les erreurs de certains écrivains qui ont parlé du génie, et l'on sera peut-être d'accord à la fin pour penser qu'il n'y a d'inné que les dispositions au goût, mais que le goût lui-même dépend de l'étude, de la pratique, de l'expérience, de l'habitude de comparer et de sentir, en sorte qu'il est perfectible lui-même. Il s'en suit aussi, et je répète ici ce qu'a dit fort judicieusement un moderne, que « cette maxime fausse, mais accommodante, *le sen- » timent fait tout*, accorde trop au talent naturel et ne » donne pas assez à l'étude; elle place l'instinct trop au- » dessus des principes; elle est même dangereuse, en ce » qu'elle semble nier qu'il puisse exister des principes » certains. Si le sentiment faisait tout, pourquoi quelques » modernes n'auraient-ils pas égalé les anciens ? Si les » Grecs sont parvenus à une hauteur que jusqu'à présent » les modernes n'ont pu atteindre, cela prouve assez l'ex- » cellence de la méthode d'enseignement des Grecs et » celle de leur théorie. » On peut donc dire, pour comparer en ce point les anciens et les modernes en général, que les ouvrages des Grecs prouvent que leurs auteurs étaient savans, que leur théorie était très-étendue, très-solidement établie, ce qui n'empêchait pas le sentiment, et que les ouvrages modernes prouvent au contraire que leurs auteurs étaient peu savans, que leur théorie était limitée et fort incertaine, quoiqu'ils se soient abandonnés au sentiment.

L'abbé Dubos démontre que la décadence des arts ne provient pas de causes physiques et morales : à quoi donc l'attribuer, si non à l'ignorance ou à l'oubli des principes de ces mêmes arts ? « Si quelque chose, dit cet écrivain, » manque à Guiberti, à Michel-Ange, à Jean de Boulogne » et à Puget lui-même, né dans nos provinces méridio- » nales, pour égaler les statuaires grecs, est-ce le senti- » ment, la chaleur, l'énergie ? Est-ce le génie, pour tout » dire en un mot ? Non, sans doute. Ce n'est donc pas » la nature qu'il faut accuser de leurs erreurs. » Les Italiens, sous les Michel-Ange, les Léonard, les Raphaël, produisaient des ouvrages de mérite ; et sous les Cortone, sous les Maratti, ces mêmes Italiens ne donnaient le jour qu'à des ouvrages pauvres et dégradés. Qu'a de commun avec cette décadence le climat, la fougue du midi, l'esprit des gouvernemens, l'élan national ? La vraie cause de ces différences, c'est donc la direction fausse des idées artistiques, c'est l'erreur et la manière influente des écoles, des maîtres et des prétendus connaisseurs. L'esprit s'égare-t-il ? Les ouvrages d'esprit sont des égaremens. L'esprit est-il dirigé par la philosophie ? Les ouvrages d'esprit sont philosophiques. Tout cela ne semble-t-il pas fort naturel et très-intelligible ?

Mais entrons un peu dans quelques raisons techniques. Pourquoi ceux qui prétendent prouver que le génie agit sans les règles, n'osent-ils pas avancer que le peintre pourrait sans les règles dessiner, soit perspectivement, soit anatomiquement; qu'il pourrait, au sujet des draperies de son tableau, les tenir de tel ou tel degré d'obscurité, de telle ou telle teinte, et leur faire produire telle ou telle ligne? On dira donc aussi qu'il n'y a point de règles pour déterminer, soit le ton, soit la couleur du fond d'un tableau; que c'est le sentiment seul et le génie naturel du peintre qui doivent tout diriger, et cela, parce que les règles ne sont que des routines et des obstacles! Mais ce sera lorsque vous n'opérerez que par sentiment, que vous opérerez par routine, car votre sentiment individuel sera plus ou moins borné, tandis que les règles vous auraient laissé une latitude infinie dans laquelle vous eussiez pu vous conformer et à votre sentiment naturel et au sentiment général de tous les hommes bien organisés, pour lesquels on a institué les beaux-arts.

Ces raisonnemens rappellent l'erreur des jeunes condisciples de Domenichino, qui lui refusaient du génie, parce qu'il n'étalait pas la singerie si facile qui était de mode de son tems. Voilà pourquoi aussi tant d'élèves auxquels on suppose un si grand avantage dans leur jeunesse, ne produisent à la fin rien de fort ni de relevé. Si le mérite dans quelques arts mécaniques consiste dans l'adresse de la main, on peut dire que dans la peinture le savoir de l'artiste est toujours l'exacte mesure du mérite de son tableau; aussi est-il à remarquer que dans les écoles savantes, presque tous les élèves sont devenus fort habiles.

Rappelons en passant que le goût, qui est perfectible lui-même à l'aide de la science ou des règles, s'élève graduellement, depuis le sentiment le plus grossier jusqu'au sentiment le plus exquis, et que cette amélioration du goût ne provient pas d'autres causes que des comparaisons développées par la théorie. Ceci prouve de nouveau que le goût est le sentiment éclairé des beautés de l'art et de la nature, ou bien (et c'est ce que nous voulions démontrer) que le génie ne peut se concevoir sans la faculté de sentir et de pratiquer les règles.

Cependant, malgré tout ce que je viens de dire, je conviens qu'il faut se garder de donner aux règles plus d'utilité qu'elles n'en ont et qu'elles n'en peuvent avoir; car, si l'on doit supposer qu'elles peuvent diriger le génie, on ne soutiendra jamais qu'elles en donnent à celui qui n'est pas capable d'en acquérir. Mais aussi on aurait tort de dire que le génie commence là où la règle finit, ou bien que les règles ne produisent de beaux résultats que lorsqu'elles sont employées par des génies extraordinaires. Je pense au contraire qu'elles ont cela de particulièrement utile, qu'elles suppléent jusqu'à un certain point au génie, et que, si elles sont nulles entre les mains d'un homme borné, elles rapportent toujours de grands fruits, lorsqu'elles sont cultivées par une intelligence ordinaire et avec beaucoup d'assiduité.

Convenons d'un autre côté que souvent aussi on a donné trop d'importance aux règles, parce qu'on les considérait comme le but, au lieu de les considérer comme le moyen, en sorte que de cette fausse façon de voir il est quelquefois résulté des ouvrages où les artistes écoutèrent plus leur raison que leur imagination, et où ils abandonnèrent le sentiment pour courir après les calculs. Si la règle sert de secours et d'appui au sentiment, elle ne doit ni le dominer, ni s'emparer de ses droits. La règle dirige le génie, elle ne le refroidit point; elle n'est point le but, nous venons de le dire, elle n'est que le moyen.

Il resterait à démontrer que les règles se convertissent à la fin en sentiment. Cette vérité, que l'expérience confirme tous les jours, n'a pas besoin d'un long commentaire, et je me contenterai de dire avec Engel à ce sujet que « la règle qui s'offrait d'abord avec clarté à l'esprit, » se transformera d'elle-même en idée et se confondra » avec le sentiment, qui au besoin se présentera lui-même » avec plus de promptitude et de facilité, l'ame ne perdant » plus rien alors de sa force par l'effet des incertitudes. »

### *Les règles ont aidé le génie des anciens.*

Ceux qui s'effarouchent si fort au mot de théorie et de principes, comme s'il n'en devait résulter que contrainte ou esclavage, seraient bientôt désabusés, s'ils voulaient observer sans prévention les plus beaux ouvrages des anciens. En effet, avec quelle liberté, avec quelle indépendance ces anciens n'ont-ils pas copié, selon les règles, certains morceaux archétypes célèbres ? Ne voyons-nous pas dans les statues antiques répétées souvent par leur ciseau, que tantôt ils changeaient une draperie, tantôt un accessoire, tantôt un membre dans une figure, et quelquefois même quelque chose dans la disposition du tout, et que cependant ils conservaient toujours l'idée dominante de l'original, ne s'égarant jamais dans ces changemens, et s'entendant, pour ainsi dire, avec les anciens auteurs de ces archétypes fameux ? Les nouvelles combinaisons qu'ils introduisaient de leur propre choix, ne détruisaient, n'altéraient en rien l'ordre, la beauté et la convenance des modèles. Le caractère seul des formes était varié parfois dans leurs copies et devenait d'une autre espèce; mais ces variations se faisaient, pour ainsi dire, avec la même facilité et la même sécurité que s'ils eussent voulu seulement changer sur la copie la dimension de leur modèle.

Une remarque est donc à faire à ce sujet, c'est que les anciens, avec leurs principes et leurs règles, avaient beaucoup moins de peine à produire des chefs-d'œuvre, que n'en ont réellement les modernes, malgré leur prétendue indépendance et leur vive fécondité, et cela se prouve aisément : les modernes avec beaucoup de fatigue ne vont point droit au but, et tous leurs coups ne portent point; les anciens à chaque coup frappaient juste et obtenaient un résultat, tous leurs moyens étant efficaces pour arriver à la fin qu'ils se proposaient, tandis que les modernes en sont encore à savoir quelle est cette fin, car ils rejettent même les règles qui pourraient la leur faire connaître. Et quand je dis que les modernes ont moins souvent réussi, j'entends dire par des ouvrages bons, raisonnables, dignes enfin et de l'art et de l'esprit humain, au nombre desquels je ne puis mettre ces milliers de tableaux qui sont autant de sottises facilement débitées ou de répétitions évidemment pitoyables.

A chaque pas que l'on fait dans l'étude de l'antiquité, on reconnaît les règles excellentes et infaillibles des artistes grecs. Si l'on observe, soit leurs écrits, soit leurs productions d'art, on découvre des principes, en découvrant des beautés. Enfin on ne sait lequel on doit admirer le plus, ou ceux qui ont fondé ces admirables préceptes, ou ceux qui par leur moyen ont créé tant d'ouvrages excellens. Mais ne poursuivons point ici des preuves qui n'échappent à personne; contentons-nous de citer le passage suivant de Plutarque, qui dit, en parlant de la fortune ou du hasard : « Dans les arts, rien de ce qui » est bien fait ne l'est par hasard, et, excepté l'exemple » de ce peintre qui imita heureusement l'écume d'un » cheval, en jetant de dépit sur son tableau son éponge » chargée de couleur, je ne connais aucun cas où l'ou- » vrage ait réussi autrement que par la prévoyance et la » science de l'artiste. Aussi, ajoute-t-il, les artistes usent » partout de règles, de lignes, de mesures et de nombres, » afin qu'en tous leurs ouvrages il ne se trouve rien qui » soit fait témérairement et à l'aventure, les arts étant » autant de petites prudences ou sagesses particulières » etc., etc. »

*Les règles ne gênent point, lorsqu'on a commencé l'art avec elles; elles ne peuvent gêner que l'artiste qui a contracté contre elles des routines.*

Je conviendrai volontiers que, s'il s'agit d'un artiste tout formé et qui est déjà accoutumé à ne briller que par des coups d'éclat ou par des saillies d'une verve audacieuse et pétulante, d'un artiste qui n'obéit qu'à de certaines inspirations provenant d'un conflit d'idées sur le poétique et le pittoresque de l'art, ainsi que sur ce qui peut séduire et surprendre, je conviendrai, dis-je, que si vous liez cet artiste, soit par des préceptes qu'il approuve, mais qu'il ne sent pas, soit par des considérations fort raisonnables, mais qui lui ont été jusque-là étrangères, soit enfin par des lois trop nouvelles pour lui, vous risquez de paralyser ses facultés, surtout lorsque son jugement n'a pas la même force que son imagination. Vous le verrez donc ou se refroidir, ou s'arrêter et devenir gêné et stérile. Mais, outre que ce cas est particulier et qu'on doit toujours supposer un grand sens et une forte tête chez l'artiste propre à se faire un nom, ce n'est jamais de cette manière que les amis des préceptes prétendent faire l'application de la théorie et rendre profitables les préceptes : ce ne sera pas un arbre fort et tortueux qu'on choisira, pour le redresser, mais bien de jeunes plantes susceptibles d'être soutenues et dirigées ; ce n'est pas à celui qui ne peut recevoir ou prendre des leçons qu'avec peine et avec contrainte, qu'il faut prodiguer des doctrines, mais bien à celui qui les désire comme un vrai soulagement, qui les recherche comme un moyen certain d'éclaircir ses idées, de les agrandir et de les fortifier.

L'amour de la gloire donne à un jeune cœur autant de souplesse que d'activité; l'orgueil au contraire, dans un homme fait, le roidit souvent et le rend peu propre aux bienfaits des conseils ou aux avantages qu'il pourrait retirer de la théorie. Il faut bien distinguer ces cas différens. S'il ne s'agit donc que d'esprits souples et déjà rendus dociles par le désir de la perfection, s'il ne s'agit que de ces élèves amoureux de la science et de la vérité, ardens dans les recherches, nourris de grandes pensées, sensibles à la vraie gloire, et délicats dans le choix de leurs affections, à ceux-là les règles seront vraiment utiles; elles deviendront pour eux toutes-puissantes, et ils ne manqueront pas de les trouver aussi bienfaisantes que légères à supporter; enfin elles soutiendront leur enthousiasme, prolongeront leurs élans, et seront pour toujours la base assurée de leur talent.

*La plupart des peintres ont plutôt ignoré les règles qu'ils ne les ont oubliées ou délaissées.*

Il y a deux façons de pécher contre les règles : l'une par ignorance, l'autre par oubli ou par négligence. Il serait facile de prouver, par un grand nombre de tableaux, que les peintres ont plus souvent ignoré ces règles qu'ils ne les ont méconnues ou délaissées. Raphaël, Tiziano et Michel-Ange n'ont fait de grandes fautes que parce qu'ils ne connaissaient pas parfaitement leur art, et non parce que leurs moyens naturels étaient bornés. Qui doutera que Poussin et Raphaël ne se fussent appris l'un à l'autre des choses toutes nouvelles, et qui ne reconnaît pas que la vue seule des beaux exemples ne suffit pas aux artistes, lorsque ces exemples ne sont point eux-mêmes développés et exposés à l'intelligence par une théorie déjà acquise, ainsi qu'ils sont communiqués à l'ame par l'expression énergique et touchante de leur langage ? Les bonnes copies ne sont si rares en peinture, comme en sculpture, que parce que l'intelligence des imitateurs est rarement à la hauteur de l'intelligence qui a produit ces originaux ; et il est si vrai que c'est l'intelligence, et non le sentiment, qui a presque toujours le dessus, que, lorsque des copistes ont une fois bien saisi le principe du maître dans quelques parties des originaux, ils répètent ces parties avec un talent et une résolution propres à tromper le discernement des observateurs les plus fins.

Les aveux faits par quelques peintres célèbres et modestes, servent encore à prouver la nécessité des règles. Raphaël n'hésitait pas à convenir qu'il ne possédait point encore certaines qualités dont il ne faisait qu'entrevoir le principe. « Jusqu'à présent, écrivait-il, je n'ai exprimé » par mes figures que du bois et de la pierre ; mais j'es- » père dans peu exprimer de la chair. » Plus d'une fois ce beau génie avoua ce qu'il devait au talent de Michel-Ange. Quant à l'incertitude de ses idées sur la beauté des formes, il la manifesta ingénuement dans une lettre connue où il s'agit de sa figure de Galathée. Combien d'autres aveux n'a-t-il pas dû faire, lorsqu'il raisonnait sur les qualités de Léonard, de Giorgione, de Massaccio, et peut-être de quelques-uns de ses élèves, car, n'en doutons pas, les grands maîtres apprennent partout et avec tous. Quant à Apelle, il connaissait toutes les règles de son art, et il savait très-bien convenir des qualités dans lesquelles il était surpassé par quelques peintres. Annibal Carracci disait que le traité de peinture de Léonard de Vinci lui aurait épargné vingt ans de travail, s'il l'avait lu dans sa jeunesse ; enfin un peintre habile de nos jours disait que bien souvent il regrettait de n'avoir pas lu dès l'âge de vingt ans les écrits utiles de Mengs.

Il est bien certain que tous les habiles peintres partirent du point où leurs maîtres avaient laissé l'art, et ce point était déterminé par le degré de connaissance des règles que ceux-ci possédaient. Les biographes ont trop souvent fait briller leur héros disciple aux dépens du maître. Il convenait de déclarer, par exemple, que Pérugino a conduit Raphaël beaucoup plus loin qu'on ne pense, quoique les talens de Raphaël aient été, quant au résultat, fort au-dessus de ceux de son maître. Prenez un des plus beaux ouvrages de ce Pérugino, et il s'en trouve de très-remarquables ; comparez-le à un tableau ordinaire de Raphaël, et vous verrez que ce n'est que l'application plus directe et plus franche du principe du maître, qui place Raphaël au-dessus de lui. Enfin sans Pérugino nous n'eussions pas eu Raphaël, parce que ce fut Pérugino qui instruisit d'abord Raphaël des principes de son art, et il eût été à souhaiter que cet illustre disciple eût eu à ses côtés pendant toute sa vie cet excellent guide. Pérugino, au lieu de refroidir Raphaël, comme quelques critiques pourraient le penser, eût contribué au contraire à l'animer et à l'exalter, en le faisant pénétrer plus avant dans les secrets de la représentation si difficile de la figure humaine. J. Bellini a quelquefois produit des morceaux excellens de coloris, ainsi que des effets grands et suaves, des compositions vastes et solennelles; mais on croit faire merveille, en dépréciant le maître, pour exalter le mérite de Tiziano, son disciple.

Au surplus, cette marche des arts et des sciences a été partout la même. On retient ce qu'on a appris, on obtient, on ajoute des découvertes, et l'art a fait un pas de plus; mais ces découvertes sont au fait de nouvelles règles qui appartiennent et se rattachent au grand code général. Les applications de ces règles existaient, il ne s'agissait que de les découvrir.

Ne doit-on pas faire remarquer ici le grand mérite de Poussin, qui seul et sans maître sut entrevoir les règles les plus relevées de son art dans un livre qu'il lui fallut traduire? Ce livre, c'était l'antique. Il y puisa les plus grands préceptes. Seul il y aperçut toutes les lois d'une réforme pour laquelle il sembla être destiné, car il n'avait eu pour maîtres que des artistes ouvriers et maniérés, pour émules que des peintres à la mode, sans goût et sans élévation. Poussin ne trouva donc pas à Rome un nouveau génie, mais de nouveaux modèles dont il sut apercevoir les principes. Poussin, resté confiné à Paris et assis dans le fauteuil académique, n'eût été qu'un peintre médiocre de plus, parce qu'à cette époque les grandes règles de l'art n'étaient point encore importées, et que les chefs-d'œuvre de l'antique n'étaient point exposés aux yeux des élèves et du public.

Qu'est-ce qui a élevé si haut le talent classique de David, si ce n'est sa pénétration dans les grands secrets du dessin et du beau? Pourquoi voulut-il retourner à Rome avant de produire quelque grand ouvrage capable de l'immortaliser? C'est qu'à Rome le nombre immense de monumens antiques mettait sous ses yeux un nombre immense de preuves de tel ou tel grand principe de l'art. La ferme volonté de cet artiste lui suffit donc : il observa avec opiniâtreté, il découvrit les causes de tant de perfections, il trouva à Rome tel ou tel précepte de son art, il s'en empara et produisit ainsi des chefs-d'œuvre.

Mais, objectera-t-on, pourquoi n'aurions-nous pas un plus grand nombre de grands hommes dans les arts, puisqu'il ne s'agit, pour y exceller, que de suivre des règles? — Je réponds que pour suivre ces règles, il faut autre chose que de l'imagination, de la facilité et de l'adresse; il faut une tête forte, bien organisée; il faut une ame noble, fière et indépendante; il faut un grand courage, et trop souvent il faut aussi, et dans nos mœurs surtout, des avantages étrangers à ces mêmes moyens, je veux dire des circonstances favorables, des protecteurs ou de la fortune.

Toutes ces règles, dira-t-on encore, toutes ces circonstances heureuses, ne feront pas un grand artiste, s'il n'a pas du sentiment, du feu, de la grâce et du génie. — Ces mots, disons-le en passant, ne portent pas avec eux une expression bien claire, bien positive ; mais adoptons le mot sentiment qui semble collectif, et demandons-nous s'il est possible que l'homme, dont l'ame est telle que je viens de la définir, en soit dépourvu. Il ne s'agit donc que de tel ou tel degré de sentiment, et certes, à savoir égal entre deux artistes, celui-là l'emportera, qui excellera par le sentiment ; mais aussi il faut convenir qu'avec une assez faible dose de ce sentiment, un artiste pourra créer des chefs-d'œuvre, et il serait absurde de supposer qu'un artiste en soit tout à fait dépourvu. Ainsi je ferai remarquer que Poussin et David sont peut-être les deux peintres célèbres qui manifestent le moins de ce sentiment qu'on semble voir s'exhaler des peintures de Correggio, de Raphaël ou de Le Sueur. Et ici, tout en respectant l'exagération de certains amateurs, qui, quand ils trouvent de ce sentiment dans les tableaux, vont affirmant que l'ouvrage est admirable, je dis que, pour qu'un ouvrage soit admirable, il faut qu'il soit tel que l'exige le caractère d'utilité et de beauté de l'art. Mais laissons ce point.

Je répète donc que Poussin et David sont sous ce rapport un peu froids, et cela bien qu'il y ait plusieurs exceptions à cette décision. Le tableau des Sabines est un peu froid, la plupart des ouvrages de Poussin le sont aussi : mais l'un dans l'invention, dans les convenances, et dans le choix des acteurs, est admirable ; l'autre dans l'expression des formes humaines, dans la simplicité et la beauté du nu, dans le style vrai et noble à la fois, est admirable de même. Où David a-t-il emprunté les règles du dessin et de l'anatomie artistique ? Dans l'antique. Où Poussin a-t-il pris ces ingénieuses et nobles combinaisons, et ce mode sévère et décent qui rend si respectables ses peintures? Dans l'antique. Ces génies étaient forts et inflexibles. Toute l'école des Carracci, des Darpino, des Carravagio, n'obtint de Poussin aucune concession. David vit son école dévier de la ligne austère qu'il avait tracée; on dénigrait l'antique devant lui; il entendait prodiguer mille louanges à des gentillesses doucereuses, à des productions aimables et pauvres : ces louanges l'irritaient, mais elles fortifiaient ses résolutions. « La nature, disait-il, voilà la règle; le » beau de la nature, voilà la loi de tout artiste. Quant à » la manière, elle est la honte de l'art. » Mais aucun peintre moderne n'a compris plus clairement que lui ce que c'est que manière, ce que c'est que vérité de formes, et, ce savoir, il le devait aux règles qu'il sut découvrir et respecter.

Quant à ce Claude Lorrain, autre nom français qui illustra la peinture, n'est-ce pas une leçon toute excellente de perspective que ses beaux paysages? Qu'aurait donc produit son goût naturel et toute sa grâce, si les règles relatives à l'optique de la peinture n'eussent guidé les touches de son charmant pinceau?

Ainsi on aperçoit que les élèves habiles ont suivi très-exactement les règles démontrées par leurs maîtres, et quelquefois les règles que sans eux ils ont su découvrir. Celles qu'ils n'ont pas observées, sont celles qu'ils ont ignorées. Quand je dis ignorées, je ne veux pas dire qu'elles n'aient jamais été aperçues par l'artiste, mais que ces règles, comme la plupart de celles qui ont été écrites jusqu'ici, étant isolées et détachées de leurs principes, les artistes n'en ont pas senti l'importance et le profit, en sorte qu'ils les ont peu considérées et ne se sont pas décidés avec confiance à s'y soumettre.

Il y a eu des écoles où il ne s'est pas trouvé un seul peintre qui ait eu l'idée ou qui ait eu connaissance des parties premières et essentielles de son art. Rhimbrandt couvrait de vieilles armures et d'étoffes, ou plutôt de guenilles de toute espèce, la première personne venue qui lui servait de modèle, et il appelait cela ses antiques. Michel-Ange ne se doutait pas des principes de la composition, tels que Poussin a su les observer. Rubens n'avait aucune idée du pouvoir d'un dessin châtié et délicat, tel que le conçut avec raison Léonard de Vinci, ou d'un dessin vrai, correct et beau, tel que l'ambitionnait David. Le Sueur était absolument étranger aux documens chromatiques auxquels Tiziano et Giorgione s'efforcèrent de se soumettre, documens qu'ils croyaient être les seuls importans dans la peinture. Enfin j'oserai dire que si Greuze eût rencontré Albert-Durer, ils auraient ri l'un de l'autre. En effet l'aridité sévère du premier, le moëlleux incertain du second; la manière rigoureuse mais tudesque de l'un, et la manière facile mais française de l'autre rendent ces deux peintres absolument différens.

Il résulte que tous ces artistes ont dirigé leur génie selon l'idée qu'ils avaient de l'art; quelques-uns ont cru représenter la nature en n'en représentant que les teintes, d'autres en n'étant sévères que sur les contours; ceux-ci prenaient un individu quelconque pour la nature, ceux-là ne voyaient dans la peinture que le relief, c'est-à-dire, le clair-obscur, et un tableau d'effet était à leurs yeux le meilleur ouvrage. Mais ne prolongeons pas cette critique.

*Puisque les peintres changent de manière, leur sentiment n'est donc point la cause permanente de leur talent.*

On reconnaît tous les jours les divers changemens survenus dans la manière des peintres qui renouvelèrent leurs idées, soit dans des voyages, soit par la méditation, soit enfin par des comparaisons de toutes sortes. Suivons Rubens en Italie; observons Vandyck à Venise, ou Poussin après ses études à Rome, et nous remarquerons l'influence résultant des idées perfectionnées et des doctrines acquises en ces pays par ces artistes. On a dit avec justesse qu'Albert-Durer serait devenu un digne émule de Raphaël, s'il avait étudié son art à Rome et au sein des modèles antiques.....

Les peintres n'ont donc changé de manière, que parce qu'ils ont changé de doctrine, et ils ne se sont réellement élevés qu'en élevant leur théorie. Plusieurs fois ils ont subordonné leur propre sentiment à la puissance des règles qu'ils découvraient ou qu'ils apprenaient successivement, en sorte què plus tard ils ont trouvé vicieux et maniéré ce qu'ils avaient auparavant regardé et goûté comme excellent. Enfin, si nous ne craignions pas ici d'employer une comparaison un peu vulgaire, ne pourrions-nous pas dire que les grands résultats de l'art ressemblent à ces tours d'escamotage qui surprennent le public et que l'on ne peut imiter, si l'on n'en possède le secret? Aussi Quintilien remarque-t-il que les ignorans ne comprennent que le plaisir de l'art, mais que les gens instruits en comprennent le principe [1]. C'est donc pour avoir saisi ce secret et avoir

[1] *Docti rationem artis intelligunt, indocti voluptatem.*

compris cette raison de l'art, que les peintres ont changé de manière.

Les sentimens individuels de tous les artistes, a-t-on répété, sont tellement différens entr'eux, qu'en supposant qu'ils cherchent tous sincèrement à imiter le même objet, ils le représenteront cependant chacun à leur manière et différemment. C'est de cette objection que les ennemis des règles se prévalent beaucoup, pour prouver que ce sentiment individuel sera toujours plus fort que les règles, puisque, disent-ils, la nature, qui est la règle, ne peut, dans le cas même qui vient d'être cité, les réunir de sentimens. Mais cette objection ne se détruit-elle pas d'elle-même, puisque le même artiste qui aujourd'hui imite son modèle de telle façon, l'imitera demain d'une autre, si on lui fait apercevoir et bien comprendre les caractères et les rapports de la nature qu'il avait mal saisie d'abord ou mal aperçue ? Et c'est en cela même que les règles sont utiles, puisqu'elles réunissent dans la vraie route ceux que leur sentiment particulier faisait plus ou moins diverger. Enfin, quoiqu'il soit vrai que plusieurs artistes, guidés tous par la même théorie, fassent voir un sentiment distinct et particulier, il n'en est pas moins vrai aussi que par le moyen des règles ils peuvent tous beaucoup se rapprocher. Il faut convenir que, si les préceptes sont faux, les artistes s'éloigneront tous à leur façon de la nature; mais tous s'en rapprocheront à leur façon, si les préceptes sont justes. C'est ainsi que les sculpteurs grecs se ressemblent, malgré leur différence; c'est ainsi que dans les écoles de Tiziano, de Michel-Ange, de Rubens et des Hollandais, on voit les élèves n'être différens entr'eux que par de petites variétés qui appartiennent à leurs divers caractères. Cette objection semble donc prouver au contraire l'importance et l'efficacité des règles, puisque sans elles le sentiment isolé et indépendant des artistes peut les éloigner extrêmement de la nature, bien qu'ils désirent tous y atteindre; elle prouve de plus que les règles n'apprennent à se rallier vers la nature, qu'en apprenant avant tout à la voir sans prévention et à se conformer à ses véritables caractères dans l'imitation qu'on se propose d'en faire.

C'est encore une erreur que de penser que l'affection exclusive pour une partie de l'art, doive être considérée comme étant l'effet tout simple de notre organisation naturelle et d'une sympathie qui doive durer, malgré nous, toute la vie, car, faisons-y bien attention, cette affection provient d'une première direction des idées et d'une première impression produite d'abord par le spectacle qu'offre cette même partie de l'art. Il est vrai que souvent cette impression résulte de préventions ou de préjugés involontairement contractés lors des premiers tems de jouissance que procure la peinture, mais cette affection exclusive provient surtout de l'ignorance des règles, ainsi que de la confusion des idées au sujet de l'importance relative des parties de l'art. Ainsi c'est cette connaissance, c'est cette instruction qui seule peut mettre un terme à tant d'affections exagérées et dangereuses pour le talent; c'est cette connaissance des règles qui peut tempérer les goûts exclusifs, lesquels, sans elle, dégénéreraient en passions fantasques de l'esprit.

Au surplus, quel autre moyen préservatif que cette même instruction, pourrait être employé, surtout si cette passion pour une partie de l'art acquiert d'autant plus de force et de durée que celui qu'elle domine semble vouloir renoncer à des idées raisonnables qui lui paraissent trop vulgaires? Des amateurs, des peintres veulent jouir réellement de la peinture, et ils s'obstinent à admirer avec enthousiasme, à goûter telle ou telle beauté pittoresque qui, plus que toute autre, leur est familière. S'abandonnant à cette préférence, ils luttent avec obstination contre tout critique qui prétend les blâmer; ils vont plus loin, ils ont pitié de tous les goûts qui sont contraires au leur, tant ils sont persuadés de leur propre sagacité et de l'excellence de leur sentiment. L'amateur peu éclairé fera parade d'une petite idée en peinture, parce qu'il n'en possède pas de plus grandes. Cette même petite qualité de l'art, il vous l'indiquera avec emphase dans tel ou tel grand maître, comme si ce maître n'était grand et célèbre que par ce petit moyen. Enfin, il saura ainsi se suffire à lui-même, en s'abusant et en se complaisant dans ces idées limitées, dont il sait toutefois tirer bon parti au profit de sa vanité. Mais telle est la puissance de la théorie, que chaque qualité est par elle assignée à son lieu, que chaque beauté n'est remarquée et sentie que relativement à d'autres beautés et selon leur ordre véritable, en sorte que tel artiste que les règles éclairent à la fin, sourit au souvenir de ses anciennes préférences, et finit par rougir de ses anciennes préventions. N'en doit-on pas conclure que le sentiment n'est point le seul guide, et ses variations, ainsi que sa marche incertaine, ne prouvent-elles pas qu'il existe un autre régulateur que lui? Or, ce régulateur, c'est la théorie, ou, si on le veut, c'est l'art lui-même.

Enfin jamais les règles ne changent et ne cessent, mais le sentiment chancelle et s'éteint. Aussi, à leur retour d'Italie, beaucoup d'élèves de nos climats font voir d'abord dans leurs ouvrages de l'inspiration et du feu; ils se distinguent par un certain élan du sentiment; mais bientôt ce feu s'affaiblit, et ces mêmes artistes ne prouvent que trop souvent que ce n'est point de l'instruction qu'ils sont allés acquérir dans ce pays des beaux modèles, mais une certaine chaleur d'emprunt, qui, une fois dissipée, laisse leur esprit sans guide et à nu. Ce sont donc des règles surtout qu'on devrait aller chercher à Rome, et non uniquement des impressions, ou des copies et des croquis d'après les belles choses. Les impressions, le souvenir des belles choses s'évanouit et fait bientôt place à des idées mesquines et à mille préjugés de terroir; mais les règles ne peuvent en aucun pays se flétrir, se corrompre ou disparaître : on les trouve donc en tout tems, en tout lieu, quand on veut les employer contre le refroidissement et contre l'inconstance du sentiment.

### *Si, malgré les règles, l'ouvrage est froid, c'est la faute du génie de l'artiste, et non la faute des règles.*

Je sais très-bien que les ouvrages sans défauts et faits en apparence selon les règles, sont souvent insipides, sans attraits, et que l'admiration des gens difficiles se porte principalement sur les productions qui présentent quelque chose de grand, d'extraordinaire, de charmant et de très-expressif, quoique les règles y soient violées fréquemment : mais remarquez que les ouvrages sans défauts et sans grandes qualités proviennent toujours d'auteurs sans génie, et que néanmoins ils ne sont ni dangereux ni trompeurs par leurs extravagances ou leurs vices, et qu'ils sont enfin tels qu'ils devaient être, si on considère la source commune qui les a produits ; tandis que les ouvrages extraordinaires, mais vicieux, n'étant pas certainement admirables par leurs défauts, mais bien par la force de certaines qualités qui les élèvent à un degré éminent, font regretter que leurs auteurs, en méconnaissant les règles, aient méconnu ou délaissé tant d'autres belles conditions essentielles à l'utilité de l'art, et que leur force naturelle pouvait aisément réunir. Enfin ce n'est pas l'homme hardi et qui fait avec une vigueur extrême les choses toutes différentes de ce qu'elles doivent être, que nous devons admirer, mais bien l'auteur d'un ouvrage sublime, touchant et raisonnable à la fois, où tout enfin soit si bien ce qu'il doit être, qu'aucun autre ouvrage, quelque libre, quelque hardi qu'il soit, ne puisse lui être comparé. Ce n'est pas la disposition naturelle à une indépendance audacieuse et à un caractère original, qui constitue le vrai mérite, mais bien l'ordre et la réserve, lorsqu'ils dirigent ce feu créateur. Point de vrai mérite s'il n'y a utilité, et point d'utilité sans l'économie bien entendue de toutes les facultés ou puissances naturelles et acquises de l'esprit. Et si la chaleur d'un artiste exalté, mais téméraire, fier et sublime parfois, mais ignorant, lui vaut de grands éloges, cet artiste néanmoins, et malgré ses élans, n'apporte à son art que de la corruption, tandis que l'artiste sage, quoique froid, ne sort point du devoir que lui impose son art et la société ; aussi n'y cause-t-il aucun désordre, il y fait seulement peu de bien. Si donc l'ouvrage d'un tel artiste est froid, ce n'est pas la faute de son génie seulement, mais la faute des règles, car sans elles cet ouvrage eût été encore bien plus froid.

*De la distinction et démarcation qu'il importe d'établir entre ce qu'on appelle le sentiment, la chaleur, l'ame dans les ouvrages, et l'exacte observation de toutes les règles.*

Ceux qui répugnent à regarder les règles comme des moyens suffisans pour produire des chefs-d'œuvre, ne manquent pas de faire beaucoup trop valoir la puissance de ce qu'ils appellent l'ame, le sentiment et la chaleur dans les ouvrages. Ils citent des poèmes épiques, des tragédies, où toutes les règles, disent-ils, sont très-bien observées, mais dont la lecture et l'effet sont sans charme et sans beauté, en sorte que, malgré cette obéissance servile aux règles de l'art, l'ouvrage est médiocre, loin d'être excellent; et cela faute d'ame, faute de cette expression qu'on communique ou qu'on ne communique pas, parce qu'on est ou favorisé ou disgracié du ciel à cet égard.

Cette opinion est adoptée et communiquée volontiers : premièrement, parce qu'elle est commode, en ce qu'elle dispense les critiques d'acquérir la connaissance des règles et d'en posséder l'analyse; secondement, par ce qu'elle est douce à notre amour-propre toujours flatté, quand nous ne jugeons que par sentiment seulement, et quand, d'après des impressions, nous décidons que tel ouvrage est bon, médiocre ou excellent. Qu'on me permette ici de proposer une comparaison prise dans la littérature. Supposons donc un auteur qui dans son poème aurait suivi toutes les règles; n'est-il pas certain qu'il aurait par conséquent suivi celles de la convenance dans les caractères, celles de la dégradation et de la variété, celles du langage, etc.? Si au contraire nous supposons que dans l'ouvrage de ce poète, les personnages ne soient pas figurés avec leur caractère; s'ils y agissent sans convenance, si d'ailleurs ces divers caractères sont aussi importans, aussi ressentis les uns que les autres, un tel poète aura certainement blessé des règles très-essentielles. Or il est tout aussi raisonnable de donner à ces fautes le nom d'oubli ou ignorance des règles, que de les appeler défaut d'ame, de chaleur et de sentiment, ou bien encore absence de cette flamme divine qui toujours doit exciter les peintres et les poètes. Cependant ne considérons dans l'ouvrage de ce poète que les conditions exigées dans le langage seulement, telles, par exemple, que la propriété des termes, la variété, l'harmonie, etc., qualités que nous savons être autant d'obligations qui lui sont imposées; n'appelerons-nous pas ces qualités des règles? Et s'il les néglige, dirons-nous qu'il a manqué d'ame, de sensibilité, d'accens touchans? Nous spécifierons même ses erreurs, nous reconnaîtrons l'impropriété de ses expressions, nous en substituerons de plus convenables, enfin l'erreur sera, ainsi que la règle, positivement démontrable. Qu'on s'obstine à dire que ces fautes proviennent du manque de génie et de ce beau feu nécessaire dans les arts, c'est fort mal critiquer; mieux vaudrait reprocher à un tel poète son manque de sens commun ou son peu d'aptitude.

Et si nous poursuivions ces mêmes observations, nous conviendrions que cette part trop grande qu'on croit devoir accorder et attribuer au sentiment, est tellement restreinte, vu l'étendue qu'il est naturel et juste de donner aux règles, qu'elle se réduirait à un faible degré de faculté sentimentale, faculté qu'on supposerait toujours exister à un certain degré dans tout être pensant susceptible de composer un ouvrage d'esprit. Mais, répliquera-t-on, n'est-ce pas cette ame, cette chaleur, qui fait que, si deux hommes racontent la même chose, l'un nous touchera et nous enchantera, l'autre nous laissera froids et comme dégoûtés ? Je persiste à dire que, si l'un des deux raconte mieux, c'est qu'il raconte mieux selon les règles, c'est qu'il a converti ces règles en sentiment, c'est qu'enfin toujours il choisit, comme par instinct, mais effectivement par savoir, le meilleur ordre, les meilleurs traits et les meilleures expressions. L'homme froid n'a point assez cherché, point assez comparé; il a connu et obéi à certaines règles, mais il n'a ni reconnu, ni senti, ni atteint par conséquent celles qui étaient subtiles, délicates ou trop relevées pour lui. Or on peut tout aussi bien dire que c'est faute d'ame, faute de chaleur et de génie qu'un auteur n'a ni senti ni atteint ces règles, que de dire que c'est faute d'ame et de sentiment qu'il a composé avec froideur et qu'il a écrit sans expression. N'est-il donc pas plus vrai d'affirmer que c'est ou faute de talent ou faute d'instruction ? On aperçoit maintenant que vouloir absolument appeler génie le sentiment, c'est ne plus savoir à quoi s'en tenir et sur quels points d'appui se baser en raisonnant sur ces questions.

Mais ne parlons que de la peinture. Je dis donc qu'il importe infiniment de connaître la démarcation qui sépare l'ame et le sentiment d'avec l'obéissance aux règles. Tel peintre nous émeut, nous ravit, parce qu'il y a dans son ouvrage quelque chose de vif, de puissant et de très-relevé; tel autre nous attendrit, nous touche jusqu'aux larmes, parce qu'il communique quelque chose de doux, d'insinuant, de tendre qui trouble doucement notre cœur, etc.

N'y a-t-il donc que ce dernier seul qui possède de l'ame et du sentiment? Si l'un arrache les larmes, l'autre ne remplit-il pas, n'agrandit-il pas toute notre ame? Celui qui nous fait tressaillir par une vérité animée qu'il a su répandre sur tout son ouvrage, est-il moins rempli de feu que l'autre qui nous aura attendris par des sentimens doux et affectueux? Non : tous les deux ont l'ame, la chaleur, la flamme divine qui ennoblit les artistes. Leur talent diffère, mais non leur mérite; leur caractère n'est pas le même, mais ils se ressemblent par le génie et par l'expression. Tout le feu de Michel-Ange, de Rubens et de Tintoretto ne diminue point l'éclat de Raphaël, de Correggio, etc. Correggio est tendre et touchant, il va à l'ame; Michel-Ange, tout violent et étrange qu'il est, va aussi à l'ame. Arracher des larmes, n'est pas le but des beaux-arts; étonner, surprendre, effrayer, n'est pas l'unique but du poète ou du peintre. Les artistes mettent donc dans leurs ouvrages ce qu'ils ont d'ame et de sentiment, et en cela ils diffèrent entr'eux-mêmes, quand ils observent tous les règles. Mais si observer les règles et mettre de l'ame sont deux choses fort différentes, ne prenons pas le change et n'attribuons pas à l'oubli des règles ce qui est l'effet du manque de sensibilité expansive et d'aptitude de l'artiste; n'attribuons pas non plus à son ame ce qui est l'effet de l'observation des règles.

Qu'un habile professeur corrige par des conseils l'ouvrage d'un élève occupé, par exemple, à peindre une tête ou une figure; à chaque correction cette tête ou cette figure s'animera, son expression deviendra vraie et plus pénétrante; cette attitude se vivifiera, l'action sera énergique, et à la fin la figure sera belle et touchante. Ce professeur a-t-il communiqué de l'ame à son élève, ou lui a-t-il communiqué des règles ? Certes c'est de l'instruction, et non de l'ame, que celui-ci vient d'acquérir en cette leçon. Un artiste à vingt ans anime peu ses figures ; elles sont sans caractère : à trente ans il produit des tableaux vivans, forts et touchans. Est-ce le moral de l'artiste ou son talent qui a changé ? Souvent les artistes vieux font des ouvrages plus gracieux, plus frais, plus attrayans qu'à vingt-cinq ans ; car alors ils les faisaient durs, rudes et sans charmes. Un peintre de portraits excelle dans les têtes ; mais ses mains, ses bustes même sont gauches et estropiés : dira-t-on qu'il n'a d'ame que jusqu'au buste ? Le cordonnier critique d'Apelle n'avait-il de l'ame que jusques à la chaussure ? Non ; mais il était ignorant, excepté en ce point.

Poussin et Corneille ne nous tirent guère les larmes, dira-t-on, parce qu'ils n'ont pas eu en partage le sentiment divin. L'écorché peint par Classens fait frissonner à cause de sa grande vérité : prêtera-t-on à ce peintre plus d'ame qu'à Albani, qui tentait de faire sourire les Grâces ? Et à ce même Albani, dont les pinceaux folâtraient si décemment avec les Amours, prêterons-nous plus d'ame qu'à l'auteur de la Vénus Médicis ? Non. L'auteur de la Vénus connut les règles de l'art et fit vivre Vénus ; Albani, mal instruit à l'école tendue et enflée des Carracci, cherchait, appelait, invitait même avec sourire les Grâces, mais des fantômes dénués de charmes répondaient seuls à ses vœux. Analysez le Déluge de Poussin, tout y est convenance, propriété ; tout y est règles et principe. L'ouvrage est-il froid pour cela ? Voyez d'autres Déluges, où l'artiste délirant a eu l'ame exaltée et comme transportée au centre de cette désolante catastrophe :

point de chaleur, point de magie. Dites donc : point de convenance, point de règles suivies, point de science et point d'art. Si l'ame était tout, chacun pourrait sans études être poète, peintre ou musicien.

Remarquons en passant que les personnes ignorantes en musique et qui mettent de l'ame en chantant, font plus ou moins de peine à entendre, selon que leur ignorance est plus ou moins générale sur cet art. On entend parmi le peuple des voix fort heureuses et fort touchantes, qui n'expriment que des contre-sens ou des singeries. Souvent on obtient de grands talens de ces mêmes individus, lorsqu'on les tire de l'obscurité, pour les former dans les conservatoires, et là ils réussissent, non en raison de leur sentiment et de cet accent qui leur est propre, mais en raison des doctrines plus ou moins bonnes de ces institutions et de la force d'intelligence de ces sujets. Mais combien de ces chanteurs à belle voix qui seront incapables toute leur vie d'inventer un motif de chant heureux et excellent ! Ne pourrait-on pas les comparer à ces jeunes peintres qui ont un pinceau facile, hardi et charmant, mais qui n'auront jamais rien de plus, et qui toute leur vie en resteront là? Enfin, chez une foule d'artistes, l'ame s'aperçoit, ainsi que le sentiment; mais leur défaut de savoir, leur ignorance des règles s'aperçoit bien plus encore.

Toute cette question est, selon moi, délicate et belle, en ce qu'elle tend à faire estimer, rechercher et poursuivre les règles. Conformez-vous donc aux préceptes, et vous semblerez augmenter en ame et en sentiment. Veuillez ajouter plus d'ame, mais blessez les règles; vos contre-sens vous feront accuser de froideur et de mensonge. Faites vrai, faites beau et convenable, et ce que vous avez d'ame ressortira au milieu de ce que vous aurez acquis d'instruction. Excitez votre sensibilité, visez au touchant, à l'expressif et au chaleureux; mais, si vous dédaignez, si vous délaissez les règles, on vous accusera de manquer d'énergie, d'ame et de feu, et plus vous ferez d'efforts, plus vous multiplierez les témoins de votre impuissance.

### *Toutes les règles sont nécessaires pour élever tout l'ouvrage à un haut degré de beauté.*

Mais, dira-t-on, nous admettons que les règles sont utiles. Il s'agit maintenant de prouver que c'est la pratique de toutes les règles à la fois qui est indispensable, et que l'on ne peut parvenir à des chefs-d'œuvre, si l'on péche seulement contre quelques-unes des plus essentielles.

Il est à remarquer d'abord que cette nouvelle question est assez difficile à établir. En effet, il faudrait déterminer premièrement jusqu'à quel point on blesserait la règle, et secondement de quel degré d'importance est en général cette règle qu'on a négligée, de quelle conséquence même elle est en particulier dans un tableau désigné; car, pour prendre un exemple, une jambe torse, comme on en remarque quelquefois à certains personnages des tableaux de Rubens, serait une bien plus grosse faute dans une figure de Vénus que dans une figure de suivante. Le manque de suavité dans le coloris, est un défaut bien plus choquant dans une composition calme et gracieuse que dans une scène violente et terrible, de sorte qu'il est plus naturel, plus simple et plus raisonnable de décider que toutes les règles principales de l'art sont indispensables dans l'exécution, que de déterminer d'une manière recherchée les cas où quelques-unes seulement peuvent être violées impunément. On ne saurait donc désunir dans la théorie certaines règles qui la constituent entière et complète. La théorie est une, comme l'art lui-même est un, et cela, malgré la diversité des génies et des productions. Cicéron nous l'explique positivement, en parlant de la différence des styles des premiers artistes grecs. Pour démontrer encore l'obligation où se trouve l'artiste d'observer à la fois toutes les règles essentielles dans un seul ouvrage, il faudrait s'étendre sur l'importance de chacune de ces règles en particulier, et prouver que sans chacune d'elles l'ouvrage ne saurait avoir le caractère qui lui convient : or on conçoit toute l'étendue de ces questions qui composeraient elles-mêmes un traité de l'art.

Réduisons donc toute cette question à un seul point. Qu'est-ce qu'un tableau parfait ? C'est un tableau dans lequel une grande vérité d'imitation est unie à la beauté du choix. Or il est impossible que cette vérité et cette beauté existent dans le tout, si une des règles essentielles et fondamentales a été violée. En effet, et pour prendre tout de suite quelques exemples, une faute essentielle de coloris peut tellement affaiblir la vérité du dessin, tellement déranger la représentation des plans et des formes, que la vérité générale en soit détruite elle-même. Une faute grave dans le clair-obscur peut détruire toute la vérité de la teinte ; et si nous appliquons cela à la beauté, ne pouvons-nous pas dire qu'une faute grave contre la disposition peut souvent altérer la beauté de la composition, au point que le plaisir de l'esprit soit neutralisé par le déplaisir des yeux, de même que l'harmonie des teintes peut perdre toute sa beauté, si la disposition du clair-obscur est vicieuse et mauvaise, etc., etc. ?

Poursuivons. Tel sera vrai dans l'optique et le relief des formes, qui n'entendra rien à la vérité des mouvemens et du jeu mécanique du corps humain ; et cette espèce de vérité n'étant pas exprimée, le résultat principal de l'art sera manqué, je veux dire l'expression de vie et de beauté qu'il doit offrir au spectateur. Tel autre peintre connaîtra et exprimera bien cette vérité, mais l'aspect de sa figure sera d'une couleur et d'un clair-obscur si rebutans, que nous ne serons jamais transportés devant la nature en voyant de pareils tableaux. Un autre offrira un excellent coloris ; la magie des teintes produira un aspect naturel et attachant, mais l'objet représenté sera sans intérêt, sans beauté ; le dessin sera sans propriété et sans correction, et ce peintre aura aussi manqué le but. La connaissance complète de la théorie ou des règles de la peinture conduit donc à la connaissance de toutes les vérités et de toutes les beautés de cet art. Au reste, s'il est difficile de prouver ici complétement l'obligation où est le peintre de satisfaire à toutes les règles fondamentales, cette difficulté provient, on le voit, de la grande étendue de la théorie.

Quant aux chefs-d'œuvre que nous connaissons de l'antiquité, ne voyons-nous pas qu'ils réunissent toutes les règles essentielles à l'art qui les a produits ? Il n'est pas un de ces admirables modèles où les lois constituant la vraie doctrine aient été violées. Les plus excellentes statues grecques, que nous appelons classiques, offrent chacune isolément toutes les qualités du grand art de la sculpture. Que ne pouvons-nous citer aussi les fameuses peintures des maîtres de la Grèce, et montrer du doigt tous les grands principes de la peinture consacrés dans ces merveilleux tableaux que le tems n'a pas respectés !

Enfin il n'y a pas d'amateur qui ne se soit figuré tout le plaisir qui résulterait des plus rares tableaux de nos collections, si les peintres y avaient su observer tant de règles essentielles dont l'oubli les dépare si souvent, les rend comme étrangers aux personnes simples ou peu initiées dans les mystères d'écoles, et en font des ouvrages plus propres à exciter la curiosité, qu'à mettre en mouvement de grandes pensées et de beaux sentimens. Ce vœu, que forment souvent les amateurs de la peinture au sujet de cette réunion en un seul tableau de toutes les qualités ou conditions de cet art, est encore une preuve de cette nécessité où est le peintre de pratiquer toutes les règles de son art. On objectera peut-être que, si ces amateurs savaient goûter et bien sentir une seule beauté de l'art, cette seule beauté suffirait pour les satisfaire et exalter leur sensibilité. Je réponds à cela que des artistes seuls peuvent être électrisés à ce haut degré par une seule et unique perfection, mais que le public et que l'homme en général n'est ému, n'est maîtrisé, n'est entraîné, qu'autant que le tout dans un ouvrage offre la réunion complète et puissante des combinaisons ou des moyens principaux de l'art, réunion par laquelle cet ouvrage lui fera réellement quelque bien, au lieu que, si l'ouvrage n'offre qu'un ou deux de ces moyens, le spectateur est obligé de s'efforcer, de se violenter, pour ainsi dire, s'il veut jouir de cette qualité particulière.

Certains écrivains se sont trompés et ont entièrement confondu les questions, lorsqu'ils ont voulu démontrer que l'artiste qui cherche à réunir toutes les qualités, court risque de n'en posséder aucune. Leur erreur vient de ce qu'ils n'ont pas distingué l'imitation de plusieurs maîtres à la fois d'avec l'étude de plusieurs parties de l'art. Il est certain que l'élève qui ambitionnerait d'être en même tems un Tiziano, un Raphaël, un Paul Véronèse, un Carracci, un Poussin, ne serait peut-être ni lui-même, ni aucun de ces maîtres; mais celui qui s'attacherait à prendre des exemples dans chacun d'eux, pour compléter son talent, ne pourrait qu'en retirer un grand profit, étant aidé des lumières de la méthode et conduit par un esprit d'analyse.

De même donc que ceux qui commencèrent jadis à corrompre la littérature latine, méprisèrent d'abord et rejetèrent quelques règles essentielles qui constituent le bon goût, de même ceux-là introduisirent dans l'art moderne la corruption, qui ne firent pas autre chose que d'enfreindre et de méconnaître quelques-unes des premières lois antiques de l'art, en sorte qu'aussi long-tems que ce mépris durera, aussi long-tems durera notre infériorité par rapport aux anciens, et cela, malgré nos perfides louangeurs et malgré toutes les complaisances de notre vanité.

C'est ici qu'il convient, je crois, de s'entendre sur une question répétée fort souvent. Un dessinateur, dit-on, ne saurait être grand coloriste, et un coloriste ne sera jamais un grand dessinateur; mais toute personne étrangère à l'art de la peinture ne manquera pas d'être surprise d'une telle proposition, et l'étonnement augmentera encore, si, pour la prouver, on ajoute : voyez Rubens, voyez Raphaël. Qu'on ait dit seulement : celui qui coloriera comme Tiziano ou Rubens, ne dessinera jamais comme Michel-Ange ou Raphaël; une telle assertion n'a rien de surprenant, car il est facile de concevoir que rarement un artiste peut porter au même degré de perfection deux parties éminentes de son art, puisque son organisation individuelle lui facilite plutôt la perfection d'une partie que celle d'une autre. Voici donc comment on pourrait réduire cette objection : puisqu'un peintre ne saurait porter à un très-haut degré toutes les principales parties de son art, il n'excellera probablement que dans quelques-unes. Rien de plus juste que cette observation; il fallait s'en tenir là. Mais ajouter, ainsi qu'on le fait, qu'on ne colorie qu'au détriment du dessin, qu'on ne dessine qu'au détriment du coloris; ajouter que c'est ainsi que doit marcher la peinture, que c'est ainsi qu'elle marchait dans l'antiquité; ajouter qu'Apelle, qui composait et dessinait bien, n'était sûrement pas coloriste, et prouver cela par Rubens et Raphaël ou au moyen de quelques figurines peintes sur des murailles par des décorateurs du second ordre dans l'antiquité, c'est ou déraisonner, ou n'être pas de bonne foi.

Revenons à la manière d'envisager ce point. Le peintre exécute d'après les idées qu'il a, et s'il n'a pas su acquérir toutes les idées essentielles de son art, il péchera en raison de cette ignorance. Il est vrai qu'il ne réalisera pas toujours son idée sur la perfection de telle ou telle partie, bien qu'il en ait le désir; mais il manifestera cette idée jusqu'à un certain degré. Or, ce qui a manqué à Raphaël et à Rubens, ce n'est pas ce qu'ils savaient, c'est ce qu'ils ne connaissaient pas; peu importe ici s'ils sont excusables, ou non. On objectera que Rubens a étudié l'anatomie, et que ce n'est pas parce qu'il l'ignorait qu'il l'a négligée, mais bien parce qu'il a cherché le coloris; point du tout, c'est qu'il ignorait l'anatomie, quoiqu'il ait cherché à la connaître; c'est l'idée de l'anatomie artistique qui lui manquait, malgré les exercices qu'il a pu faire avec le scalpel. Un marbrier, sculpteur du moyen âge, en savait plus que Rubens, et cela parce que l'idée que cet ouvrier en avait, était plus juste, quoique moins détaillée peut-être : c'est-à-dire que Rubens, qui connaissait probablement par leur nom tous les muscles mieux que ce marbrier, avait une idée moins juste de la nature en ce point que ce grossier artisan, et la raison en est que ce dernier avait acquis par tradition une idée qui provenait d'une source très-antique et très-excellente, tandis que Rubens en était à inventer cette idée. De même Poussin a été faible coloriste, non parce qu'il chercha la composition et le style, mais parce que les secrets du coloris lui furent cachés, quoiqu'il ait interrogé les peintres vénitiens, ses prédécesseurs, dont il n'a pas compris le savoir.

Ainsi on fait comme on sait, mais par approximation. Quand on sait tout ce qu'il convient de savoir, on ne fait pas de grosses fautes, bien qu'on ne produise peut-être qu'un ouvrage ordinaire; mais, pour faire de très-beaux ouvrages, il n'est pas nécessaire de rejeter avec dédain des idées acquises et des règles reconnues, puisqu'elles aident, au lieu d'embarrasser, et qu'elles échauffent l'ouvrage, au lieu de le refroidir : et s'il est vrai que c'est bien faire que de s'abandonner de préférence aux idées avec lesquelles on sympathise naturellement le plus, c'est agir très-déraisonnablement que de ne pas se conformer, autant qu'on le peut, à toutes les lois qu'on a soi-même approuvées chez les autres, comme étant naturelles, indispensables et justes, lois sans lesquelles un ouvrage ne peut être élevé à un haut degré de beauté.

### *Les règles font avancer à coup sûr et plus vîte vers le but de l'art.*

Exposons encore une vérité qu'il importe de ne pas omettre, c'est que l'artiste affermi par les principes opère plus vîte et produit avec moins d'irrésolution que celui que l'ignorance de ce qu'il convient de faire rend toujours lent et incertain; aussi cette vérité explique-t-elle pourquoi tant d'hommes instruits ont pu mettre au jour un si grand nombre de chefs-d'œuvre et faire des progrès jusque dans un âge avancé. C'est parce que Poussin était fort par les règles, qu'il disait à soixante ans : « Je me sens, » en vieillissant, enflammé plus que jamais du désir de » bien faire. » Mais quel courage peut animer l'artiste déjà vieilli et qui reconnaît que tout ce qu'il fera désormais ne sera que la triste répétition des lazzis qu'il a produits jadis avec quelque verdeur, et qui, impuissant dans l'art d'être naturel ou dans l'art de choisir, ne conserve plus cette vivacité de main et cette hardiesse d'exécution qui faisaient autrefois tout son talent et tout son succès?

N'en doutons pas, le peintre avec le secours des règles frappera à coup sûr; il trouvera toujours de nouvelles forces dans son propre fond, et ces mêmes forces, qui deviendront pour lui de vraies jouissances, lui feront atteindre promptement le but; il n'hésitera point : ses résolutions éclairées ne coûteront, pour ainsi dire, aucun effort à son esprit; il approfondira son art sans dévier et avec persévérance, et sa théorie, comme une mine inépuisable, lui fournira toujours de nouveaux trésors; on le verra donc réussir constamment, puisqu'il saura allier avec mesure la pratique et les doctrines, semblable en cela à ces hommes respectables qui méditent sur les vertus sans cesser de les mettre en pratique. Son jugement toujours surpassera son ouvrage, et tous ses pas seront des progrès marqués; un tel artiste en effet, ne laissant presque rien au hasard dans l'exercice de son talent, verra nettement le but, et redoublera de courage dans la carrière glorieuse où il est sûr de triompher.

Enfin, pour comparer encore en ceci les anciens aux modernes, remarquons qu'aujourd'hui l'élève et l'artiste avancé perdent un tems infini, non à la recherche des règles, mais à celle des effets et des causes, et à de longs essais sur les combinaisons et les moyens de l'art. Chez les Grecs au contraire, tout cela était trouvé, démontré et appris dans les écoles et dans la jeunesse; il devait donc rester beaucoup de tems à l'artiste pour produire et faire l'application de ces règles connues. Ainsi il serait faux de dire que les élèves aujourd'hui n'emploient que peu de tems à ces recherches, et qu'ils trouvent des résultats promptement et sans tant d'efforts, parce qu'ils suivent leur seul sentiment et leurs heureuses inspirations. Il faut affirmer au contraire, comme une vérité utile, qu'autant la théorie abrège le chemin, autant le caprice l'allonge. Aussi la vie d'un peintre d'aujourd'hui est-elle presque absorbée par les tentatives si souvent infructueuses qu'il répète pour arriver seulement à l'imitation, en sorte qu'il ne lui reste plus ni tems ni force de tête pour les grandes parties qui se rattachent à la philosophie de l'art. Disons enfin que, sans de bonnes écoles, jamais on ne verra, comme on en a vu chez les Grecs, des séries de peintres excellens.

Il resterait à dire ici ce qu'on doit entendre par de

bonnes écoles. Or, sans s'expliquer sur ce point, on peut avancer, je le crois, que de bonnes écoles ne ressemblent en rien à celles que l'on offre en Europe aux jeunes élèves aujourd'hui, et auxquelles on ne devrait pas même donner ce nom, puisque les vrais élémens de l'art, je veux dire ceux qui seulement sont basés sur la géométrie, n'y sont pas même enseignés, et encore moins ceux qui reposent sur la philosophie et la beauté.

Mais pourquoi ne pas déclarer tout jusqu'à la fin, et ne pas faire connaître l'état de l'art de la peinture tel qu'il est enseigné et pratiqué par les modernes? Disons donc que, si les peintres voulaient faire l'aveu de tous les tourmens que leur cause l'ignorance des règles, et que leur cause par conséquent leur incertitude en ce point; s'ils voulaient convenir qu'ils cherchent aujourd'hui un système, et demain un autre, et le plus souvent une mode, une singerie de maître ou une manière que souvent ils ne parviennent à imiter que lorsqu'elle est déjà remplacée par une autre plus goûtée; si, dis-je, on entendait ces aveux, on ne serait plus surpris de voir les peintres inquiets, rêveurs, si souvent mécontens de leur génie et de l'art même qu'ils ne cessent de chérir, si souvent enfin chagrins et malheureux, et cela, parce qu'ils sont forcés de revenir sur leurs pas, de défaire et de refaire, d'essayer mille combinaisons avant d'en adopter une, laquelle même ils ne peuvent adopter et juger qu'à l'aide d'un timent incertain, et presque jamais par le secours de l'intelligence et de la connaissance fixe et acquise à l'avance des lois de leur art.

## *Les règles garantissent des préjugés, et font qu'un peintre est lui-même et original.*

Si nous envisageons encore les règles sous un nouveau point de vue, c'est-à-dire, comme devant servir de préservatif contre les préjugés, nous ne pourrons nous empêcher d'en reconnaître les grands avantages. En effet, n'est-ce pas par la force des règles que les vrais artistes ont triomphé si souvent du mauvais goût, de la tyrannie académique, ainsi que de la mode et des préjugés de leur siècle? Ils ont repoussé avec la puissance de la théorie les manières exclusives qui font négliger la nature; ils ont opposé l'unité de leurs principes, comme un vaste bouclier contre les atteintes de la dépravation et contre l'autorité de l'ignorance; et, forts des ressources provenant des principes dont ils s'étaient enrichis, ils excitaient plus de surprise en évitant ces misérables modes du jour, et s'attiraient plus de louanges par leur style particulier, mais savant et vrai, que tous leurs concurrens, esclaves du goût bannal de leur siècle.

Au moyen des règles ils purent donc être eux-mêmes; mais privés des règles et réduits à suivre le torrent, ils n'eussent imité que les autres, sans jamais devenir originaux. Or l'artiste qui cherche à imiter la manière d'un autre, y joint encore nécessairement quelque chose de la sienne propre, en sorte que son ouvrage qui devrait être l'imitation la plus vraie possible de la nature, s'en éloigne doublement. De ce mépris des règles résultent donc des imitations d'imitations, qui dégénèrent à la fin en monstruosités. Quant aux artistes instruits et forts par les règles, ils se garantissent du mauvais goût aussitôt qu'on les avertit de leur erreur. Aussi Lessing (Dramaturg. tom. 2) fait-il à ce sujet une observation fort juste. « Il y » a long-tems, dit-il, qu'on a remarqué que la sensibilité » des artistes à la critique est plus vive ou plus faible, en » raison de ce qu'ils ont des principes plus ou moins sûrs » et évidens de leur art. »

Mais, pour rendre plus sensible cette vérité, supposons qu'on fasse faire par plusieurs artistes l'esquisse d'un même sujet, et supposons ces artistes engoués de leur goût particulier qu'ils croient devoir appeler génie, et méconnaissant au sein de cette manière les règles essentielles de leur art : il arrivera que l'un traitera ce sujet avec les effets et les masses de clair et de brun et de couleurs qui lui sont habituelles ; l'autre n'imaginera, selon sa méthode, que des poses bizarres, forcées et bannales : celui-ci ne sera occupé que de la hardiesse et de la témérité de la touche, selon l'idée qu'il a d'une esquisse, et non d'un tableau ; cet autre ne pensera qu'à la parodie d'un coloris chaud et riche qui a réussi à d'autres dans des sujets contraires au sujet qu'on lui demande. Enfin tous feront selon leur caprice et leur routine, et aucun selon le sujet ou selon les règles de l'art, et ce sera ce que leur fantaisie leur aura prescrit, et non ce qu'ils auraient dû faire, qui apparaîtra dans leur ouvrage. Proposez au contraire à des peintres instruits le même sujet, tous auront récours à la nature et iront y puiser leurs inventions. Ils repousseront tous les souvenirs d'imitation, toutes les manières qui les pourraient rendre copistes. Trop élevés enfin pour être esclaves, ils ne devront qu'à eux-mêmes leurs ressources, et feront ressortir les plus grandes beautés de l'art, en faisant briller leur propre génie.

Mais on peut encore donner de l'extension à cet avantage qui résulte des règles, en ce qu'elles font établir de grandes comparaisons entre les ouvrages, comparaisons qui ne sont point à la portée de celui qui se contente de suivre la manière de quelques devanciers. Un peintre donc qui opère sans règles et qui ne suit qu'un instinct de copiste, croira souvent avoir produit un excellent tableau, tant qu'il ne l'aura pas comparé à d'autres tableaux meilleurs, et tant qu'il ne le juge que seul et dans son atelier. Mais que l'on compare cette peinture à une peinture vraie et bien pensée; que deviendra son ouvrage, qui n'est qu'un lazzi à la mode, tout fait de caprice, sans nature et sans règle? Si au contraire, possédant les règles, il s'y était modestement conformé, aucun voisinage ne serait pour lui trop redoutable, et il ne pourrait se trouver inférieur à des rivaux que quant à la hauteur des idées, à la force de conception, et enfin au génie. Or cette inégalité inévitable humilie peu, parce qu'aucune instruction n'en saurait préserver : en effet, un homme plus fort qu'un autre frappera toujours un plus grand coup.

### *Les règles préservant de grandes fautes, l'art n'est point dégradé chez les nations qui les observent et qui les font respecter.*

Mais ne considérons maintenant les règles que comme étant propres à préserver l'art de ces grandes fautes et de ces écarts honteux qui amènent sa dégradation; les règles ne paraissent-elles pas encore, sous ce seul point de vue, d'ur [illegible]ilité bien importante? En effet, rien n'est plus [illegible]nt pour l'honneur d'une nation que de ne produire [illegible] qui ne soit digne d'elle et des arts dont elle fait sa parure et sa richesse; aussi les anciens veillaient-ils avec une constante sollicitude au maintien de toutes les règles d'art et à leur transmission d'âge en âge, de maître en maître sans corruption. Remarquons à ce sujet que Pausanias cite presque toujours le nom du maître, quand il parle du disciple, lors même que celui-ci est plus fameux que le maître, comme s'il eût voulu par là rapporter au professeur la portion d'honneur provenant des bons préceptes et des leçons excellentes.

Personne ne peut douter que dans l'antiquité l'on n'ait confié des ouvrages importans à des artistes médiocres; et cependant tous étant retenus et guidés par des principes généraux et certains, la gloire du pays ne se trouvait jamais compromise : aucun d'eux ne pouvait se déshonorer par de grossières erreurs. « Le traité d'Apelle, dit » Turnbull, était dédié à Perséus, un de ses élèves. Ce » Perséus n'était pas doué du génie et de la grâce de son » maître, mais il ne lui échappa aucune faute grave, et il » fit bien voir qu'il sortait d'une école où l'on ne pouvait » recevoir aucun précepte pernicieux. » C'est à ce sentiment vraiment grand qu'on doit peut-être les habiles artistes de tous les tems, et ce sentiment les a constamment maintenus dans la véritable route : on les a vu rechercher avec ardeur le beau et le vrai dans leur jeunesse; dans l'âge mûr ils l'ont cherché encore, et tous ont senti que, hors de cette loi du beau, il n'existe point de vraie gloire dans les arts. Telle fut l'opinion de Poussin, de David et de Mengs qui l'exprime ainsi dans ses écrits : « Pour moi, » dit-il, je me suis contenté d'être le dernier de ceux » qui marchent dans le bon chemin, plutôt que le premier » de ceux qui se laissent éblouir par un faux brillant. »

Mais c'est principalement dans les écoles des anciens que l'on remarque les grands avantages publics attachés à l'excellence des règles. Certes on rencontre des monumens antiques qui sont faibles, insipides et même fort médiocres, mais jamais on n'en rencontre qui soient positivement d'un goût dégradé et mesquin, ni aucun qui soit indigne de l'art et de la nation qui l'exerçait. En est-il de même parmi les modernes? Et toutes ces diverses manières d'écoles, toutes ces modes tyranniques et académiques, qui, dégagées d'une théorie universelle, se sont succédées continuellement, n'ont-elles pas tourné à la honte des nations, lesquelles semblaient avoir en ceci confié une partie de leur gloire aux caprices des sculpteurs, des graveurs et des peintres?

Disons donc, quoique cela ne semble pas vrai au premier abord, que les règles feront naître des ouvrages applaudis et sentis par tous les hommes et dans tous les pays, et non des ouvrages exclusifs et dont la bizarrerie, l'inutilité et le goût dégradé seront admirés dans les ateliers seulement. Terminons cette section par un mot plein de justesse qu'on trouve dans Lanzi. « Les siècles, dit-il, » se forment toujours par certaines maximes universel- » lement reçues des professeurs et des amateurs, et lors- » qu'il se fait que ces maximes sont les plus vraies et les » plus justes, alors on voit dans ce siècle quelques artistes » extraordinaires, et les bons artistes sont en grand nom- » bre; mais aussitôt que les maximes seront changées » (et c'est là le sort de l'inconstante humanité), le siècle » changera lui-même. Tom. 2, pag. 43. »

*Les règles font réaliser de grandes conceptions qui sans elles eussent été avortées.*

Il y a une autre considération nationale attachée à l'utilité des règles, c'est qu'il arrive souvent que des génies heureux, concevant des projets faits pour illustrer leur siècle, finissent par les abandonner, faute de certitude dans les doctrines, ou, ce qui est la même chose, faute de résolution dans les moyens théoriques et pratiques nécessaires pour exécuter ces projets. On croit donc à tort que les artistes ont été bornés dans leurs ressources intellectuelles, et que leur génie a été limité, tandis que c'est leur éducation qui elle-même a été bornée et, pour ainsi dire, ébauchée. Ils renoncent à plusieurs beautés de l'art, à plusieurs grands sujets, parce qu'ils ignorent comment on doit les traiter. Si au contraire ils se fussent avancés munis de la théorie, ils n'eussent pas reculé devant telle ou telle beauté de la nature qui les invitait à lutter grandement avec elle.

En effet, comment un artiste de génie osera-t-il entreprendre de réaliser ses vastes, ses nobles conceptions, quand il ne se reconnaît pour soutien et pour guide que sa vive imagination, pour moyens que sa grande ardeur? Quel retour désespérant pour un tel artiste, que celui par lequel il s'aperçoit que chez ses maîtres, que dans les écoles où il espérait s'instruire dans les vrais secrets de son art, on ne l'a instruit que de certaines routines particulières qu'il lui faut désapprendre, et non d'une théorie fixe, une et générale qu'il est réduit à chercher lui-même et à inventer? C'est donc en concevant de grands projets que l'artiste reconnaît la faiblesse de son instruction.

*Les règles sont utiles dans la contemplation et l'analyse des ouvrages d'art ; les règles sont utiles pour retirer de ces ouvrages le plaisir et l'instruction qu'ils doivent procurer.*

Je vais considérer les règles sous le rapport de leur utilité dans la critique et du plaisir et de l'instruction qu'elles procurent dans la contemplation.

« Ceux qui jugent d'un ouvrage par les règles, dit » Pascal, sont à l'égard des autres, comme ceux qui ont » une montre, à l'égard de ceux qui n'en ont pas, quand » il s'agit de savoir l'heure qu'il est. »

M. de Jaucourt disait : « Les principes sont aux arts » ce que la boussole est à la navigation. »

Rechercher toutes les règles d'un art, c'est acquérir de nouvelles connaissances, et par conséquent découvrir de nouvelles sources de plaisir ; c'est donner lieu au goût, qui est toujours en nous, de se développer et de produire des affections qui peuvent augmenter la somme de notre bonheur, et cela surtout parce que ces affections s'appliquent à l'harmonie et à la beauté.

Un très-faible connaisseur dira d'un pauvre ouvrage en peinture : ce tableau me séduit, m'électrise, et l'on ne parviendra jamais à me prouver que l'ouvrage est faible ou mauvais, puisqu'il me touche ; d'ailleurs je repousserai toujours celui qui chercherait à détruire des illusions innocentes et qui me sont chères.

Mais vous, qui semblez vouloir concentrer vos jouissances d'art dans un cercle borné, vous, qui affirmez avec tant d'assurance ces éloges, qui vous plaisez à répéter avec la même amphase les mêmes exclamations, vous le cédez en jouissance au vrai connaisseur, vous ne retirez de la contemplation de l'art aucune idée grande et utile, aucun même de ces principes généraux qui constituent le beau, principes qu'on chérit dans le cours de la vie, et qu'on apprécie, parce qu'ils sont bienfaisans. Cependant laissons ce bien moral qui est le produit des beaux-arts, ne parlons que de votre goût et de vos idées acquises sur l'art; eh quoi! parce qu'ayant été porté par le hasard ou par quelques conversations à ne discerner dans un tableau que le coloris, par exemple, que la force des tons, la magie, la finesse des teintes, la marche optique dans les effets et les oppositions, etc., pour cela, dis-je, tout tableau dans lequel vous retrouvez des effets et des calculs analogues à ceux qu'on vous a signalés comme condition première de l'art, sera appelé par vous ouvrage excellent, et ce ton affirmatif vous l'emploierez sans discrétion, parce que votre amour-propre réveillé par de tels tableaux vous rend agréables les applications que vous pouvez aisément faire de votre faible savoir! Ignorez-vous que le même tableau paraîtra peut-être fort insipide, et même factice à un sculpteur, par exemple, qui aura été l'élève des seules antiques? Ignorez-vous que ce coloris ne satisfera pas complétement un dessinateur, qui n'est touché surtout que des formes vraies et convenables aux divers caractères adoptés dans le sujet, etc.? Un autre vous dira, pour condamner votre préférence, que la première qualité dans l'art, c'est l'expression des mœurs et des caractères offerts ou par les figures seulement, ou par des figures combinées dans certaines situations intéressantes ou poétiques, ce qui constitue les passions, et que le moyen principal d'atteindre à ces qualités, c'est le dessin et une certaine philosophie d'art, mais que ce n'est pas le coloris. Ayez une opinion autrement circonscrite; n'exigez dans un tableau que le dessin et l'invention : un coloriste pourra vous chagriner, s'il parvient à vous convaincre de la nécessité d'imiter par les charmes de la couleur les charmes de la nature; il ne vous citera que Vandick, Tiziano, Rubens et les Hollandais; enfin le premier venu pourra combattre votre admiration, et en vous désabusant, troubler toutes vos jouissances en peinture.

Dans la pratique le plaisir que procure au peintre une seule partie ou l'étude d'une seule qualité, est si grand, que je conçois fort bien comment certains artistes étrangers aux théories se sont contentés de cette seule jouissance ou de cette seule partie de leur art; mais dans la contemplation les plaisirs sont moins vifs, et ils doivent être plus multipliés. Or l'ignorance des règles tend non-seulement à diminuer cette jouissance des observateurs, mais elle les jette même dans un état singulier de perplexité; car, l'esprit désirant embrasser naturellement une grande étendue de rapports, il lui faut l'ordre le plus clair et le plus méthodique dans la perception de ces rapports, et cet ordre ne peut jamais avoir lieu dans leur esprit, puisqu'ils ne possèdent pas la connaissance complète des règles ou de la théorie.

Rappelons-nous un moment la situation d'un curieux qui erre au milieu d'une galerie de tableaux et qui ignore en quoi consiste la peinture. Il ne peut guère en vérité jouir du charme de la contemplation; il règne dans ses idées une trop grande confusion, et son intelligence seule ne saurait lui suffire pour lui procurer une jouissance complète. Un effet de relief le frappe-t-il? Est-il sur le point d'admirer? De grossiers défauts de dessin le choquent immédiatement, et le voilà retenu dans son admiration. Ici une tête a de la vie : il appelera cela de l'expression, et cependant cette expression ne convient nullement au sujet; autre incertitude. Là est une draperie fort bien rendue, mais elle est d'un mauvais choix, et elle ôte toute la grâce de la figure. Cette main est bien dessinée, mais elle est d'une couleur livide et tout à fait fausse. Que penser? Que ressentir? Que critiquer? Qu'admirer? N'est-ce pas voyager dans un Dédale, sans le fil rassurant qui doit nous en retirer? Ce qui empêche, lorsqu'on se trouve au milieu de nos musées, de fixer son attention sur les principales parties de l'art, c'est qu'on est étourdi, distrait et comme ébloui, surtout par les effets du clair-obscur et de coloris imaginés par l'artiste, presque toujours dans la fin de produire de vives sensations sur l'organe de la vue, ou des distractions et de grandes surprises sur l'esprit. En effet, une pensée que nous allions diriger vers un point immatériel et tout moral, est détournée de cette direction par un effet optique qui commande impérieusement, et l'on peut assurer que l'observateur qui n'est pas en garde contre ces distractions et qui ne connaît pas nettement les différentes voies de l'analyse, est la dupe de mille affections étrangères à cette vraie philosophie que l'instruction seule peut faire prendre pour guide dans la contemplation des tableaux.

Chacun doit donc avouer ici que, malgré la grande habitude qu'il peut avoir acquise dans l'art difficile de séparer mentalement les parties, il est entraîné très-souvent vers des détails qu'il ne voulait pas examiner. Il faut alors qu'il recherche dans son souvenir le point ou la qualité dont il avait résolu de s'occuper d'abord, afin de n'être pas précipité dans le vague et dans le tourbillon des idées rapides et superficielles. Mais comment sera maître de ce retour, celui qui se laisse entraîner et balotter par toutes les impressions, par toutes les séductions à la fois? Comment procédera-t-il dans l'usage de cette balance indispensable, s'il veut peser toutes ensemble les valeurs et les qualités, qualités que dans le désordre de ses sensations il ne peut que confondre?

Je dirais donc à ceux qui ont le loisir de s'occuper des beaux-arts : voulez-vous jouir réellement et complétement de la peinture? Étudiez-en les principes, mais tous les principes; alors vous n'aurez plus de ces goûts exclusifs qui violentent souvent et qui gênent, parce qu'ils s'associent à l'amour-propre blessé par la privation d'un grand nombre de connaissances théoriques. Augmentez le nombre de ces connaissances, et il arrivera que telle partie de l'art, qui était à vos yeux sans attraits, deviendra pour vous la source d'un nouveau plaisir. Vous aimerez plutôt l'art entier que vous n'aimerez exclusivement une seule partie de ce même art, et en présence d'un tableau vous saurez voir la peinture. Tous les ouvrages vous intéresseront, puisqu'ils vous plairont par la nouvelle activité qu'ils donneront à votre esprit. Vous pourrez donc par ce moyen augmenter la somme de vos jouissances, selon l'étendue de votre instruction. Mais ce n'est pas là que s'arrêtera l'effet utile de cette instruction. Accoutumé à discerner, à sentir, à apprécier le beau dans les productions de la peinture, vous exercerez ainsi la plus noble faculté de l'entendement et du sentiment. Partout vous rechercherez, vous exigerez le beau, et l'étude des beaux-arts deviendra pour vous une étude qui peut préparer et conduire à la vertu.

Ainsi la connaissance méthodique de toutes les parties de l'art produit dans l'esprit un soulagement et un calme que l'on n'éprouve point lorsque l'incertitude des jugemens vient affaiblir les sensations procurées par la vue de certains tableaux. Tant qu'on n'a pas acquis cette fixité d'idées, le plaisir qu'on ressent à l'aspect des belles peintures, ressemble un peu à celui que causerait un agréable fantôme qu'on ne saurait saisir réellement par aucun sens. On est sur le point de goûter, et la saveur s'échappant, pour ainsi dire, on reste dans un état d'émotion presque toujours pénible. L'ame, il est vrai, éprouve des sympathies bienfaisantes, mais l'esprit mal à l'aise altère ces jouissances du cœur. Quel changement s'opère-t-il donc chez celui qui possède à la fin toute la théorie ? Il ne tressaillera pas aussi vivement qu'il l'aurait fait auparavant en apercevant une belle peinture; il ne s'élancera pas avec le même feu, et ne fixera pas l'objet peint avec cette espèce d'avidité qui souvent s'éteint si promptement; mais il saisira réellement les beautés de l'art; il les touchera, pour ainsi dire; il s'en emparera, pour en faire sa propriété; il les goûtera avec réflexion; il pèsera, il comparera, il en prolongera même l'influence à son gré. Dégagé des préjugés nés d'une affection exclusive et limitée, maître de discerner la valeur relative des choses, libre dans l'examen méthodique de toutes les qualités qu'il est parvenu à ne pas confondre, un tel contemplateur peut se dire : mon ame, abandonne-toi, laisse-toi troubler, bouleverser; tu es en présence d'un chef-d'œuvre. Il peut se dire : exerce-toi, mon esprit, et déploie-toi sans contrainte; parcours et suis toutes ces combinaisons; qu'aucun calcul ne t'échappe; jouis aussi, car l'art en cette partie est porté jusqu'à l'excellence.

## §. II.

### *Du besoin d'un traité complet et méthodique de peinture.*

Il est à croire que dans les premiers tems de la peinture moderne, l'avidité pour les ouvrages théoriques était bien grande dans l'Europe, car les écrits qu'Albert-Durer publia en allemand sur la perspective, l'an 1525, et sur la géométrie et les proportions, furent traduits aussitôt en italien, en hollandais, en anglais, en français et en latin. On peut cependant assurer que ces livres, quoique très-instructifs en partie, sont mal faits et qu'ils se ressentent beaucoup de la barbarie. Leur succès n'en prouve donc que plus le désir tout naturel qu'on avait dans ces tems pour ces sortes d'écrits didactiques, desquelles en effet on attendait probablement plus de lumière qu'ils n'en pouvaient répandre.

Vers la même époque à peu près furent composés les traités de Léon Alberti, de Léonard de Vinci, etc., et, si les chapitres de ce dernier ne furent imprimés qu'en 1650, il n'y a pas de doute qu'ils auraient été autant recherchés du vivant de l'auteur, qu'ils le furent aussitôt après leur publication qui eut lieu cent ans plus tard.

D'autres anciens ouvrages allemands et italiens, qu'il est inutile de citer ici, pourraient encore prouver ce même désir manifesté dans tous les tems de posséder un ouvrage didactique qui pût entièrement éclairer les artistes et les instruire à fond dans ce grand art de la peinture. Ce même désir n'a fait qu'accroître, et un coup-d'œil jeté sur le nombreux catalogue que j'ai cru devoir présenter ici, convaincra des progrès que fait tous les jours cette avidité pour les questions d'art et surtout pour la technie et la philosophie de la peinture. Les auteurs de l'Encyclopédie méthodique ont bien senti que ce qu'ils offraient au public dans les quatre volumes consacrés à la peinture, à la sculpture et à la gravure, n'était qu'un dépôt, une compilation, qui non-seulement attendait les réductions et la simplicité de la méthode, mais qui n'était pas de nature à remplir toutes les lacunes qu'avaient laissé subsister sans regrets les théoriciens qui s'étaient occupés de publier des traités. L'idée de tirer tout le parti possible du dépôt offert dans l'Encyclopédie, a dû venir à l'esprit de quelques écrivains, et il est permis de croire qu'ils ont renoncé à un travail qui leur découvrait des vides immenses à mesure qu'ils cherchaient à y assembler, à y fondre les questions, et à débrouiller les contradictions sans nombre qui dépitent les lecteurs dans ce dictionnaire imparfait.

Enfin on a des livres de toute espèce; on a écrit et disserté sans fin sur la peinture, et de tout ce bagage d'observations, d'aperçus, d'historique, de technique, il n'est résulté encore qu'un cahos. La cause de cet état de choses est bien facile à découvrir. De tous nos arts, c'est celui de la peinture sur lequel on s'est trouvé le moins d'accord; les célébrités des maîtres absolument opposés les uns aux autres dans leurs peintures, ont embrouillé toutes les admirations et toutes les louanges; d'ailleurs il n'a existé nulle part depuis la renaissance des arts une école complète de peinture. Enfin, si nous n'avons pas encore de traité sur cet art, c'est que, pour le composer, il faut être peintre, et que les peintres ont reculé devant un travail qui leur paraissait devoir absorber le plus beau tems de leur vie. Quant aux artistes, qui dans l'âge du repos auraient pu quitter le pinceau, pour prendre la plume, ils l'eussent peut-être tenté, s'ils n'eussent pas reconnu que tout était à créer et à édifier dans une pareille entreprise, et si d'ailleurs la crainte de l'autorité despotique des préjugés et même de leurs propres préjugés n'avait pas arrêté leurs louables intentions, leur espoir et leur zèle.

Cependant, si des institutions d'art, semblables à nos écoles de belles-lettres, eussent été fondées en Europe et eussent été les conservatrices des vrais préceptes et des vrais rudimens, chacun eût volontiers apporté à la masse le fruit de son expérience et de ses méditations, en sorte que le livre théorique de la peinture se trouverait aujourd'hui complet, et qu'on pourrait dire de certains artistes ce que Pline disait d'Apelle, qui avait selon lui, plus qu'aucun autre, contribué aux progrès de la peinture par les livres mêmes qu'il avait publiés sur cet art : mais il n'en est pas ainsi. Chaque nation a sa manière; chaque lustre produit, pour ainsi dire, une mode en peinture. Tel précepte moderne, qu'il est aujourd'hui du bon ton de suivre, eût été une vieillerie il y a cent ans. On rejette donc et on reprend alternativement certaines recettes d'art ou d'atelier : chacun adopte un goût pour quelque tems, puis ces goûts se heurtent et s'entredétruisent; les réputations vont se briser contre d'autres réputations; les gens du monde s'impatientent, se dégoûtent de tout ce cahos; les gens influens trouvent qu'il y aurait trop à faire pour établir l'ordre véritable au milieu de ce conflit, et on en reste là, en se consolant par l'idée du génie qu'on veut absolument apercevoir et admirer chez tel ou tel artiste qui s'est emparé de la vogue. Voilà où nous en sommes aujourd'hui, n'en déplaise à tant de louangeurs. Malgré tout, le triste voile qui peut si long-tems couvrir la vérité, s'use à la fin, et, pour peu qu'il se brise, la lumière aussitôt le pénètre. Des rayons bienfaisans s'échappent et vont porter une nouvelle vie dans l'esprit des hommes. Ils l'entrevoient avec espoir, ce doux éclat de la vérité. Leurs efforts s'unissent, quelques-uns pénètrent plus avant, d'autres approchent un peu plus près du but. Vient enfin le tems où les sciences et les arts sont entièrement trouvés. Alors les générations respectent et chérissent les lois de ces mêmes arts qu'elles possèdent, et elles se reposent long-tems au sein de leurs bienfaits.

### *Un traité complet de peinture suppléerait au manque d'éducation artistique que les peintres cherchent en vain à se procurer dans nos écoles.*

Si nous examinons bien à quel degré les maîtres ou les professeurs rendent service à l'art par les leçons qu'ils communiquent aux élèves, nous reconnaîtrons qu'il est bien rare, et nous pourrions même dire impossible, que ces maîtres particuliers soient tous assez communicatifs, assez désintéressés, assez patiens, assez méthodiques, et l'on peut également le dire, assez généralement instruits, pour former leurs disciples dans toutes les parties de la peinture. D'ailleurs il n'est guère de professeurs qui ne recèlent quelque goût exclusif et qui ne sacrifient, malgré eux, quelques vérités à ce goût dominant, et cela, lors même qu'ils ne font que discourir sur leur art. Les professeurs, il faut le dire encore, sont souvent mystérieux, dans l'intention de faire croire qu'ils savent beaucoup, et ils ne communiquent guère qu'une partie de leur secret. C'est un mal attaché à l'espèce humaine, et il est sans remède. Des écoles publiques composées de classes bien distinctes ayant chacune leur professeur, seraient le seul obstacle à ce mal. Mais les livres méthodiques et complets offrent à celui qui les étudie, tous les secrets, tous les préceptes, la science enfin dans toute son étendue et sans réserve. Parlerons-nous de plus des calculs intéressés du maître, calculs qui rendent souvent les leçons onéreuses à l'élève et qui le privent de l'avantage de les recevoir aussi fréquemment et aussi long-tems qu'il en aurait besoin? Un livre au contraire se trouve partout; il est à tout moment à la disposition de plusieurs.

Mais ne convient-il pas de faire une observation au sujet de la diversité d'organisation des élèves? Il y en a qui sont lents, et qui ne profitent pas des leçons données trop à la hâte; il y en a qui sont timides, silencieux, et qui n'osent questionner le professeur; d'autres, par une certaine vanité assez commune, feignent de comprendre et rougiraient d'avouer un manque de sagacité... Avec un bon livre au contraire, ils se trouveraient tous à l'aise, chacun en userait librement à sa façon et aussi long-tems qu'il voudrait. Un livre est un ami sûr avec lequel on communique sans crainte, et en face duquel on développe aisément et volontiers toutes ses pensées. Est-on sur le point de tomber dans l'erreur; ce livre avertit et éclaire, comme le ferait un guide sincère et généreux; on l'interroge sans confusion et sans dispute; parfois même on le laisse et on le rejette, mais sans l'outrager; on le reprend sans rougir, on le rectifie même et on le corrige sans crainte et sans scrupule.

Quintilien (pag. 12, chap. 11. *Inst. Orat.*), après avoir dit qu'on a le tems de tout apprendre, même dans la jeunesse, parce que tout s'accourcit par le moyen de l'ordre, de la méthode et le tempérament qu'on garde dans les études, ajoute : « Mais la première faute vient » des maîtres qui amusent volontiers un enfant, soit par » un esprit d'intérêt, pour toucher plus long-tems leur » salaire, soit par vanité, pour faire croire que ce qu'ils » montrent est fort difficile, soit aussi parce qu'ils n'en- » tendent pas la manière d'enseigner, ou qu'ils ne pren- » nent pas la peine de le faire comme il faut. »

Il y a une chose, il est vrai, qui semble meilleure encore qu'un livre; c'est cette école publique que je viens d'indiquer, et dans laquelle des professeurs seraient tenus d'enseigner tout ce que devrait contenir ce livre. Mais, remarquons-le, les écoles sont difficiles à perfectionner et à maintenir, parce que les passions des artistes et des maîtres s'y opposent, tandis qu'un livre peut être plus aisément et plus librement employé comme moyen d'instruction. Un tel livre, c'est-à-dire, un traité qui serait excellent, peut donc être utile à l'art, sans qu'il soit besoin pour cela du zèle des ministres, ou de l'approbation et du soutien des protecteurs puissans, qui trop souvent n'ont pour règle que leur prétendu bon goût et leur vanité, et qui, pour s'éclairer sur l'avantage d'une école autrement organisée que la nôtre, iraient consulter des artistes auxquels assurément ils entendraient dire qu'il n'en faut pas du tout.

*Si les théories écrites doivent être complètes dans tous les tems, à plus forte raison ne doivent-elles jamais être au-dessous du degré auquel l'art a atteint à l'époque où on les publie.*

Considérons maintenant l'utilité d'une théorie que l'on supposerait élevée à la hauteur véritable des progrès de l'art.

S'il est vrai de dire que les ouvrages des hommes sont presque toujours un peu au-dessous des préceptes, il arrive parfois néanmoins que les arts dans leurs révolutions s'élèvent, en quelques points seulement, bien au-dessus des doctrines écrites et vulgaires; or il est très-important à de pareilles époques de remonter la théorie non-seulement au niveau, mais même au-dessus de ces nouveaux progrès particuliers. En effet, comme l'a fort bien remarqué Chambray (Idée de la perfection de la peinture), les livres restent les mêmes, tandis que l'art se perfectionne.

L'art de la peinture a éprouvé, comme tout le monde le sait, une révolution très-remarquable depuis la fin du 18e siècle, et cette révolution est due à l'étude de l'antiquité. Il est donc vraisemblable que les écrits antérieurs à cette époque se trouvent un peu en arrière sur les points surtout qui ont rapport aux améliorations importantes et particulières dont l'art a été successivement enrichi. Cette seule considération rendrait nécessaire aujourd'hui un traité nou[illegible]t habilement purifié; mais, dans tous les cas et dans tous les tems, un cours méthodique et complet doit être porté au maximum d'étendue et de perfection de l'art; et, de même que les philosophes avaient autrefois la mesure de la sagesse humaine dans le sage qu'ils imaginaient, de même la perfection imaginaire de l'art doit être portée à son plus éminent degré dans un traité. Juvénal trouvait les plus grands poètes au-dessous de l'idée qu'il avait conçue de la poésie, et l'on aimera toujours à voir dans un théoricien l'idée la plus élevée et la plus complète de la science ou de l'art qui fait l'objet de ses méditations.

D'ailleurs qui peut limiter l'étendue des découvertes qui restent à faire relativement à la théorie dans toutes les connaissances humaines ? L'ancien, qui s'était arrêté où le moderne a commencé, croyait avoir porté son art ou sa science à la perfection ; le moderne, qui pense comme celui qui l'a précédé, est dans la même erreur. « Dans la » recherche de la vérité, il restera toujours quelque chose » à faire, dit Sénèque : ceux qui nous ont précédés dans » ces études, sont nos guides, et non pas nos maîtres. » (Épître 33.) »

Ces réflexions doivent prouver aux plus grands ennemis des préceptes écrits, que les recherches profondes et nouvelles dont la géométrie, la physiologie et la philosophie s'efforcent de tems en tems d'enrichir les arts, sont non-seulement utiles et précieuses, quoiqu'exposées parfois d'une manière métaphysique et abstraite, mais qu'elles sont même nécessaires pour élever l'art à la hauteur des siècles qui les cultivent.

L'étendue d'un cours de peinture est donc, pour ainsi dire, illimitée, et quand on pense à toutes les combinaisons qui ont occupé l'esprit des premiers artistes, auteurs de tant de belles choses, on sent que la théorie n'a pas plus de bornes que la perfection elle-même.

*Le traité complet d'un art est indispensable aux époques où les nations sont incertaines dans cet art, et où elles ont beaucoup à désapprendre.*

On peut avancer que le peintre fait comme il sait (d'autres diront peut-être comme il sent, ce qui est ici la même chose). Les peintres flamands et hollandais ont long-tems excellé dans la partie du coloris et de la vérité individuelle, parce que ce qu'ils savaient sur la justesse de représentation, se perpétuait directement à tous, du maître à l'élève, et qu'ils acquéraient ce savoir sans efforts, sans combats et sans isolement. Mais aussi les défauts de cette école se sont perpétués avec ses qualités. Chez un peuple qui n'aurait au contraire aucune idée fixe sur l'art, qui continuellement varierait de goût et de manière, un peuple chez lequel l'amour du simple et du beau passerait rapidement et comme par hasard, ainsi que mille autres goûts, chez un tel peuple, dis-je, le peintre ne saura jamais quelle doctrine il doit suivre, et il s'attachera presque toujours à celle qui est le plus en crédit. Il cherchera, tâtera, et enfin il fera constamment comme il sait ou, ainsi qu'on le dit, comme il sent, en sorte que son ouvrage sera la mesure et de son ignorance et de ses préjugés. Et quant aux idées justes qu'il acquiert, comme par bonne fortune, sur quelques points, il s'y attachera si exclusivement, qu'il méprisera tout le reste de la théorie, puisqu'il l'ignore. Si au contraire rien n'était secret dans les études des artistes ou dans les écoles, si toute la théorie leur était ouverte, ils agiraient selon les préférences du bon sens, et selon les sensations et les idées naturelles, ce qui serait sans grand inconvénient.

Ainsi la théorie a jadis formé les Grecs et a chez eux conservé l'art. La théorie a propagé le coloris en Hollande, en Flandres et à Venise, et le grandiose en Italie. En France on a été ramené, par une théorie nouvelle, au naturel, au simple et au goût antique. En Angleterre, les leçons de Reynolds ont fondé la théorie du pittoresque en fait de clair-obscur, etc. Mais combien dureront chez les modernes ces théories? Quels fondemens leur assurent une longue existence? Et si l'assentiment national a lieu sur ces points particuliers, combien de tems durera cet assentiment? Il pourra donc arriver que, faute de théorie universelle, chacun de ces peuples déviera de ces directions particulières, et qu'à ces préférences succéderont de nouvelles préférences. Un moment peut venir où, faute de cette théorie ou de cette école fixe qu'on attend en vain, on détournera les artistes et on leur prescrira de nouveaux goûts. On les poussera dans toutes sortes de directions; on leur commandera des doctrines si étranges et si disparates, qu'ils se trouveront engagés et tourmentés comme au milieu d'un tourbillon, en sorte qu'ils hésiteront sans cesse; ils se précipiteront en tous sens, ils s'agiteront, se désoleront, et en définitive l'art restera toujours au même point.

Plusieurs personnes ont dit, avec une certaine justesse, que la meilleure théorie aujourd'hui serait celle qui enseignerait l'art de désapprendre : or désapprendre, c'est combattre, c'est vaincre de dangereux préjugés; une telle victoire est fort rare. Cette abnégation de ses habitudes est comparable aux sacrifices les plus coûteux. Ceci prouve encore premièrement qu'il faudrait mettre les élèves dans le cas de n'avoir rien à désapprendre, et secondement que, pour les aider à désapprendre, il faut des critiques très-développées et très-étendues, afin que ces critiques et ces règles puissent devenir entre les mains des artistes autant d'armes propres à repousser les erreurs.

Il est bien vrai que c'est faute d'être munis de ces armes, que les peintres sont victimes des caprices toujours despotiques du public dans les tems où l'on ne connaît aucune théorie positive. En effet, un artiste se trouve-t-il en rapport avec un critique, homme du monde; celui-ci n'objectera pas certaines règles consacrées, mais bien certaines fantaisies, certaines idées qui lui sont particulières, et le peintre, incertain lui-même, faiblira et ne saura pas repousser des assertions dictées avec le ton tranchant de la légèreté. Si au contraire il existait un code, chacun aurait droit d'opposer la loi à la faute, et il ne s'établirait pas même de contestation; mais, quand ni l'artiste ni le public ne savent ce que c'est que l'art, que n'en doit-il pas résulter? Prenons un exemple au hasard.

Propose-t-on à un peintre de changer en paysage le fond qui dans un portrait représentait un intérieur un peu sombre : le peintre accepte le changement; il ajoute ce paysage, et laisse tout le reste, sans qu'il lui soit permis d'en modifier le ton. Propose-t-on une robe rouge, au lieu d'une robe bleue, l'harmonie du tableau cependant étant établie : il accepte; puis un parent apporte la vue d'un château, et le peintre complaisant introduit encore ce château dans le tableau. Une pose ou un mouvement est-il adopté : on lui propose une autre pose, on lui fait retirer en arrière cette jambe, avancer cette main; il obéit.

comme un artisan esclave de qui le paie. Enfin il ajoute, il ôte tel objet qu'on veut ôter, et se soumet avec résignation aux fantaisies des ignorans. Mais, si ce peintre possédait la théorie de son art, il rejeterait de telles propositions; il refuserait d'accéder à des sottises; il démontrerait ce que ces changemens proposés ont de contraire à la vérité et à la beauté; il ne se rendrait pas coupable de barbarismes et de solécismes que ses complices ne s'avisent jamais d'avouer, et l'idée qu'on aurait de son savoir et de ses principes ferait cesser les indiscrètes et impertinentes sollicitations.

Enfin, pourquoi laisse-t-on faire les peintres de renom, et pourquoi tourmente-t-on les peintres médiocres? C'est qu'on suppose que les premiers connaissent tout leur art, et que les seconds ont besoin de l'apprendre. C'est donc au peintre à s'instruire, s'il veut imposer à l'ignorance importune, indiscrète et despotique; c'est donc aux gens du monde, à ceux surtout qui veulent être appelés gens de goût, à désirer, à rechercher une bonne théorie, une théorie universelle, afin de ne point se compromettre dans les ordres qu'ils se croient en droit de prescrire.

*Un traité complet de peinture ne saurait être vague; il est positif et fait connaître les causes qui ont déterminé les règles.*

Il faut remarquer, parmi les caractères qui doivent distinguer un traité complet de peinture, l'obligation à laquelle l'auteur s'engage de désigner précisément le point où commence et où se termine le précepte; de déterminer très-strictement l'esprit de ce précepte, son caractère et sa source, et de ne pas abandonner le lecteur à des conseils vagues et incertains, à des lois indéfinies, isolées et dénuées de leurs bases ou de leur application, ou bien encore dégagées des exceptions qui les concernent. Ces conditions, qui rendent un tel ouvrage fort difficile, n'ont guère été remplies dans les traités qu'on a publiés jusqu'ici.

Citons des exemples de ce défaut de précision. On lit dans le grand livre des peintres de Gérard de Lairesse, que « la profusion est vicieuse, même dans les plus vastes » ordonnances, et qu'au lieu de donner de la beauté et » de l'expression, elle diminue l'effet de l'ouvrage. » Ce principe est excellent ; mais Lairesse lui-même, faute d'avoir déterminé dans son esprit ce que c'est que la profusion ou, pour mieux dire, la confusion, étalait, comme tant d'autres, cette profusion dans ses peintures.

Léon-Baptiste Alberti ne veut pas qu'on introduise plus de douze figures dans un tableau ; c'est être accommodant, en prescrivant la simplicité.

Quand Dufresnoy nous dit : « Etudiez les anciens, et » n'ayez pas de relâche que vous ne vous soyez identifiés » avec leur manière, » il nous donne une très-bonne leçon ; mais il n'aurait pas dû s'en tenir là : il eût fallu analyser cet art des anciens. Dufresnoy nous dit encore que dans un tableau les extrémités des figures ne doivent jamais être cachées ; mais il ne nous fait pas comprendre que, si le spectateur n'aperçoit pas les pieds ou la place des pieds et des mains d'une figure, il arrivera que le geste de cette figure et son mouvement ne sauraient être que faiblement exprimés. Les préceptes que l'on trouve dans les dictionnaires de peinture sont tous de cette sorte ; on y rencontre des articles fort peu instructifs sur des questions très-étendues. Il y est dit, par exemple, deux mots sur les couleurs amies, un mot sur la pureté du dessin, sur les subdivisions des passions, etc., et rien sur la cause, sur le fondement de tel ou tel précepte.

J'entr'ouvris un jour un petit ouvrage qui promettait d'instruire le lecteur sur ce qui concerne la beauté du cheval; j'y trouvai presque toutes les observations conçues comme celle-ci : « Pour qu'un cheval soit beau, il » faut que sa tête ne soit ni trop grosse ni trop petite; » que son poitrail ne soit ni trop large ni trop étroit; que » ses jambes ne soient ni trop longues ni trop courtes, » etc., etc. » Combien de livres qui sont fabriqués sans façon comme celui que je cite, et qui n'en apprennent pas davantage, quoiqu'il s'y agisse des plus importantes questions!

*Si dans un traité il y a des choses qui échappent à la puissance du langage, ce ne sont que de petites choses dont le détail décrit amenerait trop de prolixité.*

Cependant, dira-t-on, quelque étendue que vous donniez à cette théorie, il y a dans les arts libéraux une foule de petits secrets que l'art du discours ne saurait transmettre, et que la pratique seule dévoile en un moment : cela est vrai; mais ce ne sont que les secrets de l'ordre le plus inférieur, et l'on pourrait dire les minuties de la pratique ou du sentiment. Dans tous les cas, les préceptes subtils de la pratique ou de la théorie seront toujours compris promptement et perçus vivement par l'artiste qui aura contracté l'habitude de percevoir les grands préceptes écrits, et qui saura en suivre toute l'étendue.

On a voulu ravaler les préceptes et les théories, parce que de misérables théoriciens ne pouvant s'attacher qu'à des futilités, et se trompant d'ailleurs sur les grands axiômes, se sont érigés avec orgueil en législateurs de l'art, et n'ont pu traiter que des points de peu d'importance; mais leur incapacité ne prouve en rien l'inutilité des règles moindres et subalternes, ou l'impossibilité de les exposer dans les traités; elle prouve seulement l'inutilité et l'inconvénient de tous ces livres didactiques, où l'on ne trouve rien que de petites choses exposées sans conscience et avec emphase.

### *Les artistes sont seuls capables de composer un traité sur leur art.*

Les peintres seuls, on peut l'affirmer, sont capables de développer tous les secrets de la peinture. Pourquoi l'homme de lettres, qui écrit sur les arts, s'arrête-t-il là où l'on voudrait qu'il poursuivît ses recherches, et qu'il nous apportât des notions nouvelles? C'est que son expérience ne lui fournit rien de plus.

« Il faut, dit Cailhava, avoir essuyé des naufrages et » fait des voyages heureux sur une mer, pour en signaler » les écueils et pour enseigner les moyens de les éviter. » Celui qui parle d'un art sans en connaître toute la » théorie, s'expose à la honte de revenir sur son propre » jugement, ou, ce qui est bien pis, à celle de le voir » condamner par la voix publique. »

L'abbé Dubos prétend que la plupart des gens de métier jugent mal, et que c'est un défaut dans les artistes d'être trop prévenus en faveur de quelque partie de leur art. Mais on peut répondre que les artistes seront encore, malgré cela, de meilleurs juges que les gens qui ne possèdent bien aucune de ces parties; ils porteront du moins les jugemens les plus sains sur cette partie qu'ils possèdent à fond et pour laquelle ils seront prévenus, en sorte que, en assemblant les jugemens de différens artistes prévenus pour différentes parties, on composera un jugement général, qui sera celui de la vérité, et qui avec le tems deviendra celui du public.

L'abbé Dubos voulait probablement dire que les artistes se trompent souvent sur le mérite d'un tableau comparé au mérite d'un autre tableau, sur le mérite d'un peintre comparé à un autre peintre : dans ce cas on peut être de son avis. Mais on ne doit point dire que l'artiste se trompera, lorsqu'il s'agira de juger une partie qui lui est familière et qu'il affectionne; un tel artiste au contraire portera le meilleur jugement.

Plusieurs écrivains recommandent aux peintres de confier au papier leurs réflexions et leurs découvertes; ce conseil est certainement donné dans l'intérêt de l'art. Il est vrai que presque tous les artistes répondront que c'est avec leur pinceau qu'ils doivent raisonner, et qu'on ne songe guère à écrire sur la poétique, quand on est en état de faire l'Iliade. Cela est juste : mais s'ils savaient tout le bien qu'ils pourraient faire à l'art et à eux-mêmes en suivant ce conseil, ils ne répondraient pas ainsi. Oui, on doit engager tous les artistes à faire par écrit des observations sur les points de l'art où ils croient avoir découvert quelque chose de neuf, d'utile ou de très-évident; on doit les prier, au nom de la peinture qui leur est à tous si chère, de ne rien négliger pour faire connaître au public les secrets nouveaux qu'ils peuvent avoir trouvés dans un art si vaste et si profond, et d'être bien convaincus que la plus grande discrétion ne leur rapportera aucun profit, tandis que des communications généreuses et publiques pourraient augmenter leur réputation, et souvent même leur fortune.

Au reste, en parcourant l'histoire illustre de l'art antique, ne découvre-t-on pas des peintres fameux et des statuaires très-célèbres qui, aux époques même les plus brillantes de la peinture, ont ajouté à leur mérite et à leur renommée, en composant des traités sur cet art? Les artistes d'aujourd'hui ne doivent pas faire moins que les anciens en ceci, eux qui ont d'ailleurs tant d'ennemis à combattre.

### *Du manque d'ordre ou de méthode dans nos écrits sur la peinture.*

Maintenant examinons quelles sont les imperfections les plus ordinaires des traités sur la peinture, et arrêtons-nous d'abord au manque d'ordre et de méthode.

Quoiqu'en disent les auteurs qui ont si souvent adopté la forme des dictionnaires, il est certain que cette forme a le grand inconvénient de disjoindre les parties qui devraient être intimement rapprochées, et qu'elle nécessite des redites sans nombre. L'Encyclopédie par ordre de matières, pourrait être réduite pour cela même au quart de son volume, et l'on peut dire que, malgré toute son étendue, les questions qui y sont reprises si fréquemment dans les articles divers qu'elle renferme, sont loin du degré de complément que tant de répétitions semblent donner droit de réclamer. Enfin dans un dictionnaire les articles sont toujours assez bien commencés, mais la question qui en fait l'objet n'y est jamais terminée.

Presque tous les traités sur la peinture pèchent par le défaut de méthode et par les mauvaises divisions. L'ouvrage si connu et si estimé de Léonard de Vinci, s'offre au lecteur dans un état de désordre qui lui est très-défavorable, ou plutôt on doit peut-être penser à son sujet, comme au sujet de celui de Mengs, qu'il n'est autre chose qu'un recueil fait sans méthode des remarques et des notes éparses trouvées dans les papiers de cet artiste. En lisant ce livre de Léonard de Vinci, on serait même tenté de croire que le dérangement de ses parties est le résultat de quelqu'accident. Quant au traité de Raphaël Mengs, j'ai ouï dire à Rome, à un de ses rédacteurs, M. Dagincourt, que cet ouvrage est un composé de notes toutes éparses et trouvées après la mort de l'auteur, notes écrites en toutes sortes de langues et qui avaient donné beaucoup d'embarras pour leur classification et même pour leur rédaction, en sorte qu'on en avait rejeté un grand nombre, parce qu'on les avait trouvées inintelligibles; mais des peintres les eussent peut-être comprises et en eussent peut-être su tirer un très-bon parti.

Plusieurs autres petits traités offrent des divisions assez distinctes; toutefois elles sont établies sans beaucoup de rigueur, faute des définitions principales dont on n'a jamais su jeter les bases en traitant de cet art. Mais ici je ne prétends point passer en revue ces principaux écrits sur la peinture.

L'ordre est bien certainement le moyen indispensable de faire valoir et de rendre très-sensibles les doctrines, et l'expérience démontre que les divisions établies selon l'ordre véritable, sont particulièrement propres à fixer l'étendue et l'importance relative de toutes les questions théoriques. Vingt fois on répétera inutilement la même proposition, si on ne fait que l'effleurer à chaque article; mais on la poursuivra, on l'approfondira et on la traitera en entier, si l'on en détermine bien les subdivisions, et si leur série est une fois bien graduellement établie selon le meilleur ordre.

C'est donc de la confusion dans les parties de la théorie écrite que résulte cette grande confusion qui règne ensuite dans l'esprit de l'artiste qui la consulte. En effet, au lieu de discerner les causes et les principes, il s'embarrassera et prendra le change au milieu de toutes ces questions; il courra après une certaine qualité, voulant en obtenir une autre; il ne saura où se diriger, où se fixer; enfin ses idées fausses sur les conditions essentielles de l'art, et par conséquent sur le mérite des ouvrages, laisseront dans son esprit un libre accès aux plus dangereux préjugés, aux plus déraisonnables préférences. D'où viennent ces interminables discussions sur les ouvrages d'art, ces mépris, ces louanges excessives; d'où viennent ces espèces de partis que le tems et la mode font naître et bientôt évanouir? Ils proviennent évidemment du manque de méthode dans les principes et dans leur classification.

Les personnes étrangères à l'art de la peinture pourraient-elles jamais croire que le plus grand nombre des artistes n'ont pas eu même dans leur critique l'idée des divisions distinctes des parties de leur art, d'où il résulte qu'ils ne s'entendent que difficilement sur chacune de ces parties? Mais il nous faut apporter quelques exemples. On entend tous les jours vanter à l'excès tout le coloris en général dans un tableau, parce que certaines parties de ce tableau, considérées séparément, sont d'une couleur juste et même très-délicatement étudiée, et l'on ne considère pas que l'ensemble du coloris, ou le coloris général de ce même tableau est vicieux et choquant par des dissonances dans les rapports perspectifs des tons et des teintes, fautes qui résultent de l'ignorance de l'art du coloris. Croirait-on que Dépiles, et bien d'autres après lui, ont toujours confondu le clair-obscur avec le coloris, et qu'aujourd'hui même on ne s'entend pas précisément sur ce que c'est que le clair-obscur, et que l'on confond à chaque instant la saillie et le relief des objets justement imités par l'exactitude perspective des lumières et des ombres, avec la marche et le calcul savant des masses de brun et de clair, calcul qui produit les grands effets optiques de la peinture?

Quant au dessin, les critiques ne s'accordent pas davantage. Une figure bien dessinée est souvent, selon eux, une figure dont les contours et les plans, quoique faux par rapport à l'anatomie, ont été bien sentis, vivement et adroitement exécutés. Le caractère, la beauté et même la correction sont souvent confondus avec la résolution, la franchise et la facilité.

S'agit-il de la composition; on ira quelquefois jusqu'à donner le nom de belle composition à un ingénieux arrangement de masses et de couleurs, et on ne distinguera pas dans les lignes le vice de disposition; enfin on refusera même le nom de composition à un sujet simple, net, et fort surtout par les caractères du petit nombre d'objets qu'il présente, et cela, parce qu'il n'y a ni agencement, ni arrangement apparent.

Pour indiquer aussi cette même confusion dans les

subdivisions de l'art, je remarquerai que l'on a appelé quelquefois grands anatomistes des peintres dont le pinceau écrivait fortement tous les os, tous les muscles et tous les tendons, en dépit de la nature, du mécanisme naturel et de la beauté. N'entend-on pas tous les jours donner le nom de fini à une peinture, parce qu'elle est polie, propre, léchée et bien arrêtée, au lieu d'appeler de ce nom l'ouvrage dans lequel les plus petits caractères des formes et des couleurs sont savamment et naïvement exprimés? Depiles avance que la première condition d'un tableau, c'est qu'il appelle la vue au prime abord, et il dit cela, pour prouver l'excellence du coloris; mais il n'avait pas observé que cette qualité qu'il réclame la première, dépend du clair-obscur, et très-peu du coloris ou des teintes : il n'avait donc pas une idée nette des véritables divisions de la théorie.

Un jeune artiste disait un jour, dans un de ces momens d'épanchement assez fréquens chez les ames naïves : « Ce » que j'ambitionne le plus dans un art, c'est l'expression » et le coloris. J'avoue que j'ai peu d'inclination pour le » dessin; mais l'expression [1] et le coloris, c'est là ce qui » me charme dans les tableaux, et c'est ce que je veux » dorénavant étudier avec une grande persévérance. » Que fit ce peintre depuis? Il entreprit des études d'expression, et négligea le dessin : c'était vouloir voler sans ailes. Ensuite il copia Paul Véronèse, pour courir après les teintes, et il négligea le clair-obscur : c'était vouloir former un concert avec un seul instrument. D'où venait

[1] Par expression, les artistes entendent en général l'expression de la vie et celle des passions. (Voy. la critique de ce mot dans le Dictionnaire.)

son erreur? D'une impulsion vicieuse? Non; mais ses efforts étaient mal entendus, et en voulant atteindre à un but très-louable sans doute, il usait de moyens étrangers ou incomplets. En effet, qu'est-ce que l'expression, sans le dessin? Qu'est-ce que le coloris, comme on l'entend vulgairement, c'est-à-dire, avec son charme, sans le clair-obscur?

On a connu aussi un statuaire qui répétait sans cesse que le squelette était tout; que c'était le squelette qu'il fallait copier sans modifications, quand le squelette du modèle était bon. Cette maxime était juste, mais il fallait s'expliquer; car, faute d'avoir approfondi les divisions de son art, ce statuaire confondait la bonne proportion du squelette avec le bon mouvement que le modèle donne ou ne donne pas à son propre squelette, et cet artiste, en copiant la bonne proportion ou forme des os, copiait aussi le mouvement souvent vicieux de ces os en action. Cependant tel individu modèle, dont le squelette est d'une bonne conformation, peut être mû par des muscles défectueux et qui soient hors du juste équilibre des forces mécaniques. Il faut donc distinguer le mouvement des os, c'est-à-dire, l'action et la vie en mouvement, d'avec la forme des os sans action, car un malade remue bien ses os selon le mécanisme de la nature, mais non selon l'énergie et le caractère de la santé en action.

Je citerais mille autres exemples qui prouveraient qu'on a souvent confondu les questions d'art; que la théorie est obscure et incertaine, même dans les ateliers, et que cette confusion empêche, plus que tout autre obstacle, l'artiste de produire des ouvrages excellens, et le public de retirer des beaux-arts quelque fruit.

Quand même il serait vrai que l'on ait dit tout ce qu'il

y avait à dire sur l'art (et il s'en faut de beaucoup qu'on ait dit tout, même sur les points les plus importans), est-il vrai que l'élève puisse comprendre tout dans l'état confus d'un pareil enseignement, ou qu'il puisse découvrir l'important et l'essentiel de tout ce qui a été dit ainsi en peu ou en beaucoup de paroles, mais sans méthode? Le but est donc de faire ressortir la vérité, en la mettant sous son plus beau jour. Or l'ordre est le seul moyen de parvenir à ce but, et, de même que tous les matériaux d'un édifice ne sont pas un édifice tant qu'ils ne sont point placés suivant l'arrangement que détermine leur destination, de même les grandes vérités de l'art exposées hors de place et confondues avec une foule de remarques isolées et de peu d'importance, ne constituent pas une théorie une et établie complètement.

D'ailleurs l'ordre sert à déterminer les degrés relatifs d'importance des parties de l'art, et l'avantage qu'il procure en cela est bien grand. En effet, l'importance respective des parties étant déterminée par cet ordre même, le goût individuel de l'artiste est forcé de céder aux préférences de la raison, au lieu que, lorsque cette valeur respective des parties reste indéterminée, faute de vraie méthode et de justes divisions, chacun reste libre d'estimer de préférence la qualité qu'il aura saisie et recherchée le plus, soit par caprice, soit par circonstance, et il ne manquera pas de la placer toujours au premier rang. C'est ainsi que celui qui aime la géométrie et la perspective, par exemple, et à qui ces sciences sont très-familières, ne regardera dans un tableau que les mesures ou les rapports de chaque corps avec son plan ; il rapportera tout ou à des tons ou à des traits perspectifs, et il ne croira pas qu'un peintre soit habile, s'il n'a pas étudié Euclyde. L'érudit n'estimera que le costume; l'anatomiste ne vantera que l'écorché et les dessous; le coloriste, que l'harmonie et l'énergie des couleurs, etc., et un tableau suave et brillant sera toujours pour ce dernier un tableau merveilleux et parfait.

C'est encore faute de méthode dans les idées artistiques qu'on louera une peinture que d'autres sont disposés à détester. L'un préférera les manières claires, l'autre les manières brunes; tantôt ce sera Raphaël, tantôt ce sera Tiziano, Paul Véronèse ou Rubens qu'ils voudront qu'on suive. Voulez-vous connaître la raison de ces goûts exclusifs? Elle provient de la même source, et ces prédilections sont toujours, quoiqu'on en dise, en raison de nos connaissances, plutôt qu'en raison de nos organes particuliers et de nos sentimens. Lors donc qu'un artiste se laisse aller à ses préférences sans documens méthodiques et sans réfléchir à l'ordre des divers préceptes, il en vient, ainsi qu'on le dit quelquefois, à juger de son art par contagion.

Mais, si les règles principales sont une fois bien établies, selon leur rang et leur valeur respective, dans l'entendement du peintre, celui qui aura beaucoup médité sur cet ordre, saura très-bien à quoi s'en tenir sur l'essentiel de l'art et sur la marche qu'il faut suivre en le pratiquant : un tel artiste devenant par cette méthode mentale affranchi de mille vains scrupules qui le retenaient, ne se trouvera soumis qu'à quelques lois souveraines, qui, une fois bien comprises, feront la base de sa conduite et lui assureront en tout tems de grands succès. Enfin, répétons encore cette même vérité importante, c'est que sans cet ordre, sans cette exacte division et subdivision de toutes les parties de l'art, on n'en saurait connaître ni parcourir toute l'étendue, on ne saurait en posséder ni l'analyse, ni la véritable essence, et l'on serait toujours porté à des préférences funestes qu'on ne pourrait justifier et qui seraient capables d'arrêter tous les progrès.

Voici une autre considération, c'est que l'ordre procure au peintre les moyens d'arriver à la beauté, en lui facilitant par l'analyse le maniement de ces moyens. Citons tout de suite un exemple fourni par le clair-obscur.

Le peintre ne peut-il pas dans un tableau suppléer au manque de variété ou de beauté des lignes, en introduisant la variété et la beauté du clair-obscur, et par ce moyen ne peut-il pas embellir de beaucoup son ouvrage? L'ignorance seule de ce moyen ou de cette règle aurait donc laissé le tableau ou tout le spectacle dans un état de langueur insipide et même contraire au sujet. Et non-seulement le choix du clair-obscur, lorsqu'il est bien entendu, bien distingué et analysé, peut rendre un tableau attrayant et beau pour le sens de la vue, mais il conduit aussi au poétique de l'art, en fixant le mode gai ou pathétique, ou tout autre mode, que l'artiste parvient à produire en grande partie par certains calculs particuliers des clairs et des bruns, calculs qui peuvent ajouter singulièrement à l'expression générale que le peintre se propose.

Qu'un peintre confonde tout dans les questions relatives à la touche, il ne s'attachera qu'à manier partout le pinceau d'une façon monotone, mais adroite. Les objets subalternes et fuyans seront souvent les mieux touchés, et ceux du devant, fussent-ils des personnages, seront traités à faux d'une manière large et négligée, et sans les détails que la perspective réclame absolument sur les premiers plans du tableau.

Mais je dois m'en tenir à ce petit nombre d'exemples; ils suffisent pour rendre plus sensible cette vérité qui fait l'objet de notre question, savoir que sans l'ordre qui lie et enchaîne les règles ou les préceptes, l'esprit de l'artiste restera dans une pénible obscurité et dans une incertitude aussi funeste à l'art qu'à lui-même, puisqu'elle se convertit à la fin en un véritable tourment.

### *Du manque de substance et de profondeur dans les écrits sur la peinture.*

Ce qui manque, après la méthode, dans les écrits sur la peinture, c'est le défaut de substance et de profondeur. Certains auteurs mettent en avant, avec beaucoup de prolixité, des lieux communs, et lorsqu'ils arrivent au point où finit la série des idées vulgaires, et où l'on voudrait recevoir une lumière vive et nouvelle, on les voit s'arrêter tout à coup et passer comme furtivement à d'autres points de la théorie. Au surplus, cette espèce de stérilité de doctrines, au sein de l'abondance des paroles, n'est point une chose très-étonnante, car il faut, comme le dit fort bien Depiles, un esprit d'une grande étendue pour bien juger de la peinture, et il ajoute (ce que j'aurais dû peut-être citer tout à l'heure) que « il y a peu de per-» sonnes qui en aient une idée nette, en comprenant les » peintres mêmes. » Poussin écrivait à Abraham Bosse, que le traité de peinture de Léonard de Vinci pouvait être contenu dans une seule feuille de papier et en grosses lettres; en effet le plus grand nombre des préceptes qu'il renferme étant connus de presque tout le monde, ce qui se trouve de profond dans ce livre, se réduit à fort peu de chose.

Il faut bien se garder de penser avec quelques ennemis des règles, que les idées profondes et même un peu abstraites qui se rencontrent parfois dans les livres sur les arts, sont des pensées de songe creux et des raffinemens de frondeurs. Il peut se faire qu'elles soient quelquefois mal mises au jour, et que, vu l'état incertain de nos théories en général, elles ne se présentent même à l'esprit de l'auteur que dans un certain état de confusion et d'ambiguité; mais elles n'en sont pas moins substantielles et très-importantes. Or l'artiste qui regarderait l'art de la peinture, non comme un art profond et philosophique, mais bien comme un art de goût et de divertissement, courrait grand risque, s'il méprise ces aperçus nouveaux, de ne jamais devenir habile. Recourons à un exemple. Si l'on n'avait jamais vu les charmans tableaux de Claude Lorrain, n'appelerait-on pas rêveur ou fou celui qui proposerait par écrit des idées d'un choix aussi élevé que celles que cet habile artiste s'était faites sur l'harmonie, sur le charme du style et sur la magie aérienne? Et si Giorgione n'avait pas offert à nos regards des ouvrages d'un coloris fier, ardent et très-savant, ne prendrait-on pas pour un exigeant ridicule celui qui trouverait froid, dur et sans agrément le coloris de l'école romaine et de l'école florentine? Il en est de même aujourd'hui de celui qui prêche la simplicité, la pureté et la sévérité antique : on lui demande où sont les modèles qui peuvent prouver que sa théorie n'est pas une chimère; et, comme ces modèles n'existent que dans l'imagination et par induction, le tems ayant malheureusement détruit les tableaux des Apelle et des Protogène, on sourit de pitié en lisant ces beaux élans vers la perfection, et l'on n'écoute point de pareils critiques, car on n'est pas si fou que de quitter le certain pour l'incertain, et la routine lucrative pour des innovations non éprouvées.

Je sais qu'il y a des aperçus fort profonds et fort philosophiques dans les écrits de plusieurs auteurs modernes. J'ai eu occasion de m'aider pour cet ouvrage de leurs plus solides pensées, et j'avouerai, aussi souvent que je le pourrai, qu'elles leur appartiennent. Mais on peut avancer, malgré le mérite de ces différens écrits, que ce qui manque surtout dans les livres sur l'art, c'est la substance, la force, la profondeur; et que ce qui rebute les artistes qui interrogent ces livres, c'est de voir qu'ils ne leur répètent guère que ce qu'ils savaient avant de les consulter. Aussi entend-on dire tous les jours que les écrits théoriques ne peuvent servir qu'à ceux qui n'en ont pas besoin : cela est vrai de cette foule de livres que l'on ne comprend que lorsqu'on est savant; mais une théorie bien ordonnée et complète doit apprendre successivement des choses très-nouvelles, des leçons enfin très-claires et sur lesquelles tous les artistes puissent se reposer.

Enfin pourquoi se méfie-t-on des règles en peinture? C'est que l'on n'a donné pour règles que des recettes particulières et des procédés qui font que tous les ouvrages se ressemblent; mais, si on eût donné des règles générales, des principes fondamentaux et pris dans la nature, il serait arrivé que les tableaux ne se fussent point ressemblés. En effet, mille combinaisons offertes par la nature sont bonnes, si elles sont conformes au petit nombre de ces principes fondamentaux de l'art, tandis que, dans l'autre cas, un précepte particulier ou une recette appliquée à tous les tableaux leur donne nécessairement la même physionomie.

S'il arrive donc que les artistes, qui ne rencontrent dans les livres que ces recettes, que ces règles dénuées de leurs principes et de leurs preuves, se trouvent plus gênés et ont moins de talent, lorsqu'ils cherchent à s'y conformer, que lorsqu'ils n'en tenaient aucun compte, ils n'en doivent pas conclure qu'une théorie profonde et sûre puisse jamais être trompeuse ou gênante; ils doivent au contraire la désirer et ne rien négliger pour y suppléer.

### *De la prévention des écrivains en faveur de tous les peintres qu'on a appelés célèbres.*

Parlons de la déférence trop souvent aveugle des écrivains pour les peintres de renom, sur lesquels ils cherchent à étayer leurs doctrines. Un nom illustre n'est-il pas un verre qui grossit et exagère des perfections peu considérables? Et l'idée de l'art ne doit-elle pas être au-dessus des ouvrages même les plus renommés? Enfin, malgré les grands noms de Raphaël et autres, n'est-ce pas plutôt à la philosophie de l'art qu'il nous faut avoir recours, pour nous former l'idée de la perfection, qu'aux tableaux qui ne sont pas encore ce qu'ils pourront être un jour? Tous les écrivains qui ont voulu rassembler les préceptes de l'art, ont été persuadés qu'ils en pouvaient trouver la démonstration évidente et complète dans les ouvrages des divers maîtres modernes; leur conviction a été partagée par les professeurs, par les élèves et par tout le public. Il était bien naturel en effet de croire que toutes les parties qui constituent la perfection devaient nécessairement se trouver éparses dans les différens tableaux exposés à notre contemplation, et cette prévention ne semble point une erreur : cependant, je le répète, nous ne devons nous former une idée de l'excellence des modernes que d'après les idées de l'art.

Les quatre siècles écoulés depuis que les modernes exercent la peinture, et la célébrité colossale de certains maîtres, ne doivent influer en rien sur cette idée de la perfection. Plusieurs parties de l'art ont été oubliées, méconnues ou possédées à un faible degré par les modernes; d'autres restent encore à trouver, il faut en convenir, malgré les noms imposans de Correggio, de Tiziano, de Michel-Ange et de Raphaël. Mais on se croit bien plus fort en citant certaines peintures illustres, comme modèles, par exemple, de la grâce et de la beauté, qu'en laissant le lecteur dans cette idée affligeante que la vraie grâce et la vraie beauté en peinture sont encore à produire, et qu'on ne trouverait ces perfections que dans les productions de l'antiquité.

Mengs et Winckelmann, qui ont certainement jeté de très-grandes lumières sur la théorie des arts, n'ont cependant pas été exempts de la prévention que je signale ici, et cela parce que, n'ayant pas embrassé toutes les questions de la théorie, ils ne s'étaient formé une idée de la perfection que d'après des modèles imparfaits. Cependant que doit-on entendre par posséder la théorie, si ce n'est développer et classer toutes les conditions qui rendent un ouvrage parfait dans son genre et relativement à sa destination? Tant qu'on ignore ce qu'un ouvrage doit être, il est impossible de dire s'il est excellent ou imparfait.

La statue antique que Winckelmann loue avec le plus

de complaisance, est précisément une de celles qui sont le plus éloignées du goût chatié et naïf des anciens ; et Mengs fait un éloge prodigieux d'une tête de Correggio, qui est une des moins belles de ce maître quant au caractère, j'ose l'affirmer, quoique dans cet éloge complet il dise qu'on trouve sur cette tête la précision et l'expression de Raphaël, rapprochement tout à fait extraordinaire : il s'agit de la tête de la Magdeleine dans le fameux tableau de St-Jérôme qu'on voit à Parme, et qu'on a admiré à Paris. Or je prétends que ces louanges sont très-funestes, en ce que, portant à faux, elles faussent aussi l'esprit incertain des élèves.

La connaissance complète des règles ou de la théorie, disons-le en passant, eût été et serait encore bien utile, pour préserver de l'abandon ou de l'oubli certains chefs-d'œuvre, ainsi que pour empêcher ou neutraliser ces éloges ridicules dont on encense des artistes dégradés. Correggio n'eût point végété dans une fortune médiocre, Dominichino eût vu couronner son chef-d'œuvre avant l'époque tardive où le grand Poussin en fit généreusement des éloges publics, enfin des peintres ignorans et maniérés n'eussent point été comblés de bienfaits et d'honneurs, si la théorie eût été bien établie chez les modernes. Il n'eût pas fallu des siècles pour redresser les opinions sur mille et mille productions, dont on ignora si long-tems la valeur, puisque jamais les préjugés, les modes et les manières n'eussent trouvé accès chez des peuples devenus tous d'accord sur les principes des beaux-arts, et tous unis pour perpétuer ces principes.

En vérité, quand on pense aux largesses, aux honneurs excessifs dont on a comblé des peintres intrigans, dont les ouvrages sont aujourd'hui le rebut des ventes et des cabinets, on ne peut se défendre d'un sentiment de chagrin et de dépit; et quand on lit dans des récits historiques qu'une espèce d'enthousiasme national a encensé des peintres et des statuaires sans vrai talent, mais à la mode seulement, des peintres plus singes qu'artistes, plus hardis que savans, plus charlatans que philosophes, on éprouve une certaine colère qui fait dire avec humeur: donnez-nous donc des écoles d'art, donnez donc des institutions complètes qui déjouent les calculs de ceux qui comptent sur l'ignorance et l'asservissement des livres, ainsi que sur la confusion des idées d'un public que ces écoles bien organisées auraient bientôt éclairé.

Ceux qui nous assurent que les maîtres modernes ont porté l'art à la perfection, veulent-ils, par exemple, donner une idée de la perfection du coloris; ils la trouvent toute entière dans Tiziano. Observez bien cependant que dans les tableaux de ce peintre, l'huile a fait des ravages dont tout le monde gémit; mais il faut que le nom de Tiziano soit placé là, ou bien celui de Rubens, quoique ces deux coloristes ne se ressemblent guère. Veulent-ils démontrer la perfection du style correct et vrai dans le dessin; il faut trouver l'homme, et, suivant l'usage, on mettra en avant Dominichino. S'agit-il de la grâce; aussitôt le nom de Correggio arrive, et celui d'Albani ne manque pas de le suivre. Est-il question de science anatomique; Michel-Ange est cité sur-le-champ, en sorte que ces louangeurs nous défendent, pour ainsi dire, d'imaginer quelques degrés de perfection au-dessus du talent de ces maîtres.

Les Français qui écrivaient dans le 18e siècle ne cherchaient pas même au-delà de leurs frontières. Essayaient-ils de démontrer les grandes qualités de l'expression des passions; c'était Le Brun qui était le type; le charme et les grâces devaient s'étudier dans Mignard; l'énergie dans Jouvenet; le fin, le délicat et l'exquis dans Boucher. Nous avons pitié de ces préventions....... Pourquoi? Parce que l'idée que les chefs-d'œuvre de l'antiquité ont fixée aujourd'hui dans la plupart des esprits au sujet de l'expression des caractères, au sujet de la grâce et de la beauté des formes, est bien au-dessus de celle que font naître les productions des artistes que je viens de citer.

Si donc tant d'écrits sur l'art sont marqués au coin de cette prévention, n'est-il pas tems de les signaler, de sortir de la routine que ces écrits nous imposent, de juger enfin par nous-mêmes, et de secouer les chaînes de la servile superstition, au sein de laquelle la plupart des critiques se sont faits les échos d'autrui?

Mais, de même qu'on a répété que les parties de l'art étaient portées au plus haut degré chez tel ou tel peintre, de même on a avancé que ces mêmes peintres célèbres étaient incapables d'errer, en sorte que leurs défauts ont été prescrits et vantés, comme autant de modèles. Josué Reynolds a très-bien expliqué cet abus. «Le jeune peintre, dit-il » (dans son sixième discours), qui a un style sec et dur, » pourra citer Poussin pour autorité; celui dont les ou- » vrages ont un air négligé et peu fini, s'appuiera avec la » même raison sur la plus grande partie des maîtres de » l'école de Venise. S'il ne fait aucun choix des sujets, et » prend la nature actuelle comme il la trouve, Rhim- » brandt lui servira d'exemple à citer. Pour l'incorrection » des proportions des figures, il alléguera Correggio, et,

» si les couleurs ne sont pas bien disposées ni mariées » convenablement, il nommera Rubens, dont le coloris » est également cru..... La dernière manière du Guide » est trop grise et manque de relief; la prévention répon- » dra : c'est qu'elle est vague..... Le goût de dessiner chez » Rubens est trop mou et donne dans le flasque; c'est, » dira-t-on, qu'il exprime de la chair.... Dominichino est » trop sec; c'est qu'il est correct.... Jules Romain est le » plus souvent dur et tiré; c'est là ce qu'on appelle la » sévérité du dessin..... Poussin donnait dans la pierre » et dans le gris outré; c'est qu'il imitait l'antique...... » L'inégal Tintoretto a comme strapassé la plupart de ses » ouvrages, et les a tous fort peu travaillés; ce sont-là les » grands coups de maîtres et les grands traits du pin- » ceau.... C'est ainsi que parle toujours l'aveugle passion, » pour embellir l'erreur qui la séduit. A Rome, on n'esti- » mait que Raphaël; les Florentins lui préféraient Michel- » Ange; et Venise tenait pour le Titien, comme Bologne » pour les Carraches. » Aussi les louanges d'un Vasari devinrent des titres irrécusables, et les épithètes de Malvasia sur les peintres de Bologne retentirent jusque dans les salles de vente de Londres et de Paris.

Qui n'approuverait la mauvaise humeur des vrais connaisseurs, lorsqu'ils entendent des discoureurs se méprendre sur les beautés essentielles des tableaux, et vanter avec ardeur les niaiseries ou les affectations du pinceau? D'où provient l'indignation de ces connaisseurs, si ce n'est de cette idée plus ou moins nette, plus ou moins dominante qu'ils ont su acquérir de la perfection? Oui, il est tems de faire cesser les incertitudes de tant d'observateurs de bonne foi, d'entrer dans leur juste courroux, et de leur affirmer sans crainte qu'il n'existe qu'un très-petit nombre de tableaux excellens et qui ne soient pas entachés des manières d'académie et des goûts barbares des écoles.

Osons donc le dire, aucun de ces tableaux célèbres qui abondent dans nos musées, et que l'on vante comme valant bien des ouvrages grecs, ne produit une similitude d'impression avec les ouvrages grecs qu'on voudrait leur comparer. On y voit un habile métier et beaucoup de combinaisons ingénieuses; parfois ils sont très-remarquables par l'imagination de l'artiste, par sa verve, sa chaleur et son sentiment; mais trop souvent on y remarque l'absence de beauté, de naïveté et de convenance. Quand on a cité dix peintres excellens, les uns en une partie, les autres en une autre, on peut oublier ceux qui restent, ou au moins s'en méfier, tout en les admirant.

Ceux qui étudient la théorie dans les livres, seront-ils donc éternellement dupes des louanges et des extases d'autrui, comme les curieux trop novices dans leur goût en peinture sont dupes des brocanteurs de tableaux? Monsieur, lui dira un de ceux-ci, ce tableau, dont vous n'êtes pas frappé, est cependant de Carrache, et il est certainement très-beau, quoique vous sembliez en douter; d'ailleurs il est signé de la propre main de l'auteur; on connaît son historique dans les ventes, et Annibal Carrache est un des premiers maîtres de l'école d'Italie, car, remarquez bien, monsieur, qu'il est d'Annibal, chef de l'école, et non de Louis ou d'Antoine Carrache...... Que répond le curieux? Il a honte peu à peu de son goût difficile; il considère de nouveau le tableau, et finit par déclarer que cet ouvrage de maître est une très-belle et très-bonne production, et que tout ce que lui, pauvre ignorant, avait désiré d'abord en fait de correction, de vérité et de bon goût, n'était que des idées fantasques ou trop simples et hors de la grande et mystérieuse science de la peinture.

Rien de plus plaisant, pour un connaisseur sans préjugés, que les exclamations arrachées par les Cicerone d'Italie aux prétendus gens de goût qui vont çà et là, s'instruisant, comme on dit, par les belles choses. Le tableau du Jugement dernier, de Michel-Ange, est certainement une des plus désagréables peintures qu'on puisse voir, et la gêne de ceux qui arrivent en présence de cette muraille, est pour l'observateur de bonne foi un véritable objet de divertissement. On a vu aussi des gens qui, après être arrivés à la dernière des salles du Vatican où sont les peintures de Raphaël, étaient obligés de revenir sur leurs pas, parce qu'on les avait avertis qu'ils avaient traversé ces chambres, sans avoir distingué ce peintre divin. Tous alors craignant de faire voir que leur sentiment, leur goût et leur instruction étaient en défaut, ne manquaient pas de réparer leur oubli par de très-grandes exclamations.

« Le plus grand obstacle au progrès de nos connais-
» sances dans les arts, dit fort bien Webbs, c'est la haute
» opinion que nous concevons du jugement de ceux qui
» les pratiquent, et la défiance proportionnée que nous
» avons du nôtre. » J'ajouterais qu'on se défie même tellement de son jugement, que ce qui est touchant véritablement, ne touche souvent pas, à cause de cette idée fausse que ce qui est beau n'est à la portée que du petit nombre des initiés et des gens de l'art très-exercés.

*A l'aide d'un traité complet de peinture, les artistes pourraient devenir indépendans de leurs goûts particuliers, et juger les tableaux, non d'après le plaisir ou la sensation qu'ils reçoivent, en les considérant, mais d'après les règles, en sorte que, le mérite respectif des maîtres occupant peu l'artiste, ce serait sur l'excellence relative des parties de l'art que s'exercerait son esprit.*

Il importe beaucoup de démontrer que l'artiste ne doit avoir aucun goût exclusif ni pour certain maître, ni pour certaines parties de son art, goût qui lui ferait dédaigner d'acquérir les qualités constituantes et essentielles qui ne seraient pas l'objet de son affection. En conséquence il ne doit point juger les productions d'art, en tant qu'elles lui plaisent et qu'elles sont relatives à ce goût exclusif et à ces dispositions naturelles, mais en tant que ces productions renferment telles ou telles parties essentielles et portées à tel ou tel degré, de sorte qu'il n'est point destiné à jouir de la même façon que le public, pour lequel le tout ensemble d'un tableau est fait, mais à jouir comme tout critique qui analyse ce qui est bon ou ce qui est vicieux, et qui sait peser et reconnaître la valeur intrinsèque des choses. Il résultera de cette habitude d'analyser et de distinguer les parties, abstraction faite de son goût, une netteté de jugement qui ne lui fera jamais confondre avec la bonté de l'ouvrage le degré de plaisir qu'il éprouve, et qui lui fera discerner précisément toutes les qualités, quelque multipliées, quelque faibles ou perfectionnées qu'elles puissent être dans les ouvrages. Cette connaissance analytique des grandes parties de l'art et de ses plus petites parties, doit devenir chez l'artiste une espèce d'instinct semblable à celui de l'abeille qui sait reconnaître les fleurs seules propres à composer ce miel précieux, objet de tous ses soins.

Si un peintre prend une cause pour une autre, dans le déplaisir ou le dégoût que peut produire sur lui une peinture, il lui sera impossible de reconnaître précisément et d'étudier la qualité qu'il doit extraire souvent d'une foule d'imperfections. Il court aussi le risque d'étudier le mauvais à côté du bon, et de répéter dans ses ouvrages, non les qualités excellentes de ses modèles, mais l'imitation de tout ce mélange de bon et de mauvais qu'il n'aura pas su démêler. Que résulte-t-il donc de cette manière vulgaire de contempler les ouvrages des maîtres? Une propagation du goût général de ces maîtres, une imitation de leurs défauts et une singerie de leurs qualités; et, si malheureusement ce sont les mauvaises qualités du maître qui ont le plus séduit l'esprit ou les sens vicieux de l'élève, son ouvrage n'offrira qu'une parodie misérable.

Il importe donc que le peintre laisse aux philosophes et aux métaphysiciens à peser le résultat des œuvres de chaque artiste, et à tenir la balance qui détermine le mérite respectif des chefs-d'œuvre. Ces décisions ne sont nullement de la compétence de celui qui étudie, puisque tous ses efforts ne doivent tendre qu'à ravir aux maîtres les qualités qui les distinguent et qui les illustrent, et à rejeter les défauts qui les rabaissent. Toute dissertation faite dans l'intention d'établir la prééminence d'un peintre sur un autre, ou de déterminer la préférence qu'on doit donner à tel ou tel tableau, sera plus qu'inutile à l'artiste. Ces discussions sont du ressort des juges qui dans le public fixent les degrés de valeur et d'estime des différentes productions des arts; mais ce droit de généraliser la valeur des tableaux ne doit point être exercé par le peintre, qui doit seulement distinguer l'excellence de telle ou telle partie de l'ouvrage, la sentir et en bien approfondir la cause. L'élève ne doit même point préférer un maître exclusivement à un autre, parce que ce maître excelle dans quelque partie qu'il préfère. L'élève qui veut s'instruire doit étudier, admirer et sentir jusqu'à l'enthousiasme les beautés partielles que renferme tel ou tel tableau, et son aversion pour les défauts de ce même tableau ne doit point affaiblir cette admiration, car le grand art de celui qui étudie, est de diviser les parties et d'analyser les qualités des ouvrages.

Quand on demande donc à un peintre s'il met tel maître au-dessus de tel autre, s'il préfère le tableau de la Transfiguration de Raphaël à celui de la Communion de St-Jérôme par Dominichino, s'il aime mieux les maîtres hollandais que les maîtres espagnols, il ne doit répondre ni affirmativement, ni négativement, car dans ces deux cas il se trouverait toujours forcé de déraisonner. En effet, dans ces différens ouvrages on trouve plusieurs qualités essentielles et constituantes, et l'on trouve aussi l'oubli de quelques-unes de ces qualités. Une réponse affirmative serait donc aussi peu raisonnable que, si après avoir été questionné sur les parties principales du corps qu'il serait le moins fâcheux de perdre, il répondait que c'est plutôt le bras que la jambe, le pied gauche que le pied droit, ou la jambe droite plutôt que la gauche. Toutes ces parties étant intégrantes et nécessaires, il est presqu'impossible de désigner raisonnablement des préférences. Et de même, s'il entreprend de justifier son goût particulier pour un sujet de peinture plutôt que pour un autre, pour un paysage plutôt que pour un portrait, pour un tableau sévère et terrible plutôt que pour un tableau tendre et gracieux, la difficulté est la même. En effet, comment persuaderait-il à ceux qui ne seraient pas de son avis que leur goût est moins bon que le sien?

Ainsi qu'un critique soit blâmé pour avoir placé Poussin avant Tiziano, Leonard avant Michel-Ange, c'est un procès dont un artiste ne devrait point s'embarrasser. Qu'on déplace Annibal, pour couronner Holbein ou Giorgione, c'est ce qui ne doit point l'offusquer, puisque chacun doit avoir naturellement une prédilection pour certaines parties du bel art de la peinture. Mais remarquons que tel qui classe aujourd'hui Rubens au premier rang, s'agenouillera plus tard devant une tête de Léonard de Vinci, et tel qui n'aime que Michel-Ange, finira par retourner à Lesueur ou à Poussin. On préfère souvent à la fin un Luini au plus beau Metzu, et le curieux qui compte aujourd'hui trois cents louis pour un Wouvermans, et qui ne donnerait pas un écu pour une madone de Francia, finira peut-être par chérir infiniment ce dernier.

Il résulte qu'il n'y a point d'ordre à établir dans toutes ces valeurs diverses, et qu'il suffit de bien désigner les qualités des différens peintres ou leur excellence particulière. La théorie sert ensuite à démontrer et à faire valoir le degré d'importance de ces mêmes parties, selon le sujet. Enfin qu'on essaie une liste de peintres rangés par ordre de mérite, on ne cessera de changer et de retourner cette liste; aussi la balance que jadis Depiles composa n'eut-elle aucun succès.

La préférence donnée à un ouvrage sur un autre, dans les arts, comme dans les sciences, sera toujours une source de disputes, et cela aura lieu, quoique les ouvrages excellens soient reconnus pour tels. Mais ce qu'on peut fort bien déterminer sans de longues contestations, c'est le degré d'excellence où a été portée telle ou telle condition de l'art, en sorte qu'il ne faut point se lasser de confronter ces mêmes degrés d'excellence des diverses parties dans tous les ouvrages analogues.

Remarquons en passant que les productions de l'antiquité ne donnent pas matière à disputes autant que les modernes par l'effet des préférences, étant pour la plupart telles qu'elles doivent être, et offrant presque toutes le complément des caractères qui doivent les constituer; et, s'il s'élève même des préférences sur les beaux ouvrages antiques, elles sont faciles à justifier, étant déterminées par quelques causes distinctes et par quelques faiblesses qu'il est aisé de reconnaître. Mais, en fait de tableaux modernes, le meilleur parti que puisse prendre celui qui veut couper court aux vaines contestations, et qui recherche avant tout son instruction particulière, c'est de ne préférer aucun tableau ni aucun maître; c'est de les sentir tous dans leurs diverses parties et leurs qualités, de reconnaître et de désigner précisément les degrés de perfection, auxquels telle ou telle partie a été portée dans un ouvrage. Cette méthode en effet n'éteindra jamais ni son propre sentiment général, ni sa chaleur, ni les dispositions que la nature lui a départies. On peut donc répéter qu'en suivant l'art et la nature, et non les maîtres, on plaît à tous, puisque le goût des maîtres ne plaît qu'à quelques-uns, tandis que la nature et l'art plaisent à tout le monde.

Terminons par une réflexion qui est de quelqu'importance. Si toutes les véritables règles de la peinture étaient connues des peintres, leur amour-propre, qui leur est si préjudiciable, serait extrêmement diminué, et de là leur bonheur se trouverait augmenté. En effet, ils sauraient précisément ce que vaut leur ouvrage; ils ne le jugeraient pas par vanité, mais par raison; ils le chériraient, non parce qu'il est leur production, mais parce qu'il serait bon et conforme aux règles de l'art. Quand donc on méprise, on méconnaît les règles, c'est alors l'orgueil qui juge l'ouvrage; c'est l'orgueil qui excuse les erreurs, qui exagère les petites qualités, qui attribue et les qualités et les fautes au sentiment privilégié, au génie, au goût inné: et, comme l'artiste a fait comme il a senti, et non comme il devait faire, il est fort naturel qu'il trouve très-estimable, excellent, et par conséquent de son goût, ce dont il ne peut distinguer les vices, puisqu'il les approuve et s'en félicite.

*Si les règles sont utiles, c'est surtout aux peuples du nord chez lesquels les plus habiles artistes ont presque toujours été les plus instruits dans leur art.*

Mais je crois en avoir dit assez dans cette introduction pour ceux qui veulent réellement étendre ou éclaircir leurs idées, et trop pour les artistes qui prétendent arriver au but sans méditer et sans approfondir, se croyant assez riches de leur seul sentiment. Cependant, pour finir, il me reste à placer une observation; c'est que, s'il était vrai, mais cela ne le sera jamais, que les règles fussent de trop pour les nations favorisées par un heureux climat qui soutient, vivifie, excite constamment la sensibilité, l'imagination, et qui développe toutes les facultés, il est reconnu généralement que chez les peuples du nord, où les arts sont cultivés, pour ainsi dire, en serre chaude, il faut pour leurs succès des efforts particuliers, une vigilance et une application constante qui puisse tenir lieu des faveurs refusées par la nature.

Ne voyons-nous pas que dans le nord de l'Europe, les hommes qui sont devenus les plus habiles sont ceux qui se sont le plus aidés par l'étude, par la méditation, par l'analyse des modèles grecs et de la nature, et qui ont, pour ainsi dire, suppléé à force de travail à cette disposition morale toute innée, et à cette chaleur féconde qu'ils auraient désiré recevoir du climat et du ciel, qui semblaient la leur refuser? Si donc on veut faire naître chez ces peuples le sentiment des arts, il faut commencer par leur en faire connaître toute la théorie et toute la science. Ainsi ne nous plaignons pas d'être peu favorisés par le climat qui, selon quelques-uns, éteint chez nous le sentiment; ce dont il faut nous plaindre, c'est de ce que la connaissance des beaux-arts, et on doit le dire, les vrais élémens même du dessin, n'entrent pour rien dans notre système d'éducation. Chacun l'avouera, tous les crayonnages de pratique auxquels on habitue les jeunes gens aujourd'hui, n'ont rien de commun avec la définition, ni avec les vrais fondemens du dessin, de la beauté ou de la peinture. J'espère le prouver à son lieu.

Les Grecs n'ont possédé ce sentiment que nous voulons attribuer au climat, que parce qu'il était chez eux comme acquis avec la science; ou, si l'on veut, c'est que cette science de l'art était convertie chez les Grecs en sentiment.

Au surplus, ceux qui penseraient que nous connaissons les arts en Europe, et surtout la peinture, puisque nous nous en occupons autant et que nous possédons beaucoup de peintres, seraient, selon moi, dans une erreur fort étrange. Ce sont tous ces tableaux au contraire, ce sont tous ces artistes, ce sont tous ces ateliers qui font qu'on ignorera long-tems ce que c'est que la peinture, puisqu'on s'obstinera à n'avoir l'idée de cet art que d'après ces tableaux, ces artistes et ces maîtres.

Cependant indiquons le moyen que les gouvernemens ont à leur disposition, pour réparer ce mal : ce moyen consiste en des écoles complètes et publiques; mais il ne sera pas employé, parce qu'il y a trop de gens intéressés à le repousser, et trop peu de gens puissans qui, sentant même ce besoin et reconnaissant cet état de choses, y attacheront beaucoup d'importance.

## *Conclusion.*

Concluons des considérations précédentes que, si les règles sont nécessaires dans les sciences et dans les arts en général, elles le sont plus particulièrement dans l'art de la peinture, et qu'au lieu d'entraver le génie, comme on a affecté de le dire, elles l'élèvent et le fortifient; qu'elles garantissent l'artiste de l'influence des modes et du mauvais goût, et qu'elles assurent aux nations qui les respectent, des fruits toujours glorieux. Concluons encore que, sans les règles, on verrait les préjugés, les fantaisies et les manières, fruits de l'imagination si souvent impérieuse des artistes, se propager sans cesse et se présenter sous toutes sortes de formes, dégrader les nations et les priver de leur plus bel ornement. Concluons que, sans les règles et sans les théories, il n'y a ni perfection, ni même caractère propre dans les ouvrages, ni vraie et solide jouissance pour les artistes ou pour les personnes qui veulent seulement faire des arts un objet de critique ou de contemplation. Mais disons plus, et voilà vraiment ce qu'il y a d'important, c'est que, sans les règles et sans des traités méthodiques et complets, il ne saurait résulter des beaux arts aucune utilité.

Puissent les diverses considérations que nous venons de rassembler sur cette nécessité des règles, sur ce besoin d'un traité méthodique et complet de peinture, sur les vices dominans dans les écrits sur cet art, vices qui se rapportent à la méthode et à la substance de ces écrits, ainsi qu'au choix des exemples que par préjugés l'on y cite sans cesse pour vrais modèles, puissent ces considérations, dis-je, persuader aux artistes et aux critiques que l'art difficile de la peinture se doit pratiquer autrement que par le seul sentiment! Puisse aussi cette vérité éclairer enfin et désabuser tant d'ennemis des règles, qui presque tous, sans les connaître, sans chercher même à les connaître, les haïssent et les redoutent!

# DICTIONNAIRE

## EXPLICATIF ET CRITIQUE

# DE QUELQUES TERMES

## RELATIFS A LA PEINTURE.

# DICTIONNAIRE

## EXPLICATIF ET CRITIQUE

# DE QUELQUES TERMES

## RELATIFS A LA PEINTURE.

---

## OBSERVATIONS PRÉLIMINAIRES.

Le titre que nous adoptons ici indique assez que notre intention n'est point de publier un dictionnaire contenant tous les termes de l'art, ainsi que l'ont fait quelques auteurs, dans la vue d'instruire de la peinture à propos des mots ou des expressions qu'elle emploie; notre but est de soumettre à la critique certains termes impropres ou inutiles que la routine introduit et accumule tous les jours dans le Vocabulaire des écoles, et ensuite de définir plusieurs mots sur lesquels il importe extrêmement de s'entendre, et dont l'explication a été omise dans le plus grand nombre des traités.

Comme on n'a point encore basé sur des sciences exactes ou sur des principes évidens les règles de la peinture, il n'est point étonnant que les termes les plus obscurs et les plus impropres soient adoptés tous les jours dans les ateliers par les professeurs et par les élèves, ainsi que par les amateurs et par ceux qui font commerce et trafic de tableaux. Et non-seulement ces termes sont obscurs et n'ont qu'une acception conventionnelle, mais ils sont souvent faits pour donner par leur équivoque des idées très-fausses au sujet des préceptes fondamentaux de l'art et au sujet de sa définition. Nous n'entendons parler ici que des termes de la langue française, bien que l'on remarque dans d'autres langues la même routine insouciante et le même abus à ce sujet.

Mais ce qui devrait provoquer de plus la critique, c'est le peu de dignité du langage ou du jargon concentré exclusivement dans les ateliers de peinture; ce sont ces termes si souvent étranges, parce que leur acception est une affaire de mode et de lazzis, langage que les élèves seuls savent comprendre, jargon bizarre qui bientôt varie et est oublié même au bout de quelque tems, en sorte qu'il n'est pas possible, en en recueillant les expressions, d'en tirer aucune espèce de profit pour les élèves à venir. Certains mots des ateliers du dernier siècle sont donc devenus surannés; ceux d'aujourd'hui le seront à leur tour : cependant, puisque l'art reste le même et ne varie pas plus que l'immuable nature et la saine raison, pourquoi en varier si fréquemment la langue, l'idiôme et les expressions? Certainement les peintres, sous Périclès, sous Alexandre, sous les Antonins, n'adoptèrent point, comme les modernes, des baragouins successivement différens : dans tous les tems ces peintres ont dû parler de leur art avec propriété et à l'aide de termes fixes, tous techniques et consacrés.

Dans notre critique nous passerons sous silence plusieurs de ces mots d'atelier, parce qu'ils sont plus ou moins ridicules, et que plusieurs ne sont nullement français. D'ailleurs, puisque le tems fait tôt ou tard justice de ces termes, il est inutile de les signaler ici.

Nous ne dirons rien non plus de tant d'expressions qui ont obligé, pour ainsi dire, les auteurs des Dictionnaires à les reconnaître et à les admettre, ces auteurs croyant, à force d'entendre répéter ces expressions, qu'elles étaient ou techniques ou essentielles à l'art. Pour nous faire comprendre, nous allons citer quelques-unes de ces dernières. On lit donc dans les Vocabulaires, et surtout dans les Dictionnaires d'art, les mots *flou, ragoût, large, gras, belle pâte, manœuvre, réveillons, fait avec amour, fouillis,* etc. A quoi servirait de rechercher les époques où prirent naissance tant d'autres termes que le manque d'institutions sévères a laissé introduire ? Disons cependant, à propos de ce mot *fouillis,* qu'il date du tems de François Boucher, qui vers le milieu du 18e siècle, époque presque ridicule de l'art, fut appelé un *aimable peintre de fouillis*[1].

Certains auteurs de Dictionnaires croient donc devoir recueillir scrupuleusement tous ces mots, non parce qu'ils les reconnaissent pour utiles, mais parce qu'ils se figurent que ces mots sont consacrés par les artistes; quelquefois même ils en font figurer dont on n'a presque jamais entendu parler : c'est ainsi qu'on trouve dans un écrit tout récent de ce genre, les mots *trézalé,* pour dire gercé, et *coulé,* pour dire légèrement ébauché, mots usités peut-

[1] On imagina ce terme, pour exprimer la manière toute galante, disait-on, avec laquelle il groupait ou mettait en tas ses objets champêtres, ses houlettes à rubans, ses jolis sabots, la litière fraîche où reposaient ses bergères, les petits nuages dorés, les doux pigeons, et tant de Cupidons frottés de rose.

être à certaines époques dans quelques écoles, mais qui sont inconnus aujourd'hui. Et, au sujet de ce mot *coulé*, il est à remarquer que Pernety, qui l'employa dans son Dictionnaire, et d'après lequel on vient de le répéter, appelle *coulant des plis* le sens dans lequel les plis de draperies sont contournés. Dans quelques Vocabulaires nouveaux, on lit le mot *cirage*, comme désignant une espèce de peinture ou de couleur de cire jaune ; mais aucun de nos artistes ne sait ce que c'est que cette espèce de peinture, qui probablement est le résultat du caprice bizarre d'un peintre à la mode des derniers siècles, peintre qui, au lieu de faire des *grisailles*, faisait des tableaux qu'il eût pu appeler impunément des *jaunailles*. Le même Dictionnaire de Pernety offre encore le mot *maniette*, parce qu'il est offert par le Dictionnaire de Trévoux, comme signifiant un morceau de feutre pour frotter les châssis. Il faut donc laisser là et ne point ressusciter dans les Lexiques à venir tous ces vieux mots échappés des fabriques et estropiés d'ailleurs dans la bouche des praticiens. Nous avons bien assez des mots bizarres des marchands de couleurs, mots que l'on n'ose attaquer, tels que *marouflé*, *camayeu*, *or-couleur*, *stil-de-grain*, *gode-miché*, *maquette* pour dire *marquette*, *huile grasse* pour dire *huile siccative*, *torche-pinceau*, mot qui est gravement expliqué dans l'Encyclopédie méthodique, où il est dit que c'est un vieux linge dont les peintres essuient leurs pinceaux, et peut-être *maroquiner*, dont se sert Depilesen parlant des vernis, mot dont personne, je crois, ne connaît aujourd'hui le sens.

On a introduit aussi des termes qui proviennent de l'italien ; ils sont au moins admissibles, en ce qu'ils suppléent à quelques-uns dont la langue française aurait besoin. C'est ainsi que *vaguesse* de *vaguezza*, pour exprimer la légèreté et la grâce; *strapassé* de *strapassato*, pour dire fait grossièrement et à la hâte; *stenté*, pour dire *fait avec peine*; c'est ainsi enfin que *grandiose*, *gustose*, *morbidesse*, et plusieurs autres doivent peut-être, ainsi que *prestesse*, qui est reconnu, se tolérer comme étant expressifs; mais dans ce cas il ne convient peut-être pas de les franciser, afin que par cela même ils soient toujours reconnus pour être des emprunts faits à une langue étrangère.

Cependant une néologie admissible serait celle qui prendrait sa source dans la langue grecque, si abondante en expressions d'art propres et significatives. Quintilien disait, dans un cas analogue (*Instit. Orat. Cap.* 14): « Servons-nous du mot grec, puisqu'il y en a tant d'autres » que nous sommes obligés d'employer; car, si j'ai besoin » des termes du physicien, du musicien, du géomètre, je » n'irai pas leur faire violence, pour les habiller à la romaine, sans grâce et sans succès. Cicéron lui-même » intitula en grec les premiers livres qu'il donna sur l'éloquence, et nous pouvons bien nous fier à ce grand » homme, quand il s'agit de donner un nom à l'art. »

Je ne terminerai donc pas cet exposé sans exprimer le vœu que quelqu'habile Helléniste, auquel l'art serait très-familier, voulût tirer du Vocabulaire grec les termes capables d'enrichir celui de la peinture et de la sculpture, persuadé que je suis que ce serait vraiment jeter une nouvelle lumière sur la théorie, que de commenter les passages grecs offrant les mots qu'on a négligé d'observer et de recueillir, parce qu'on n'en supposait pas l'utilité et le sens, mots qu'il importe beaucoup pour nos écoles de remettre en vigueur. Plusieurs de ceux qu'on a déjà tirés de cette langue féconde, l'ont été avec succès : tels sont *éthopée, eurythmie, symétrie, isométres, mégalographique, orthographie, esthétique, scénographie, plastique, sciagraphie, symplegmata*, etc., etc. Nous signalerons aussi les mots *hermosmenon, eumouson ;* cette dernière expression, selon Cicéron, ne saurait être traduite exactement, et signifie *conservation de l'ordre* (*Offic. Lib.* 1. *Cap.* 40) etc.

Enfin puisque les élèves ne trouvent point cette instruction, et qu'on les laisse très-libres sur ce point dans les écoles, il conviendrait d'essayer de la leur offrir au moins dans des livres. Mais il est bien entendu que, dans un tel Vocabulaire, on ne s'attacherait qu'aux termes essentiellement techniques et artistiques, et qu'on ne s'aviserait pas de passer en revue tous les mots qui peuvent servir à discourir sur la peinture, tels que les mots accidens, accuser, adoucir, action, aérien, valeur, fidélité, finesse, mystère, pauvre, rendre, rafraîchir, soutenir, traiter, prononcer, et tant d'autres, qu'on est assez surpris de trouver commentés dans les livres de cette sorte.

# DICTIONNAIRE.

## A.

Abside, grande niche qui termine la partie supérieure du fond ou du rond-point des basiliques, et qu'on ornait souvent de mosaïques, de peintures, etc.

Accord. Ce mot, qui s'applique au coloris, au clair-obscur, au dessin, à la composition, etc., figure dans presque tous les Dictionnaires de peinture, et prouve assez qu'il est presqu'impossible de traiter de cet art en recueillant ainsi alphabétiquement toutes sortes de mots dont on prétend donner une explication utile.

Æsthétique. Voy. Esthétique.

Afféterie, vice dominant des figures dans le plus grand nombre de tableaux des écoles du 17ᵉ et du 18ᵉ siècle.

Affleurer, réduire ou arriver à un même niveau.

Agencement, Agencé. Ces mots, délaissés aujourd'hui, furent souvent employés dans les écoles, lorsque l'affectation par un certain arrangement de lignes, de groupes et de masses de clair-obscur, engageait les artistes à faire parade de l'art, au lieu de le déguiser. Le mot *disposition* suffit, et a prévalu [1].

AJUSTER. Ce terme est fort utile pour désigner l'art d'arranger, de disposer, soit les plis et les masses des draperies, soit même les cheveux, etc. On ne remplacerait pas ce mot, lorsqu'on veut parler de l'aptitude que font remarquer certains artistes dans cet art d'arranger, de disposer et d'*ajuster* enfin avec goût et convenance.

AGROUPER. Voy. Groupe.

ALEZAN, couleur d'un roux fauve; ce mot se dit en parlant des chevaux.

ALLÉGORIE. L'allégorie est une licence de la peinture, comme de la poésie, qui personnifie des êtres abstraits ou des objets inanimés. Il faut distinguer de l'allégorie les symboles, qui sont des figures désignant autre chose que ces figures mêmes; les emblêmes, qui sont accompagnés de devises; les énigmes, qui ne laissent pas leur signification à découvert; les allusions, qui ne sont que des indications de rapports; l'iconologie, qui est un langage par figures; et enfin la mythologie, qui est une série de figures allégoriques consacrées, ainsi que leurs attributs, par la religion des anciens.

[1] Pour ne point grossir inutilement ce Dictionnaire, en répétant les définitions qui seront données dans le cours de cet ouvrage, nous renverrons aux chapitres où elles se trouvent traitées avec plus d'étendue d'ailleurs qu'on n'eût pu le faire ici dans quelques articles séparés.

Altimétrie, art de mesurer les hauteurs inaccessibles. Voy. Apomécométrie.

Amarante, couleur binaire qui diffère du violet en ce que dans celui-ci le bleu égale le rouge, tandis que dans l'amarante il entre plus de rouge que de bleu. C'est, à proprement parler, le violet rougeâtre. (Voy. le chap. 447 : De la théorie de la couleur.)

Amassette. Ce mot, propre à exprimer ce qu'on entend par couteau à palette ou couteau pliant servant à ramasser les couleurs broyées, est français. Il convient de le substituer à ce dernier qui est trivial et d'ailleurs peu significatif. (Voy. le chap. 619.)

Amateur. Voy. Connaisseur.

Anaglyphe, tout ouvrage travaillé au ciseau; les camées, ainsi que les intailles, sont des anaglyphes.

Anamorphoses, changemens des effets optiques sur les représentations, selon les distances d'où on les considère, et encore selon la forme des corps luisans ou des miroirs qui en réfléchissent l'image.

Angles. On distingue les angles plans (on pourrait dire plats ou graphiques) et les angles solides. Les angles solides sont proprement dit les coins extérieurs ou intérieurs des solides ou des objets, et nous les appelerons toujours coins, réservant le mot angle pour ce qui est relatif aux délinéations. Voy. Côtés, Arêtes.

ANGLE VISUEL. Voy. Rayons visuels.

APLOMB, D'APLOMB, signifie perpendiculaire à l'horizon.

APOMÉCOMÉTRIE, art de mesurer les objets éloignés et inaccessibles. Voy. Altimétrie.

APPARAT, TABLEAUX D'APPARAT. Voy. Genres, Machines.

APPRÊT, préparation que l'on donne aux subjectiles propres à la peinture. Cet apprêt est désigné dans les livres et dans le jargon des marchands de couleurs par le terme *impression*. Les peintureurs appellent aussi *impression* la couche de couleurs qu'ils appliquent sur les murs, lambris, portes, volets, etc. Mais ne nous occupons pas ici du langage technique du peinturage. Le mot *apprêt* convient donc beaucoup pour signifier cette préparation ou cet enduit préparatoire que l'artiste croit nécessaire pour disposer le subjectile à recevoir, à retenir les couleurs de la palette, et à en être même conservateur. Les Dictionnaires offrent aussi le mot *imprimure* (qui vient peut-être de l'italien *imprimitura*); mais il est à remarquer que l'action d'imprimer est presqu'étrangère à l'application de cet apprêt, qui se fixe et s'applique ordinairement à l'aide d'une spatule souple ou d'un pinceau. Il est vrai que l'on prépare en certains pays des toiles, en les imprimant au moyen d'un cylindre; mais cela n'empêche pas qu'il est mieux de réserver les mots *imprimure* et *impression* pour les arts auxquels ces mots sont exclusivement appropriés, mots qu'on a appliqués toutefois sans de très-bonnes raisons à cet art du peinturage.

Aquarelle. Voy. Lavis.

Arabesques. Voy. Grotesques.

Appui-main, baguette servant à soutenir la main. Il est à désirer qu'on remplace ce mot par une expression moins triviale.

Arasement. Les doreurs et les menuisiers disent mesure d'arasement, pour dire mesure de l'intérieur de la bordure, en sorte que la longueur et la largeur d'arasement expriment l'étendue apparente de la toile encadrée; d'autres appellent cette mesure, mesure prise dans œuvre. Souvent il y a des malentendus fort contrarians pour les peintres à ce sujet, parce qu'ils se sont mal expliqués avec l'ouvrier chargé de faire la bordure de leur tableau.

Archéographe, celui qui dessine les monumens antiques.

Archéologie. Ce mot dérive d'*archaios* (ancien), et de *logos* (connaissance) : il signifie la science des mœurs et des usages des anciens; celle des monumens antiques en est une partie essentielle.

Arêtes. Nous appelons arêtes les lignes qui marquent la réunion de deux superficies dont la rencontre forme un angle solide ou un coin. Ainsi, on dit vive-arête, pour exprimer que la réunion des deux superficies est rendue vivement et avec précision. En géométrie on appelle aussi ces lignes côtés : on dit donc les côtés d'un prisme et les arêtes d'un prisme. Voy. Points d'arête, Côtés, Angle.

Arthrodie, articulation ou conjonction lâche des os.

Artiel. Voy. Artistique.

Artiste. Nous avons tâché de démontrer dans le chap. 96, tom. 3, pag. 149, que, tous les arts quelconques ayant leur partie libérale, c'est-à-dire, devant offrir tous une certaine portion de beauté jointe à leur utilité ou à leur bonté, un grand nombre d'artisans ont le droit de réclamer le titre d'artiste, qui n'est cependant accordé qu'à ceux qui exercent des arts ou des métiers dans lesquels, dit-on, on emploie plus le génie que la main. Ce même chapitre offre par conséquent la définition des mots *artisan, arts libéraux, beaux-arts.*

Artistique, qui a rapport à l'art. Ce mot, qui manque dans notre langue, devrait être adopté, comme l'a été le mot littéraire. Le terme artiel semble pouvoir s'appliquer à tous les arts mécaniques; mais le terme artistique est exclusivement du langage de l'artiste.

Asaroton, mosaïque représentant sur le pavé des salles à manger des restes de mets tombés de la table.

Aspect, exposition d'un objet à la vue. Il y a de bons et de mauvais choix d'aspect. L'aspect dépend de la situation de l'objet et de la situation du spectateur, mais nullement de la position de l'objet. Voy. les mots Position, Situation.

Assembler, Assemblage. Ce mot est différent du mot *construction,* en ce qu'on peut assembler graphiquement les pièces d'un solide, sans pour cela les monter et en faire une construction. (Voy. les chap. 251,252 et suiv.)

Assourdir, synonyme d'*éteindre* ou d'*abaisser;* il se dit des tons et des teintes. Le Dictionnaire fournit le mot *exfumer,* pour dire éteindre les couleurs; mais, outre qu'il n'est guère usité, il semble contredire, vu la signification du mot *effumer,* qui, ainsi que le mot italien *sfumato,* signifie peint légèrement, et comme si c'était par glacis et fumée. *Assourdir* est opposé à *aviver, monter, exalter,* etc.

Atelier. Il semble que le terme qui sert à désigner le local où le peintre exécute ses tableaux, ne doit pas être le même qui désigne le local où travaillent des artisans ou des ouvriers de manufacture. Les Italiens disent *studio :* ne pourrait-on pas dire *étudoire?* On a déjà en français le mot *étudiole,* qui signifie meuble à tiroir, servant à serrer des papiers. On a encore l'ancien mot *ouvroir,* qui signifie lieu de travail, etc.

Atramentum, espèce de vernis dont Pline nous parle au sujet des tableaux d'Apelles, mais dont il ne nous apprend en aucune façon la composition. (Voy. le chap. 591. De l'encaustique.)

Attaches, expression qui signifie le caractère des tendons, là où ils se fixent sur les os; par une extension vague donnée à ce mot, on l'a employé quelquefois au sujet des articulations.

Attitude. Voy. Pose.

Attributs. Voy. Allégorie.

Attraper la ressemblance. On délaisse cette expression qui a quelque chose de comique, en ce que très-souvent les mauvais peintres de portraits, qui ne savent pas attraper la ressemblance de leur modèle, savent très-bien attraper son àrgent.

Aviver les couleurs, leur donner de l'éclat, de la fraîcheur et de l'énergie.

## B.

Badigeon, couche de couleur employée à l'èau de chaux, et étendue sur les murailles.

Bambochade (tableau de bambochade). Ce nom se donne, selon nos Dictionnaires, à un tableau représentant des scènes ou des figures prises dans la dernière classe du peuple. *Bamboche* signifie ou grande marionnette, ou une personne de petite taille. Le peintre Van Laer, qui florissait en 1650, avait une taille difforme, et il représentait des figures rabougries, difformes, basses et grotesques : on l'appela *Bamboche*, et ses tableaux des *bam-*

*bochades* (*bambocciate*), en Italie, où il résida. Mais ce sobriquet et ces figures difformes et particulières à ce peintre, devaient-ils autoriser à consacrer un nom qui dès-lors semble être celui d'un genre de peinture, et qui cependant n'en est pas un? En effet, les sujets grotesques, les caricatures, sujets désignés par des noms distincts et suffisamment diversifiés, comprennent ce qu'on serait aujourd'hui tenté d'appeler, d'après nos Dictionnaires, *bambochades*, mot qui, ainsi que bien d'autres, semble indigne de la peinture.

Bariolage. *Barioler* se dit d'un assemblage bizarre de couleurs mal assorties.

Bas-Relief. Voy. Bosse.

Base de l'objet. En dessin, on appelle *base* de l'objet la surface ou superficie qui se trouve être inférieure dans l'objet; et, bien qu'on nomme quelquefois *bases* le dessus et le dessous d'un objet, on ne donne ici ce nom qu'à la superficie inférieure de l'objet.

Bavoché. Ce mot est français, et se dit d'un pinceau maladroit, incertain et sans netteté.

Bai, nom qu'on donne à la couleur des chevaux dont le poil est rouge-brun.

Beau idéal. Voy. Idéal.

Beaux-Arts. Voy. Artiste.

Biais. Ce mot est synonyme d'oblique; il est opposé au mot vertical et au mot horizontal. (Voy. le chap. 239.)

Blanc d'argent. Ce nom pouvant induire en erreur quelques personnes, il est bon d'avertir que cette dénomination a été donnée inconsidérément, comme tant d'autres, à l'oxide de plomb (blanc de plomb) préparé de manière à donner un blanc plus éclatant et plus léger que le blanc de plomb commun.

Bleu. Le bleu pur ou élémentaire est absolument dégagé de jaune et de rouge. Ainsi la fleur de bluet (appelée à Paris *barbeau*) offre un bleu qui, ainsi que le lapis, dit *outremer*, contient du rouge. Le bleu de la fleur qu'on appelle vulgairement *yeux-de-chat* contient du jaune. Parmi les bleus élémentaires et purs, on peut citer celui du ruban moiré affecté en France à l'ordre du St-Esprit. L'expression bleu-de-ciel n'est pas bien rigoureuse, puisque le bleu varie selon l'influence optique et chromatique du soleil sur l'atmosphère : cependant, en l'employant, on entend toujours signifier le bleu pur du firmament, cet azur si suave et si beau que les anciens appelaient *cœruleus color*. Les anciens appelaient aussi *subcœruleus* la couleur bleuâtre. (Voy. les mots Rouge, Jaune.)

Bordure. C'est parler d'une manière impropre que d'appeler cadre une bordure ovale ou ronde, puisque cadre exprime l'idée d'une forme quadrangulaire; il convient donc mieux d'employer le mot général *bordure*. On dit souvent, à propos de perspective, le cadre, pour dire la base du tableau; mais rien n'empêcherait de dire la bordure. Les Italiens appellent *còrniche* la bordure d'un tableau. On doit dire, par la même raison, embordurer, et non *encadrer*, dans le cas où cette bordure serait ronde ou ovale.

BOSSE. L'expression *dessiner d'après la bosse*, n'est pas heureuse et semble surannée. Autrefois on disait *relever en bosse*; on disait aussi, en architecture, *bossages*, et, en orfévrerie, *bosselage*. On se sert encore parfois du terme *ronde bosse*, pour distinguer le plein relief, appelé par les Italiens *alto relievo*, d'avec le bas-relief qu'ils appellent *basso relievo;* ils distinguent même par un terme qui semble nous manquer, le *mezzo relievo*, le demi-relief, que nous aurions dû appeler conséquemment demi-bosse. Mais n'est-il pas beaucoup plus simple de dire dessiner d'après le relief, et, si l'on veut spécifier des distinctions, de dire d'après le bas-relief, le demi-relief et le haut ou plein relief, comme on dit modeler ou sculpter en tout relief? Quant au terme qui serait propre à signifier dessiner d'après les plâtres, on peut employer l'expression dessiner d'après les empreintes ou d'après les ectypes, comme disent les archéologues d'aujourd'hui.

Ainsi il y a dessiner d'après les graphies, parmi lesquelles on peut distinguer les estampes et les dessinages au crayon : il y a dessiner d'après le relief, d'après les empreintes ou ectypes, et d'après nature, ce qui comprend en général les objets animés et inanimés, mais plus en particulier la figure humaine. On lit sur d'anciens tableaux : *ad vivum pinxit*, peint d'après la vie, portraiture au vif, etc. (Voy. sur le mot Portraiture le chap. 237, tom. 6, pag. 180.)

Brosse. Comme on a dit de tout tems le pinceau ou les pinceaux, en parlant des peintres et de la peinture, n'est-il pas nécessaire de conserver ce mot pour toutes les espèces de pinceaux dont on peut se servir dans cet art ? Or le mot brosse, qui signifie proprement vergette, et le mot brosser, qui signifie vergetter, ne paraissent pas convenables à l'art noble et libéral de la peinture. Si on dit d'un tableau qu'il est d'une belle brosse, il faudrait dire aussi qu'il est d'un beau blaireau : on ne dit pas que Charles-Quint ramassa la brosse de Tiziano, mais bien le pinceau de Tiziano. Je crois que le terme brosse est un de ceux que les peintres doivent éviter ou rejeter, rien n'empêchant qu'on ne puisse dire un pinceau de blaireau, de putois, de martre, de soies de porc, etc. ; les artistes en cela seraient d'accord avec les gens du monde et avec tout le public, ce qui est fort à désirer.

## C.

Cadre. Voy. Bordure.

Calquer, c'est répéter des traits, soit par transparence, soit par impression, en employant à cet effet ou une vitre, ou une gaze, ou du talc, ou un papier, ou toute autre feuille diaphane, etc. Dans l'emploi du calque, on passe sur les traits eux-mêmes, ce qui différencie ce moyen de celui du carrelage ou des lignes croisées. Décalquer, c'est déposer ces traits du calque sur un subjectile quelconque ; contrecalquer, c'est contretirer un trait sur un autre trait calqué, ce qui, par cette contre-épreuve, renverse de droite à gauche, ou de gauche à droite, la délinéation du calque original. (Voy. Contre-épreuve.)

Camayeu. Voy. Grisaille.

Camées, pierres fines gravées en relief.

Canon. Dans les chap. 226 et suiv., nous distinguerons l'archétype, qui est l'idée de la meilleure proportion pour une figure ou un sujet donné ; le canon, qui est un exemple du possible et du naturel, et duquel on ne doit que très-peu s'écarter ; et l'individu à l'aide duquel on procède pour arriver à l'archétype, en respectant le canon.

Caractère, manière d'être d'une espèce par rapport à une autre espèce : c'est un terme général et particulier. On peut dire le caractère du bras, par rapport à celui de la jambe ; on dit aussi, il y a beaucoup de caractère dans les tableaux de ce peintre, pour dire beaucoup de propriété et de force d'expression en général.

Carreaux. On dit copier aux carreaux, pour dire copier à l'aide de carreaux tracés sur l'original et sur la copie. On a appelé ce carrelage *treillis*, et, lorsqu'il y a réduction, on l'a appelé *petit-pied*. Les Italiens appellent cette opération ou ce moyen *craticola* ; de là le mot français *craticuler* (voy. ce mot). Nous adopterons le mot carrelage. (Voy. les chap. 625 et 241.)

Carrelage. Voy. Carreaux.

Caricature, peinture comique par des exagérations

ou des charges. Ce mot vient de l'italien *carricatura, carricare,* charger. (Voy. le chap. 149, tom. 4. Voy. Grylli.)

CARTON. On a donné le nom de cartons aux papiers forts sur lesquels les peintres dessinent les objets qu'ils doivent reporter ensuite sur le subjectile, tel que toile, panneau, mur, ou enduit frais, s'ils peignent à fresque. Le mot italien *cartone,* qui vient de *carta* (papier), veut dire, par augmentatif, gros et grand papier; de même qu'il veut dire aussi carton, tel que nous l'entendons par ce mot. Cependant l'usage des cartons découpés et dessinés n'est à remarquer que dans l'art de la tapisserie, de la mosaïque, et quelquefois de la peinture à fresque, lorsque le peintre veut découper ces cartons ou ces patrons, pour en tracer les contours sur l'enduit frais; mais le peintre de tableaux fait ses dessins d'essai ou ses dessins préparatoires sur des papiers collés sur toile, et ces papiers grands comme les figures qui seront sur le tableau, bien que pouvant être appelés *cartoni* en italien, ne sont au fait que des papiers ou que des toiles couvertes d'un papier. Il importe donc de ne pas employer de termes impropres, et il serait mieux de les appeler toiles d'essai ou dessins préparatoires. D'ailleurs les traits de ces papiers ne peuvent être calqués à la pointe, ni piqués, pour être retracés au sachet, puisqu'ils sont adhérens à une toile. Ainsi ces grands dessins, tels que les maîtres italiens en ont fait, tels qu'on en fait encore, soit au crayon, soit en grisaille peinte, soit en couleurs, ne sauraient être appelés en français des cartons, puisque ce sont des papiers. Et, quoiqu'à la rigueur ils puissent être découpés, pour servir de patrons, les artistes n'en répètent le dessin qu'à l'aide des gazes ou papiers à calquer, ou à l'aide des carrelages. Ces prétendus cartons sont donc des toiles d'essai, de véritables graphies préparatoires, qui au fait sont des commencemens d'exécution.

Catagrapha. Voy. sur ce mot, par lequel Pline semble entendre profils, le chap. 236, tom. 6; pag. 175.

Catoptrique. Voy. Optique.

Céladon, vert pâle.

Cendrée (couleur), couleur de cendre.

Céramie, l'art de fabriquer divers objets en terre cuite, émaillée, vernissée.

Chambre obscure, machine de catoptrique, qui produit sur une superficie plane, vue dans un espace obscur, la représentation de tous les objets extérieurs avec leurs couleurs naturelles. Quoique cette expression chambre obscure ne soit pas très-heureuse, on a donné le nom de *camera lucida* à une machine analogue qui fait voir les objets sans le moyen de l'obscurité.

Chancissure. On doit dire chancissure, et non pas chancis, pour exprimer l'effet des vernis qui, réfléchissant la lumière dans l'intérieur de leur épaisseur, produisent le mat, au lieu d'absorber les rayons et d'être transparens. Cet effet a lieu lorsque la contexture du vernis est altérée par l'effet de quelque humidité, qui souvent a produit des taches blanches et farineuses intérieurement et extérieurement, et cela sans que ces taches détruisent le luisant. Pour faire disparaître les chancissures, il suffit donc de restituer la diaphanéité dans tout l'intérieur du vernis, à l'aide de dissolvans volatils. (Voy. le chap. des vernis.)

CHARGE. Voy. Caricature.

CHEVALET, tableau de chevalet. Très-souvent on trouve en défaut notre Vocabulaire de la peinture; mais ici il est contradictoire. En effet, on appelle tableau de chevalet un petit tableau qui n'excède pas trois ou quatre pieds; et, s'il porte sept ou huit pieds, ce n'est plus un tableau de chevalet. Cependant un tableau même de dix pieds est fait sur le chevalet; l'expression tableau de cabinet ne serait-elle pas préférable ?

CHORAGIQUE. Le style choragique est celui qu'on trouve sur les monumens choragiques. On leur a donné ce nom, parce que celui qui faisait les frais des fêtes mythologiques, dans lesquelles il y avait souvent des concours de diverses espèces, était appelé chorège. Les victoires figurées sur ces monumens ont été aussi appelées choragiques.

CHROMATIQUE (la). Ce mot signifie en général le coloris. Voy. le mot Chromographie.

*Nec qui chromatices nobis hoc tempore partes*
*Restituat, quales Zeuxis tractaverat olim.*

(DUFRESNOY. *De arte graphicâ.* Vers 256.)

Chromographie, graphie des couleurs, ou coloris. Par ce mot, le coloris est convenablement distingué du clair-obscur, que nous appelons Sciagraphie. (Voy. le chap. 116, tom. 3, pag. 416.)

Ciels. On dit les ciels d'un tableau.

Cippe, pierre de forme quadrangulaire portant une inscription. Les cippes antiques ont souvent la partie supérieure arrondie. On les nomme aussi stèles, en latin *stelæ*.

Circumlinitio, nom que Pline donne au vernis dont étaient enduites certaines statues de marbre, exécutées par Praxitèle. (Voy. le chap. de l'encaustique et les pag. 401 et 420, tom. 2.)

Clair. Le mot clair a bien des significations : il faut l'employer avec réserve, et craindre les équivoques qu'il peut produire. Une teinte claire peut être pâle, et cependant on entend par couleurs claires (*clariores*) les couleurs lumineuses et vives, quoique légères. Un gris clair est moins clair qu'un rose clair, etc. Quant à l'expression tons clairs, elle signifie tons lumineux. Cette question se rapporte à la question très-importante de l'achromatisme, qui produit toujours un abaissement d'éclat, lequel n'a pas lieu, s'il s'agit d'un excédent binaire rose (voy. le chap. 447). On emploie aussi le mot clair, pour dire transparent et opposé de trouble. Ainsi le bitume de Judée ou l'asphalte est plus clair dans ce sens que la terre d'ombre, quoique le ton de celle-ci soit plus clair ou moins obscur que le ton de l'asphalte.

Clair-Obscur (voy. sur ce mot les chap. 331 et suiv., tom. 7, et les mots Sciagraphie et Tonographie). On a employé quelquefois l'expression de tableaux de clair-obscur, pour dire tableaux monochrômes (n'ayant qu'une seule couleur). Voy. Grisaille.

Coins. Voy. Angles, Arêtes.

Colombin, couleur de colombe, couleur de gorge de pigeon. La laque colombine est d'un rose bleuâtre.

Colorer, c'est donner une couleur, ou de la couleur, ou apposer des couleurs : colorier, c'est les apposer selon les lois du coloris. Quand on dit à l'élève qu'il faut colorer davantage cette carnation, cette draperie, cela veut dire seulement en monter la couleur ou la teinte : quand on dit qu'il faut colorier mieux, cela se rapporte aux règles de l'art (voy. ce qui sera dit au sujet du mot Ton). Plusieurs autres articles expliqueront pourquoi on peut dire d'un tableau trop rouge, par exemple, qu'il faut le monter de ton; et d'un tableau trop fort de ton, qu'il faut le monter en couleur. Ainsi une carnation en peinture peut être peu colorée et d'un bon coloris; très-colorée et d'un faible ou d'un médiocre coloris. Le mot coloration, qui ne se trouve point dans le Dictionnaire, semble nécessaire pour exprimer en particulier l'effet des corps colorans. Quant au mot colorisation, on l'a employé pour exprimer le changement de couleur des substances dans les opérations chimiques.

Coloris. Le coloris diffère du clair-obscur en ce que celui-ci exprime avec les tons, sans les teintes, et que le coloris exprime avec les teintes et par conséquent avec les tons. (Voy. les chap. 443, 332, et les mots Chromatique et Chromographie.)

Coloriste. On appelle coloriste celui qui est habile dans le coloris.

Colossal. Colossal est relatif au caractère des productions des arts. Ouvrage colossal n'est point un terme de critique, et en cela il diffère de gigantesque, qui comporte l'idée d'excessif. Il y a des colosses chefs-d'œuvre; il n'y a point de géant qui ne soit monstrueux : le nain et le géant sont des écarts de la nature; le colossal est un des moyens des arts. Et, quand on appelle colossal un objet très-grand de la nature, c'est par analogie avec les grands objets produits dans les beaux-arts. On dit aussi semi-colossal.

Congénères (muscles) : ce sont ceux qui agissent ensemble pour un même but et un même mouvement.

Connaisseur. Le connaisseur diffère de l'amateur, en ce que celui-ci peut être ignorant et n'en être pas moins amateur. Le connaisseur au contraire, n'est tel que parce qu'il a beaucoup d'instruction et de tact; il n'a de prévention ni pour ni contre les ouvrages des vivans, ni pour ni contre les ouvrages de ceux qui sont morts, en sorte que, malgré son goût particulier, il n'aime que l'art, ne voit ou ne juge que par lui.

Contour (*lineamenta extrema.* Cicéron). On emploie le plus souvent ce mot à propos de la circonscription optique ou apparente des objets que l'œil considère; mais on l'emploie aussi à propos de l'art du peintre, ou à propos des délinéations qui expriment graphiquement cette circonscription. Quoique les délinéations soient souvent perdues et noyées dans le fond, l'apparence des contours n'en a pas moins lieu à la distance requise. On en doit conclure que par contour on veut réellement dire les lignes formées par les points extrêmes apparens des corps ou des figures, ou bien, et à propos de peinture, l'imitation de cet aspect des points d'extrémités, points qui forment des traits ou des lignes de circonscription. Il semble toutefois qu'il conviendrait mieux de ménager le terme contour pour l'objet lui-même, et de traduire *lineamenta extrema* par traits de contour, traits de circonscription, graphie, dessin externe : aussi les Italiens distinguent-ils fort à propos le *disegno externo* du *disegno interno*. (Voy. les mots Sagoma, Silhouette, Traits, Graphie, Dessin, etc., et le chap. 305, vol. 6.)

Contourner, donner à une figure le trait de contour qu'elle doit avoir. Cette expression est nécessaire dans le langage technique. Il semble qu'on peut aussi dire bien ou mal contourné. Il est vrai qu'on dit une taille contournée, un arbre contourné, pour dire contrefait. Mais vaut-il mieux prendre pour règle l'usage que l'utilité ?

Contraste. Lanzi définit ainsi le contraposto, tom. 1er, pag. 273. Édit. de Bassano. 1809. « Le contraposto est » cette opposition qu'il y a entre les groupes et les groupes, » les figures et les figures, les parties et les parties... » Et plus loin : « Ce fut pour obéir aux lois du contraposto (du » contraste) que Piétro di Cortona donnait à ses figures les » plus tranquilles des attitudes propres à des sujets de ba» tailles, tom. 1er, pag. 275. » L'opposition semble différer du contraste, en ce que celui-ci n'est, à proprement parler, que l'effet de la comparaison par rapport à nos sens et à notre entendement : mais l'opposition est l'effet d'un calcul de l'art, calcul puissant dans lequel l'artiste emploie et cumule les moyens du contraste. Ainsi contraste est le moyen, opposition est le résultat : contraste est l'effet naturel, individuel; opposition est l'effet de l'art qui combine d'après nature et avec vraisemblance. On peut consulter sur l'opposition et le contraste (au volume cinquième) le chap. 124, pag. 163 et suiv. ; le chap. 210, pag. 486, et les chap. 346, 371, 459, 465, 490, etc.

CONTRAPOSTO. Voy. Contraste.

CONTRE-CALQUER. Voy. Calquer.

CONTRE-ÉPREUVE est le résultat obtenu (par impression) d'un dessin ou d'une estampe dont le crayon ou l'encre ont pu se décharger. Ce résultat offre, comme le contre-calque, l'image dans un sens contraire à l'original.

CONTRE-HACHURES, secondes hachures croisées sur les premières, ou troisièmes hachures sur les secondes.

CONTRE-JOUR. Voy. Faux-jour.

CONTRE-TIRER. Voy. Calquer.

CONVENANCE. La convenance est la seconde condition ou le second élément du beau, car il n'existe point de beauté complète, si elle ne procure le plaisir de la vue et le plaisir de l'esprit. Or cette seconde partie du beau ou ce beau intellectuel, si on veut le nommer ainsi, c'est le bon ou le convenable (voy. le chap. 124, tom. 4, pag. 196). La convenance et toutes les convenances sont donc autant de parties intégrantes de la beauté.

COPIER, c'est contrefaire, représenter, répéter un ouvrage d'art. Cette répétition peut n'être pas égale, mais elle doit toujours être semblable (voy. les mots Égal et Semblable). Il est vrai qu'on dit aussi copier la nature; mais ne vaudrait-il pas mieux dire imiter la nature, et réserver le mot copier pour signifier les répétitions que font les artistes, d'après des originaux d'art quelconques? L'acception du mot copiste semble aider à rendre sensible cette idée. En effet, on ne dit guère qu'en mauvaise part être copiste de la nature, car autant vaut dire être servile copiste, être copiste des individualités de la nature; mais on dit être imitateur de la nature. D'ailleurs, par l'expression n'être qu'*un copiste,* on veut absolument dire n'être que l'imitateur des autres. Ajoutons qu'il y a, outre les artistes copistes, les artistes singes et parodistes involontaires d'autrui. (Voy. les mots Pastiches, Plagiat.)

COTE. Voy. Devis.

COTER, établir les cotes.

CÔTÉ. Le côté d'une figure est déterminé par chaque

ligne qui en forme le contour. Cependant on entend, dans le langage ordinaire, par les côtés, les superficies qui sont en retour sur la face; de même, la superficie qui est opposée à la face s'appelle le dos ou le derrière de l'objet. Voy. Arête, Angle.

Couche. On évite d'employer l'expression couches de couleurs en parlant des tableaux, parce que cela supposerait que ces couches superposées sont d'égale épaisseur et matériellement égales; or elles ne doivent point être telles. C'est par cette raison que les mots empâté, tableau bien empâté, sont impropres, bien que l'on puisse dire que dans certaines parties du tableau l'artiste a étendu et couché des couleurs épaisses, ou que certaines parties sont nourries de couleur. En effet, sur le plus grand nombre de ses points un tableau doit être peint légèrement, afin d'exprimer les ombres et les fuyans, et quoiqu'on puisse revenir par plusieurs couches avec ces couleurs légères, lisses et glacées, le mot couche ne convient guère dans ce cas. Une couche d'apprêt ne ressemble point à la peinture d'une ébauche.

Coudée, étendue du bras, depuis le coude jusqu'au bout de la main; elle est considérée comme mesure d'un pied et demi.

Couleur locale, Couleur propre. Pour exprimer la différence bien distincte qu'il y a entre la couleur particulière, et telle qu'elle est, de chaque objet ou superficie, et la couleur apparente de ce même objet vu de loin ou de biais, ou reflété, ou plongé dans un air coloré lui-même ou obscur, on a souvent employé les deux expressions distinctes *couleur locale* et *couleur propre;* mais ne serait-ce pas s'exprimer plus clairement que de dire couleur géométrique et couleur perspective des objets? La couleur géométrique est fixe; elle est jugée de près et sans déception de la vue ou sans altération optique; elle est propre et inhérente à l'objet, et on peut lui comparer un échantillon : aussi le mot couleur propre est-il en quelque sorte significatif; mais le terme couleur géométrique, ou le géométrique de telle ou telle couleur ou teinte est beaucoup plus technique, et le plus souvent c'est ce mot qu'il convient d'employer, ainsi qu'on le verra en étudiant notre théorie. Quant à l'autre expression couleur perspective des objets, elle est à préférer à l'expression couleur locale, puisque celle-ci offre une équivoque. En effet, la couleur des joues, par exemple, et, à propos de carnation, celle des pieds, du front, etc., peut être aussi appelée locale, puisque ce mot désigne les différentes places ou lieux où se rencontrent ces variétés de la carnation. Je sais que par couleur locale on veut dire couleur telle qu'elle apparaît à tel ou tel plan, emplacement ou lieu; mais sur un cube vert, par exemple, tel qu'une caisse de jardin, le côté fuyant apparaît décoloré, et le côté de front reste d'un beau vert, et cependant le vert fuyant ou oblique n'est pas situé dans un autre lieu que ce côté de front. Or, comment appellera-t-on la couleur de ce côté fuyant, puisque ni l'une ni l'autre expression couleur propre et couleur locale ne convient dans ce cas? Par couleur perspective au contraire, on exprime l'effet de l'apparence, la modification visuelle, la différence enfin qu'il y a entre la couleur telle qu'elle est et la couleur telle qu'elle paraît, etc. : ces deux locutions, couleur géométrique et couleur perspective, et pour mieux dire, couleur scénographique, me semblent donc devoir être préférées. On verra à son lieu ce que nous avons cru devoir appeler couleur orthographique ; ce serait surcharger cet article, que d'en faire mention. (Voy. les chap. 421, 511, et ceux qui y correspondent. Voy. aussi le mot Géométrique.)

Coup (au premier coup). Peindre et dessiner au premier coup, c'est exécuter définitivement sans revenir ensuite sur le travail, et sans y rien changer ou ajouter après coup.

Coupe. Dans l'art graphique, on appelle coupe une division parallèle établie dans l'intention de calculer séparément des espaces ou des volumes. Cette division fictive, qu'on appelle coupe, est fort utile et fort commode. On dit donc la coupe dans tel ou tel sens de tel ou tel solide ; on dit aussi les coupes d'air, selon les enfoncemens ou distances. On peut considérer une statue selon ces divisions fictives, et en faire des tranches ou des tronçons qui, en ichmographie, pourront être analysés. L'ensemble inséparable de certains solides rend souvent difficile l'analyse des cotes ; la science s'est donc aidée du moyen des coupes imaginaires, pour mieux étudier et connaître certains objets. En architecture on fait voir la coupe d'un bâtiment, c'est-à-dire, tel qu'il paraîtrait géométralement s'il était coupé ou scié, ou séparé en deux transversalement et parallèlement, soit en largeur, soit en hauteur.

CRAMOISI (probablement du mot italien *chermisi*, kermès, *grana di scarlatta*). On a appliqué quelquefois à la couleur rouge l'épithète cramoisi. Par rouge cramoisi, on doit entendre le rouge élémentaire le plus intense, le plus fort, bien qu'il ne soit pas le plus vif ou le plus éclatant, le rouge enfin tout pur et le plus puissant possible sans passer au ton obscur trop décoloré. Il paraît que ce qu'on appelait, et ce que l'on appelle encore satin ou velours cramoisi, était fort analogue à la pourpre des anciens, qui était le vrai rouge élémentaire et pur. Mais le mot cramoisi comporte l'idée de ce même rouge à son état le moins éclairci.

CRASSE (tableau sous). Grâce aux vernis à huile ou sans huile, grâce aux vernis de blancs d'œufs, aux frottis d'huiles siccatives, et à quelques enduits de couenne de lard, le tout mêlé de poussière, de fumée de bougies, etc., les tableaux sont souvent couverts d'un voile roussâtre qui est une bonne fortune pour certains connaisseurs qui découvrent seuls des chefs-d'œuvre à travers ce vilain voile, et une bonne fortune aussi pour les nétoyeurs dits restaurateurs, qui d'abord tâchent de décrasser ces tableaux, puis font repeindre par d'autres mains les parties qu'ils ont enlevées avec la crasse, ou par maladresse, ou par précipitation, afin d'expédier leur tâche. A de tels tableaux, ainsi repeints et effacés, une seconde crasse est nécessaire, parce qu'elle déguise les traces du prétendu restaurateur, en sorte que beaucoup de tableaux sont plus intéressans sous une crasse artificielle (voy. Patina), que lorsqu'ils se montrent à nu avec leurs cicatrices et leurs stygmates.

Il importe de faire remarquer que l'usage des vernis résineux et la difficulté d'obtenir des repeints qui ne changent point eux-mêmes, sont la cause de tous ces inconvéniens. (Voy. les chap. Encaustique, Vernis, etc. Volume dernier.)

Croquis. Voy. Esquisse.

Croute. On donne, en plaisantant, ce nom à un mauvais tableau. Un amateur avait exposé un tableau de sa façon d'un coloris roussâtre et beaucoup trop rembruni : comment avez-vous trouvé ma croûte, demanda-t-il un jour d'un air satisfait à un habile peintre qui connaissait sa vanité ? Un peu brûlée, répondit sérieusement celui-ci. On a donné le nom ridicule de Monsieur Croûton à un personnage assez plaisant qui figure dans une petite pièce gaie, où l'on s'est proposé la caricature d'un méchant peintre très-bonhomme. Quelquefois on dit d'un mauvais tableau que c'est une galette : ce mot se rapproche du mot *pasticcio,* que les Italiens emploient dans le même sens. Cela n'empêche pas l'usage du mot pastiche, pour exprimer l'imitation que fait un peintre de la manière d'un autre peintre. Voy. Pastiche.

## D.

Dactylioglyphes, graveurs de bagues.

Dactyliographie, description de pierres gravées servant de bagues.

Dactyliologie, science des pierres gravées et particulièrement des bagues.

DACTYLIOTHÈQUE, cabinet ou collection de pierres gravées servant de bagues.

DÉCALQUER. Voy. Calquer.

DÉCOR. On entend par peinture de décor celle qui concourt à la décoration d'un lieu quelconque. Les peintures scéniques sont appelées aujourd'hui, sans beaucoup de raison, décorations, et les peintres qui les exécutent, décorateurs. L'emploi des mots peinture scénique, peintre scénique, empêcherait toute équivoque. Un décorateur n'est souvent pas capable d'exécuter des peintures scéniques, mais celui-ci est supposé posséder l'art du décor. On dit aussi les décors, pour dire les décorations. On dit : les décors de cette galerie, de ce salon, sont d'un bon goût; les décors de ce théâtre sont d'un Parisien, mais les peintures scéniques sont d'un Napolitain.

DÉCOUPÉ, terme critique qui signifie, au sujet d'un tableau, l'effet sans relief et tranchant des traits de contours des objets arrondis. En peinture, tous les contours des superficies épaisses et courbes doivent exprimer cette épaisseur arrondie, et ils doivent offrir ce vague résultant de l'aspect oblique et incertain qui est si différent de l'aspect de front sous lequel les surfaces sont beaucoup plus sensibles. On a peut-être aussi emprunté la comparaison des découpures réelles, pour critiquer ces tableaux où les figures semblent par leur peu de dégradation être collées et plaquées à plat sur la toile.

DÉLINÉATION. On entend par ce mot la description ou

représentation par de simples traits. Il ne faut pas confondre ce mot avec *linéamens,* qui ne se dit que des traits du visage.

Dérougir. Ce mot, nécessaire dans le langage des peintres, fait désirer les mots *déjaunir, débleuir,* etc.

Dessin, Dessinateur. Le dessin, considéré comme moyen de l'art libéral de la peinture, signifie deux choses bien distinctes : 1° la science graphique, qui est la science perspective des délinéations, et 2° le choix ou l'objet dessiné, choix relatif surtout à la figure humaine. Or cette distinction ne nécessiterait-elle pas deux termes distincts eux-mêmes, un pour exprimer l'excellence de la science graphique uniquement, et un autre pour exprimer la beauté du choix et la perfection de l'objet représenté ? Il est vrai que, quand nous disons grands dessinateurs, nous voulons désigner des peintres habiles dans l'art d'imiter par le dessin les beautés de la figure humaine, et cependant nous n'osons refuser ce nom à des Holbein, à des Albert-Durer, à des Léonard de Vinci même, qui pourtant n'ont pas excellé précisément dans l'art de la peinture, comme anthropographes, car c'est ainsi que les Grecs appelaient les peintres qui surtout représentaient l'homme. Nous donnons encore ce nom de dessinateurs à des graphistes subalternes et praticiens occupés à tracer des *dessinages,* soit pour les architectes, soit pour des artistes quelconques, etc. Cette confusion de langage est très-défavorable à la peinture, parce que cette même confusion existe dans la définition qu'on cherche à donner de cet art, et que de là elle a lieu dans les ouvrages mêmes.

Ainsi, habile graphiste ou habile dessineur s'entend de la science et même du sentiment de la graphie ; habile dessinateur s'entend du graphiste habile dans l'imitation et dans le choix des belles formes qu'il sait très-bien exprimer : ceci démontre le peu de précision de l'expression *dessins*, pour dire les ouvrages de tous les dessineurs quelconques, car, si on doit appeler ceux-ci dessineurs ou graphistes, on doit aussi appeler leurs ouvrages des *dessinages*, et réserver exclusivement le mot *dessins* pour désigner les ouvrages des artistes dessinateurs, ce mot ne devant jamais être pris qu'en bonne part. Il résulterait de là qu'on ne dirait pas d'un homme qu'il est habile dans le dessin, lorsqu'il ne sait faire avec adresse que des crayonnages, que des peinturages, des croquis au lavis, des pointillés, etc., car dans ce cas il n'est qu'un dessineur, un crayonneur, ou enfin un peintureur; on dirait donc : cette délinéation, cette graphie ou ce dessinage, offre en telle ou telle partie un bon dessin : ce dessineur ne deviendra jamais bon dessinateur, etc., etc. Par ce moyen, l'expression *arts du dessin* (et on veut dire *beaux-arts du dessin*), acquerrait plus de propriété.

Dessiner d'après nature. Par dessiner d'après nature on entend presque toujours, dans les écoles de France, dessiner le modèle vivant. Les Italiens s'expriment mieux; ils disent : dessiner d'après le vrai (*dal vero*), pour différencier l'acte de dessiner d'après ce qui est feint ou imité. Ainsi, dessiner un fruit, un arbre, un os ou un animal mort, c'est dessiner d'après le naturel ou d'après le vrai, voilà pourquoi certains peintres ont écrit sur des portraits : *ad vivum pinxit*, peint d'après le modèle vivant.

Disons ici, en passant, qu'avant de dessiner l'homme, il faut avoir beaucoup dessiné d'après le vrai. Or on ne suit point cette méthode aujourd'hui : on commence par mettre les débutans à copier des dessins de nez et d'oreilles presque toujours gravés ; puis on les fait passer quelque tems après aux têtes sculptées, ou, comme on dit, *à la bosse,* pour leur faire par conséquent dessiner encore des nez et des oreilles, et enfin et bien vîte on les fait dessiner d'après le modèle vivant, en sorte qu'ils font des héros, des athlètes et des dieux d'après ce modèle, sans qu'ils sachent, sans qu'ils puissent même représenter exactement une pyramide penchée ou un pot.

Développement. On appelle développement l'opération par laquelle on expose dans leur véritable grandeur et mesure toutes les superficies composant un solide. Ainsi développer une surface en graphie, c'est la faire voir en entier sans raccourcissement, c'est faire connaître sans aucune équivoque ou diminution visuelle ces dimensions des surfaces. Les surfaces courbes ne peuvent être développées que par déroulement. On les suppose donc composées d'une infinité de surfaces planes contigues, et, pour prendre un exemple, quoiqu'on dise que la terre est ronde et que par conséquent sa superficie est courbe, on peut dire aussi que sa superficie est composée de superficies planes. La peau étendue à plat d'un bœuf ou d'un agneau est le développement des superficies du corps rond d'un bœuf ou d'un agneau.

Devis. Par devis, on n'entend pas l'estimation des parties de l'ouvrage, puisque l'estimation est une chose distincte qui est considérée séparément du devis. Le devis est l'état détaillé des parties qui constituent tout un objet. Dans le devis il y a les cotes, qui le complètent, parce qu'en détaillant les parties constituantes, il faut spécifier leurs mesures ou cotes et par conséquent les cotes des superficies. Les cotes sont les mesures, le devis est l'état des pièces ou parties du tout, et l'estimation est le prix affecté aux parties et au tout ; aussi distingue-t-on le devis estimatif. Le devis, l'estimation et les cotes peuvent s'exprimer sans dessin, et en les écrivant. Dans plusieurs dictionnaires, ces trois choses sont à tort confondues.

Devises. Les devises sont des paroles sentencieuses, qui accompagnent certains emblêmes ou images symboliques. Quelques personnes cependant appellent devise l'image même de l'emblême qu'accompagnent des paroles. (Voy. le chap. 148, pag. 523, tom. 4).

Diarthrose, articulation d'un os dans laquelle le mouvement est évident.

Dimension. On appelle *dimension* les trois différens sens d'une étendue en longueur, largeur et hauteur, c'est-à-dire, la mesure ou de la longueur, ou de la largeur, ou de la hauteur d'un corps. Dans le langage vulgaire, on emploie souvent à tort le mot *proportion* pour celui de *dimension*. La dimension d'un homme est sa stature, que Pline appelle *spatium hominum*. C'est donc s'exprimer mal que de dire : cet homme, cette figure, est d'une grande ou d'une petite proportion. (Voy. les mots Proportion, Hauteur, Largeur, Longueur et Profondeur.)

Dioptrique. Voy. Optique.

Diorama. Voy. Panorama.

Disproportion. Il convient d'établir une différence entre disproportion et mauvaise proportion. La disproportion est, à proprement parler, une proportion inégale. (Voy. tom. 6, pag. 102. Voy. aussi le mot Proportion.)

Distance (point de). Voy. Point.

Draperies. Les draperies ne sont pas seulement la représentation des habits, comme disent plusieurs dictionnaires; mais par draperies, en peinture, on entend la représentation des étoffes ajustées par le peintre, tant sur les personnages que sur les autres objets de ses tableaux.

Diptyque. Tablettes pliantes ou tableau portatif recouvert de volets.

## E.

Ébauche. Voy. Esquisse.

Écartement, intervalle, éloignement, espacement, terme de géométrie graphique. Par rapport à une verticale, les points d'écartement sont à gauche ou à droite de cette ligne; par rapport à une horizontale, les points sont au-dessus ou au-dessous. (Voy. le ch. 241.)

Échampir. Voyez Réchampir.

ÉCHELLE. Dans l'art graphique on emploie deux espèces d'échelles, l'échelle géométrique et l'échelle perspective; l'échelle géométrique est une ligne divisée en parties égales, lesquelles représentent chacune une longueur ou un nombre quelconque : elle sert aussi à mesurer les surfaces et les solides. On appelle quelquefois cette ligne ainsi divisée *échelle proportionnelle*, parce qu'on en fait de deux sortes, une de proportions agrandies, et l'autre de proportions réduites. L'échelle perspective est une échelle inégale perspectivement, ou, pour dire autrement, c'est une échelle en parties égales qui est mise en perspective.

Il entre dans l'esprit de tout le monde que les peintres doivent user de cette échelle réduite optiquement ou perspectivement, pour se guider dans les diminutions oculaires qui produisent la perspective. Cependant il n'en est rien. Au lieu de simplifier leurs opérations à l'aide d'une telle échelle, ils emploient des moyens très-compliqués, sans les appliquer aucunement à la représentation du corps humain. Nous verrons au chap. 235 et suiv., que ce moyen était connu par tous les peintres du 15e et du 16e siècle, et j'ajouterai ici que, selon Depiles (Elémens de peinture, chap. 18, De la perspective) on voit dans quelques dessins de Raphaël une échelle de dégradation.

ECTYPES, empreintes provenant de moules pris sur des originaux ou types. Ce terme emprunté au langage antique de l'art, peut être heureusement substitué aux mots *bosse, plâtres*, etc. Les anciens appelaient *ectypes* les empreintes qui se faisaient avec de la terre molle introduite avec force dans des moules. Cet art de faire les moules s'appelait *proplastique*, comme pour dire *prototype des ectypes*.

EFFET. On entend par effet en peinture l'énergie et la beauté du résultat optique des combinaisons ou accidentelles ou provenant des calculs bien entendus, soit des lignes, soit des tons clairs ou obscurs, soit des couleurs ou des teintes. Mais c'est surtout aux combinaisons du clair-obscur que l'effet doit son énergie, sa suavité et son charme : ce qui le prouve, ce sont les estampes qui offrent sans coloris beaucoup d'effet. Le coloris produit bien son effet particulier, mais il est optiquement subordonné à celui qu'on obtient par les masses claires et obscures, demi-claires et demi-obscures. On distingue donc l'effet de Rubens et le coloris de Tiziano; les tableaux de Poussin, de David et de Raphaël ont peu d'effet; ceux de Vandyck, de Velasquez, de Gérard-Dow, de Reynolds et de Prudhon ont beaucoup d'effet.

ÉGRATIGNÉ, genre de peinture. Voy. Sgrafitti.

ÉLÉVATION. On appelle *élévation* la hauteur de chaque point de l'objet, à partir du terrein sur lequel il repose ou sur lequel il plane. Ainsi les lignes droites les plus courtes qu'on tirerait perpendiculairement de ces points sur le terrein sont appelées *lignes d'élévation* (le terrein étant toujours supposé plan et horizontal). Il faut donc bien distinguer l'élévation d'avec la longueur d'un objet : c'est la différence qu'il y a entre hauteur et longueur.

L'*élévation* est une mesure qui n'appartient pas à l'objet; elle est un signe indiquant de combien chaque point de l'objet est haut par rapport au terrein.

On dit *élever sur* ou *élever à* tel ou tel endroit; on dit l'élévation géométrale d'un objet, d'un édifice, etc., pour dire sa représentation orthographique, c'est-à dire, son élévation représentée sans altération visuelle perspective ; on dit aussi élévation perspective, pour la distinguer de celle-ci. (Voy. les chapitres relatifs à la perspective. Voy. aussi le mot Géométral.)

Emblême. Voy. Devise.

Émail. La peinture sur émail, est l'art d'appliquer des couleurs sur la surface de l'émail, et de les y fixer par le moyen du feu et de la fusion résultant du feu. L'émail est avant tout fixé sur une plaque d'or ou de cuivre. La dimension petite des émaux est nécessitée par l'effet du feu. En cela cette espèce de peinture diffère de la peinture sur porcelaine, qui, pouvant produire des plaques assez grandes (on en fabrique aujourd'hui qui ont trois pieds de diamètre), permet d'y faire d'assez grandes représentations. D'après cette définition on conçoit que les émaux peints sont des bijoux, et que les peintures sur porcelaine sont des décorations, des ornemens de la céramie (voy. ce mot). Les couleurs matérielles dans l'une ou l'autre peinture ne développant leur caractère qu'après la cuisson, l'artiste est obligé de préjuger les effets que ces couleurs et leur mélange doivent produire.

Emboire, Embu, se dit de l'état terne et mat des couleurs, lorsque dans leur premier degré de dessication, au lieu de produire la transparence et l'absorption des rayons lumineux, elles les réfléchissent, ce qui détruit la force et la pureté des tons et des teintes : on fait disparaître l'embu, en restituant la transparence. (Voy. le chap. 589.)

Embordurer. Ce mot, qui est français, signifie mettre une bordure à un tableau ; il est préférable au mot *encadrer*, lorsqu'il s'agit de tableaux qui n'ont pas la forme quadrangulaire. (Voy. les mots *bordure, cadre.*)

Empâter. L'emploi de ce terme serait sans inconvénient en peinture, s'il n'était pas le plus souvent adopté pour exprimer une qualité toute conventionnelle, celle de charger le tableau de beaucoup de couleur. Cependant les célèbres coloristes hollandais et vénitiens, et on peut citer Tiziano qui fut le plus vrai et le plus savant de tous, ont peint avec des matières posées légèrement. Ce ne fut que lorsque les peintres s'abandonnèrent par négligence aux marchands de toiles préparées, qu'ils crurent devoir employer des couleurs épaisses et très-empâtées, pour couvrir l'action des mauvaises préparations tendant à obscurcir les couleurs de la palette. Ce moyen au reste leur réussit peu, l'empâtement n'empêchant guère les mauvaises préparations, ou apprêts de la toile, de pousser au sale ou au jaune à travers cet empâtement. D'ailleurs les expressions *empâter, belle pâte, se retrouver adroitement dans la pâte,* n'ont-elles pas quelque chose de trivial qui doit les faire rejeter, et ne rappellent-elles pas trop le mot *croûte* appliqué par dérision aux très-mauvaises peintures ? Voy. Couche.

Enarthrose, genre d'articulation dans laquelle la cavité d'un os reçoit la tête d'un autre os.

Encaustique, nom que les anciens donnaient à leur procédé le plus usuel de peinture, dans lequel on employait le *cauterium* (réchaud allumé), pour parfondre et faire un tout homogène du fond ou apprêt, avec les cires, les matières colorantes et les résines qui composaient le tout ; ce caustique facilitait d'ailleurs la dessication, si le liquide était aqueux, ou l'évaporation, s'il consistait en une huile volatile, telle que l'essence de naphte ou autres (voy. le chap. de l'*encaustique*). Le mot *encaustique* n'exprime en aucune manière la présence de la cire ou d'autres matières ; il exprime seulement l'action du feu. Aussi les Latins ont-ils dit *picturam inurere*, soumettre une peinture au feu. Pline dit : *Ceris pingere et picturam inurere*, peindre avec des cires et fondre au feu la peinture.

Enfoncement. On appelle enfoncement dans le tableau l'éloignement successif des objets, à partir du cadre. Le mot *profondeur* ne semble point propre à rendre la même idée, vu son équivoque. Voy. Profondeur.

Enlever un tableau de son subjectile, c'est séparer la couleur d'avec la toile, ou d'avec le bois, ou d'avec le mur sur lequel il a été peint, et appliquer cette couleur sur un autre subjectile. L'enlevage est très-différent de l'entoilage. (Voy. Entoiler. Voy. aussi le chap. 622.)

Enluminer, c'est colorer par teintes plates et au lavis. Voy. Lavis.

Entente, intelligence dans la distribution.

Entoiler, garnir de toile une autre toile. Ce mot *entoiler* semble fort significatif ; cependant on se sert souvent du mot *rentoiler*, qui semble signifier autre chose, c'est-à-dire, remettre une peinture sur une autre toile. Or, pour remettre une peinture sur une autre toile, il faut procéder à l'enlevage (voy. Enlever). L'entoilage n'exige point cette opération difficile, car, pour entoiler, il suffit de fortifier la mauvaise toile chargée de la peinture, en collant derrière une toile neuve.

Esprit. On dit touché avec esprit. Il en est absolument du pinceau, comme du langage. On peut dire avec esprit des choses très-communes et très-fausses; de même on peut toucher avec esprit des images sans vérité, sans intérêt : cette affectation dénote le manque de talent. Il est donc tout aussi déplaisant de rencontrer ces adroits mauvais peintres, que ces parleurs faiseurs d'esprit qui se contentent de vouloir briller sans rien nous apprendre.

Esquisse. Le croquis est le jet sur le papier ou sur la toile de la première pensée du compositeur; l'esquisse est un travail d'essai en petit, dans lequel le compositeur combine les rapports principaux, et invente même des changemens relativement au croquis; l'ébauche est le premier travail que fait le peintre sur son tableau même. Ainsi le croquis n'est qu'un brouillon; l'esquisse n'est qu'un essai en petit du tableau, et l'ébauche est le commencement du tableau même ou le premier travail sur le tableau. (Voy. les chap. 168 et 169, tom. 4, pag. 698.)

Estampe. Certaines personnes disent une *gravure*, pour dire une *estampe*; c'est aussi mal s'exprimer que si on disait un *moule*, au lieu de dire une *empreinte*.

Esthétique ou Æsthétique, science des sensations. Ce mot dérive du grec *aisthesis* : c'est Baumgarten, professeur de philosophie à Francfort-sur-l'Oder, qui l'a employé le premier.

Éthopée, peinture des mœurs.

Étendue. On appelle *étendue* la dimension d'une chose en hauteur, largeur et profondeur; ainsi *étendre* signifie déployer en long, en large et en hauteur.

Étrécir, Étrécissement. Ces mots sont plus techniques que *rétrécir, rétrécissement.*

Études, certains travaux préparatoires. On a appelé études certains morceaux d'essai en peinture, pour les distinguer des ouvrages entiers et complets. On conçoit que ces morceaux d'études sont sans nombre et de toutes espèces. Des pieds, des bras, des têtes, des branches d'arbres, des cascades, des draperies : toutes ces représentations séparées, exécutées soit au crayon, soit en couleur, sont des études préparatoires. Mais, comme l'amour-propre sait tirer parti de tout, plusieurs peintres, qui n'ont pas su conduire à terme une figure ou un ensemble quelconque, donnent à ces ouvrages manqués le nom d'étude, et le public y est pris assez souvent, surtout lorsque l'artiste a eu soin de laisser quelques parties non achevées, telles que le fond, et certains accessoires même des parties principales. Il est bon de signaler cet abus, parce que les élèves encouragés, lorsqu'on leur achète ces essais ou ces études, s'accoutument à ne point compléter un tout dans le cadre, et à ne point s'astreindre à cette unité de convenance, de style, de caractère et d'exécution, qu'il est si important de posséder, pour atteindre le but de l'art. Un peintre se met donc fort à l'aise, en disant, au sujet de ces tableaux qui n'ont ni commencement ni fin : ce sont des études.....

Eurythmie. Voy. l'explication qui sera donnée de ce mot à l'art. Symétrie.

Eutaxia, nom grec cité par Cicéron, et qui signifie conservation de l'ordre.

Exécution. Ce mot n'a rien absolument de technique; cependant il signifie souvent la partie, pour ainsi dire, manuelle et qui dépend du travail particulier propre à tel ou tel art. Aussi est-il naturel d'entendre par exécution, en fait de tableaux, la manière dont est peinte, dont est touchée, dont est exprimée par le pinceau telle ou telle partie de l'ouvrage. On conçoit encore que l'exécution peut s'étendre jusqu'à l'art de rendre avec expression et sentiment les effets adoptés quant au clair-obscur et au coloris. Mais il y a des critiques qui ont donné une extension beaucoup plus grande et beaucoup trop grande au mot *exécution*, à propos de peinture; ils l'appliquent donc non-seulement à la touche, mais au coloris, au dessin, à l'harmonie, etc., en sorte qu'ils en font à tort un mot synonyme du mot *style*, mot assez vague par lui-même. (Voy. Théorie.)

Exposition de tableaux. On donne aussi le nom de

*salon* à l'exposition périodique de tableaux qui a lieu à Paris au Louvre. Les Anglais appellent leur exposition de tableaux *exhibition*.

Expression. Quand on dit qu'il y a en général beaucoup d'expression dans un tableau, on s'entend assez bien, parce que l'on veut dire que tout est bien et fortement exprimé, soit dans le sujet, soit dans les figures et dans tous les objets; mais, quand par le mot *expression* on prétend signifier exclusivement les passions ou les mœurs rendues par la physionomie, ce terme semble trop vague. En effet, tout ne doit-il pas être expression dans une peinture, et appeler *tête d'expression* une tête exprimant un caractère ou une passion déterminée, n'est-ce par parler sans précision? Les mots ne manquent pas pour rendre l'idée de telles ou telles mœurs, de telle ou telle situation ou disposition morale, de telle ou telle passion. (Voy. ce qui est dit au chap. 208, tom. 5, pag. 370.)

Extrémités. On pourrait très-bien délaisser ce mot, qu'on emploie pour signifier les pieds et les mains d'une figure. Cette expression *les extrémités* ne comporte aucun sens artistique qui soit de quelqu'utilité.

## F.

Fabrique (de l'italien *fabrica*). On a donné le nom de *fabrique* aux bâtimens qui décorent les paysages. Lorsque ces bâtimens ne sont que de simples chaumières, on les a appelés *fabriques rustiques;* mais ce mot *fabrique* est-il bien nécessaire? Pourquoi en faire usage, puisqu'il ne convient plus, quand il s'agit d'édifices faisant l'objet principal ?

Face. Nous appelons *face* la superficie que présente un des côtés de l'objet en retour sur le profil; ainsi, quelle que soit la situation du spectateur ou de l'objet, le côté d'une église n'en est pas la façade, quoique ce côté se présente en face de nous. Voy. Largeur, Front.

Faire. Le *faire,* le *beau faire,* sont des termes assez inutiles, puisqu'on a les mots *touche, pinceau, exécution,* etc. (voy. le mot Théorie). Aujourd'hui on emploie quelquefois dans les ateliers le mot *fait,* pour dire *rendu, fini, étudié* et *très-bien touché :* on voit que cette acception est toute conventionnelle et hors du vocabulaire de l'art.

Fauve, couleur tirant sur le roux-brun.

Faux-jour. *A faux-jour* et *à contre-jour* ne signifient pas absolument la même chose : un tableau placé à contre-jour est nécessairement à faux-jour, puisqu'il est placé à l'opposé du jour, et qu'il mire la lumière; mais un tableau peut être à faux-jour, sans être à contre-jour. Il est à faux-jour de deux manières : premièrement, si la direction du jour qui l'éclaire est contraire à celle du jour qui est supposé éclairer dans l'imitation les objets représentés; secondement, il sera à faux-jour, s'il est placé sous un jour louche, double, ou auquel se joint un jour de reflet. Ce sont encore des faux-jours que les jours de reflet colorés qui se mirent sur le tableau. On donne aussi le nom de faux-jour à celui qui est opposé au jour sur lequel le peintre a compté pour ses effets. C'est ainsi qu'un tableau très-clair fait peu d'effet dans un jour très-clair lui-même, et qu'un tableau fort de bruns paraît tout noir sous un jour sombre, etc.

Figurines, terme impropre en peinture, bien qu'il convienne à la sculpture. En effet, quelque petite que soit la figure image, en peinture ou en dessin, elle doit toujours représenter et offrir à l'esprit l'idée de la dimension naturelle et non diminuée des objets.

Fini. Une production d'art est finie, rigoureusement parlant, lorsqu'elle est ce qu'elle doit être. Cependant on entend par *fini*, dans les arts, le résultat de l'application soutenue, de l'étude suivie et recherchée, du soin assidu enfin que l'artiste a la force ou la patience de mettre dans tout son ouvrage : ce fini est une grande qualité. Mais des ignorans ont employé ce mot pour signifier la propreté et le poli dans l'exécution, la minutie froide et stérile du pinceau, l'attention extrême et la pratique pour les petits détails, quels qu'ils soient : un tel *fini* donné pour un éloge devient un pitoyable malentendu. (Voy. le chap. 533.)

Flou, ancien terme qui a embarrassé, comme beaucoup d'autres, les étymologistes, et qui, après avoir couru les ateliers pendant un demi-siècle, est tombé dans l'oubli; il signifiait *fondu*, *moelleux*, *adouci* et *velouté*.

Foncer, Couleur foncée. Foncer une couleur, c'est la charger. Les Latins disaient *color pressior*, pour dire *couleur foncée* (Pline), c'est-à-dire, plus énergique en teinte, et non plus intense en ton, ou bien non distendue et délavée, mais comme serrée et pressée.

Formes. Voy. Superficies, Plan, etc.

Fracas. C'est fort bien s'exprimer que de dire, au sujet de certains tableaux de batailles ou de scènes tumultueuses, que l'artiste a su mettre du fracas dans sa composition. Mais rien ne démontre qu'il faille du fracas dans les sujets dont le mode ne comporte point ce fracas. Cependant on a voulu non-seulement faire un genre de certains tableaux, qu'on a appelés *tableaux d'apparat*, mais on a dit que dans ces tableaux on pouvait introduire un peu de fracas. Il est évident que c'est la tolérance de toutes sortes de mots étrangers au langage de l'art, qui cause tous ces préceptes pernicieux.

Fresque ou Fraisque, peinture sur un enduit frais (voy. le chap. 605). Ne pourrait-on pas dire *fresquiste* ou *frescateur*, comme on dit *mosaïciste* ou *stuccateur ?* Lanzi appelle *frescanti* les peintres à fresque.

Front (aspect de), par opposition à fuyant ou en retour sur le front. De front ne signifie pas de face, mais en face.

## G.

Galbe. Ce mot, qui de l'architecture et de la sculpture est passé dans la peinture, signifie tout l'ensemble du pourtour ou de la silhouette d'un objet sous le rapport de la beauté dans le mouvement de la ligne générale offerte par ce contour (voy. Sagoma). On dit donc un vase, une jambe d'un beau *galbe*.

Genre. Il peut y avoir différens genres de tableaux, mais il n'y a qu'un genre de peinture. Ainsi, on ne doit pas plus dire la *peinture de portraits* que la *peinture d'histoire*. On a été jusqu'à appeler *peinture de genre* la peinture, lorsqu'elle représente des scènes de la vie privée, scènes ou sujets pris dans la classe inférieure de la société. Rien, que la routine, ne peut autoriser un tel langage. On a aussi imaginé de classer dans un genre les tableaux d'apparat, les tableaux dits *grandes machines* (voy. ce mot); mais toutes ces distinctions sont de pure fantaisie, et elles ne servent qu'à embrouiller la définition toute simple de la peinture. Il n'y a qu'un art de peinture, mais il y a plusieurs genres de tableaux, plusieurs sujets de tableaux, et il n'est pas difficile de désigner par des noms convenables ces sujets. (Voy. les chap. 536 et 551.)

Géométral. On entend, en graphie, par le géométral ou le dessin géométral, l'élévation d'un objet, élévation qui résulte des largeurs du plan et des hauteurs de cet objet. C'est, proprement dit, la projection orthographique de l'objet, sous quelque côté ou aspect qu'on le considère, mais abstraction faite de l'effet perspectif ou scénographique, effet que l'on n'ajoute que dans l'élévation perspective. Le géométral est donc distinct du perspectif; il est distinct aussi du géométrique, qui est la mesure réelle de l'objet et de ses superficies. Ainsi une tombe, par exemple, a six pieds de long, deux pieds et demi de large et deux pieds de haut : ici il s'agit de sa mesure géométrique. Mais l'élévation de cette même tombe, dessinée géométralement sous un aspect de trois quarts, n'offre que cinq pieds sur la longueur par l'effet du raccourci ; dans ce cas la mesure de cinq pieds est la mesure géométrale ou orthographique. Si ensuite on la représente en perspective, l'extrémité fuyante de cette tombe, au lieu d'avoir deux pieds de haut, n'aura peut-être en graphie qu'un pied neuf pouces : or il s'agit dans ce cas de la mesure de hauteur perspective. Cette analyse doit s'appliquer aux couleurs. Un homme porte un habit que l'on suppose géométriquement rouge ; ce rouge est déterminé, il est connu et reconnaissable à l'aide d'échantillons : voilà pour ce qui est de sa couleur géométrique ou de la couleur propre et inhérente à cette étoffe, à cet habit. Mais, si l'on compare les parties obliques aux parties de front de cet homme vêtu de rouge, on remarque que cette situation oblique efface en partie l'apparence rouge, qui peut d'ailleurs être accidentellement altérée par quelques masses vertes qui se trouvent de côté : voilà pour ce qui est de la couleur géométrale ou orthographique. Maintenant cet homme s'éloigne, il s'enfonce dans l'air azuré, et cet habit rouge se décolore beaucoup étant aperçu à deux cents pas : voilà pour ce qui est de la couleur perspective. Un œuf est ovale et blanc géométriquement ; vu en raccourci et géométralement, il semble rond, et, s'il est placé au soleil couchant, il est rougeâtre du côté du soleil. S'il est vu fort éloigné, la couleur aérienne le rend perspectivement rougeâtre ; cependant la forme géométrique de cet œuf n'en est pas moins ovale et sa couleur blanche. Il y a donc à considérer en peinture le géométrique, le géométral ou l'orthographique et le perspectif. (Voy. les chapitres relatifs à ces questions.)

GÉOMÉTRIE, science qui a pour objet l'étendue, sa mesure et ses rapports. (Voy. le chap. 239.)

GIGANTESQUE. Voy. Colossal.

GLACIS. Un glacis n'est autre chose qu'une couche très-mince et très-unie de couleur plus ou moins fluide ou glutineuse.

GLÉNOÏDE, GLÉNOÏDALE se dit de toute cavité superficielle d'un os qui reçoit le condyle d'un autre os.

GLYPTOGRAPHIE, connaissance des pierres gravées qui nous viennent des anciens. Voy. Lithoglyphe, etc.

GLYPTIQUE, du grec *glyphein* (creuser). Art de graver ou de sculpter en creux les pierres et les métaux. On appelle en français *intailles* les pierres fines gravées en creux, du mot italien *intaglio* : les pierres fines gravées en relief s'appellent *camées*.

GOTHIQUE. On abuse fréquemment du mot *gothique*, employé comme terme de critique. Puisque ce mot est relatif aux Goths, et qu'ainsi il appartient à l'historique des arts, il importe de ne pas en faire un usage inconsidéré, et de ne pas appeler *gothique* tout ce qui est laid, pauvre et barbare, quelle que soit l'époque où l'on a produit ces ouvrages barbares et misérables. Si par gothique on veut dire grêle, effilé, sec et roide, et qu'il s'agisse d'architecture, on s'exprime fort mal, car l'architecture essentiellement gothique était lourde et molle, ses colonnes étaient trapues, et ses ornemens applatis.

Mais, sans considérer ici la nécessité de conserver ou de rejeter le mot *gothique* au sujet de certaines productions de l'architecture, disons que, si *gothique* est synonyme de laid, de chétif et de barbare, on peut tout aussi bien l'appliquer à la foule de vilains tableaux des écoles modernes qu'aux essais du 14e ou du 15e siècle. Enfin ceux qui emploient le mot *gothique* au figuré, pour désigner tout ce qui est d'un goût vieux et mauvais, se mettent fort à l'aise avec ce mot assez bannal; mais, si on veut s'en servir littéralement, il faut en user directement, et ne pas l'appliquer à des productions qui tiennent à l'antiquité, ou qui ont paru lors des écoles primitives de l'art moderne.

Gouache ou Gouasse, peinture à la gomme. Ce mot vient de l'italien *gouazzo.*

Goustoso. Cet adjectif italien (*gustoso*) signifie *fait avec goût, agréable, gracieux.* Comme le mot *goût* n'est accompagné dans le Vocabulaire français, ni d'adjectif ni d'adverbe, quelques artistes ont employé le terme italien. En le concentrant dans le langage de l'art, il est aussi utile que les mots *grandioso, virtuoso,* et peut se franciser comme eux.

Grandeur. On entend par grandeur tout ce qui peut être augmenté ou diminué. Ainsi le nombre, le mouvement, la vitesse, etc., sont des grandeurs, parce qu'ils sont capables d'augmentation et de diminution; toutes ces choses sont aussi appelées *quantités*, en sorte que ces deux termes *grandeur* et *quantité* ont la même signification dans les mathématiques, et peuvent être pris l'un pour l'autre.

Grandiose (du mot italien *grandioso*) signifie le *grand* qui ne provient pas absolument de la dimension, mais des combinaisons qui produisent la grandeur esthétique. Voy. Esthétique.

Graphie, science graphique. L'expression *dessin* pouvant s'appliquer à la beauté des formes dans les représentations de la figure humaine; il serait inconvenant de délaisser le mot *graphie* qui signifie exclusivement l'*art de l'imitation linéaire* par rapport à toutes sortes de formes et d'objets imités, et quelle que soit l'imperfection ou le mauvais choix de ces objets ou de ces formes. Ainsi, la graphie est une science indépendante du beau. Le dessin considéré comme science, est appelé par Vitruve *graphidos scientia*.

Graticuler ou plutôt Craticuler, du mot italien *grata*, grille de parloir. Voy. Carreaux.

Grêle, du mot latin *gracilis*, se dit des objets, et surtout de la figure humaine, lorsque le caractère des formes en est long, pauvre et effilé.

Grignotis, traits fort courts, tremblés dans toutes sortes

de directions et mêlés de points et de hachures de toute espèce, employés par les dessinateurs et les graveurs, pour exprimer certains objets et certaines obscurités où le travail doit être brut, sensible, rude et détaillé. Un grignotis léger est encore propre à égaliser les tons établis par le crayon, et à couvrir également les taches blanches. Voy. Hachures.

Gris. Par *gris* on entend un mélange de blanc et de noir parfaitement incolore; s'il n'est pas incolore, on l'exprime en disant gris jaunâtre, rougeâtre, etc., ou bien rouge grisâtre, bleu grisâtre, etc.

Grisaille, peinture d'une seule couleur grise, diversifiée seulement par la variété des tons : le vrai têrme est *monochrôme,* mot qui signifie *d'une seule couleur.* On a employé aussi dans ce sens le mot *camayeu;* on a encore dit *tableau de clair-obscur,* parce que cette espèce de peinture n'offre que du clair et de l'obscur. Les monochrômes jaunes ont été appelés dans un tems *cirages.* L'usage que font les peintres des tableaux préparatoires monochrômes est très-propre au perfectionnement du dessin, l'artiste n'étant point préoccupé des teintes et de tout ce qui dépend de leur modification et de leur harmonie. Voy. Carton.

Grylli, nom donné, selon Pline, aux sujets grotesques, comiques et de fantaisie. Ce mot s'applique aussi aux caricatures. *Grilli,* en italien, a la même signification.

Grotesques, ornemens antiques, peints ou sculptés, que

Jean d'Udine, peintre, élève de Raphaël, trouva, dit-on, dans des grottes ; on leur a donné aussi le nom d'*arabesques*. Ajoutons ici en passant que ces ornemens datent de l'époque de la décadence de l'art antique, et que d'ailleurs les modernes les ont souvent chargés et altérés.

Groupe, mot qui, selon Milizia, provient peut-être du mot *grappe*. Le Dictionnaire explique assez bien ce mot, en disant qu'il signifie un assemblage d'objets rapprochés et que l'œil embrasse à la fois. *Agrouper*, c'est assembler des figures en groupe.

## H.

Hachures, traits parallèles et multipliés du crayon ou du pinceau, et dont l'office est d'exprimer selon les règles de l'art les clairs et les bruns, et de produire une foule de tons équivalens à un travail véritablement et matériellement fondu, tel que celui qu'on obtient à l'aide de l'estompe ou du pinceau. L'effet des hachures est souvent plus imitatif que cette fusion même. Quelquefois cependant on en abuse, témoins ces têtes toutes barricadées de grillages, et qu'on donnait à copier, il y a cinquante ans, aux élèves qui ne comprenaient pas du tout la nécessité et le but de ces hachures. Les hachures servent encore, et les bons graveurs en tirent ce parti, à imiter le caractère inhérent à chaque objet représenté, en rendant rude ce qui est rude, et doux ce qui est doux. Cependant, comme le mécanisme des traits ou hachures du burin et du crayon est plus ou moins aperçu, c'est à la discrétion de l'artiste à le laisser apparaître, comme moyen imitatif savamment employé, et à faire qu'il disparaisse d'une petite distance, afin de rentrer dans la vérité et la naïveté de l'imitation de la nature dont les ombres n'offrent point de hachures. Voy. Grignotis.

HARMONIE. L'harmonie est l'accord qui produit la beauté : c'est l'union et la concordance des parties entre elles et avec le tout. C'est, en peinture, la modification, l'arrangement, l'ordre des parties ou des élémens du tableau. Il résulte que l'harmonie doit avoir lieu autant dans la disposition des lignes, autant dans les expressions et les actions des personnages, que dans les tons, les couleurs et toute l'exécution. En un mot, l'harmonie est le caractère le plus dominant de la beauté. L'union ou le passage, le mélange d'une teinte ou d'une couleur dans une autre couleur, semble avoir été désigné chez les anciens par le mot *harmogé* (voy. Pline. l. 35. c. 5). Les Latins l'ont appelé aussi *commissura*. Mais *commissura* semble indiquer seulement un mélange quelconque, tandis qu'*harmogé* suppose un mélange harmonieux et conforme aux lois de la chromatique et de l'eurythmie.

HAUTEUR. En graphie on appelle *hauteur* la dimension qui s'élève du terrein jusqu'en haut de l'objet, quelle qu'en soit l'inclinaison. C'est pour cela qu'on appelle *élévation géométrale* la hauteur de chaque point de l'objet à partir du terrein, et on la distingue de l'élévation perspective, parce que celle-ci dans certains cas n'est plus la hauteur réelle. Rappelons ici que le mot *hauteur* peut exprimer aussi ce que certains géomètres ont appelé quelquefois *profondeur*. Voy. Profondeur.

« Hermosmenon, partie de la musique des Grecs, laquelle consistait à connaître et choisir le bienséant en » chaque genre, et ne leur permettait pas de donner à » chaque sentiment et à chaque objet toutes les formes » dont il était susceptible, mais les obligeait à se borner » à ce qui était convenable au sujet, à l'occasion, aux » personnes et aux circonstances. » (Millin. Dict. des B.-Arts.) Voy. Modes.

Histoire (peintre d'). Voilà que notre Vocabulaire artistique nous met encore dans l'embarras. Les peintres, appelés *peintres d'histoire,* ont presque tous et fort souvent exécuté des portraits, de petits sujets, des allégories, des paysages, etc., et, malgré cela, nous devons, selon nos Dictionnaires, les appeler du nom de *peintres d'histoire.* On reconnaît cependant la nécessité de n'affecter ce nom qu'au peintre qui n'aurait absolument représenté que des sujets historiques, car, pour les autres, le nom de *peintre* doit suffire. Qui dit *peintre,* dit *imitateur des beaux sujets* ou *objets naturels;* mais qui dit *tableau* doit nécessairement ajouter une expression pour spécifier le caractère de ce tableau, et cela n'est pas difficile. Un tableau est un portrait, un paysage, un tableau mythologique, de bataille, de l'histoire de l'ancien ou du nouveau Testament, un tableau d'Apôtres, de Ste Famille, un tableau homérique, un tableau de villageois, d'enfans, un tableau de Diane, de Jupiter, d'Hercule, etc. : avec ces distinctions tout est expliqué. Ce point de question est donc tout relatif au titre de *peintre artiste* et à celui de *peintureur artisan.* L'expression *peintre artiste* porte avec elle une signification passablement explicative;

mais elle ne sourit pas au peintre qui consacre sa vie aux grands sujets de peinture. Qui empêche donc d'appeler celui-ci *peintre mégalographe* ou *peintre de grands sujets*, de même qu'on en appelle d'autres *peintres de miniatures?* Les paysagistes se trouvent par l'effet de nos locutions routinières hors de l'équivoque; cependant il y a une grande distance entre le génie et le mérite d'un Claude, d'un Guaspe, paysagistes, et le génie et le mérite de Panini ou de Lantara [1]. Voy. Mégalographies.

Houding. Chez les Hollandais et les Flamands, ce mot exprime le maintien des accords; il disent : il y a *houding* dans ce tableau, pour dire on y a tenu l'accord et l'harmonie.

[1] Voici ce qu'on lit dans la Revue encyclopédique (octobre 1824) : « La dénomination de peinture historique est bien vague; aussi a-t-elle » donné lieu, dans l'école, à beaucoup de discussions. Les gens du monde » appellent *tableaux d'histoire* ceux dont les sujets sont puisés dans les » récits des historiens; parmi les artistes on appelle tableaux d'histoire » ceux où l'on a cherché à surmonter les plus grandes difficultés de l'art, » c'est-à-dire, à représenter un sujet puisé dans l'histoire ancienne ou » dans la mythologie, peu importe, pourvu que le caractère de la scène » soit grand et noble, et que la figure humaine s'y montre autant que » possible dans sa plus grande beauté et dans sa proportion réelle. Mais » les tableaux dont les sujets sont empruntés à l'histoire moderne, cette » époque malheureuse, qui ne permet pas à l'art, lorsqu'il veut y puiser, » de se montrer dans tout son éclat, quelle que soit la dimension dans » laquelle ils aient été exécutés, sont difficilement admis dans cette » classe. On voulait établir à cet égard une distinction particulière et » les nommer *tableaux d'apparat;* il s'éleva des contradicteurs, et, à la » suite d'une discussion très-vive dans le sein de l'institut, où cette » question s'agitait, l'un de nos peintres les plus célèbres, qui tenait » pour cette distinction, abandonna la part qui lui avait été donnée » dans la rédaction du Dictionnaire des Beaux-Arts. »

HUILE GRASSE : il convient de dire *huile siccative.* Le caractère de cette huile est d'être dégraissée : or par cela même le nom d'*huile grasse* est tout à fait impropre. Watin releva ce contresens il y a déjà long-tems.

## I.

ICHNOGRAPHIE, plan géométral ou plan par terre d'un édifice, d'un solide, etc. *Ichnographie* vient de deux mots : *ichnos,* vestige ou trace par terre, et *graphein,* écrire ou dessiner. Le plan ou l'ichnographie, est un des trois moyens préparatoires nécessaires pour obtenir l'élévation de l'objet ; les deux autres moyens sont le profil et la face. Voy. Plan.

ICONIQUES, statues *iconiques.* Les statues iconiques étaient érigées aux athlètes qui avaient remporté trois victoires ; ces statues étaient de leur taille : elles étaient d'ailleurs une image exacte de leurs formes et de leur caractère gymnastique. Un passage d'Ælien (*Var. Hist. Lib.* 9. *Cap.* 32) donne à croire qu'à Athènes on faisait aussi des statues iconiques d'après de beaux chevaux.

IDÉAL (beau idéal). Tous les jours on entend répéter cette expression, qui est la source d'un grand nombre de malentendus au sujet des productions des beaux-arts. *Idéal* signifie *imaginaire,* autant qu'il signifie *archétype naturel.* Ce qu'on emprunte à la nature, est plutôt *beau* qu'il n'est *idéal,* quoique la nature en ait donné l'idée. Mais ce qu'on emprunte à ses propres idées, peut être et est même assez souvent fantasque, sans être vraiment *beau*. Le mot *archétype* remplace très-bien le mot *idéal*, car, bien qu'on suppose cet archétype dans l'idée, ce mot ne donne point matière à équivoques. (Voy. à ce sujet le chap. 124, tom. 4, pag. 80.)

Imagers (faiseurs d'images), dénomination générale sous laquelle les Grecs de Constantinople désignaient les sculpteurs. (Voy. l'Encycl. méth. 1re partie, pag. 275.)

Impastation. Voy. Mouler.

Impression, Imprimure. Voy. Apprêt.

Incarnat, qui est d'une couleur entre celle de la cerise et celle de la rose (Dict. de Wailly). *Incarnadin*, d'un incarnat faible (Dict. de Wailly).

Individuel, Individu. Ces mots sont très-propres à exprimer dans l'art ce qui diffère du choix. On comprend très-bien que quand on dit individu modèle, il ne s'agit pas d'un *archétype* tel que l'a conçu l'imagination, et tel que le requiert la haute beauté; de même, par *dessin* ou *coloris individuel*, on ne comprend que la justesse d'imitation d'après un individu, quel qu'il soit, et non d'après l'idée générale des plus belles formes et des plus belles teintes que puisse manifester tel ou tel objet en général. Voy. Modèle.

Intailles, pierres fines gravées en creux.

Isabelle. La couleur *isabelle*, selon le Dictionnaire,

est manifestée entre le blanc et le jaune; on veut dire sûrement le jaune rougeâtre ou l'orangé jaunâtre : cependant un cheval *isabelle* est plutôt couleur café au lait, que couleur citrine, et même que couleur chamois. La couleur isabelle semble donc composée de violet clair et d'orangé clair, ou, si l'on veut, d'ocre jaune, de laque violette et de blanc.

Isomètres, statues qui étaient de grandeur naturelle. Voy. Iconiques.

## J.

Jaune. La couleur *jaune*, pure et élémentaire, ne doit être mêlée ni de rouge ni de blanc; le *jaune d'œuf* est mêlé de rouge : aussi les Italiens disent-ils *rouge d'œuf*, tandis que nous disons *jaune d'œuf*. Nos ocres sont tous mêlés de rouge. Le citron et le soufre sont des couleurs *jaunes* pures, mais claires.

## L.

Lachée. On entend très-souvent les artistes et les amateurs employer le mot *lâché*, manière lâchée, pour dire *lâche* et *négligée*. Il convient de faire observer que le mot *lâché* n'est point français dans ce sens. Une peinture, une partie de tableau qui n'est point assez étudiée, assez rendue, n'est point *lâchée*, elle est *lâche* ou *négligée*, ou encore, s'il est permis d'employer ce mot, *relâchée*.

Laque. C'est ne pas s'exprimer clairement que d'appeler *laque* la couleur violette, connue sous ce nom, puisqu'il y a des *laques* de toutes couleurs ; ainsi il est nécessaire d'ajouter au mot *laque* le nom de ces couleurs, en sorte qu'il convient de dire *laque de garance, laque de gaude, laque de cochenille, laque colombine*, etc., celle-ci ayant une teinte *colombine*.

LARGE, expression métaphorique très-usitée aujourd'hui, pour signifier ce qui est fait, conçu ou traité d'une manière grande : on dit *un pinceau large, une composition large*, etc. Beaucoup de critiques se mettent à l'aise en employant ce terme, qui contribue fort peu à éclaircir le technique de l'art.

LARGEUR. Par *largeur* le dessinateur doit entendre autre chose que la largeur réelle et géométrique. On définit celle-ci en disant qu'elle est l'étendue d'une chose considérée dans le côté qui occupe la ligne la plus courte entre ses extrémités. Ainsi, le côté large d'un vaisseau, c'est le côté le plus court du vaisseau, celui qui est en retour sur le côté long; mais, si on représente un vaisseau vu par sa longueur et un peu de trois quarts, de manière qu'on en voie un peu l'avant, la largeur du plan de ce vaisseau sera, par rapport à l'aspect déterminé, ce côté le plus long et cette même face aperçue de trois quarts. Quant au côté le plus étroit, et qui est en effet la largeur du vaisseau, comme il se présente à la vue fuyant ou raccourci, et qu'il est censé s'enfoncer dans le tableau et s'éloigner du cadre, le dessinateur l'appelle *enfoncement*. Ainsi, en dessin, peu importe quelle soit la mesure du côté situé en face du spectateur, ce côté est toujours pour lui la largeur de l'objet; et, quand il prend sur le plan cette mesure de front de tout l'objet, il appelle cela *en prendre la largeur*. On pourrait donc distinguer la largeur réelle et géométrique, et la largeur d'aspect.

Lavée, couleur lavée, ou plutôt délavée, c'est-à-dire, affaiblie et déchargée.

Lavis, peinture (on pourrait dire teinture) à l'eau gommée et par conséquent sans épaisseur. On dit aussi *aquarelle*, de l'italien *aquarella*. (Voy. le chap. 598.)

Lazzi, mot italien qui signifie *jeu muet d'un valet de comédie*. On a dit *peintre* et *peinture de lazzis*, pour dire *peinture de routine, de lieux communs, de manière* et *non de sentiment*.

Léché, pinceau léché, manière léchée, c'est-à-dire, *péniblement soignée, lisse* et *finie machinalement*.

Ligne, étendue en longueur. On dit quelquefois *lignes* pour *masses;* dans ce cas on veut dire les *lignes* qu'offrent à la vue et sous certains aspects les *masses* ou les *objets*.

Lithoglyphes, graveurs sur pierres fines. Les Latins les appelaient *scalptores* ou *cavatores;* les graveurs sur métaux étaient appelés *cœlatores*. (Voy. les mots Glyptique, Dactylioglyphes.)

Longueur. Ce mot a besoin de quelque explication. Le mot *longueur* sert à exprimer l'idée d'une mesure; mais de quelle mesure : voilà la question? Quand on parle de la longueur d'une ligne ou d'une figure de géométrie, on s'entend aisément; mais, si on parlait de la longueur d'un corps, tel que d'un croissant, par exemple, ou d'un corps oblique, tel qu'un fer de charrue, on ne s'entendrait pas sans s'expliquer particulièrement. Si l'on chargeait une personne étrangère à la géométrie ou à la stéréométrie (l'art de mesurer les solides) de prendre la longueur d'une pyramide un peu penchée à droite ou à gauche, cette personne serait embarrassée, car elle ne saurait pas s'il s'agit de la longueur de la plus grande surface ou côté de la pyramide, ou s'il s'agit de la longueur de son axe, c'est-à-dire, de la ligne droite qui parcourrait depuis son sommet jusqu'au centre de sa base, ou bien encore, s'il s'agit de la longueur que donnerait le plan par terre de cette pyramide un peu penchée. *Longueur* est donc un terme qu'il ne faut employer qu'avec discrétion et toujours conventionnellement. Au reste, toute cette question est expliquée à l'esprit de celui qui comprend que les solides se mesurent par les trois dimensions *longueur*, *largeur* et *hauteur*, et qu'il ne faut pas confondre *longueur* avec *hauteur*.

Luminaire. Ce mot est l'expression générale; mais *fenêtre*, *jour*, *flambeau*, sont des termes particuliers.

## M.

Machine, grande machine. On donne ce nom, disent nos Vocabulaires, à tout grand ouvrage de génie. Ce mot ne doit donc point être donné à une composition qui n'est que vaste ou compliquée, et où l'artiste a étalé une foule de grandes figures et de groupes, le tout sans simplicité, sans expression et sans génie. De telles peintures ne sont que de grandes pancartes, et non de *grandes machines poétiques et pittoresques.* Tels sont au reste presque toutes ces coupoles, ces plafonds, ces tableaux dits *d'apparat*, qui imposent aux ignorans par leur volume et leur masse, mais qui au fait sont des excès assez pauvres de l'art moderne, et ne produisent guère que de l'éloquence de cohue. Ce mot *machine* est surtout à la bouche de ces faux connaisseurs qui croient devoir juger la peinture à la toise. Pline appelle *machina* (machine) l'échafaud nécessaire pour exécuter de grandes peintures sur mur.

MAQUETTES. Voy. Marquettes.

MAROUFLE. De même que l'on colle avec du gluten gommeux, de même on colle (ou l'on maroufle) avec du gluten gras, huileux ou résineux ; on a donc appelé ces derniers *maroufles*, et on s'en sert pour agglutiner ou fixer ensemble deux toiles à tableau, ou pour fixer même une toile sur un mur ou sur un panneau. Pourquoi use-t-on de ce mot *maroufle*, qui veut dire aussi *fripon, rustre?* On l'ignore. Ce *maroufle* se fait souvent avec d'anciennes huiles épaissies et chargées de couleurs vieillies dans les godets des peintres. On a appelé ces huiles *or-couleur*, autre dénomination assez bizarre.

MARQUETTES, et non *maquettes*, petits pains de cire. Les petites figures modelées en terre par les peintres pour leurs tableaux, s'appellent *marquettes*, nom qui provient de celles qui sont modelées en cire.

MASSES. Il importe infiniment aux peintres de bien comprendre la définition de ce qu'on doit entendre par *masses*. *Masse* est opposé à détail. Comme l'œil et l'esprit sont portés chez le plus grand nombre des individus à saisir plutôt les détails et les particularités que les masses, la première chose à faire pour agrandir cette faculté qu'ont l'esprit et la vue de saisir les *masses*, c'est d'en former une idée nette dans l'intelligence. Les vues et les esprits microscopiques ne perçoivent, ne saisissent qu'un point; les vues et les esprits vastes saisissent, embrassent et l'ensemble général d'un tout, quelque grand qu'il soit, et les ensembles particuliers qui le composent. Or ces ensembles particuliers, ce sont les *masses*; point de sentiment des *masses*, point d'artiste.

MÉCHANOGRAPHIE, art de multiplier le même morceau de peinture par des procédés mécaniques. Les papiers de tenture sont ainsi exécutés à l'aide de planches servant à imprimer les couleurs. On a exécuté des *méchanographies* à huile, au vernis et à colle.

MÉDAILLON, pièce d'un plus grand volume que les médailles, et n'ayant pas servi de monnaie.

MÉGALOGRAPHIE (tableaux et peintures mégalographiques, peintres mégalographes), mot opposé à *ryparographie*, c'est-à-dire qu'il signifie peinture noble, représentant les actions des dieux ou des héros (VITRUVE).

Méplat. Puisqu'on a les mots *plans* et *surfaces*, à quoi sert le mot *méplat?* On a employé ce mot *méplat* à propos de lignes, de contours et de formes dont on voulait signaler le caractère de beauté; faute du vrai principe du beau, on a eu recours à une idée confuse, et on a introduit les mots mystérieux de *méplat*, ligne *méplate*, qui, a-t-on dit, est une ligne tendant à la droite sans être droite, et à la ronde sans être ronde. Quoi de plus obscur et de plus inutile que cette définition? (Voy. à ce sujet ce qui est dit au chap. 124, tom. 4, pag. 27.)

Mesure. On appelle *mesure* ce qui sert de règle pour connaître l'étendue ou la quantité d'un corps. On est convenu d'employer certaines *mesures*, pour obtenir ou connaître les mesures d'étendue : ces *mesures* sont des toises, des pieds, des pouces, des lignes, etc., et, selon le nouveau système, des mètres, des décimètres, des centimètres, etc. La nouvelle mesure appelée *mètre* a environ trois pieds onze lignes et un quart. Voy. Minute.

Miniaturiste, peintre en miniature. Les Italiens disent *miniatore*.

Minute est le nom d'une mesure de subdivision. On emploie cette expression au sujet des proportions du corps humain; mais les minutes varient dans leur rapport avec les parties dont elles sont des subdivisions. Tantôt on convient qu'une partie contiendra douze *minutes*, tantôt dix, tantôt trente; ce terme ne porte donc point avec lui l'idée d'une mesure ou subdivision déterminée, comme le pied de France qui contient douze pouces, ou le pouce qui contient douze lignes. Quelques artistes, et les architectes surtout, divisent par modules, ce qui est la même chose; il n'y a de différence que dans le nom. Malgré tout, par minute on entend une subdivision.

Mi-parti, divisé linéairement en deux parties égales qui peuvent être dissemblables; cependant A. Bosse emploie ce terme, pour signifier *divisé également en deux parties.*

Modelé, de *modeler* en terre ou en cire. Nous n'avons aucun mot en français qui soit équivalent à celui-ci, et, bien qu'il appartienne à la plastisque, il semble qu'on peut en user sans inconvénient. Comment dire en effet que dans un tableau les formes sont bien exprimées par le clair-obscur; que les fuyans, les saillies, les creux, le relief enfin sont justement représentés, et que le peintre a donné une idée exacte et de ces formes et de la lumière qui les éclairait? Aucun terme de notre Vocabulaire ne se présente donc pour rendre cette idée et pour remplir cet objet. Mais en usant par métaphore du mot *modelé,* qui est emprunté à l'art du plasticien ou du sculpteur, on s'exprime d'une manière intelligible et claire pour tout le monde. On entend donc souvent dire aux peintres: cette tête, ce bras dans ce tableau est bien modelé, ce qui veut dire que les plans en étant bien sentis et rendus par les tons et les lignes, l'artiste a semblé modeler ces objets comme l'aurait fait un plasticien, qui modèle véritablement avec la terre ou la cire.

Modèle. Il importe de ne pas employer indifféremment

le mot *modèle*. Quand on dit *les grands modèles*, on s'entend très-bien ; mais, quand on dit le *modèle*, il reste à faire entendre si le *modèle* est un *archétype* qu'on se propose de copier, ou si ce n'est qu'un individu qu'on tâchera d'embellir en l'imitant. Quand on dit *l'individu modèle*, on donne clairement à entendre qu'il s'agit d'un modèle vivant. Ainsi dessiner d'après le modèle veut tout aussi bien dire d'après une statue de plâtre, que d'après un individu vivant. Il faut donc s'expliquer et dire *d'après le modèle vivant*, ou *l'individu modèle*, ou encore *d'après un modèle archétype*. Voy. Individuel.

Moderne. Dans le langage des beaux-arts, *ancien* signifie ce qui date d'un ou de quelques siècles. Cependant, quand on dit les anciens, on entend toujours dire absolument les anciens Grecs, Romains et autres. Par le mot *antique*, on entend toujours aussi ce qui date du tems de ces mêmes Grecs, Romains, etc. *Moderne* signifie donc, par opposition à *antique* et à *ancien*, ce qui a été produit depuis la renaissance des arts jusqu'à nos jours. L'intervalle qui sépare *le moderne* de *l'antique* est appelé *moyen âge*. On distingue encore *haute antiquité* et *basse antiquité*, de même qu'on distingue les *écoles primitives modernes*, des *écoles modernes* proprement dites. En disant *l'école moderne*, on entend dire *l'école actuelle ;* mais en disant les *écoles modernes*, il convient d'ajouter de tel ou tel siècle, à moins qu'on ne comprenne toutes les écoles modernes en général.

Mode. On a distingué divers *modes* ou divers *caractères* dans l'art, parce que chaque sujet, quel qu'il soit, comporte et doit offrir un mode propre. C'est donc une faute monstrueuse que de dénaturer ce mode, et de prétendre au succès en oubliant ce que la peinture a de plus important comme moyen, c'est-à-dire, les *caractères* et les *modes*. Il n'y a pas une ligne, une teinte, une touche qui ne doive concourir au *mode* du tableau.

MODULE, mesure de division. Voy. Minute.

MONOCHRÔME, du grec *monochromatos*, mot usité chez les anciens, en parlant des tableaux d'une seule couleur ou teinte, mais modelés par différens tons. Voy. Grisaille.

MONOGRAMME, signe ou caractère unique composé de plusieurs lettres groupées : c'est une signature que les artistes apposent quelquefois à leurs ouvrages.

MONOGRAPHIQUE, dessin monographique, dessin exécuté par un seul trait sans hachures : c'est ce qu'on appelle aujourd'hui *dessiné au trait*. Les calques, la damasquinure, les caractères d'imprimerie sont des *monographies*. Les estampes d'après les bas-reliefs de Flaxmann sont des *monographies*, ainsi que les dessins patrons pour les broderies.

MORBIDESSE, de l'italien *morbidezza*, se dit de l'expression de souplesse, de douceur et de délicatesse tendre des chairs.

MORDORÉ, couleur demi-obscure, dans laquelle l'orangé domine.

MOSAÏCISTE, peintre en mosaïque.

MOULER. Il y a le *moule* et il y a l'*empreinte*. Faire *mouler* une statue veut dire la reproduire en jetant en moule la matière qui composera cette copie ou ce *simile* : or ce *moule* doit être fait sur la statue originale, en sorte que, si l'opération du *moule* s'appelle *moulage*, on ne doit pas appeler aussi *moule* l'ectype ou l'empreinte qu'on obtient dans ce *moule*. Le mot *polytyper* conviendrait mieux pour dire *multiplier des empreintes*, et le mot *mouler* pour dire *former le moule* ou *le creux* sur l'original (le vrai mot à donner à ce moulage du creux est *proplastique*). Lorsque l'on polytype dans un moule avec des matières molles ou fluides, on appelle cela *polytyper par impastation*.

MOUVEMENT. C'est, proprement dit, la position de l'ensemble et des parties de tous les corps mobiles et souples, tels que la figure humaine, en sorte qu'au lieu de dire la *pose* ou l'*attitude*, qui est un résultat, on dit le *mouvement*, qui est la cause ou un des principes de la pose. On dit donc le *mouvement*, pour dire les *inflexions* d'une tige d'arbre, d'une draperie ; on dit même *mouvemens* de terrain, etc.

## N.

NACARAT. Le Dictionnaire appelle de ce nom un rouge clair tirant sur l'orangé. Ce mot, peu usité, parce que son acception n'est pas bien établie, ne viendrait-il pas de *nacre*, et n'exprimerait-il pas ce rouge purpurin que reflète ce coquillage ?

Nature (dessiner d'après). Voy. Dessiner.

Nature morte, expression moderne assez impropre, pour signifier les peintures représentant des objets inanimés. (Voy. le chap. 536 : Des différens genres.)

Nimbe, cercle lumineux et quelquefois radieux que les anciens représentaient au-dessus de la tête de leurs divinités. Dans les peintures chrétiennes, ce cercle ou ce disque (car quelquefois ce cercle est rempli) s'appelle *auréole*. Le disque véritable et de bronze qu'on mettait sur les statues, pour les préserver des injures de l'air, s'appelait *ménisque*.

Nu, Nudités. Les ennemis de la peinture aiment à donner le nom de *nudités* au *nu*. Tout le monde convient que certaines antiques nues, où la pudeur est exprimée, ne doivent point être appelées du nom de *nudités*. Il faut convenir cependant qu'une foule de mauvais peintres, bons imitateurs d'ailleurs, ont, par ignorance de l'art, offert des *nudités* en offrant du *nu*.

Nuances, degrés différens d'une même couleur plus ou moins foncée. Par *nuances* n'entend-on pas aussi les variétés de la teinte? D'autres ont défini ce mot, en disant qu'il signifiait l'assortiment des couleurs. Au reste l'emploi bien entendu des mots *teinte* et *ton* peut dispenser, s'il le faut, d'employer le mot *nuance*.

Nuer, c'est assortir les couleurs dans les ouvrages tissés.

NUMISMATIQUE, qui a rapport aux médailles et aux monnaies. On dit la science, l'art *numismatique*. Ce dernier est l'art de composer et d'exécuter les médailles.

NUMISMATOGRAPHIE, description des médailles.

## O.

OCRE. Comme il y a des *ocres* de toutes sortes de teintes, le mot *couleur d'ocre* exprimerait mal l'idée d'une couleur jaune déterminée. Les *ocres* étant des oxides de fer, il est plus naturel de les appeler *oxides de fer*, et d'ajouter *jaune clair, jaune foncé, orangé, rose, violet, brun ;* ces expressions dispenseraient de dire *ocre de Berry, terre d'Italie, ocre de ru, brun rouge,* ou bien encore, et, comme on a coutume de les désigner depuis peu chez certains marchands, de les appeler *violet mars, brun mars, orangé mars.* D'ailleurs le mot *mars* appartenant à l'ancienne nomenclature chimique, où il signifiait le fer, est à délaisser. On pourrait ajouter à *oxide* les mots *artificiel* et *naturel.*

ŒCONOMIE ou ŒCODOMIE. Voy. Symétrie.

OLYMPIADES. Les *olympiades* étaient des intervalles qui séparaient de quatre ans les époques des jeux olympiques. La première année de la première olympiade correspond à l'an 776 avant notre ère.

OMBRE. En peinture, il importe de distinguer les *ombres* d'avec les *ombrages.* Les *ombres* sont les privations de lumière résultant, soit des degrés de l'obliquité des surfaces ou de leur opposition totale au luminaire, soit de l'obscurité du lieu où se trouvent situées ces surfaces ou objets. Les *ombrages* sont les *ombres* que portent les objets qui s'interceptent entre le luminaire et la surface recevant cet ombrage. L'*ombrage* est donc l'effet de l'interposition d'un corps entre le luminaire et la surface ombragée.

Ombrage. Voy. Ombre.

Ombrager, porter un ombrage. L'air même peut être *ombré*, c'est-à-dire, dans l'*ombre* ou l'*obscurité ;* et il peut être *ombragé*, c'est-à-dire, recevant ou éprouvant un *ombrage*. (Voy. les chapitres relatifs à cette question.)

Opposition. Voy. Contraposto.

Optique, science qui traite de la lumière et des lois de la vision.

On appelle *Dioptrique* la partie de l'optique qui traite de la réfraction.

On appelle *Catoptrique* la partie de l'optique qui enseigne les effets de la réflexion de la lumière.

Orangé, couleur binaire composée de deux couleurs élémentaires, le *jaune* et le *rouge*, l'une et l'autre étant de la même énergie de teinte et de la même intensité de ton. (Voy. le chap. 447.)

Or-couleur. Voy. Marouffe.

Orthographie, projection sur un plan ou sur un tableau des rayons partant de tous les points d'un objet en droiture et par lignes parallèles et non convergentes à l'œil ou perspectives. En supposant donc toutes les lignes arrivant en droiture et horizontalement de l'objet sur une superficie plane ou tableau, on aura sur ce tableau tous les points de l'objet, selon leur véritable écartement respectif; on aura une représentation géométrale ou orthographique que l'on rendra ensuite aisément perspective, si on veut tenir compte de l'effet des distances différentes ou des diverses hauteurs où se trouve chaque point de l'objet par rapport à l'œil du regardant et par rapport à la base du tableau, distances et hauteurs qui, diminuant plus ou moins les angles visuels, doivent diminuer les dimensions sur le tableau. (Voy. le chap. 263.)

Outremer. Pourquoi donner le nom d'*outremer* à la couleur qu'on obtient du lapis pulvérisé, pierre appelée aussi *lapis lazzuli?* Pour quelle nation d'Europe n'est-elle pas d'outre-mer, et combien de couleurs sont, comme celle-ci, d'outre-mer? On dit *cendres d'outremer,* mot bien plus singulier encore. Puisque les chimistes d'aujourd'hui coopèrent à tous les arts, il n'appartient pas aux artistes de repousser les noms désignés par les sciences auxiliaires, qui dans ce siècle tendent beaucoup à être utiles à la peinture.

Ouvroir. Voy. Atelier.

## P.

Pan, l'un des côtés d'un ouvrage en relief, etc., ou le côté d'une figure rectiligne.

Panorama, tableau dont l'espèce n'appartient pas à l'art libéral de la peinture, en ce que les moyens auxiliaires qu'on y emploie sont hors de cet art, et qu'ils consistent en une association de procédés qui dénatureraient le caractère de la peinture, s'ils étaient admis comme lui appartenant. Sans ces restrictions que l'art impose à l'industrie, il n'y aurait pas de raison pour qu'on n'appelât pas productions de la peinture les effets de la lanterne magique, ceux des ombres chinoises, les jeux si variés enfin de couleurs et de formes qui sont offerts dans ces cylindres optiques appelés *kaléidoscopes,* protées agréables par leurs subites métamorphoses, caméléons brillans dont les nuances et l'éclat divertissent et enchantent quelquefois. En effet, si en peinture l'admiration était absorbée par les effets optiques fort décevans et par les illusions souvent complètes des panoramas, que resterait-il d'attention pour les ouvrages de la pensée et pour les efforts que rendent si souvent admirables les limites mêmes de l'art?

La peinture a donc ses limites naturelles. Qui ne reculerait pas en tentant de les outrepasser ? Un tableau doit être utile non-seulement par le caractère qu'il offre comme peinture, mais aussi parce qu'il est, si on le veut, un exemple portatif qu'on peut consulter à toute heure, en tout lieu et au besoin. Les panoramas sont des productions ingénieuses de l'industrie et de l'optique, et à l'aide de la peinture, ils produisent de très-intéressans, de très-curieux résultats ; mais ce ne sont point des productions propres de la peinture, ce ne sont point des chefs-d'œuvre de peinture, malgré toute leur perfection, de même que de très-belles figures en cire colorée ne sont point des chefs-d'œuvre de sculpture. Et, s'il n'y a que de très-habiles peintres qui puissent produire de très-beaux panoramas, cette réflexion ne détruit pas plus ce que nous venons d'avancer, que si on objectait qu'il n'y a que de très-habiles poètes qui puissent produire ces mélodrames, dans lesquels on associerait toutes les magies de la mécanique, de l'optique, de la musique, de la danse, ainsi que des spectacles ou des réunions d'animaux vivans. On ne produira donc pas par ce moyen des chefs-d'œuvre en poésie, et, quand on ferait défiler toute la cavalerie de l'Europe dans une scène de l'opéra, la poésie de cet opéra n'en restera pas moins la même, et l'art poétique n'y aura rien gagné du tout.

Ainsi, tout en admirant, tout en reconnaissant l'utilité des panoramas, et la grande habileté qui est nécessaire pour en produire d'aussi curieux, d'aussi attachans que ceux que nous voyons aujourd'hui, il faut les considérer exclusivement comme de magnifiques productions d'optique, auxquelles on associe les moyens de la peinture ; il ne faut pas les considérer comme l'œuvre de la peinture. Ces distinctions ne laissent pas que d'être importantes, et la théorie les réclamera dans tous les tems. Je comprends dans ces réflexions les dioramas, pour lesquels on emploie le même moyen d'éclat, la transmission de la lumière à travers le subjectile ou la surface qui reçoit les couleurs, et quelquefois aussi la transmission de la lumière des flambeaux qui sont toutefois des moyens particuliers aux dioramas : or la peinture heureusement n'use point de ces ressources qui rendraient bien vulgaires ses triomphes.

Pourquoi demande-t-on et réclame-t-on dans un diorama l'illusion même par le mouvement des figures? C'est que l'on se fait l'idée d'un spectacle dont le caractère essentiel est l'illusion; d'un spectacle qui doit absolument la produire, autant qu'il est possible. Ce silence, cette immobilité de la nature, cette absence d'agitation par l'air, sont autant d'obstacles à la satisfaction du spectateur, qui exige la parfaite similitude avec les objets de la nature; et cependant, on n'exige point dans un tableau ordinaire ces auxiliaires étrangers à la peinture. Pourquoi? C'est qu'un tableau est la production d'un art libéral dont on a reconnu les limites.

Ainsi un diorama est un spectacle pour lequel on emploie surtout la peinture, mais que peut très-bien favoriser en même tems la mécanique, la sculpture même, s'il est nécessaire, et de plus la musique, etc. Si l'on pouvait mettre en perspective les chants des bergers et des jeunes filles reposant à l'ombre près de leurs troupeaux, ou le bruit d'un chariot roulant sur un pont, et que tout fût d'accord dans cette imitation, le spectateur le plus raisonnable jouirait de cette production, résultat de ces différens arts, et certainement il applaudirait. Cependant il exigerait quelque chose de plus que cette illusion; il exigerait l'utilité que produit la beauté.

Depuis peu quelques horlogers ont incrusté des horloges véritables dans des tableaux de paysages : les cadrans y sont fixés, soit à la tour d'une église, soit ailleurs;

mais ce mélange est monstrueux. D'ailleurs le son proche que produisent ces horloges, est une barbarie de plus.

Paonace, vieux mot qui signifiait une couleur changeante tirant sur celle de la queue du paon. Le Vocabulaire italien a le mot *paonazzo*. Voy. le mot Colombin.

Parerga, épisodes contraires au sujet. (Voy. Pline. Liv. 35. Ch. 10.)

Parti (en italien *partito*), un beau parti. *Parti* suppose une résolution, une combinaison arrêtée, franche et frappante. On dit prendre un parti, etc.

Passé, bien *passé*, de beaux *passés*, mot équivalent au *transitus colorum* de Pline. Il exprime la fusion chromatique et matérielle des couleurs.

Pastels, du mot *pasta* (pâte).

Pastiches, nom donné aux tableaux que les peintres font parfois en imitation de quelques autres peintres dont ils copient si bien la manière que l'imitation est attribuée souvent au peintre imité. On a fait beaucoup de pastiches de Teniers, et Teniers a été lui-même le plus habile peintre de pastiches.

Pate. Voy. Empâter.

Patine, du mot italien *patina*, crasse qui recouvre les bronzes et même les marbres antiques restés enfouis. On donne aussi ce nom à la crasse artificielle que la supercherie sait adroitement apposer sur des tableaux ou médiocres ou usés. Voy. Crasse.

Paysages, tableaux de paysages. On a cru devoir distinguer les tableaux de paysages héroïques, ceux qui sont historiques, les paysages rustiques, sauvages et autres, dont le caractère peut au reste être désigné par un terme particulier. Bien que tous les peintres habiles sachent représenter les paysages, on a affecté le nom de paysagistes à ceux qui ne s'occupent exclusivement que de ces sortes de représentations. (Voy. le chap. 536, sur les différens genres en peinture.)

Peintureur. Tout le monde reconnaît le besoin d'un terme particulier qui serve à distinguer l'ouvrier peintre d'avec le peintre artiste, le peintre en bâtiment d'avec le peintre poète, celui enfin qui couche à plat une couleur quelconque d'avec le coloriste qui sait combiner la beauté ou l'harmonie des teintes avec la vérité. Nos anciens Vocabulaires offrent le mot *peintureur*, ainsi que les mots *peinturage*, *peinturer* : pourquoi les a-t-on délaissés? On en trouverait peut-être la cause dans l'historique des peintres vitriers et des priviléges, historique prouvant l'état confus des beaux-arts dans nos tems de barbarie; mais cette recherche serait superflue. Les statuaires sont distingués des tailleurs de pierre; les peintres doivent l'être aussi des *barbouilleurs*, terme injurieux que le besoin fait parfois adopter, et dont ont droit d'être choqués tant d'habiles artisans, qui sans coloris et sans dessin savent assainir, rendre plus durables et embellir nos habitations. Ainsi au mot *barbouiller* il faut substituer celui de *peinturer*. On trouve un article bien fait, au sujet de ce mot, dans l'Encyclopédie méthodique.

Disons maintenant qu'il importe de distinguer peinture d'avec teinture. La teinture n'a point d'épaisseur; elle laisse une teinte dont l'objet teint reste empreint; mais le peinturage se fait par couches superposées ayant épaisseur. On dit teindre un parquet de chêne, et peindre un carreau de brique. Le teinturier opère différemment du peintre, cependant celui-ci opère dans certains cas par des couleurs si fluides qu'elles ne produisent qu'une teinture ou un lavis....

Perspective. Perspective est un terme général qui signifie le résultat de tous les moyens employés dans la science de la perspective, en sorte que toutes les opérations préparatoires, telles que le plan, le géométral, les profils, coupes, cotes, ou mesures géométriques, sont comprises dans ce terme général *perspective*. Cette science s'est appelée même autrefois *pourtraicture*. Il y a évidemment confusion dans cette façon d'exprimer par un seul mot des choses qui nécessairement sont diverses et distinctes. Voici donc comment dans notre théorie nous distinguerons les questions à ce sujet. Nous appellerons 1° dessin stéréographique, le dessin qui, simultanément avec le plan, offre l'élévation, en conservant les mesures de l'objet; 2° dessin orthographique ou élévation, le dessin qui peut être considéré comme la projection par rayons droits et parallèles des points de l'objet; et 3° dessin scénographique, la projection par rayons convergens vers l'œil du spectateur. Quant au plan, qui est un dessin ichnographique, c'est-à-dire, projeté par terre à plat et de haut en bas, il est lui-même un dessin orthographique. (Voy. les chapitres qui se rapportent à cette question.)

**Petit-Pied**, mot usité du tems de Desargues, pour signifier la réduction d'un pied de roi en une petite mesure quelconque. Réduire au petit-pied. Voy. Carrelage.

**Pierre de fiel**, couleur d'un jaune brun, propre à ombrer dans la peinture au lavis les teintes de jaune clair; elle est le résultat du fiel de certains animaux, et le plus souvent du fiel de poissons.

**Pinacothèques**, nom que l'on donnait dans l'antiquité aux collections de tableaux et aux lieux qui renfermaient ces collections.

**Pinceau**. Voy. Brosse.

**Plafonner**, expression qu'on a cru devoir employer, pour exprimer l'effet du raccourci vu de bas en haut sur les figures peintes des plafonds. Lanzi, en parlant de G. Contarini, nous dit que ce peintre avait le grand talent du sens-dessous-dessus : *optima perizia del sotto in su*.

**Plan**. En graphie on appelle plan la figure que présente l'objet vu en dessus et d'une distance infinie. Le plan est donc l'ichnographie que formeraient sur le terrein les divers points tombant aplomb de toutes les parties de l'objet, soit que cet objet repose en effet sur le terrein, soit que suspendu il paraisse planer au-dessus de lui, soit encore que cet objet se trouve dans une position d'aplomb ou dans une position inclinée.

Ainsi, en voyant le plan d'un objet, on peut supposer que cet objet ainsi représenté étant transparent et pénétrable, on a tracé, avec un stylet qui pouvait le traverser, tous les points et contours des parties dont on avait besoin pour connaître et exprimer par des traits les écartemens et les situations et positions respectives, par conséquent les largeurs et les longueurs, l'œil de celui qui traçait cette image étant ou à une distance infinie, ou étant aussi grand que l'objet. Dans ce cas, tous les rayons ou projections sont orthographiques par rapport au plan, et non convergens perpectivement en un seul point. Il résulte qu'un plan sert à faire connaître les objets, sauf leur hauteur.

Exemple. Si vous placez un sou sur un papier posé à terre, et que vous crayonniez un trait autour de ce sou, vous en aurez obtenu le plan; si ensuite vous prenez au compas les écartemens des saillies figurées sur ce sou, vous en aurez le plan complet, c'est-à-dire, l'ichnographie. Vous en eussiez eu de même une apparence qui s'appellerait orthographie verticale, si vous eussiez placé verticalement ce sou, et si vous en eussiez tracé le contour sur un papier vertical lui-même et parallèle à ce sou. (Voy. vol. 6, chap. 282 et autres.)

Les moyens de représenter le plan des objets verticaux ou d'aplomb, sont familiers aux architectes et à tous les dessinateurs; mais les moyens de représenter les objets inclinés et dans toutes sortes de positions ou penchemens ne leur sont pas familiers. La méthode enseignée sur ce point dans ce traité peut devenir très-utile et à l'art du peintre et à tous les arts d'industrie qui ont besoin des signes graphiques pour produire soit des projets, soit des changemens dans les ouvrages.

Le plan, il faut bien se le persuader, est un moyen ou une opération dont le peintre ne saurait se passer; cela est aisé à démontrer. En effet, puisque la peinture doit exprimer les diminutions apparentes des dimensions et des couleurs, et que ces diminutions ou affaiblissemens, si on veut les appeler ainsi, ont lieu en raison des distances, c'est-à-dire, des enfoncemens et éloignemens où elles se trouvent par rapport à la base du tableau, il faut, pour connaître ces affaiblissemens, qui doivent être rendus sensibles dans la représentation, connaître les enfoncemens relatifs des objets. Or c'est le plan qui fait connaître ces enfoncemens, en sorte que la distance étant déterminée, le peintre peut, par une échelle perspective, ou préjuger, ou mesurer ces diminutions ou affaiblissemens, puisqu'il connaît les enfoncemens par la situation du plan.

Soit donc qu'il s'agisse d'un paysage, et que le peintre veuille connaître l'affaiblissement ou la diminution apparente d'un édifice ou d'un arbre ou de tout autre objet; soit qu'il s'agisse d'une tête, et qu'il faille connaître la diminution de volume et de couleur que doit éprouver dans la représentation une oreille ou un œil fuyant; soit enfin qu'il s'agisse de connaître sur toute une figure quelle est la diminution optique d'un pied situé en arrière, ou si l'on veut, d'un genou, et de savoir quelles parties au contraire n'éprouvent point de diminution; pour connaître, dis-je, ces choses, il faut avoir le plan de l'objet, car le plan, je le répète, donnera les enfoncemens, et comme l'échelle perspective désigne ensuite toutes les réductions qui ont lieu à tels ou tels enfoncemens, le peintre saura ce qu'il a à faire, le fera aisément, et parviendra par conséquent à la justesse de représentation.

Il est nécessaire d'ajouter qu'un *plan* est aussi une surface considérée sans épaisseur, qui n'a ni courbure ni profondeur, et à laquelle une ligne droite peut s'appliquer en tous sens, de manière qu'elle coïncide toujours avec cette surface. De même que la ligne droite est la plus courte distance qu'il y ait d'un point à un autre, de même le plan est la plus courte surface qu'il puisse y avoir entre deux lignes. Une table rase, une glace plane offre un plan unique. Toutes les fois même que des surfaces planes sont horizontales, on les appelle plans : on dit le plan d'une pyramide, pour dire sa base; le plan d'une boîte d'aplomb, pour dire le fond de cette boîte, mais c'est parler au figuré. Le plan est donc une ichnographie ou un dessin posé à plat et horizontalement d'après un objet.

Dans le langage des dessinateurs, on appelle encore *plans* les surfaces souvent planes composant des formes. On dit les plans de ce nez sont bien sentis ; tel ou tel plan est oblique à un autre, ou oblique au jour. On dit grands plans, pour dire grandes surfaces ; on dit dessiner par plans. On peut donc dire le sentiment des plans, pour dire le sentiment des formes et de l'étendue des objets.

On entend encore par *plans* les enfoncemens dans le tableau ou sur la nature par rapport à un aspect qu'on adopterait, en sorte qu'on dit le premier plan de ce paysage ou de ce site, le second, le troisième et le dernier plan, pour exprimer les coupes parallèles au tableau et qu'on ferait perspectivement à des distances déterminées. Premier plan, première distance, sont des termes synonymes et conventionnels.

Plasticien, celui qui pratique la plastique.

Plastique. L'art de la plastique est l'art de modeler ou de répéter les formes des objets avec des substances molles, telles que la terre, la cire, etc. La plastique comprend l'impastation et le moulage. (Voy. les mots Mouler, Ectypes, etc.)

Pochade. Ce mot est fort usité parmi les peintres, parce qu'il leur est nécessaire pour exprimer, au sujet d'une première esquisse coloriée, ce qu'on entend par brouillon dans l'art d'écrire. En effet, il faut un mot pour dire ces essais libres, ou hardiment *pochés*, quelquefois maculés et à travers desquels s'aperçoivent même d'anciennes couleurs, et parfois d'anciennes figures. Ce travail tout grossier, tout heurté, tout strapassé qu'il est, produit souvent une tentative fort précieuse, et en cela il est différent du travail ordinaire de l'esquisse, qui est exécutée déjà avec plus de retenue et avec moins d'indécision. Ainsi, en attendant que le Dictionnaire offre aux peintres un terme équivalent, ils emploieront par besoin le mot *pochade*, qui au reste n'est pas très-étrange, puisqu'il se trouve être emprunté au domaine de l'écriture ou de l'art de former les caractères écrits. Il est sous-entendu que cette espèce d'exécution rentre dans ce qu'on appelle quelquefois *tapé*.

Points (mettre aux points). Ce terme de sculpture signifie avancer le travail d'une statue en marbre, de telle sorte que ce marbre devienne conforme aux saillies et aux rentrans qui, sur le modèle en argile ou en plâtre, sont indiqués par des points placés et multipliés au gré de l'artiste. Cet emploi des points facilite au praticien ou à l'ouvrier en marbre les moyens de répéter en marbre le modèle et de le livrer en cet état au statuaire, qui le finit ensuite et le perfectionne. Dégrossir est le premier travail du praticien ; mettre aux points est le second : l'artiste se charge du reste.

Point de distance, point de vue. Rigoureusement parlant, il n'y a qu'un point visuel en scénographie, c'est le point où est placé l'œil du regardant (ce point a été appelé par quelques auteurs *point principal*). Mais, comme dans les opérations on a distingué et l'éloignement ou la distance de l'œil aux objets, et la hauteur de l'œil par rapport aux objets, on a dit qu'il y avait le point de distance et le point de vue, et par ce dernier on a entendu la hauteur de l'œil. Ce qui a fait admettre cette distinction, c'est que dans les opérations usitées jusqu'ici, on a été forcé de placer en effet sur le tableau un point fictif, qu'on a appelé point de vue, et qui exprime le point de hauteur de l'œil ; et un autre point fictif qu'on a appelé point de distance, et qui exprime son éloignement : ainsi il y a eu deux points d'indiqués pour n'exprimer qu'une même chose. Nous verrons que l'usage de l'échelle perspective débarrasse de cette confusion, ainsi que du point accidentel, dont nous n'avons pas cru devoir parler ici. (Voy. au reste les chapitres relatifs à cette partie fondamentale du dessin.)

Poncis, dessin piqué, à travers lequel on fait passer du charbon pilé contenu dans un sachet. Par ce moyen le dessin se trouve répété par des points noirs déposés sur le papier ou sur tout autre subjectile placé sous le poncis. Les peintres, pour dire un mauvais dessin fait de routine et sans la nature, l'appellent quelquefois poncis. Le mot *poncif*, que quelques-uns emploient à ce sujet, n'est pas français. On peut dire calquer au sachet. V. Cartons.

Poracée, couleur verdâtre tirant sur celle des poireaux.

Porcelaine, peinture sur porcelaine. Voy. les mots Émail, Céramie.

Pornographe. Ce nom fut donné aux peintres de courtisannes.

Portraire. Se faire peindre n'est pas mieux dit que se faire portraire; aussi les gens du commun disent-ils se faire tirer en portrait. En italien, le mot *ritratto* (portrait) vient de *ritrarre* (portraire).

Pose, poser. Les peintres n'emploient guère le mot attitude, non plus que le mot posture; ils disent une belle pose et non une belle attitude. Cependant, si le mot pose est technique, il ne doit point exclure l'emploi du mot attitude, qui est plus noble et plus général. Ils disent aussi *poser*, pour signifier mettre en pose; *poser le modèle*, c'est-à-dire, mettre en pose le modèle. Mais au lieu de dire tenir la pose, en parlant du modèle, ils disent que le modèle *pose*, et ici commence une équivoque dont les dictionnaires doivent se garantir; on ne doit point dire à quelqu'un qu'on a mis en pose : vous posez bien..... posez mieux..... On doit lui dire : tenez mieux, tenez bien la pose. Voy. Mouvement.

Position. Voy. Situation.

Posture. Voy. Pose.

Pourpre. Il paraît que la pourpre antique était le rouge élémentaire pur, et par conséquent sans mélange de jaune ou de bleu, en sorte qu'elle n'était ni tirant sur le violet, ainsi qu'on l'a dit souvent, ni tirant sur la couleur de feu. Pourpre ne se dit que de cette teinte dans l'état très-intense. (Voy. le chap. 447.) On appelle couleurs purpurines celles qui participent de la couleur de pourpre.

Pousser. Pousser au noir, au jaune, etc., se dit des glutens et des couleurs enveloppées de ces glutens, couleurs dont l'altération augmente avec le tems, et semble pousser à travers les couleurs de dessus. Voy. Repentirs, Repeints.

Praticien. Voy. Points (mettre aux points).

Pratique. Voy. Théorie.

Profil. Quel est le profil d'un polygone, d'une sphère? Il est conventionnel. Le profil, a-t-on dit, est le côté qui est en retour sur la face (voy. Face). Cependant ne pourrait-on pas appeler face le côté quelconque sous lequel un objet se présente à la vue? On dit se mettre en face ou vis-à-vis d'un objet, bien que cet objet présente son profil et même son obliquité. Il y a donc absolument la face de l'objet et par conséquent son profil, et il y a l'aspect de front et par conséquent l'aspect fuyant qui est l'aspect du côté en retour sur le côté fuyant. Toute difficulté sur cette question du langage s'évanouit, si l'on réserve absolument les mots face en profil pour les objets, et les mots de front et fuyant pour le côté d'aspect. Ces observations se trouvent être importantes aujourd'hui, vu la lacune que nous laissons subsister depuis si long-tems; dans la science graphique à laquelle on s'obstine à substituer le seul sentiment de la vue, science qui n'a été fixée parmi nous jusqu'à ce jour, ni par les géomètres qui se sont arrêtés en-deçà, ni par les peintres qui, délaissant la géométrie, ne pensent d'ailleurs qu'à s'élancer sans s'appuyer sur le positif de l'art.

Profondeur. Plusieurs géomètres emploient le mot *profondeur* comme synonyme de *hauteur*. Mais n'y a-t-il pas quelqu'équivoque dans cette acception? En effet, le mot *profondeur* ne s'applique pas seulement aux étendues de haut en bas; et, bien qu'on puisse dire qu'il s'applique à l'étendue d'une chose depuis le dessus jusqu'au fond, le fond est souvent placé verticalement : tel est, par exemple, celui d'un four; on dit même le fond d'une plaie, d'une cloche suspendue, etc. Il semble donc que ce mot profondeur ne devrait être employé qu'avec un terme auxiliaire. Quand on dit profondeur dans le tableau, on veut parler de l'enfoncement des objets, à partir du cadre, ou à partir de l'enfoncement des points ou des parties de l'objet même par rapport à la situation de front du spectateur et parallèle au cadre. Voy. le mot Enfoncement.

PROJECTION, de *projicere* (lancer). On peut considérer les rayons solaires ou réfléchis comme des lignes projetées ou lancées par le soleil ou par les objets qui les réfléchissent. Si donc on interpose entre l'œil et les corps lumineux un tableau, ce tableau recevra les rayons ou leur projection scénographique, c'est-à-dire, une projection de rayons convergens vers l'œil. Toute autre projection des rayons ou des lignes est orthographique, c'est-à-dire, selon une direction droite et parallèle. Voy. Rayons visuels.

PROPLASTIQUE. Voy. les mots Mouler, Ectypes, etc.

PROPORTION. Il y a des proportions en toutes choses, c'est-à-dire, des rapports de mesure entre toutes choses : ces rapports ou ces proportions sont conformes ou non conformes au beau ou au bon. Ainsi, par proportionné, on n'entend pas bien ou mal proportionné, et par disproportion, on n'entend pas proportion vicieuse, mais proportion inégale. On ne doit pas dire la proportion d'une planche, pour dire la mesure seulement de la longueur de cette planche ; mais, en disant la proportion de cette planche, on entend dire le rapport de sa hauteur avec sa largeur et avec son épaisseur. En dessin, la proportion est le rapport de l'étendue ; en clair-obscur, la proportion est le rapport de l'intensité des tons et de leur volume ; en coloris, la proportion est le rapport de l'énergie des teintes et de leur volume. (Voy. le chap. 229, tom. 6, pag. 102.) La science ou l'art des proportions du corps humain peut être distinguée par le mot *anthropométrie*.

PUR. On entend si souvent les faux connaisseurs parler

de la pureté du dessin, lorsqu'il ne s'agit que de la pureté de la délinéation ou de la netteté des monographies, qu'il importe d'avertir que le caractère de la pureté doit s'entendre pardessus tout des formes représentées, et particulièrement des formes de la figure humaine. Un trait pur en gravure, et même si pur qu'il n'en aura jamais existé de pareil, peut très-bien exprimer des formes qui, loin d'être pures, seront contraires à la correction, à l'harmonie et à la pureté de la nature. Ce n'est certainement pas par cette pureté qu'a brillé Marc-Antoine dans ses fameuses gravures, ni Michel-Ange, ni David dans leurs dessins au crayon. Lucas Cranack, dans ce sens, serait un peintre bien pur; car la silhouette de ses figures peintes est découpée avec une netteté qu'on n'a pas surpassée : cependant qui oserait vanter la pureté du dessin de Cranack, ce sec et longitudinal anthropographe qui fit tant de jambes sans mollets, tant de bras sans deltoïdes? Un graveur qui sait filer des traits capillaires et si fins qu'ils sont inaperçus, se croira donc un artiste très-pur. Mais il y a pureté d'outil et d'exécution, et pureté de formes : ce sont deux choses qu'il importe absolument de ne pas confondre, et si la première de ces conditions est quelquefois nécessaire, la seconde, la pureté des formes, qui a pour fondement la connaissance de l'homme, est bien plus nécessaire encore.

Purpurine (couleur). Voy. Pourpre.

## R.

Raccourci. Étendue optiquement accourcie des objets qui se présentent sous certains aspects, par rapport à l'étendue réelle des objets qui se présentent sous des aspects tout à fait développés. Nous verrons aux chap. 263 et autres, qu'il importe aux peintres de distinguer le raccourci géométral ou orthographique d'avec le raccourci perpectif ou scénographique, qui est une altération ou modification du raccourci orthographique.

**Rayon d'un Cercle**, c'est le demi-diamètre d'un cercle.

**Rayon principal.** On a donné quelquefois ce nom au rayon qui, partant de l'œil du spectateur, va aboutir au point de vue appelé aussi *point principal.* Ce rayon est par conséquent censé perpendiculaire au tableau.

**Rayons visuels.** Lorsque l'on considère d'un seul point optique le haut de la tête de l'Apollon, et le bas de sa chaussure, ces deux points extrêmes arrivent à notre œil chacun par une route différente en ligne droite; et quand ils sont arrivés à notre œil, on peut considérer ces deux points, ces deux routes ou ces lignes, comme formant un angle dont la pointe ou le sommet serait dans l'œil. Si nous nous approchons ensuite davantage de cette statue, ces mêmes points extrêmes du haut et du bas n'arriveront pas à l'œil par la même route qu'ils avaient parcourue précédemment, et l'angle qu'ils formeront sera plus grand ou plus ouvert. On a donc cru pouvoir donner à ces directions le nom de *rayons,* de même qu'on a donné le nom d'*angles* à leurs différentes inclinaisons par rapport à l'œil. Le tableau ou la vitre interposée entre l'objet et l'œil reçoit ces rayons, et cela s'appelle la projection des rayons sur le tableau.

Réchampir ou Échampir, distinguer et séparer du fond les traits de contour d'un objet peint, en posant de nouvelles couleurs sur le fond ou sur la figure représentant cet objet. On réchampit de noir les lettres jaunes ou dorées des enseignes, afin d'obtenir la netteté et la correction que le premier travail n'a pas pu produire.

Rehauts. On définit mal dans le Dictionnaire les rehauts, en disant que ce sont les endroits où les couleurs sont le plus vives. Car si ces rehauts sont des luisans, ils peuvent avoir lieu même dans l'ombre. Les termes *rehauts, rehausser*, ou, si l'on veut, *réveillons*, sont des expressions dont on peut se passer et dont l'emploi ne peut être utile tout au plus que dans les arts de fabrique.

Relief, bas-relief (*basso relievo*); haut-relief (*alto relievo*); demi-relief (*mezzo relievo*); en ronde bosse, en tout relief (*tutto relievo*).

Rentoiler. Voy. Entoiler.

Repeints. On appelle repeints les retouches tardives qu'un peintre donne après plusieurs années à un de ses tableaux, ou les réparations des vieux tableaux sur lesquels on refait des parties détruites. Les repeints ne manquent pas de se désaccorder, lorsqu'ils sont exécutés à huile, et s'ils sont quelquefois choquans par le peu de talent du réparateur, ils le deviennent presque toujours par l'effet de l'obscurcissement ou du jaunissement des huiles qui ont délayé les couleurs. Il convient donc que les repeints soient exécutés avec des couleurs inaltérables.

**Repentirs.** Souvent les peintres qui se repentent d'avoir exécuté certaines parties de leur tableau, couvrent d'un nouveau travail et de nouvelles figures ces parties, sans enlever les couleurs de dessous; mais il arrive parfois au bout de quelque tems que les figures du premier travail ou du dessous, poussent ou repoussent à travers les nouvelles couleurs. Quelquefois aussi en nétoyant rudement et en enlevant les couleurs d'un tableau sali, on découvre les premières fautes du peintre, qui s'en étant repenti, les a couvertes d'un travail nouveau qu'on a eu la maladresse de détruire. Voy. Pousser.

**Répétition**, double. Il faut distinguer une répétition ou un double d'un auteur d'avec une copie faite par une autre main que celle de l'auteur. Une copie n'est jamais considérée comme un double ou répétition, quelqu'exacte et savante qu'elle soit. Cependant beaucoup de personnes, pour servir leur intérêt, font passer des copies pour des doubles.

**Repoussoir**, mot admis inconsidérément dans le Dictionnaire, au sujet des objets très-fortement ombrés que certains peintres ont placés sur le devant de leurs tableaux dans l'intention (mal entendue) de faire fuir ou de repousser loin du cadre les autres objets, on verra, à la partie du clair-obscur et du coloris, que la juste imitation du perspectif seul fait repousser ou fuir les objets fuyans, et que le noir n'est point un repoussoir, puisqu'il peut être fuyant, de même que ce qui est incolore peut être proche.

**Résolution** de clair-obscur, de lignes. Voy. Parti.

RESTAURER, RESTAURATEUR. Pourquoi ne pas dire réparer, réparateur, puisque restaurateur est souvent un terme de cuisine ? Il n'en est pas de même du mot *restauration,* qui n'est pas employé dans un sens vulgaire.

RHYPARAGRAPHE. Selon Pline, on donnait ce nom à Périscus, qui représenta des objets vulgaires, de même qu'on donnait le nom d'anthropographe à Dionysius, qui ne peignait que des hommes. Pline différencie encore les rhyparagraphies d'avec les *grilly* (*Lib.* 35. *Cap.* 10). Rhyparagraphe est opposé à mégalographe.

ROMANTIQUES (tableaux). Ce sont des tableaux traités dans le genre des romans, c'est-à-dire, où l'on vise à étonner, à surprendre, et dans lesquels on se propose moins d'atteindre au grand but moral de la peinture que d'arriver à une certaine célébrité du moment. Les admirateurs, les émerveillés, en présence des tableaux romantiques, sont de la même espèce que les admirateurs et les émerveillés spectateurs des mélodrames d'aujourd'hui.

ROMPRE, couleurs rompues, rupture des couleurs. Il faut distinguer l'expression de rompre une couleur ou de salir une couleur. Une couleur ne peut être salie sans être rompue, mais une couleur peut être rompue sans être salie. Presque toutes les couleurs de la nature ne sont que des couleurs rompues, puisque l'archétype élémentaire des trois couleurs jaune, rouge et bleu, est, pour ainsi dire, inconnu. (Voy. le chap. 447 de l'achromatisme.) Rompre une teinte, c'est donc atténuer son caractère dominant, à l'aide d'une autre teinte contraire.

Rond, terme de critique, pour dire ce qui est arrondi sans égard aux plans variés qui dans la nature interrompent plus ou moins la régularité des formes arrondies.

Rose, couleur des roses. Cette couleur n'est pas la couleur rouge-clair proprement dite, car elle est souvent mêlée de jaune.

Rouge. La couleur rouge est celle qui n'est mêlée ni de jaune ni de bleu. La couleur du coquelicot et de la cerise n'est pas la couleur rouge élémentaire proprement dite, car cette couleur est mêlée de jaune; la couleur des giroflées rouges est souvent mêlée de bleu; mais la teinture de garance, la rose de Provins, etc., offrent la couleur rouge pur et élémentaire.

Roux, orangé sali, ou mélange de jaune et de rouge.

## S.

Sagoma, mot italien qui signifie à peu près ce que les peintres entendent par silhouette. Les Italiens disent *una bella sagoma, avere la sagoma negli occhi.* Ce mot, que l'on ne trouve point dans les Dictionnaires italiens, est parvenu dans les arts par tradition. Sagoma signifiait proprement l'étui qui contient une arme et qui laisse deviner par sa propre forme celle de l'arme contenue. Ainsi la sagoma d'une statue est, pour ainsi dire, la silhouette de son enveloppe ou de ses grands contours extérieurs [1],

[1] Telle était l'opinion de Visconti, que j'ai consulté à ce sujet.

de même que la boîte des momies a la forme de la momie elle-même. Dechambray, dans son parallèle d'architecture, se sert du mot *sacome,* pour désigner le profil d'un membre d'architecture, quel qu'il soit.

Salon de peinture. Voy. Exposition.

Saure, couleur jaune tirant sur le brun.

Schéma, mot employé par l'école d'Allemagne, pour dire la beauté qui est au-delà de l'image, la beauté suprême que nos plus beaux modèles ou chefs-d'œuvre nous laissent seulement supposer, et vers laquelle tous les hommes aspirent.

Scénographie. Par projection scénographique des rayons, on entend leur projection selon une direction conique, dont l'œil du spectateur est le sommet. Et en cela cette projection ou direction diffère de l'orthographique, qui est supposée avoir lieu par des rayons parallèles. Ce mot scénographie vient du mot *scena* (scène), mettre en scène, en spectacle, ou bien, comme on dit aujourd'hui, en perspective. Il était nécessaire d'user d'un terme particulier, pour distinguer cette disposition ou ce système optique et naturel d'avec le système ou l'opération analytique et mathématique, dont la convention était nécessaire aussi par rapport à l'art des mesures ou de la graphie selon les mesures géométrales et géométriques. (Voyez, pour l'intelligence de ce mot ou de cette question, les chap. 237, 238, etc. vol. 6.)

Sciagraphie, graphie des ombres. Dire que la sciagraphie est tout à fait distincte de la chromographie, c'est dire que le clair-obscur est tout à fait distinct du coloris. (Voy. sur l'explication et sur l'extension de cette expression, les mots Ton, Tonographie.) Nous appelerons sciagraphie, la science de représenter les tons, et par conséquent les ombres par le clair-obscur; et nous adopterons ce mot de préférence à celui de *tonographie*, parce que celui-ci, bien que collectif, ne spécifie pas l'étude mathématique des degrés des tons selon les ombres produites par les obliquités et selon les ombrages, etc. Voy. vol. 3, pag. 415. Voy. aussi le mot Tonographie.

Semi-colossal. D'une dimension qui tient du colosse. Voy. Gigantesque.

Seppia. La sèche (en italien *seppia*) est un polype de mer qui fournit une liqueur noire, dont les dessinateurs font usage pour exécuter les lavis, de même qu'ils font usage du bistre, qui est, ainsi que l'encre de la Chine, une préparation de suie.

Sfumato, mot italien adopté par les peintres, pour signifier le moelleux extrême du pinceau, et la fusion très-douce des tons et des contours. Ce caractère, qui convient quelquefois pour rendre certains effets naturels, quoique peu ordinaires, devient un contresens, lorsque, par manière, le peintre l'emploie pour des effets naturellement opposés à cette douce fusion, ou pour des sujets dont le caractère ne comporte point la douceur et la suavité de cette fusion.

Sgrafitti. Ce sont des espèces de grands dessinages sur mur, obtenus en enlevant ou en égratignant par des hachures le noir dont on a couvert le mur, et en mettant à couvert le blanc qui sert de dessous. Ce moyen, pratiqué autrefois en Italie et à Rome surtout, où il en reste quelques vestiges, est une suite de la niellure, de la damasquinure et des autres moyens analogues employés dans les siècles de la renaissance des arts. Des sgrafitti exécutés par un très-habile dessinateur, sont précieux; mais, s'ils sont l'ouvrage d'un artiste médiocre, ils n'offrent aucun intérêt. Le tems qui salit irrégulièrement toutes les murailles, et surtout les murailles du dehors, où l'on exécutait ces sgrafitti, est très-préjudiciable à ce procédé, qui aujourd'hui est tout à fait abandonné. Polydore de Carravagio et Mathurino, élèves de Raphaël, exécutèrent des sgrafitti dont on voit encore quelques restes sur la façade d'une maison qui est vis-à-vis le palais Cési, à Rome: le sujet est la fable de Niobé. Des détrempes bien faites ont beaucoup mieux résisté au tems, peut-être à cause de leur poli, que ces sgrafitti dont les hachures égratignées s'obtenaient à l'aide d'une espèce de fourchette.

Situation. Il importe infiniment de ne pas confondre la position avec la situation. La position est la manière d'être d'un objet; elle n'a rien de commun avec le site sur lequel il pose ou est placé, ni avec l'aspect sous lequel on le considère. Ainsi un arbre est posé droit ou penché, et la position de ses branches est plus ou moins inclinée, ou plus ou moins verticale : voilà pour ce qui est de la position. Mais la situation de cet arbre est tout autre chose; elle est relative à la place qu'il occupe sur le terrein par rapport à d'autres objets et à ce même terrein, ou par rapport à celui qui regarde cet arbre, en sorte qu'un arbre penché et courbé pouvant être situé, par rapport à celui qui le considère, de manière que son contour soit vertical et droit, sa position n'en est pas moins géométriquement et effectivement courbe et inclinée, bien que la graphie l'exprime par une ligne droite. Mais changez la situation de cet arbre par rapport au regardant, et cet arbre vu de côté, par exemple, apparaîtra avec son caractère ou sa position courbe et inclinée. (Voy. le chap. 246.)

Sphurélaton, ouvrage en métal battu et repoussé au marteau.

Statuaire (la). L'art de faire des statues, pour le différencier de l'art général de sculpter. Les modernes ne sont pas tout à fait d'accord avec les anciens au sujet de plusieurs dénominations de ce genre. Pline semble entendre par *statuarii* les statuaires en airain, et cela, parce que ces artistes exécutaient en plastique leurs prototypes ou modèles, pour ensuite les couler en bronze; mais ils ne sculptaient point ces statues, et dans ce cas ils n'étaient point des sculpteurs, appelés *marmorum sculptores* (sculpteurs en marbre). Les toreuticiens différaient encore de ceux-ci, parce qu'ils employaient dans un même ouvrage l'ivoire, le marbre et tous les métaux.

Statuette, petite statue.

Stenté, de l'italien *stentato,* se dit d'un ouvrage peiné, où le travail se fait sentir.

Stéréographie, l'art de représenter les solides en joignant l'élévation à leur plan et en conservant les mesures réelles des superficies, accompagnées, s'il le faut, de leurs cotes.

Stéréométrie, science qui traite de la mesure des solides.

Strapasser, extrapasser, strapassoner, passer par-dessus toutes les règles et les mesures, peindre ou dessiner à tort et à travers.

Stuc, composition de poudre de marbre et de chaux, susceptible de prendre un brillant poli et beaucoup de dureté. Les Italiens appellent *stuccatore* (stuccateur) celui qui travaille en stuc.

Style, chercher le style, etc. Ce mot, dont l'acception est généralement convenue, lorsqu'il s'agit du langage ou du discours, et par conséquent de la composition, n'offre plus la même clarté d'acception, lorsqu'on s'en sert par analogie, en parlant des beaux-arts. C'était donc assez peut-être d'avoir fait usage de ce mot au figuré, à propos de l'art de dire ou d'écrire (ce terme signifiant littéralement le poinçon, le stylet qui servait aux anciens pour tracer les lettres sur des tablettes enduites de cire), et il semble que c'est par une extension forcée qu'on l'a appliqué à la peinture, à la sculpture et même à la musique, extension qui au reste paraît prouver que le mot *style* ne doit jamais être considéré autrement que comme une expression générale et collective. Mais qu'est-ce qui oblige à s'embarrasser de certains mots dont l'acception est douteuse, et qui sont plus capables d'obscurcir que d'enrichir la définition de l'art? Tel est cependant le mot style appliqué à la peinture.

Ainsi par style, en fait de tableau, on doit entendre la manière d'être en général, ou le caractère général d'un tableau, en sorte que, pris dans cette acception simple et naturelle, ce terme peut aider en effet dans les explications de la critique et de la théorie. Mais, si on lui donne des acceptions particulières, il embarrasse dès-lors, parce qu'il ne peut être que difficilement considéré comme synonyme d'une qualité distincte, par cela même qu'il est collectif. Pour prendre un exemple, je demanderai si par style du dessin on entend dire le choix et le grand goût seulement, ou bien le choix ajouté à l'exécution et à l'imitation? Dès à présent on aperçoit l'embarras qui peut résulter de l'emploi de ce mot.

Mengs a dit : « La réunion de toutes les parties qui » concourent au mécanisme ou à l'exécution d'un tableau, » forme ce que j'appelle *style*, qui, à proprement par- » ler, constitue la manière d'être des ouvrages de l'art. » Les Italiens appellent aussi *style* l'exécution. Enfin il semble qu'en français on entende par *style* l'idée générale du tableau, le goût de tout l'ouvrage pris dans son ensemble; et cependant on n'applique pas ce mot *style* aux sujets d'un ordre inférieur, on ne l'applique qu'aux compositions importantes et relevées, et c'est alors que l'on juge ces compositions comme étant d'un bon ou d'un mauvais style, d'un style grand ou d'un style commun, et malgré tout, quelques écrivains ont dit que tel peintre n'avait pas de style, n'avait pas l'amour du style, etc., ce qui fait croire que par style on entend exclusivement le style grand et beau. Voici un passage qui prouvera combien l'emploi et l'abus de certains mots est funeste à la théorie de l'art. « Il faut prendre ici, dit l'auteur d'un » article sur Flaxmann (V. le journal intitulé la Pandore. » 1804), le style dans son acception la plus générale. » S'il s'agit du dessin, c'est la pureté, la beauté, le choix » des formes; s'il s'agit des expressions et des caractères » de tête, c'est l'élévation, la noblesse, la sublimité des » visages; s'il s'agit de la composition, c'est l'art, le goût » dans l'arrangement de la scène, c'est l'observation des » convenances, le soin d'éviter tout ce qui choque ou » paraît peu clair dans l'exposition d'un sujet; en tout, » le style résulte d'un choix de l'esprit qui, sans rien » supposer, recueille les plus beaux souvenirs et en com- » pose les formes les plus nobles, les expressions les plus » élevées, les combine ensuite de la manière la plus » adroite, pour en former un tout harmonieux, clair et » exempt de bizarrerie. Le style bien entendu, en un » mot, est la beauté du choix; c'est l'idéal. »

On conviendra qu'on est bien à plaindre d'être obligé de faire de telles explications, et cela, parce qu'on a voulu user d'un mot dont on pouvait fort bien se passer.

Subjectile, terme nécessaire pour signifier les corps divers dont la superficie reçoit la peinture ou les couleurs : tels sont les panneaux, les murs ou les crépis, les toiles, le cuivre, l'ivoire, le papier, etc.

Sugoso, mot italien qui, appliqué aux teintes, signifie pleines de suc et de vie.

Superficie, mot synonyme de surface. Voy. Surface.

Surface ou Superficie. On appelle de ce nom l'étendue en longueur et en largeur considérées ensemble indépendamment de la hauteur. Une superficie tient aux arêtes qui la séparent des superficies voisines. S'il n'y a point d'arête, la superficie continue n'en rencontrant pas d'autre. Voy. Point d'arête.

Symbole, terme synonyme d'emblême. Voy. Devise.

Symétrie. Nous réunirons ici dans un seul article les mots *symétrie, eurythmie, œconomie.*

*Symétrie* signifie proportion et bonne proportion, c'est-à-dire, rapports convenables de grandeur, de figure, de couleurs, etc. Les modernes ont employé aussi ce mot, pour dire parité, égalité entre deux objets qui doivent être les mêmes, en sorte qu'on dit, au sujet de l'aile d'un bâtiment qui n'est pas aussi haute, aussi longue, ni divisée de même que l'autre aile qui lui sert de pendant, que cette partie d'édifice manque de symétrie. Mais c'est user d'un mot d'emprunt : telle est cependant l'opinion de Perrault, de Félibien, du géomètre Wolf, etc. Il convient donc de réserver le mot symétrie, pour dire bonne proportion, et d'employer celui de parité, égalité, pendant, correspondant, similitude, pour exprimer ce que les auteurs que nous venons de nommer, entendent par symétrie.

Pline, en citant le mot *symétron* des Grecs, et en ajoutant qu'il n'y a pas de terme latin propre à exprimer l'idée attachée à ce mot qu'il traduit par *symetria,* a voulu indubitablement le considérer comme signifiant la bonne proportion, car il répète ce mot d'après l'auteur grec qu'il compulsait au sujet des ouvrages de Lysippe, et lorsqu'il cherche à s'expliquer sur les études et les modifications que ce célèbre statuaire fit relativement aux proportions, il dit : « ..... *Symétrie* que Lysippe observa » parfaitement, *quam diligentissimè custodivit*. (*Lib*. 34. » *Cap*. 8.) » Or il n'eût pas fallu de la part de Lysippe un effort digne d'éloge, pour observer simplement la parité et l'égalité entre les membres de ses figures.

Vitruve dit positivement que la symétrie consiste dans la conformité des parties d'un ouvrage avec leur tout, ou dans le rapport de la beauté de chaque partie avec celle de tout l'ouvrage, eu égard à une certaine mesure qui en est la règle ; et en parlant du statuaire Silanion, il dit qu'il avait publié des livres sur *les symétries*. Voilà bien la définition de ce que les géomètres entendent par bonnes proportions. Scheffers et Fr. Junius ont cru devoir traduire *symetron* par convenance des parties, *convenientia partium*, concordance, *congruentia* (expression de Symmaque et de Cicéron), *commodulatio* (expression de Vitruve), etc.

Cette définition du mot *symétrie* (*symetron*, *symetria*) étant établie, il faut passer à l'examen d'une autre expression qui, à proprement parler, signifie la beauté générale de toute la disposition, soit d'un ensemble, soit d'une partie. La nécessité de la bonne disposition ou ordonnance dans les productions d'art, comme en beaucoup d'autres productions, la nécessité, dis-je, du meilleur ordre, du meilleur arrangement, vient à l'esprit de tout le monde. Les anciens ont donc employé un mot pour signifier cette qualité ou condition, et ce mot c'est *eurythmie.* « L'eurythmie, dit Vitruve, est cette grâce et cet aspect » qui plaît dans la disposition des membres d'un tout, » *est venusta species, commodusque in compositionibus » membrorum aspectus.* » Quintilien, en parlant du geste (*Instit. Orat. Lib.* 1. *Cap.* 12.), dit : « Il faut qu'il soit » réglé et qu'il y ait de la grâce dans tous les mouvemens » du corps, ce que les Grecs expriment si heureusement » par un seul terme (eurythmie). » Dufresnoy semble attacher à ce mot le même sens : ... *totoque eurythmia partes,* vers 115. Plus loin, vers 171, le même théoriste dit, en parlant de la parité des lignes, *ingratam symetriam,* ce qui différencie évidemment la symétrie de l'eurythmie.

Les Grecs avaient un troisième mot qui semble supposer les deux précédens, c'est le mot *œconomie* ou *œcodomie* qu'ils appliquaient à la composition en général et à toute l'invention : ce mot en effet était nécessaire.

Nous pouvons donc suivre utilement les anciens dans cette question. Nous leur emprunterons premièrement les mots *œcodomie* générale, qui est l'invention supposée selon le meilleur ordre : cette œcodomie est toute l'ordonnance métaphysique et optique (voy. Callistrate. Satyr, pag. 854. Traduct. de Vigenère). Secondement l'*eurythmie* qui est le beau ou la règle du beau dans les rapports établis par l'œcodomie ou par la composition générale. Troisièmement la *symétrie,* qui est la proportion déterminée par le bon et le possible dans les objets ou même dans tout l'objet qui peut constituer l'œcodomie du tout.

La confusion que des écrivains peu appliqués ont laissé régner sur la signification de tous ces termes, sert même à prouver que les caractères que nous venons d'assigner sont distincts et propres à chacun de ces termes. En effet, le géomètre Wolf, par exemple, qui a appelé symétrie la parité entre des parties de bâtimens, fut obligé d'appeler eurythmie le défaut de parité, c'est-à-dire, l'égalité de deux côtés avec un milieu inégal. Aussi ajoute-t-il : « Quand le point du milieu offre un autre aspect » que les points des côtés, l'ame n'a pas long-tems à dé- » libérer sur quelle partie elle se portera en premier. » Ici il est évident que c'est le principe de l'unité ou du beau que veut signaler ce géomètre. Quant à l'œconomie, on voit dans presque tous les auteurs qu'ils cherchent à la définir en la considérant comme le rassemblement et des meilleurs proportions, et des plus heureuses combinaisons de l'harmonie, soit des couleurs, soit de la disposition. Enfin je répète que cette confusion nous prouve que le mot œconomie est en effet synonyme d'ordonnance et de composition. Pour ce qui est du mot symétrie, défini par quelques-uns la parité entre les membres, il faut conclure de cette même définition que ce mot est l'expression propre pour désigner la conformation régulière pour l'équilibre indispensable dans tous les corps, et qu'il désigne aussi cette faculté motrice répartie avec mesure, et qui est presque toute la vie mécanique des êtres. Cicéron même semble, en appelant la régularité des édifices *ædificiorum descriptio*, confirmer ce que l'on avance ici. Une dernière observation relative à un autre mot de Pline, ne sera pas de trop ici, quoiqu'un peu étrangère à ce point : c'est le mot *mensuræ*, les mesures. Pline emploie ce mot au sujet d'Apelle et d'Asclépiodore, qui, dit-il, l'emportait sur ce premier dans l'art des mesures, *de mensuris, hoc est quanto quid à quo distare debet*, c'est-à-dire, l'art d'établir les distances d'un objet à un autre. Il est évident que s'il se fût agi de la belle disposition, qualité dans laquelle excellait Apelle, le peintre des grâces, Pline eût employé le mot *eurythmie*. Par *mensuræ*, et par son explication, Pline voulait donc parler de la réduction des distances ou mesures perspectives.

Symplegmata. On appelait ainsi les statues groupées.

## T.

Tapé. Voy. Pochade.

Teinte. Voy. Ton.

Terrein. Nous appelons *terrein* la surface sur laquelle pose ou plane l'objet, surface que nous supposons toujours plane et horizontale. Nous donnerons aussi dans certains cas le nom de terrein au papier sur lequel on représente le plan, parce que le papier deviendra alors un terrein supposé.

Théorie. La théorie est la réunion de toutes les règles, soit dans l'esprit, soit dans des écrits. La théorie par elle-même est aussi parfaite, aussi complète que l'art. Une théorie peut être incomplète et obscure, de même qu'un tableau peut être incomplet et confus, sans que cela change rien à la peinture ou à la théorie de la peinture. Le théoriste est celui qui a publié une théorie; le théoricien, celui qui connaît la théorie seulement sans la pratique de l'art. Puisque la théorie est censée parfaite, comme l'art, étudier la théorie, c'est étudier la perfection de l'art; négliger, dédaigner la théorie, c'est négliger, c'est dédaigner la perfection de l'art. On n'étudie pas l'art, si l'on n'en étudie pas la théorie, et de même que savoir la théorie n'est pas savoir faire de bons tableaux, de même savoir faire des tableaux n'est pas savoir la peinture. La pratique est l'application des règles que l'on a trouvées seul ou que l'on a reçues des écrits ou des discours d'autrui. Entre pratique et exécution il y a de la différence. Pratiquer, c'est mettre en pratique des préceptes, des règles; exécuter, c'est opérer ou par les règles ou sans les règles, c'est-à-dire, de caprice. Des personnes qui possèdent la pratique, peuvent manquer d'exécution ou de dextérité dans l'exécution : tel était Poussin, et Rubens même; mais tel n'était pas Vandick, qui brillait par l'un et par l'autre. Cependant la théorie de Poussin et de Raphaël était bien autrement élevée que celle de Rubens ou de Vandick, et leur pratique était fort remarquable. L'exécution tient à l'homme, et Rubens n'eût pas pu exécuter comme Tiziano ou comme Léonard de Vinci. Un mauvais peintre d'enseigne n'a ni théorie, ni pratique, ni exécution; cependant il y a un grand nombre de peintres très-médiocres qui ont beaucoup d'exécution, mais qui n'ont que cela. Enfin la théorie est indispensable; mais on doit le dire, elle existe, elle a toujours existé, et elle est aussi ancienne que l'art ou que le monde : dans certains tems on l'a recueillie, dans d'autres on ne l'a pas même aperçue. La pratique est de même indispensable, puisque par la contemplation on ne produit point de tableaux. Quant à l'exécution, elle doit être conforme à la théorie, elle doit donc être belle, imitative et convenable; cependant on peut exiger d'elle moins de perfection, parce qu'elle est plus l'ouvrage de la main que l'ouvrage de l'esprit.

TIRER. On dit des couleurs à huile qu'elles tirent, quand commençant à sécher elles deviennent glutineuses, et que le pinceau, en les conduisant, semble peindre dans une espèce de vernis gras, ce qui donne au tableau un aspect poli et émaillé qui est souvent recherché par certains coloristes.

TIRER EN PORTRAIT. Voy. Dessiner.

TON. Il est évident, par un passage de Pline (Liv. 35. Chap. 5.), que par *ton* les anciens entendaient le clair-obscur ou le clair et l'obscur, c'est-à-dire, les degrés d'intensité lumineuse, condition qui, en peinture, comme en physique, doit être séparée des teintes ou de l'énergie des couleurs. Il y a donc la teinte, et il y a le ton. A ton égal, les teintes peuvent varier; à teintes égales, les tons peuvent être différens. C'est ainsi que la fleur du lilas et le violet de l'habit épiscopal sont de la même teinte; mais le lilas est d'un ton plus clair. De même les grains d'une grappe de chasselas peuvent être du même ton, mais offrir des teintes différentes. Voy. Nuances.

TONOGRAPHIE. Nous avons proposé le mot sciagraphie, pour remplacer le mot clair-obscur. Il est vrai qu'un terme plus collectif serait le mot *tonographie*, puisqu'au fait les ombres sont des tons de diverses intensités, et que la tonographie est l'art de représenter et les ombres et les ombrages par leurs tons, en sorte qu'on désirerait peut-être que le mot sciagraphie fût réservé seulement pour dire l'étude des ombres et ombrages, d'où il résulterait que ce mot sciagraphie serait particulier, tandis que le mot tonographie serait général et s'appliquerait aux beaux choix des tons et des combinaisons qu'ils permettent; mais comme les tons sont au fait le résultat des ombres, lesquelles sont des degrés de privation de lumière, qui dit sciagraphie, dit en même tems tonographie.

Toreuticien, celui qui travaille en toreutique.

Toreutique. Emploi en sculpture de différens métaux unis au bois, au marbre ou à l'ivoire.

Torse, de l'italien *torso*. C'est le nom que les artistes donnent à des statues mutilées, dont il ne reste que le tronc.

Treillis. Voy. les mots Craticuler, Carrelage.

Trezalé. Ce terme inusité ne peut que signifier exclusivement un des accidens qui surviennent aux tableaux. Un tableau à huile est ou gercé, ou soulevé par boursouflures et par cloches, ou il est fendillé circulairement et dans la forme d'une toile d'araignée, ou bien encore, il est réellement écaillé, et se détache de son subjectile : quelquefois il n'est que desséché. Tous ces cas sont différens, et si ce mot *trézalé* s'applique à l'un de ces cas, il faudrait aussi employer d'autres mots prétendus techniques, pour exprimer tous les autres cas analogues. Or le Vocabulaire ordinaire suffit et ne met pas les artistes dans la nécessité de composer une espèce de grimoire pour leur usage.

Trochisques, tablettes ou pastilles de couleurs broyées, séchées, et prêtes à être broyées de nouveau et mêlées avec l'huile ou avec l'eau, pour l'usage des peintres. Le terme pastilles est tout aussi clair que le mot trochisques.

Trois-quarts, de trois-quarts. Les peintres emploient ce mot assez utilement, pour désigner l'aspect sous lequel un corps supposé cylindrique est aperçu, lorsque le spectateur n'est placé ni vis-à-vis ou parallèlement au profil de ce corps, ni vis-à-vis ou parallèlement à sa face, mais entre les deux. Les dessinateurs distinguent aussi le trois-quarts faible, lorsque l'objet est presque vu de face, et le trois-quarts perdu, lorsque l'objet est presque vu par-derrière : tel est le dessin d'une tête vue par derrière et qui laisse voir la joue fuyante et un peu le bout du nez. Voy. les mots Profil, Face, etc.

Turquin, bleu foncé. Ce mot vient de l'italien *turquino*.

## V.

Vaguezza, mot italien que les artistes emploient, pour signifier le charme, la grâce, la légèreté dans les effets.

Verd, couleur binaire composée d'autant de jaune que de bleu.

Vernir un tableau, le couvrir d'un vernis. *Vernisser* est un terme de poterie. *Vernisseur*, celui qui fait ou emploie des vernis. *Vernissure*, application du vernis, vernis appliqué.

Verre, peinture sur verre. Doit-on dire peinture sur verre, comme on dit peinture sur émail? Par l'effet du feu, la couleur pénètre dans l'intérieur du verre et se trouve autant dans le verre que dessus. D'ailleurs on peint souvent sur verre en apposant sur ce corps diaphane des couleurs diaphanes elles-mêmes et mêlées avec l'huile, les vernis, etc. : tels sont certains transparens, comme les verres des lanternes magiques. Pourquoi donc ne dirait-on pas plutôt peinture en verre, peinture en crystal, peinture de vitraux, et même peinture spéculaire, etc. ?

Vert-de-gris ou Verdet, oxide vert de cuivre. Le mot *verdet* est à préférer au premier; mais l'expression *oxide vert de cuivre* semble encore plus exacte.

Vert de vessie, vert qui s'emploie en lavis, et qui est le produit de l'arbrisseau appelé *nerprun*. Comme on renferme dans des vessies l'espèce de pâte obtenue pour cette couleur, on lui a donné ce nom, qu'on pourrait assez convenablement remplacer par celui de *vert de nerprun*.

Vessies, vessies de couleurs. On appelerait tout aussi bien nouets de couleurs, ou couleurs en nouets les paquets de couleurs broyées à l'huile, et que l'on renferme dans un morceau de vessie de mouton, quelquefois de porc, ficelée en tampon, et que l'on perce, pour faire sortir la couleur quand on en a besoin.

Villa, maison de campagne des Romains.

Violet, couleur binaire, composée d'autant de rouge que de bleu.

Vue, tableau de vue. C'est la représentation exacte d'un site, d'un lieu, d'un ou de plusieurs édifices, etc. La ressemblance individuelle est la première condition de ces représentations ou de ces vues; mais, comme ces tableaux sont au fait des productions de l'art libéral de la peinture, on exige qu'ils offrent de plus toute la beauté dont ils sont susceptibles. Ainsi, de même que dans un portrait on requiert, outre la ressemblance, le beau choix, c'est-à-dire, le choix des beaux momens du modèle, et la belle combinaison dans tout ce spectacle vrai et vraisemblable, de même on exige que les vues, bien qu'exactement et scrupuleusement répétées, offrent, soit par le choix du clair-obscur, soit par le choix de l'atmosphère, soit par le choix d'aspect, etc., toute la beauté à laquelle ces sortes de peintures peuvent atteindre.

## X.

Xénia. Pline donne ce nom aux peintures représentant les fruits ou autres mets offerts aux convives par les hôtes pour leurs repas.

# CATALOGUE D'OUVRAGES

PUBLIÉS

# SUR LA PEINTURE.

# CATALOGUE D'OUVRAGES

PUBLIÉS

# SUR LA PEINTURE,

EN DIVERSES LANGUES,

DISPOSÉ PAR ORDRE ALPHABÉTIQUE DE NOMS D'AUTEURS;

SUIVI D'UN

CATALOGUE SUPPLÉMENTAIRE D'OUVRAGES SANS NOMS D'AUTEURS, ET RANGÉS PAR ANNÉES ET PAR NUMÉROS.

---

## CONSIDÉRATIONS.

UNE des obligations qu'on croit pouvoir imposer à tout écrivain qui publie un livre sur un art quelconque, c'est qu'il ait acquis la connaissance préliminaire de tous les principaux ouvrages qui ont été déjà donnés au public sur cet art. Cette rigueur a lieu particulièrement envers ceux qui traitent des questions sur lesquelles on croit qu'il n'existe qu'un petit nombre d'écrits; or, parmi ces questions, on comprend la peinture. Mais c'est par erreur qu'on croit qu'il n'existe que peu d'ouvrages publiés sur la peinture, et que ces ouvrages sont faciles à rencontrer. Il faut donc savoir qu'il existe près de deux mille écrits sur cette matière, et que plus de la moitié de ces écrits sont peu connus. Or on n'a guère le droit d'exiger de tout auteur qui s'occupe de la théorie de cet art qu'il ait pris connaissance de tant de livres. Au reste il convient d'ajouter qu'il n'est pas facile de se procurer même l'indication ou les titres de tous ces ouvrages, vu le manque d'un catalogue particulier et satisfaisant sur cette matière.

Mais pourquoi, soit dit en passant, s'est-on peu occupé de recherches bibliographiques sur la peinture ? C'est que cet art n'ayant pas encore été soumis à une théorie fixe chez les modernes, qui l'ont si souvent considéré comme étant un art de luxe et d'agrément, comme un art enfin d'imagination et indépendant de règles immuables, il en est résulté que les divers écrits sur la peinture ont été eux-mêmes considérés comme des observations dictées par des goûts particuliers tout à fait arbitraires, et par des préventions qui, se contredisant fort souvent, méritaient peu d'être recueillies et classées par catalogues pour l'intérêt de l'art. Cependant un tel catalogue serait très-utile, parce qu'il indiquerait des sources peu connues et peut-être fort précieuses, auxquelles auraient recours les écrivains. J'ai donc cru qu'il importait ici, vu l'étendue du traité que j'offre aux artistes, de les mettre à même, ainsi que les critiques, de corriger, à l'aide de ces divers écrits, les erreurs que j'ai pu commettre, et d'étudier sur toutes les faces des idées qui, leur paraissant d'abord neuves et étranges, se retrouvent souvent, bien qu'autrement exposées, dans tel ou tel livre dont ils ignoraient l'existence. Soit donc que le grand nombre de volumes que j'indique dans ce catalogue serve à vérifier ou à épurer les préceptes que j'ai pu ou découvrir moi-même ou emprunter à ces écrivains, soit que l'indication des ouvrages de quelques auteurs anciens ou peu connus excite la curiosité des théoriciens qui sauront les faire servir un jour, soit enfin que cet amas informe de préceptes fasse sentir la nécessité de ne communiquer dorénavant que des choses neuves, fortes, claires, philosophiques et exposées avec méthode, je crois avoir, dans tous les cas, rendu service à l'art, en publiant ce catalogue, qui d'ailleurs sera, avec le tems, corrigé et complété, celui-ci étant encore loin d'être tel que pourraient le désirer, sous plusieurs rapports, les bibliographes érudits.

J'avais entrepris une suite d'observations critiques sur un assez grand nombre d'écrits ; mais ces mêmes observations se trouvant fondues dans le traité que je publie ici, et ce genre de critique étant d'ailleurs assez épineux, je n'ai point cru devoir poursuivre ce travail. Au surplus, comment composer ces critiques, sans composer en même tems un traité, puisque l'on n'a pas le droit de blâmer ou d'applaudir sans démonstrations et sans preuves ? Je sais qu'une telle critique, si elle était bien faite, épargnerait beaucoup de peines à ceux qui, avides de consulter les écrivains, s'adressent souvent à des livres qu'ils se repentent d'avoir trop long-tems désirés et cherchés ; mais de quelle étendue ne serait pas l'analyse de tant de livres, et quelle témérité n'y aurait-il pas à n'en donner qu'une critique superficielle ou trop peu raisonnée ! Je me contenterai donc ici d'engager les amis de l'art à puiser dorénavant de préférence dans les sources peu connues et où il y a probablement beaucoup d'excellentes choses nouvelles à recueillir, tandis que ce qu'on emprunterait dorénavant aux livres très-connus, et qui ont été souvent interrogés, se réduirait à des lieux communs qu'on ne donnerait pour nouveaux que par inexpérience, ou qu'on ne pourrait faire passer pour tels qu'à l'aide d'un style différent et rajeuni.

Maintenant disons un mot sur l'historique de la théorie écrite, et parlons d'abord des écrivains de l'antiquité. C'est à tort qu'on a dit que les anciens, ayant été très-habiles dans les arts, ont peu écrit sur leur théorie : il est certain au contraire qu'ils ont beaucoup écrit sur la peinture; mais leurs livres sont perdus, et ce silence est souvent désespérant. Quelques passages recueillis dans les écrivains anciens que nous possédons, sont les seules sources où nous puissions aller puiser d'antiques et de précieux documens. Aussi des commentaires bien faits sur ces passages seraient-ils de la plus grande utilité. Ceux qu'on a essayés sur Pline ont déjà rendu de grands services, et il faut espérer que Philostrate et Callistrate, que Pausanias et que ce même Pline, et tant d'autres, exerceront la sagacité des savans, amis et élèves de la peinture. Un passage de Pline suffit au reste pour nous prouver qu'un assez grand nombre d'artistes avaient écrit sur leur art. « On a écrit, dit-il, un grand nombre de » volumes sur l'art statuaire; on peut en consulter plu- » sieurs, mais il est impossible de les connaître tous. » (Liv. 34. Chap. 7.) » On croit qu'il existait du tems de Pline trois traités de peinture par Apelle : ce que nous dirons sur les proportions fera assez comprendre que les premiers artistes ont dû publier leurs recherches au moins sur ces questions. Enfin nous devons supposer que la fameuse bibliothèque d'Alexandrie, qui devint la proie des flammes, nous en eût fait connaître bien d'autres que ceux dont l'indication se trouve par hasard dans les écrivains.

Les noms des auteurs connus aujourd'hui pour avoir laissé des écrits sur l'art, sont :

Anaxagoras, statuaire, qui a traité de la perspective des théâtres ;

Antigonus, statuaire, qui a écrit sur la sculpture ;

Antigonus, peintre, qui écrivit sur la peinture ;

Apion, le grammairien, sur l'art en Egypte ;

Apelle, peintre, sur la peinture ;

Apollodore, peintre, sur le coloris ;

Aristodême, sur les avantages et les honneurs accordés aux peintres ;

Asclépiodore, peintre, sur la peinture ;

Callistrate, qui a fait une description de statues ;

Duris, peintre, qui a écrit sur la peinture ;

Duris, statuaire, sur la statuaire en bronze ;

Euphranor, peintre et statuaire, sur les proportions et sur le coloris ;

Fabius-Vestalis, historien, sur la peinture ;

Hypsicrate, sur les tableaux ;

Hégésander, sur la peinture ;

Juba le jeune, roi de Mauritanie, sur les peintres et sur la peinture ;

Mélanthe, peintre, sur la peinture ;

Métrodore, architecte, sur l'architecture et sur les tableaux ;

Parrhasius, peintre, sur les proportions ;

Pasitèle, statuaire, sur les chefs-d'œuvre connus de son tems ;

Philostrate, qui a fait une description de tableaux ;

Polémon, qui a écrit sur les peintures de Sicyone;
Polyclète, statuaire, sur les proportions;
Protogène, peintre, sur les proportions;
Silanion, peintre, sur les proportions;
Soidas, statuaire, sur la statuaire;
Timéus, historien, sur les artistes célèbres;
Xénocrate, statuaire, sur la sculpture;
Xénocrate, peintre, sur la peinture.

On peut consulter sur ce point Fabricius (Biblioth. Grecq. Liv. 3. Chap. 24.); Fr. Junius (Liv. 11. Chap. 5.); Durand (traduct. dé Pline). On lira encore avec fruit les recherches que M. Heyne a faites sur les écrivains dont Pline s'est servi dans son ouvrage, lorsqu'il parle des productions de la sculpture et de la peinture.

Pour parler maintenant des modernes, disons que, lorsqu'on cherche les causes du petit nombre de livres écrits sur les arts à l'époque de leur réveil et de leur nouvelle activité chez les modernes, on en trouve une d'abord dans la difficulté que devaient en général éprouver, pour écrire des ouvrages réguliers, les artistes de ces tems, vu le reste de barbarie qui subsistait encore dans l'éducation. Mais la cause principale de ce retard, provenait probablement de l'incertitude des idées sur le but et sur l'essence des beaux-arts, en sorte que, la définition de la peinture n'étant point reconnue, et mille difficultés techniques arrêtant les artistes presque tous isolés, je veux dire dénués des secours d'écoles publiques et complètes, on dut s'occuper d'abord et principalement des questions positives et techniques de la peinture. Aussi vit-on paraître plusieurs écrits sur la perspective, sur l'anatomie, sur les proportions de l'homme et sur toutes les questions mathématiques relatives, soit à la sculpture, soit à la peinture ou à l'architecture.

Mais revenons à notre catalogue. Théophile Demurr publia en 1770 une Bibliothèque de peinture, sculpture et gravure (Francfort et Leipsick). C'était le plus considérable recueil que l'on avait eu jusqu'alors ; mais le Dictionnaire des Beaux-Arts, que Millin donna en 1800, a fourni depuis de très-nombreuses additions. Il a profité particulièrement et de l'ouvrage de Demurr et de l'excellente Bibliographie que Blankenburg a jointe au Dictionnaire de Sulzer. Malgré le produit des différentes sources où Millin a puisé, il restait encore à publier un catalogue plus complet. Il faut indiquer aussi le catalogue assez étendu qui se trouve dans l'Histoire de la peinture en Italie, par Lanzi ; celui d'Orlandi dans son Abécédario, etc.

Il résulte de ces indications comparatives, que le Catalogue publié dans ce volume est beaucoup plus considérable que le plus nombreux qu'on ait encore composé, et que, s'il n'est pas complet, condition importante mais qu'il est bien difficile de remplir dans un premier travail, il est assez étendu pour devenir d'une grande utilité, au fur et à mesure qu'on voudra l'augmenter. Or cette condition de l'utilité est la plus essentielle de toutes. J'ai cru devoir indiquer dans ce Catalogue quelques ouvrages qui peuvent jeter de la lumière sur certains points, soit techniques, soit métaphysiques de la peinture. Ainsi on trouvera énoncés quelques écrits qui sembleront d'abord étrangers à l'art, mais qui cependant s'y rapportent. C'est ainsi qu'on lira l'indication d'ouvrages publiés sur les enduits-mastics propres aux subjectiles, sur la physiologie, sur le beau, sur l'optique, sur l'archéologie artistique, etc. Il m'a semblé utile aussi d'indiquer quelques manuscrits sur la peinture, ce qui est sans inconvénient. Je placerai même ici une communication de Lanzi, qui dit (tom. 5, pag. 157, édit. de Bassano. 1809.) que « le prince » Ercolani a formé une collection précieuse de manuscrits » et de livres rares sur les beaux-arts. » Enfin, dans cette foule de journaux qui se répandent de plus en plus en Europe, on trouve souvent de très-utiles et de très-neuves observations dont les théoriciens peuvent tirer bon parti au profit de l'art. Cependant j'ai cru ne devoir indiquer qu'un petit nombre de ces journaux. Au reste il en est du talent de recueillir les choses utiles des divers journaux comme de celui de recueillir les choses utiles de la conversation dans la société. Ce n'est donc que le plus sincère ami de la vérité, et en même tems le plus instruit, qui sait délaisser impitoyablement et au premier aspect tous ces lieux communs qu'on cherche à décorer d'un verbiage de bon ton; un tel lecteur sait aussitôt saisir et classer sans hésiter les précieux aperçus, les idées essentielles enfin que ne saurait découvrir ou sentir un lecteur peu studieux et sans avidité.

# CATALOGUE.

## A.

Accolti (il Padre Pietro). — Discorso intorno al disegno con gl'inganni del occhio. *Arezzo.* 1625. — Prospettiva pratica. *Firenze.* 1625. in-fol. Voy. Santissimo Sacramento.

Adriani (Giov.-Bat.-M.-Marcello). — Lettera nella quale brevemente si racconta i nomi e l'opere di più eccellenti artefici antichi in pittura, in bronzo, e in marmo. (Cette lettre se trouve en tête du 3e volume des Vies des peintres de Vasari.)

Affò (P. Ireneo). Il Parmigiano servitore di piazza, o note sulle pitture di Parma. *Parma.* 1794. — Vita di Francesco Mazzola, detto il Parmigianino. *Parma.* 1784. — Ragionamento sopra una stanza dipinta dal Corregio nel monastero di Monache Benedettine di S. Paolo in Parma. *Carmign.* 1794. M. Micali en a donné un extrait dans le Magasin Encyclopédique. 1796. tom. 1, p. 203. Cet extrait a été traduit en allemand dans la Bibliothek der Schœn. *Wiss.* 1800. Voy. aussi Lanzi (Storia pittorica, tom. 3). Voy. Fiorello, p. 266; et Morgenstern, tom. 2, p. 63.

Aglietti (il dottore). — Sur la peinture à huile. Voy. Lanzi.

Aglioney (William). — Painting illustrated, in three dialogues containing some choice observations upon the art, together, with the lives of the most éminent Painters from Cimabüe, to the times of Raphaël and M. Angelo; with an explanation of the difficult terms. *London.* 1685. in-4°. 1715. in-8°. 1785. in-4°.

Agucchi (monsignor). Voy. Molini.

Albani (il cardinale Annibal).—Le Buone Arti sempre più gloriose sul Campidoglio. Orazione. 1704.

Albert (Dal Borgo san sepolcro). Cité par Monnier, comme ayant écrit sur la peinture depuis Léonard de Vinci.

Albert-Durer. — Instruction sur la mesure avec le compas et la règle, en lignes, surfaces et corps solides. En allemand. *Nuremberg*. 1525 et 1538. in-fol. avec fig. *Arnh*. 1605. in-fol. avec 60 grav. En latin. *Paris*. 1532. in-fol. — Quatre livres sur les proportions du corps humain. En allemand. *Norimb*. 1528. 1533. in-fol. Traduit en latin, par Joach. Camérarius. *Norimb*. 1532. 1533. in-fol. *Paris*. 1537. 1567. En italien, par Gior. P. Gabrielli. *Venet*. 1591. 1594. in-fol. En français, par Meigret. *Paris*. 1557. in-fol. En hollandais. *Arnh*. 1622. in-fol. En anglais. 1666. in-fol. Voy. Weiss et Arends, sur les travaux d'Albert-Durer.

Alberti (André). — Traité de perspective en allemand et en latin. in-fol. *Nuremberg*. 1623. 1670.

Alberti (Charles), élève de David. — Méthode pour apprendre l'art du dessin, ouvrage utile surtout aux personnes privées de professeurs. *Paris*. 1823.

Alberti (Léon-Baptiste). — De statuâ, de picturâ. Libri 3. *Basil*. 1540. in-8°. Et à la suite du Vitruve des Elzévirs. *Leyde*. 1649. L'un et l'autre traduit en italien, par Bartoli et Dominichi. *Venet*. 1568. 1547. in-8°. En français, par Jean Martin. *Paris*. 1553. in-fol. Les autres éditions italiennes sont de *Bologna*. 1782 et 1786. 1 vol. in-fol. avec figures. Dans cette édition on a réuni les peintures et les statues de Bologne. Il y a encore l'édition de Rome. 1784. — Outre son Traité de la peinture, il a donné en latin un Traité d'architecture imprimé en 1481. Ce Traité a été traduit en anglais par Giacomoboni, architecte, avec le titre suivant : Leon-Batista Alberti's, architecture, in then books of painting, by James Leoni, with 75 plates by Picart. in-fol. *London*. 1755. Voy. Niccolini.

Alberti (Rom.). — Trattato della nobiltà della pittura, composto à l'instanza della venerab. comp. di S. Luca et della nob. acad. di pittori di Roma. *Roma*. 1585. in-4°. *Pavia*. 1604. in-4°. — Origine e progressi dell' academia del disegno di pittori, scultori, e architetti di Roma. *Pavia*. 1604. in-4°.

Albinus. — Anatomie. Trad. en anglais. in-fol. *London*. 1754.

Albrizzi (comtesse Isabelle, née Téotochi). — Opere di scultura e di plastica di Canova discritte. *Firenze* 1813. in-8°. *Pisa*. 1824. avec fig. in-8°.

Algarotti (il comte Francesco). — Saggio sopra la pittura. *Livorno*. 1763. in-8°. Traduit en français par Pingeron, avec des notes. *Paris*. 1769. in-12. Il y traite de l'académie de France à Rome. trad. en anglais. in-12. 1764.

Alhazen. — Optique et perspective.

Alison (Archibald). — Essay on the nature and principles of taste. *London*. 1790. in-8°. 1815. in-8°. 2 vol. *Edimburg*. 1811. in-8°. Voy. le Monthly repertory. décemb. 1811. 2 vol. *London*. 1812.

Altan (il comte Federico). — Memorie intorno alla vita di Pomponio Amalteo. Ces mémoires ont été insérés dans le tome 48. degli opuscoli calogeriani. — Del vario stato della pittura in Friuli, ragionamento, inserito nella nuova raccolta degli opuscoli scientifici e filologici. tom. 23. *Venezia*.

Allegranza (P. M. Giuseppe). — Spiegazione e riflessioni sopra alcuni sacri monumenti di Milano. *Milano*. 1757. in-4°. — Opuscoli eruditi. *Cremona*. 1781. in-4°.

Allori (Alessandro), pittore. — Dialogo sopra l'arte del disegnare le figure, principiando da muscoli, ossa, nervi, vene, membra, notomia e figura perfetta. *Firenze.* 1590. in-4°.

Amato (Paolo). — Nuova Pratica di prospettiva. *Pal.* 1736. in-fol.

Ambroise (Saint). Le 4e chapitre de son Exameron est intitulé : De corporis humani prœstantiâ, deque singulorum ejus membrorum conformatione, dispositione et officiis.

Ammanati (Bartolomeo). — Lettera sopra le pitture men che oneste. *Firenze.* 1582. in-4°.

Ammanns (Jobst). — Enchiridion artis pingendi, fingendi et sculpendi, in quo thesaurus novus et ingens variarum figurarum virorum, mulierum infantium et animalium est conjestus. *Francof.* ad. M. P. Fabricius. 1578. in-4°. fig. — Neues Kunstbuch, in welchem reiszen und malen zu lernen, ou Nouveau Traité pour apprendre la peinture. *Franckfurt.* 1578. 1580. 1599. 2 vol. in-4°. *Livische figuren. Ibid.* 1572. 1573. *Strasburg.* 1631. —Allerhand schœne Kleidungen und Trachten der Weiber. *Franckf.* 1586. in-4°. — Charta lusoria de trastichis illustrata per Janum, Henricum, Seroterum de Gustrou. *Norimb.* 1584. in-4°. — Costumes de tout le clergé de l'église rom., gravés par Jost Ammann, d'après les dessins de Franc. Modius. *Franckf.* 1586.

Amoretti (Carlo). — Scelta d'opuscoli, e d'opuscoli scelti interessanti sulle scienze e sulle arti. Ce recueil, publié pendant vingt-cinq ans, par M. Carlo Amoretti de Milan, et par son ami le professeur Soave de Pavie, renferme en italien tous les Mémoires intéressans, tant en entier que par extrait, qui ont paru sur les arts depuis le commencement de sa publication. Voy. le Moniteur de 1813. 14 septembre. — Osservazioni sopra i disegni di Lionardo da Vinci. *Milano.* 1784. —Memorie storiche sulla vita, gli studi, e le opere di Lionardo da Vinci. *Milano.* 1803. in-8°.

André (le père). — Sur le beau, avec un discours préliminaire et des réflexions, par Formey. *Paris*. 1759. 1 vol. in-8°.

A. Andy. — Histoire de la peinture en Italie. *Paris*. 1817. in-12.

Angèle (Philippe). — Éloge de la peinture. *Paris*. 1642. in-12.

Angelis (Luigi di). — Notizie degli intagliatori, con osservazioni, raccolte di vari scrittori, e aggiunte da Giovanni Gori Gandinelli. *Sienna*. 1612. Tomo novo del proseguimento delle opere fino a nostri Giorni.

Ango (le père). — Optique. in-12.

Ansaldi (Innocenzio). — Descrizione delle pitture, scult. ed archit. della città e sobborghi di Pescia nella Toscana. *Bologna*. 1772. in-8°. Cet ouvrage a été publié par le chanoine Crespi. On trouve du même Ansaldi, dans l'histoire de Pescia, un catalogue des meilleures peintures, etc., de la Valdinievole.

Antolini (Giov.). — Osservazioni ed aggiunte ai principi di architettura civile di F. Milizia. *Venezia*. 1817.

Antomarchi (Francesco). — Prodromo della grande anatomia di Paolo Mascagni. 20 planches. *Firenze*. 1819. in-fol.

Aquilonius. — Optica.

Arcangeli. — Pitture esposte al publico della città di Urbino. Manuscrit cité par Lanzi, à l'article Urbino.

Arends (Henrich-Conrad). — Leben Albrecht Dürers (vie d'Albert-Durer). Monument en l'honneur d'un des plus parfaits artistes, avec son portrait. *Goslar*. 1728. in-8°. Voy. Knorr. — Nürnbergische Munrbelustigungen. tom. 1. Num. 40, 41, 47, 49. — Museum Mazzuchellianum. tom. 1. Tab. 41, 42, p. 187. — David Gottfried Schœbers Leben Schriften und Kunstwerke Albrecht-Dürers. *Leipzig*. 1769.

Arfé (Juan de Arfe Villafane), sculpteur. — Varia commensuracion para la escultura y architectura. *Madrid*. 1675. in-4°. — Sur la plastique et sur l'art des médailles et des monnaies, ouvrage intitulé : el Quilador.

Armand. — Réflexions sur l'art de la peinture, considérée comme peinture héroïque. *Paris*. 1808. 1 v. in-12.

Armenini (Giov.-Bat.), da Faenza. — De' veri precetti della pittura, libri tre ne' quali con bell ordine d'utili e buoni avvertimenti, etc., si dimostrano i modi principali del designare e del dipingere, de far le pitture che si convengono alle condizioni de luoghi e delle persone. *Ravenna*. 1587. in-4°. *Venez*. 1678. in-4°.

Arnaldi (il comte Enea). Voy. Boschini.

Artaud. — Considérations sur l'état de la peinture en Italie dans les quatre siècles qui ont précédé celui de Raphaël, par un membre de l'académie de Cortone. *Paris*. 1808. 2e édit. augm. *Paris*. 1812.

Arteagea (l'abbé). — Investigaciones filosoficos sobra la belleza ideal, considerada come objecto de todas las artes de imitacion. *Madrid*. 1789.

Asnard, bibliothécaire du collége des Quatre-Nations. — Ouvrage inédit sur la théorie générale des beaux-arts, dont le Moniteur a donné un extrait traitant du goût et du génie. 21 août. 1806.

Astorry (Giov.-Maria). — Opuscolo. *Venezia*. 1786. Cet opuscule d'Astorry, qui était peintre et Vénitien, est intitulé, au dire de Guarcia de la Huerta : Memorie sopra la pittura colla cera encaustica. Cet opuscule fut publié dans la Gazette de Venise, et se trouve dans l'ouvrage du Père Fédérici.

Asselyn (Jean). — De Broederschap van de schilderkonst, ou la Société des peintres. *Amsterd*. 1654. in-4°.

Artle (Thomas). — Précis sur l'origine et les progrès de la peinture. A la suite de l'origine et des progrès de l'écriture hiéroglyphique et élémentaire, ouvrage anglais. 1784. in-4°. 1803.

AUBERT. — Dictionnaire raisonné universel des arts et métiers. 5 vol. *Paris.* 1773. in-8°.

AUDRAN (Gérard). — Les proportions du corps humain mesurées sur les plus belles figures antiques. 30 feuilles. *Paris.* 1683. in-fol.

AVEROLDO (Giov.-Ant.) — Scelte pitture di Brescia. *Brescia.* 1700. — Le pitture e sculture di Brescia di Giov.-Batista Carboni. *Brescia.* 1760. in-8°.

AUZOU. — Notice et table synoptique de ses préparations anatomiques artificielles. *Paris.* 1825.

AYALA (J. interian de). — Pictor christianus eruditus. in-fol. *Madrid.* 1720. Voy. Molanus. Voy. Méry. Voy. Molé, Ottonelli, Pelletier, etc.

## B.

BAADER (De). — Sur la liaison qui existe entre les beaux-arts et la physique, mémoire lu à la séance du 12 octobre 1813, à l'académie royale des sciences de Munich.

BACHAUMONT (Louis Petit de). — Mémoires sur le Louvre, avec les témoignages des journaux. *Paris.* 1751. in-8°. — Sculpture et gravure, par le même. *Paris.* 1754. in-12. — Essai sur la peinture, la sculpture et l'architecture. *Paris.* 1751. in-12. *Paris.* 1752. in-8°.

BACHELIER. — École de la miniature, où l'art d'apprendre à peindre. *Paris.* 1814. in-12.

BACHELIER. Voy. Caylus.

BACON (Roger). — Divers traités de perspective. — De coloribus per artem faciendis.

BAGLIONE (Giovani). — Vite de' pittori, scultori, e architetti dal pontificato di Gregorio XIII, del 1572 infino a tempi di papa Urbano VIII nel 1642. *Roma.* 1642.

in-4°. *Roma.* 1649. in-4°. Il en a paru une autre édition avec la vie de Salvator Rosa, écrite par Giov.-Bat. Passari. C'est un supplément au Vasari. *Napoli.* 1733. in-4°. *Napoli.* 1735. in-4°.

BAILLET (Louis-Guillaume de St-Julien). — Lettres sur la peinture, par un amateur. *Genève.* 1750. in-12. — La Peinture, ode, traduite de l'anglais. *Londres.* 1753. et réimprimée sous le titre de Caractères de quelques peintres français. 1755. in-12. C'est probablement le même ouvrage que celui qui a pour titre : Lettre à M. Chardin, sur les caractères en peinture. *Genève.* 1753. in-12.

BAILLY, maire de Paris. — Recueil de pièces intéressantes sur les arts, les sciences et la littérature. On y trouve les vies des peintres allemands. *Paris.* 1810. in-8°.

BAILLY, garde des tableaux du roi. — Catalogue des tableaux du cabinet du roi, au Luxembourg. *Paris.* 1751.

BALDELLI (Nicolo). — Proteo, vagante ammiratore delle immortali pennelle di Lorenzo Pasinelli (Canzone). *Bologna.* 1691. in-4°.

BALDI (Lazzaro). — Breve compendio della vita di J. Lazaro monaco e pittore, descritta da Baldi pittore. *Roma.* 1681. in-16.

BALDINUCCI (Filippo). — Notizie de' professori del disegno da Cimabüe in quà. Parte 1. secolo 1. *Firenze.* 1681. in-4°. — Con varie dissertazioni, note e aggiunte da Giuseppe Piacenza architetto torinese. *Turino.* 1682. in-4°. — Secolo 2. *Turino.* 1768. in-4°. — Parte 3. Del secolo 4, opera postuma. *Firenze.* 1702. in-4°. — Il Vocabulario Toscano dell' arte del disegno con propri termini, voci, non solo della pittura, scult. e archit., ma ancora di altre arti che hanno per fondamento il disegno. *Firenze.* 1601. in-4°. Ant.-Maria Biscioni en a donné une nouvelle édition. *Florence.* 1730. in-4°. Voy. aussi Raccolta di alcuni opuscoli. *Firenze.* 1785. in-4°. — Lettera al Calproni nella quale si risponde ad alcuni quesiti in materia di pittura e scultura. *Roma.* 1681. in-4°. — Veglia, dialogo di SinceroVero (qui est Filip. Baldinucci) in cui si disputano e sciogliono varie difficultà pittoriche. *Lucca*. 1684. *Firenze*. 1690. in-4°. — Cominciamento e progresso dell' arte dell' intagliare in rame, colle vite di maëstri della stessa professione. *Firenze*. 1686. in-4°. Lezione academica intorno á pittori greci e latini. *Firenze*. 1692. in-4°. — Vita del cavaliere Bernini. 1692. in-4°. — Parte 2. Del secolo 4. *Firenze*. 1688. in-4°. — Secolo 5. dal 1400 al 1540. distinto in decennali. Opera postuma. Editeurs : François, Xavier, Balduccini fils et François-Marie-Nicolas Gubburi. *Firenze*. 1728. in-4°. — Raccolta di alcuni opuscoli sopra varie materie di pittura, scult. e archit., scritti in diverse occasioni, con un ragionamento di Francisco Bocchi sull' eccellenza della statua di S.-Giorgio fatta da Donatello e posta nella facciata della chiesa di S.-Michele di Firenze. *Firenze*. 1765. 6 vol. in-4°. — On trouve un Mémoire sur les différentes écoles d'Italie, dans l'édition de Baldinucci, publiée par Piacenza, architecte du roi de Sardaigne, augmentée par des notes. 1770. in-4°. avec d'autres notes de Manni. 20 vol. *Firenze*. 1767 à 1774. in-8°.

Ballart (Christophe). — Traité de la miniature, pour apprendre aisément à peindre sans maître. Cet ouvrage a paru sous divers titres, et entr'autres sous celui d'Ecole de la miniature, avec les secrets pour faire les plus belles couleurs, l'or bruni, l'or en coquille. La 1re édition est probablement de *Paris*. 1672. Les autres sont de *La Haye*. 1688. in-12. *Paris*. 1676. in-12. *La Haye*. 1708. in-12. L'Ecole de miniature parut à *Lyon* en 1679. in-12. *Bruxelles*. 1692. in-12. *Paris*. 1769. in-8°. *Paris*. 1782. in-8°. La plus récente édition portant le titre d'Ecole de la miniature, et revue par M. Cloquet. est de 1817. *Paris*. in-12.

Bancroft (C.). — Experimental Reseachers concerning the philosophy of permanent colors, and the best means of producing them; by Dycing Gallico Printing, etc. *London*. 1794. in-8°. *Paris*, chez Parsons, et Galignani. 1 vol. 1811. *Idem* 2 vol. in-8°. 1813.

Barbaro (monsignore Daniello), patriarca d'Aquilea. — Pratica della prospettiva, avec gravures. *Venezia.* 1550. in-fol. *Idem.* 1568. in-fol. *Idem.* 1669. in-fol.

Barbier (le). — Des causes physiques et morales qui ont influé sur les progrès de la peinture et de la sculpture chez les Grecs. *Paris,* à l'imprimerie des sciences et des arts.

Barbier de Veymars. Voy. Oreilly.

Barca (Piet.-Ant.). — Avvertimenti e Regole sopra l'architettura civile e militaire, la pittura, la scultura e la prospettiva. *Milano.* 1620. in-fol.

Barclay (S.). — The muscular motions of the human Body. A *Paris,* chez Galignani. 1 vol.

Bardon. Voy. Dandré Bardon.

Bardwel. — Practice of painting and perspective, in which is contained the art of painting in oil, with the method of colouring. *London.* 1756. in-4°. *Idem.* 1773. in-4°. *Idem.* 1782. in-4°.

Barotti (Cesare). — Pitture e sculture della città di Ferrara. *Ferrara.* 1770. in-8°.

Barozzi (Giacomo, detto il Vignola). — Le due Regole della prospettiva pratica, con i commentari del Padre Ignazio Danti. *Roma.* 1583. in-fol. *Roma.* 1596. 1611. 1644. in-fol. *Bologna.* 1682. in-fol.

Barthelemy. — Sur les beaux-arts. Voy. ses œuvres.

Barthez (P.-J.). — Nouvelle Mécanique des mouvemens de l'homme et des animaux. *Carcassone.* 1798. — Théorie du beau dans la nature et les arts. 1 vol. *Paris.* 1817. in-8°.

Bartoli (Francesco). — Notizia delle pitture, scult. ed architett. d'Italia. 2 vol. *Venezia.* 1776. in-8°. *Venezia.* 1777. in-8°. — Le pitture, scult. ed architett. della città di Rovigo, con indici ed illustrazioni. *Venezia.* 1793. in-8°.

Bartolomeo (da S. Concordio). — Volgarizamento degli ammaestramenti degli antichi. Voy. les classiques de Milan. Paul Lomazzo, en parlant de la perspective de Bramante, cite un Bartolomeo qui a écrit sur la perspective publiée par cet auteur.

Bartolozzi (Sebastiano, Benedetto).—Vita di Jacopo Vignali, pittor fiorentino. *Firenze.* 1753. in-4°. — Vita di Antonio Franchi, pittore lucchese. *Firenze.* 1554. in-4°.

Bartsch (A.).— Le Peintre Graveur. 21 vol. *Vienne.* 1811.

Barri (Giacomo), peintre et graveur vénitien. — Viaggio pittoresco d'Italia. *Venezia.* 1671.

Barrufaldi (il dottore Girolamo). — Les Peintures de Ferrare. *Ferrara.* 1705. in-4°.

Barry (Jacques), peintre anglais. — The Works of James Barry, professor of painting in the royal academy. *London.* 1809. 2 vol. in-4°. — Recherches sur les obstacles réels ou imaginaires qui s'opposent au progrès des arts en Angleterre. 2 vol. avec une notice sur la vie de Barry et ses écrits. *London.* 1809. in-4°. Voy. une notice sur ce peintre, dans les Annales des arts. 10 septembre. 1811. Voy. Pilkington.

Basoli (Ant.).—Raccolta di prospettive serie, rustiche, e di paesaggi, *Bologna.* 1810. in-fol. (102 planches contenant des vues perspectives de théâtre.)

Bassi (Martino).—Dispareri in materia d'architettura e di prospettiva. *Brescia.* 1572. in-4°.

Bates (John). — Mysteries of nature and art : water and fire works, drawing, colouring, painting. *London.* 1654. in-4°.

Batti (Ch.-Joseph). Voy. Soprani.

Baverel (l'abbé). — Notices sur les graveurs qui nous ont laissé des estampes marquées de monogrammes, chiffres, rebus, lettres initiales, etc. 2 vol. in-8°. *Besanç.* 1807. *Dijon.* 1808. (M. Malpez, collaborateur.)

Béattie (le docteur). — Essai sur la poésie et sur la musique. trad. en français. *Paris.* an 6.

Beaumgarten. — Esthétique, ou du sentiment des arts. *Leipsick.*

Becker (R.-Zach.). — Le Peintre Graveur. *Vienne.* 1808. — Gravure en bois des anciens maîtres allemands. Voy. le Magasin encyclop. février. 1811.

Becchetti. — Bas-reliefs étrusques et un essai sur le style étrusque, avec gravures.

Becci (Antonio). — Catalogo delle pitture che si conservano nelle chiese di Pesaro. *Pesaro.* 1783. in-8°. — Vi è annessa una informazione de' professori Pesaresi, scritta intorno al. 1670.

Bedito Pardo, de Figueroa. — Examen analitico del quadro de la Transfiguration de Rafael de Urbino. 1 vol. in-8°. *Paris.* 1804.

Beguelin. — Dissertation sur les ombres coloriées. Voy. le tom. 22 des Mémoires de l'académie des sciences de Berlin.

Behems, Beham ou Bœhem (Sébast.-Jean), de Nuremberg. — Kunst und Lehrbüchlein malen und reiszen zu lernen, ou Petit livre instructif pour apprendre la peinture et la manière de dessiner d'après les proportions, la mesure et la division du cercle, avec 57 grav. *Franckf.* 1552. in-4°. *Idem.* 1565. in-4°. *Idem.* 1605. in-4°. Cet ouvrage a été souvent réimprimé depuis.

Belitz (Georg.). — Irrthümer und seltene Einfælle der Maler in Abbildung der Leidens und Sterbensgeschichte

Jesu-Christi, ou Erreurs et idées curieuses des peintres dans la représentation de la vie et passion de N. S. Jésus-Christ. *Wittemberg.* 1730. in-8°.

Beltrami. — Sur les peintures de Ravenne. (Auteur cité par Lanzi.)

Bell. — Essays on anatomy, ou Essais sur l'anatomie de l'expression en peinture. avec grav. *London.* 1806. in-4°. On en trouve des extraits dans la Biblioth. britann. nov. 1807.

Bellori (Giov.-Pietro). — Le vite de' pittori, scultori e architetti moderni con loro ritratti al naturale. Parte prima. *Roma.* 1672. in-4°. *Pisa.* 1823. in-8°. Accresciuta colla vita e ritratto di Giordano. *Lucca.* 1628. in-4°. — Descript. des Tabl. de Raphaël au Vatican. *Roma.* 1672. in-4°. — Della pittura antica. *Venez.* 1697. — Gli onori della pitt. e scult (Discorso). *Lucca.* 1677. in-4°. — Vita del cavaliere Carlo Maratta. *Roma.* 1731. in-4°.

Bendems. — Mémoire sur les parties qui environnent et qui couvrent l'œil chez les hommes et les animaux. Voyez le 13e cahier des archives physiologiques publiées par Reil et Antenricht. *Hall.* 1811.

Beraud (A.). — Ode à Louis David, peintre. *Paris.* 1821. in-8°.

Bergmullers (Joh.-Georg.). — Anthropométria, ou mesures du corps humain. *Augsbourg.* 1723. in-fol.

Bermudez (Juan-August.-Cean.). — Diccionario historico de los mas illustres professores de bellas artes en espana. 6 vol. *Madrid.* 1800. *Madrid.* 1821. in-12.

Bernino (Dominico). — Vita del cavaliere Giovani Lorenzo Bernino suo padre. *Roma.* 1713. in-4°.

Bertello (P.). — Diversarum nationum habitus 104 iconibus expressi. *Patav.* 1589. in-8°.

Betti (Prospero), abbat. — La celebre villa dell'

eminentissimo e reverendissimo principe cardinale Alessandro Albani, in cui si ammirano raccolti e con regal magnificenza collocati i più rari avanzi della antica Roma. *Roma.* 1768. in-fol.

BETTINELLI (Xavier). — On trouve dans ses œuvres complètes les ouvrages suivans : — Lettres sur les beaux-arts. — Dell' entusiasmo delle belle arti. — Notes sur la beauté et sur la physionomie. — Risorgimento negli studi, nelle arti, e ne' costumi doppo il mille. *Bassano.* 1775. *Bassano.* 1786. — Lettere ed arti mantovane e modenese. — Lettres italiennes d'une dame à son amie, sur les beaux-arts, etc. en tout 24 vol. *Venise.* 1801. in-12.

BEVILACQUA (Ippolito). — Memorie sulla vita di Gio. Bettino Cignaroli, pittore. *Verona.* 1771. in-8°.

BIANCONI (Carlo.), abbat. — Pitture, sculture ed architetture della città di Bologna e suoi sobborghi, con indicazione degli autori; corredate di notizie storiche di ciascheduno. Opera ridotta a tal perfezione etc. *Bologna.* 1782. in-12. — Nuova Guida di Milano per gli amanti delle belle arti. *Milano.* 1787. in-12. — Le même, avec des corrections d'après son manuscrit. — Lettra sopra una miniatura di Simon da Siena. Nel tom. 2. delle lettere senesi del P. della valle.

BIBBIENA (Ferdinando), fils de J.-M. Galli, peintre. — Traité d'architecture et de perspective. *Parme.* 1711. in-8°. *Bologne.* 1731. Il y traite de la perspective et de la mécanique.

BIDLOO (Godofred.). — Anatomia corporis humani, avec 150 figures de Gérard-Lairesse. *Amsterd.*

BIE (Cornelis Van), fils d'Adrien de Bie, peintre, ou, suivant la nouvelle Biographie, fils de Jacques Bie, lib[re] et m[d] d'estampes à Anvers au commencement du 17[e] siècle. — Golden cabinet van de Schilderkonst doër, ou Vies des peintres. 14 vol. *Anvers.* 1649. in-4°. *Idem.* 1661. in-4°.

Biondi. — Description de l'état actuel du tableau de de la scène, par Léonard de Vinci.

Biondo (Michel-Ange). — Physignomia sive de cognitione hominis per aspectum, ex Aristotele, Hipocrate, et Galeno. *Româ.* 1544. in-4°. — Tratatello della nobilissima pittura e della sua arte della dottrina e del modo per conseguirla.

Bisagno (Dom. Francesco). — Trattato della pittura fondata nell' autorità di molti excellenti in questa professione. *Venezia.* 1642. in-8°.

Bischop (J.-Chr.), en allemand. — Sommaire sur la perspective. *Halle.* 1741. in-8°.

Blackman. — Des couleurs pour l'huile. Voy. la Bibl. britann. tom. 26. 9e année.

Blankenburg (De). — Supplément à la théorie universelle des beaux-arts : Bibliographie à la suite de l'ouvrage de Sulzer. *Leipsick.* 1786. 1792. 1794.

Blaise (Robert). — Sur la lumiere. Voy. la Biblioth. britann. tom. 7 et 8.

Blasi. — Saggi de' discorsi del academia di Palermo.

Bloemaert. — Principes et études du dessin. *Amsterd.* 1740. in-fol.

Blumenbach. — De l'unité du genre humain et de ses variétés : trad. du latin par Frédéric Chardel. 314 pages. Chez Allut. 1804. — Dissertation sur les variétés primitives de l'espèce humaine. 1812. — Description de sa riche collection de crânes. 1812. — En anglais sous le titre de Blumenbach's comparative anatomy, by Laurence. 1807.

Blumenstein (le baron de). Les vrais principes du dessin, suivis du caractère des passions. 5 vol. in-8°. fig. *Breslau.* 1800. (Cet ouvrage a été traduit en français par Leclerc.) — Le baron de Blumenstein a publié de recueil des ouvrages de Will. Gilpin, sur la peinture et la gravure. 5 vol. in-8°. fig. *Breslau.* 1800.

Bocchi. Voy. Baldinucci.

Bode (Benjam.-Gott.). — De umbrâ poëticâ; dissertationes tres. *Vitebergue.* 1764. in-4°. — De artifice, ea quæ sibi non conveniunt fingente, etc. *Vitebergue.* 1767. in-4°.

Boece (de Boot). — Dans les chapitres 123, 124 et suivans de son histoire des gemmes et des pierres, il a décrit dans un grand détail l'opération nécessaire pour fabriquer la couleur outremer.

Boeninger. — Prospectus relatif à un procédé de peintures méchanographiques, où l'art de copier mécaniquement les tableaux à huile. *Paris.* 1810. Voy. Booth.

Boerner (Théoph.). — Super privilegia pictorum (liber singularis). *Leipsick.* 1751. in-8°.

Boettiger (C.-A.). — Essai sur l'archéologie de la peinture, principalement chez les Grecs. 2 vol. *Dresde.* 1811. in-8°. — Sur la noce aldobrandine. *Dresde.* 1810. in-4°. — Sur les styles de l'art et sur l'allégorie. — Amalthéa, ou Musée de la mythologie sous le rapport des arts et de la connaissance figurée de l'antiquité. 1822. in-8°. avec 6 planches coloriées.

Boher. — Dialogue entre la peinture et la sculpture. *Perpignan.* 1803. in-8°. — Leçons de dessin. *Paris.* 1819. in-8°. — Épître à Canova. *Paris.* 1822. in-8°. — Ouvrage sur le beau idéal, sur le beau sublime dans l'art du peintre et du statuaire. *Paris.* 1822. in-8°. — Epître à Michel-Ange et à Raphaël. *Paris.* 1822. in-8°.

Bomberg (F. de). — Recherches curieuses sur la vie de Raphaël. *Lyon.* 1709. in-12. Voy. Daret.

Bona ou Boni (il cavaliere onofrio). — Elogio di G.-Pompeo Battoni. *Roma.* 1787. in-8°.

Bonami. — Tratatto sopra la vernice detta communemente cinese. *Roma.* in-8°. ouvrage en 1 vol. traduit en français, sous le titre de Traité des vernis. *Paris.* 1713. in-4°.

Boni (Mauro. Ab.). — Su la pittura di un gonfalone della confraternità di S. Maria di Castello, e su altre opere fatte nel Friuli da Giov. da Udine. *Udine.* 1797. in-8°.

Boniface (A.), disciple de Pestalozzi. — Cours élémentaire et pratique de dessin, d'après les principes de Pestalozzi, suivi à Yverdun sous la direction de M. J. Ramsauer, et publié avec de nombreuses modifications. Orné de 48 planches dessinées et gravées par Hocquart. *Paris.* 1819 ou 1818. in-8°. Les planches relatives à la perspective sont de M. Choquet.

Bonne (le chevalier). — Considérations sur l'emploi de la lumière et des ombres. *Paris.* 1818. in-8°.

Bonnét (Pierre). — Histoire générale de la danse sacrée et profane; ses progrès et ses révolutions depuis son origine jusqu'à présent. *Paris.* 1723. in-12.

Bonstetten (Victor). — Recherches sur la nature et les lois de l'imagination. *Genève.* 1807.

Bonzo (Pio Bonzi), chanoine. — Harangue sur les avantages des beaux-arts, lue à l'occasion d'une exposition solennelle de tableaux d'anciens maîtres à Florence, en l'honneur de Léopold, duc d'Autriche. *Firenze.* 1767.

Booth (John). — Lettre dans laquelle l'auteur annonce la découverte d'un moyen de copier mécaniquement les tableaux peints à huile. *London.* 1788. Voy. Boëninger.

Borboni (Giov.-Andrea). — Discorso della statua. *Roma.* 1661. in-4°.

Bordigo (Gaudenzio). — Notizie intorno alle opere, etc.,

ou Notice sur les ouvrages de Gaudenzio. Ferrari. *Milan.* 1821. in-4°.

Borelli. — De motu animalium. Voy. Barthez. *Leyde.* 1685. in-4°. *Idem.* 1711. in-4°. — Et dans la Biblioth. anatomiq. de Manget. *Genève.* 1685. in-fol. — Avec les remarques de Jean Barnouilli sur les mouvemens des muscles et sur l'effervescence. 2 vol. *Naples.* 1734. in-4°. *La Haye.* 1745. in-4°.

Borghini (Raffaëlo). — Il Riposo di.... in cui si favella della pittura e della scultura, e de più illustri pittori e scultori antichi e moderni. *Firenze.* 1584. in-8°. — Bisciони (Antonio-Maria) en a donné une nouvelle édition augmentée. *Firenze.* 1730. in-4°. — Monsig. Bottari en a publié une nouvelle édition enrichie d'explications, de notes et d'une préface. 1730. — Cette édition a été reproduite dans celle que l'on a faite de cet ouvrage pour la collection des classiques italiens. 3 vol. *Milan.* 1807. in-8°. (Le mot *Riposo* est pris du nom d'une maison de campagne.)

Borghini (Vincent), bénédictin. — Plusieurs de ses lettres, qui sont des espèces de traités sur les arts et sur d'autres objets, ont été recueillies dans la Prose florentine, dans les lettres sur la peinture, la sculpture et l'architecture, et dans d'autres ouvrages de ce genre. Il était contemporain de Raphaël Borghini.

Borromée (le cardinal Frédéric). — Leges observandæ in academiâ quæ de graphide erit. Cet écrit a été réimprimé dans les Symboles littéraires de Gori. Decad. 11. tom. 7, pag. 97. De pictura sacra. Réimprimé aussi par Gori. *Ibid.*

Bosboom (Van Dirik). — Doorzicht-Konde. 1729. 1 v. in-4°.

Boschini (Marco). — Carta del navigare pittoresco, dialogo in quarta rima, in dialetto Veneziano. *Venezia.* 1660. in-4°. — Le ricche minere della pittura Veneziana. *Venezia.* 1664. in-12. *Idem* 1674. in-12. Il en a paru une édition augmentée. 1730. in-8°. — Il gran teatro di Venezia ovvero raccolta delle principali vedute e pitture che in essa si contengono. 2 vol. in-fol. — Della pittura Veneziana e delle opere publiche de veneziani maestri. *Venezia.* 1771. in-8°. — Raccolta di cento e dodici quadri rappresentanti storie, e scene dipinte da i più celebri pittori della schola Veneziana. 1772. in-fol. (Martinelli Dominico, dans son portrait de Venise, rapporte en détail les ouvrages célèbres des peintres vénitiens.) — Giojelli pittoreschi della città di Vicenza. *Venezia.* 1676. in-12°. — Descrizione delle architetture, pitt. e scult. di Vicenza con alcune osservazioni; edita da Francesco Vendramini Mosca, con erudite riflessioni di un personaggio (cioè del comte Enea Arnaldi). *Vicenza.* 1779. in-8°.

Bosio. — Élémens de dessin, avec figures. *Paris.* 1804. in-8°.

Bosse (Abraham). — Manière universelle de M. Desargues, pour pratiquer la perspective par petit-pied, comme le géométral : ensemble les places et proportions des fortes et faibles touches, teintes ou couleurs. 3 tom. en 1 vol. grand in-8°. avec beaucoup de figures. *Paris.* 1648. Traduit en hollandais, par J. Bara. *Amsterdam.* 1 vol. in-12. 1664. — Traité des pratiques géométrales et perspectives enseignées dans l'académie royale de peinture et sculpture, très-utiles pour ceux qui désirent exceller en ces arts et autres où il faut employer la règle et le compas. 1 vol. grand in-8°. avec figures. *Paris.* 1665. — Moyen universel de pratiquer la perspective sur les tableaux ou surfaces irrégulières; ensemble quelques particularités concernant cet art et celui de la gravure en taille douce. *Paris.* 1653. — Le peintre converti aux règles précises de son art, avec un raisonnement au sujet des tableaux. 1 vol. in-8°. *Paris.* 1647. et réimprimé avec le nom de l'auteur, en 1667. — Premiers enseignemens de la pourtraicture, pour la jeunesse, etc. 1<sup>re</sup> partie, des diverses manières de peindre ou des procédés matériels pour colorier. 2<sup>e</sup> partie, de la peinture à l'huile, en pastel, en miniature, etc. 1 vol. in-8°. — Raisonnement abrégé sur les tableaux, bas-reliefs et autres ornemens qu'on peut placer et faire sur les diverses superficies des bâtimens. *Paris.* 1666. — Sentiment sur la distinction des tableaux originaux des copies : ensemble celle des estampes, et du choix des objets en la pourtraicture. 1 vol. in-12. avec 4 estampes. *Paris.* 1649. — Sur les cinq ordres de colonnes en architecture et sur plusieurs belles parties qui la concernent, et dont aucun auteur n'avait traité. grand in-fol. avec 8 planches. — Les proportions des quatre plus belles figures antiques, et représentations des différentes figures humaines. — Lettres écrites au sieur Bosse, graveur, avec ses réponses sur quelques nouveaux traités concernant la perspective et la peinture. in-8°. 1668. — Manière de dessiner les cinq ordres d'architecture et toutes les parties qui en dépendent, suivant l'antique. 1 vol. in-fol. de plus de 100 planches. — Sur les causes qui obligèrent A. Bosse à quitter l'académie de peinture dont il était membre : ce livre, qu'on trouve en partie dans *Le peintre converti*, fut publié en 1646. — Discours tendant à désabuser ceux qui ont cru que M. Félibien avait prétendu dans sa préface attaquer M. Bosse. Ce discours daté de 1667, se trouve dans *Le peintre converti.* — De la gravure en taille douce à l'eau forte et au burin, ensemble la manière d'en imprimer les planches et d'en construire la presse. *Paris.* 1745. — De la manière de graver à l'eau forte et au burin, et de la manière noire; par A. Bosse, graveur du roi. (Il y en a une nouvelle édition augmentée de l'impression qui imite les tableaux, de la gravure en manière de crayon et de celle qui imite le lavis, par Cochin. *Paris.* 1756. in-8°. Voy. Cochin.) — Du trait à preuve de la coupe des pierres en l'architecture, composé d'un ample discours et de 117 planches. 1 vol. in-8°. *Paris.* — Manière universelle de tracer les quadrans solaires sur toutes sortes de superficies plates et courbes. 1 vol. in-8°. avec fig. — Ostéologie burlesque en vers.

Bossi (G.). — Osservazioni sul Cenacolo di Leonardo da Vinci. *Milano.* 1812. in-8°.

Bossuit (Fr. Van). — Cabinet de l'art de sculpture. *Amsterdam.* 1727. in-4°.

Bottari (Monsignor). — Lettere pittoriche, o sia Raccolta di lettere sulla pittura, la scult. e l'archit. da più celebri personnagi dal secolo 15. al 17. *Roma.* 1754. 1759. 1766. in-8°. 7 volumes en tout. Voy. Jay. — Dialoggi sopra le arti del disegno. *Lucca.* 1754. in-8°. — Note alle vite del Vasari. Edition commencée à Livourne et continuée à Florence. 7 volumes. De 1767 à 1772. in-8°.

Bottman. — Cours d'anatomie à l'usage des artistes. *Paris.* 1788. 1 vol. in-12.

Bouchardon. — L'anatomie nécessaire à l'usage du dessin. 18 feuilles in-fol.

Bougerel (le père Joseph). — Lettre sur Pierre Puget, sculpteur, peintre et architecte. 1752. in-12.

Bouguer (Pierre). — Traité de la dégradation de la lumière. — Traité d'optique.

Bourbet (Louis-Alexandre-César). — Histoire de la peinture en Italie. *Paris.* 1817.

Bourdelot. — Histoire de la danse sacrée et profane.

Bourgelat. — De l'extérieur du cheval, de sa beauté et de ses défauts. 4e édition. *Paris.* 1797. in-8°. — Anatomie comparée du cheval, du bœuf et du mouton. *Paris.*

Bourgeois (Charles). — Mémoire sur les lois que suivent dans leurs combinaisons entr'elles, les couleurs produites par la réfraction de la lumière, ainsi que celles transmises ou réfléchies par les corps dits naturellement colorés. *Paris.* — Leçons expérimentales d'optique sur la lumière et les couleurs. *Paris.* 1816. — Exposé sommaire des nouvelles expériences consacrées à l'examen de la doctrine de Newton, etc. — L'auteur a annoncé une Théorie de la couleur dans la peinture. *Paris.* 1819,

1820. etc. — M. Bourgeois a rédigé une nouvelle édition de Watin. 1 vol. in-8°. *Paris.* chez Belin.

Bourguignon. Voy. Gravelot.

Boutard (M.). — Dictionnaire des arts du dessin, la peinture, la sculpture, la gravure et l'architecture. (Auteur des articles *Beaux-Arts,* publiés dans le Journal des Débats, depuis 1800 jusqu'à 1823. *Paris.* 1826.)

Bouterweck (le professeur). — Esthétique. *Leipsick.* 1806.

Bouvier (M.-P.-L.). — Manuel des peintres artistes et amateurs en peinture. *Paris.* in-8°. 1827.

Boyle (Robertus). — Experimenta et considerationes de coloribus. *Rotterodami.* 1671. in-12.

Bramantino (Bartolomeo), pittore milanese. — Regole di prospettiva.

Brander (Georges-Frédéric) en allemand. — Règles pour dessiner la perspective; avec figures. 1772. in-8°. — Nouvelle chambre obscure; avec figures. 1769. in-8°.

Brandolese (Pietro). — Testimonianze intorno alla Patavinità di Andrea Mantegna. *Padova.* 1805. in-8°. — Dubbi sull' esistenza del pittore Giovanni Vivarino da Murano nuovamente confermati, e confutazione d'una recente pretesa autorità per sostenerla. *Padova.* 1807. in-8°. — Del genio de Lendinaresi per la pittura, e di alcune pregevoli pitture di Lendinara. Lettera. *Padova.* 1795. in-8°. — Brevi notizie intorno agli artefici mentovani.

Brenner (Sophie-Elisabeth). — Description des tableaux de David Klocker Ehrenstrahl, peintre du roi de Suède.

Brenneri (Elia). — Nomenclatura trilinguis, genuina specimina colorum simplicium, exhibens quibus artifices miniatæ picturæ utuntur. *Holmiæ.* 1680. in-8°.

Brés. Voy. Castel.

Bretez (Louis). — Perspective pratique d'architecture. *Paris.* 1708. 1746. 1752. 1802. in-fol.

Brisbanne (John). — Anatomy of painting, or a Short and easy introduction to anatomy; to wich are added the Anatomy of Celsus, with notes, and the Physiology of Cicero. in-fol. *London.* 1769.

Brisseux (C.-E.). — Traité du beau essentiel dans les arts, appliqué particulièrement à l'architecture, suivi d'un traité des proportions harmoniques. 2 tom. en 1 v. avec fig. grand in-4°. *Paris.* 1752.

Britton (John). — Catalogue raisonné des tableaux du marquis de Stafford, conservés dans la galerie de Cleveland Honse à Londres, avec une vue et un plan de l'arrangement des salles. 1 vol. *London.* 1812. in-8°. — The fine arts of the english school illustrated by a series of engravings from painting, sculptures and architectures, of eminent english artists; with ample biographical, critical, and descriptive essays; by varions authors edited and partly written. grand in-4°. fig. *Londres.* 1812.

Bromley. — A philosophical and critical history of the fine arts, painting, sculpt. et archi. 2 vol. *London.* 1799. in-4°.

Brook (Taylor). Voy. Taylor.

Brookahaw. — Treatise on flover painting. avec pl. coloriées. 1816. — De l'art de peindre les oiseaux. 1817.

Brossard (De Mantini). — Lettre sur la peinture. Voy. le Choix des Mercures. tom. 2 ou 11, pag. 167.

Brotier. — Dissertation sur Pline, dont il fut éditeur.

Brown (Alex.). — Ars pictoria; or an academy treating of Drawing, painting and etching, to wich are added thirty copper-plates expressing the choicest neatest and most exact grounds and rules of symmetry, collected out of the most eminent italian german and netherland authors. *London*. 1660. in-8°. 1762. petit in-fol. 1765. petit in-fol.

Brown (M.-B. Richard). — The principles of pratical perspective. *London*. 1814.

Brulliot (François). — Table générale des monogrammes, chiffres, lettres initiales, etc., sous lesquels les plus célèbres peintres, etc., ont désigné leurs noms. *Munich*. 1817. 1820. 1 vol. in-4°.

Brunel (le chevalier de Varennes). — L'art du dessin chez les Grecs, ou Méthode élémentaire du dessin, considérée dans ses rapports d'utilité générale pour les sciences et les arts. 1 vol. *Paris*. 1810. in-8°. — Exposé de la Pantographie, ou l'art du dessin considéré sous un point de vue d'utilité générale, suivi d'une méthode de perspective établie sur des procédés nouveaux, et qui, dans tous les cas possibles, dispense de sortir du cadre du tableau perspectif: accompagné de la description d'un instrument appelé Métroscope, inventé pour la disposition perspective des compositions pittoresques, pour l'étude des effets perspectifs d'après nature et pour les opérations de géodésie. 40 planches. *Paris*. 1825. in-4°.

Brunn (Lud.). — Perspectiva. *Leipsig*. 1615. (En allemand.) *Nuremberg*. 1615. *Leipsig*. 1616.

Brunori. — Lettre adressée à M. Crozat, contenant des remarques sur la vie d'Antoine Corrège.

Brunquell. — Programma de picturâ honesta ac utili. *Iëna*. 1735. in-4°. — Dissertatio de picturâ famosâ.

Bruun ou Braun (C.-G.). — Beschreibung, etc. — Description de la vie et des ouvrages de Raphaël d'Urbino. *Wisbadin*. 1814. in-8°.

Bryon (M.). — Dictionary, etc. ou Dictionnaire Biographique et critique des peintres et graveurs, depuis Cimabue et depuis les découvertes en gravure faites par

Finiguerra jusqu'à nos jours. 2 vol. *London.* 1814. in-4°. *Idem.* 1816. in-4°.

Buchner (Andrea-Elia.). — Dissertatio de preservandis artificum morbis. *Halæ.* 1745. in-4°.

Buchotte. — Les règles du dessin et du lavis. in-8°. fig. *Paris.* 1754.

Budberg (De). — Essai sur l'époque de la découverte de la peinture à l'huile. *Goëttingue.* 1792. in-4°.

Bulengerus (Jules-Cœs.), Boulenger. — De picturâ plastice et statuariâ veterum. Dans ses Opuscules. *Lugd.* 1621. in-8°. Et séparément. *Lugd.* 1627. in-8°. Inséré dans le 9e vol. du Trésor de Gronovius ; traduit en anglais, par Thom. Malie. *London.* 1657. in-fol.

Bullart (le chevalier Isaac). — Vie d'Ottovenius. — L'académie des sciences et des arts, contenant les vies et les éloges des hommes illustres. *Bruxelles.* 1695. in-fol. *Amsterdam.* 1682. 2 vol. *Paris.* 1682. in-fol.

Bullinger (Jacques-Balthasar), né en Suisse en 1713, élève de Tiepolo, a gravé un œuvre de 50 pièces, composé de paysages, auquel il a joint une préface ou exposition de ses idées sur la peinture.

Bulwer (John). — Chirologia ou le langage naturel de la main. *Londres.* 1644. in-8°. — Chironomia ou l'art de la rhétorique de la main. — Pathomyotomia ou dissection des muscles qui indiquent les affections de l'ame. *Londres.* 1649. in-12.

Burja. — En allemand. Élémens de perspective à l'usage des peintres. *Berlin.* 1793. in-8°.

Burkard (Joseph). Voy. Spence.

Burke (E.). — Philosophical enquiry into the origin of our ideas of the sublime and beautiful. *London.* 1757. 1772. in-8°. 1796. in-12. Traduit en français par l'abbé de François. Chez Janson. *Paris.* 1765. in-12. — Autre traduction sur la 7e édition, avec un précis sur la vie de l'auteur, par Lagautte-Laraisse. *Paris.* 1802. Voy. la Gazette littéraire de l'Europe, pag. 206.

Burtin (François-Xavier de). — Traité théorique et pratique des connaissances nécessaires aux amateurs de tableaux, etc. *Paris.* 1809. 2 vol. fig.

Busby (architecte). — Sur les avantages de sa méthode de construire les modèles d'édifices de préférence aux plans, élévations et sections.

Busching (Antoine-Frédéric). — Histoire et principes des sciences et des arts : inséré dans les Mémoires de la société de Gottingue. — Essai d'un historique des arts du dessin. *Hamburg.* 1761. in-8°. — Autre ouvrage sur les arts en Silésie. — Girardet, peintre, Busching et Dehagen ont fait paraître un volume d'une espèce d'ouvrage périodique, intitulé : Magasin de la littérature et de l'art ancien de l'Allemagne. 1813.

Butron (don Juan Alonzo de). — Discursos apologeticos de la pintura. *Madrid.* 1626. in-4°.

Buys (Jacques), en hollanlais. — Sur la méthode à observer dans l'enseignement de l'art du dessin, discours prononcé le 7 janvier. *Amsterdam.* 1767. — Sur la manière de dessiner d'après les statues antiques. Discours. 7 octobre 1767. Autre discours. 6 décembre. 1769.

## C.

Caccia. Voy. Tassi.

Cadet de Vaux (Antoine). — Mémoire sur la peinture au lait. — Observations par Darcet, sur la peinture au lait. (Ces deux Mémoires ont été imprimés séparément et insérés dans la Décade philosophique. 9e année. tom. 4, n° 29, p. 76. Et 10e année. tom. 1er, n° 5, p. 224.) — Nouveau procédé de peinture. *Paris.* 1814. in-8°.

Cadioli (Giov.). — Descrizione delle pitture, sculture,

ed architetture, che si osservano nella città di Mantova e ne' suoi contorni. *Mantova.* 1763. in-8°.

CAHUSAC. — Traité de la danse ancienne et moderne.

CALAU (J.). — Eludorische Malerey neue Art in Miniatur zu malen durch den Herrn Hiblider s. 88. n. d. f. k. tom. 6, p. 485 et 408. Le peintre Calau publia cette découverte sur l'encaustique dans la Gazette littéraire de Halle, pag. 750. 1768. *Idem.* 1772. Lambert publia la description d'une pyramide de couleurs, peinte avec cette cire. Voy. Riem.

CALCAGNINI (Cœlio). — Cet écrivain, contemporain de Raphaël, a donné quelques détails sur ce peintre. Voy. ses opera aliquot. *Basiliæ.* in-fol. 1544.

CALDERON dom Padre (de la Barca Henaoybiano). — Tradato de la nobleza de la pintura.

CALLISTRATE. — Dans les éditions des œuvres de Philostrate, on trouve un ouvrage de Callistrate, intitulé : Ekphraseïs, c'est-à-dire, explication, description. Il décrit seize statues. Heyne a donné quelques observations sur cette description dans le 5e vol. de ses Opuscules académiques. Voy. Philostrate.

CALVI (Jacopo-Alessandro), pittor. — Versi e prose sopra una serie di eccellenti pitture posseduta dal Sig. Marco Filippo Herculani principe del s. k. i. *Bolonia.* 1780. in-4°.

CAMBI (Ottavio). — Theoricâ di pittura, e vita di Emilio Savonanzi nobile pittor Bolognese. Manuscrit.

CAMBRY (De). — Éloge de Poussin. *Paris.* 1783. in-12. — Essai sur la vie et les tableaux de Poussin. *Paris.* 1783. in-8°. — Réimprimé avec des augmentations et portant le nom de l'auteur. *Paris.* an 7. (1799.) in-8°. 62 pages.

CAMPER. — Dissertation sur les variétés naturelles qui caractérisent la physionomie, jointe à une dissertation sur les souliers. Traduit par M. Quatremer de Dijonval. *Paris.* 1791. — Discours sur les moyens de représenter les passions qui se manifestent sur le visage. *Utrecht.* 1792. in-4°.

Campi ou Cav. Antonio (Bernardino), pittore Cremonense. — Parere sopra la pittura. *Cremona.* 1580. in-4°. *Idem.* 1584. in-4°. On trouve des lettres de Campi dans les Mémoires d'Oretti : elles sont datées de 1588, 1589 et 1590.

Canepariüs (Petrus-Maria). — De Atramentis. *Venet.* 1619. *Londini.* 1660. *Rotterodami.* 1718. in-4°. Voy. V. Fabricius, bibliographia antiquaria, pag. 961.

Canova. Voy. Visconti.

Cantuariensus (Johannes). — Perspectiva. 1508. in-fol. Galluci en a donné une traduction italienne, avec des notes. *Venise.* 1593. in-fol.

Caramuel. — Tratado de architectura. Il y traite de la peinture et de la perspective. 3 vol.

Carasi (il comte Carlo). — Le publiche pitture di Piacenza. Ci sono annesse utili annotazioni. *Piacenza* 1780. in-8°.

Carducho (Vincenzio), peintre. — Dialogo de la pintura en defensa, origen, esencia, definicion, modos y diferencias, avec fig. *Madrid.* 1633. in-4°. *Idem.* 1634. in-4°.

Carlencas (Juvénal de). — Essai sur l'histoire des sciences, des belles-lettres et des arts. 4 vol. *Lyon.* 1757. in-8°.

Carpani (Giuseppe). — Del bello ideal e delle opere di Tiziano, etc. *Padova.* 1820. 1 vol. in-8°. Voy. Cellini.

Carradori (Fr.). — Istruzione per gli studiosi della scultura. *Firenze.* 1802. in-fol.

Carrara (monsig.). — Orazioni in lode di belle arti. *Roma.* 1758. in-4°. Voy. Tassi.

Cartaud (de la Vilatte). — Essai historique et philophique sur le goût. *Paris.* 1736. *Idem.* 1751.

Carter. — Specimens of ancient sculpture and painting, avec beaucoup de planches. 2 vol. in-fol.

Casanova. — Discorso sopra gli antichi e vari monumenti loro.

Castel (le père). — Lettre à Montesquieu sur un clavecin des couleurs. (M. Brès a lu dans une séance du cercle des arts une dissertation sur les analogies des sons et des couleurs, faisant partie de son Cours d'études de la nature, appliquées aux beaux-arts. L'auteur refuse de reconnaître l'analogie qu'on a cherché à établir entre les sept couleurs primitives et les sept notes de la gamme. Il a donné des détails curieux sur le *clavecin oculaire* du père Castel.) — L'Optique des couleurs. 1 vol. *Paris.* 1711. in-8°.

Caulfield. — Chalcographimania, or portrait collector and printsellers' chronicle. in-8°. 1814.

Caux (Salomon de). — La perspective, avec les raisons des ombres et miroirs, fig. *Londres.* 1612. in-fol.

Cavaceppi. — Traité sur l'art de restaurer les antiques. On le trouve dans le texte de sa collection d'antiques gravées. 2 volumes. *Roma.* in-fol. 1799.

Cavazzone (Francesco). — Esemplare del nobile arte del disegno, etc., manuscrit daté de 1606. — Sur les images miraculeuses de la Vierge, autre manuscrit daté de 1612. — Ces deux ouvrages sont cités dans la Felsine de Crespi, pag. 18.

Caylus (le comte de). — Sur quelques passages de Pline, qui concernent les arts. (Voy. les Mémoires de l'académie des Inscriptions, tom. 19.) — Dissertation sur la sculpture. (*Id.*, tom. 25.) — Ce qui a été publié par MM. Majant, Bachelier, Rouquet, Monnoye, etc., ainsi que l'Histoire et Secret de la peinture en cire, publié en avril 1755, se trouve fondu dans les œuvres de Caylus, dans le Dictionnaire de Pernety et dans les deux Encyclopédies françaises. — Nouveaux sujets de peinture et de sculpture, ou 23 tableaux d'Homère et de Virgile. *Paris.* 1755. — Vies de Coypel, Mignard et Lemoine, premiers peintres du roi. in-8°. *Paris.* 1752. — Vie d'Edme Bouchardon, sculpteur du roi. in-12. *Paris.* 1762. — Lettre inédite sur le parallèle de la peinture et de la sculpture. Voy. le Magasin encyclopédique de mai 1814. Voy. aussi les œuvres de Caylus.

Cazati (P.). — Compasso di proporzioni. *Bologna.* 1685. — Opticæ dissertationes. *Parma.* 1703.

Cazzaziri (Giov.-Andrea). Voy. Fantuzzi.

Celano (Can.). — Notizie del bello, del antico, e del curioso della cità di Napoli.

Celdi (Manutti-Paolo). — De pittura.

Celio (Gasp.). — Dichiarazione sopra le pitture di Roma, data in luce dal caval. Celio pittore romano. *Napoli.* 1638. in-12.

Cellini (Benvenuto). — Due trattati, l'uno intorno alle otto principali parti della orificeria; l'altro in materia dell' arte della scultura, dove si vedono infiniti segreti per l'avorare le figure di marmo e per gettarle di bronzo. *Firenze.* 1568. in-4°. *Idem.* 1731. in-4°. *Bologna.* 1730. in-4°. — On lit dans les Lezioni di M. Bened. Varchi sopra diverse materie philosophice, une lettre de Cellini, sur l'avantage que la sculpture a sur la peinture; et un autre opuscule du même Cellini sur ce sujet, joint aux Esequie di Michel-Angelo Buonarotti. *Firenze.* 1564. in-4°. — Del disegno. Voy. les classiques de Milan. — Vita di Cellini scritta da lui stesso e stampata alle spese di Cajetano Bernstat musico Napolitano. *Napoli.* 1730. in-4°. Voy. Baldinucci, Notizie di professori del disegno.

tom. 2, secolo 4, decennale 3, pag. 27. et s. — Mémoires renfermant beaucoup d'anecdotes curieuses touchant l'histoire et les arts, traduits de l'italien, par M. de St-Marcel. 1 vol. in-8°. *Paris.* 1822. — Memoirs of Benvenuto Cellini, a Florentine artist. written by Himself, etc. Nouvelle édition, avec des observations et des notes de G. P. Carpani. *Londres.* 1822. 2 vol. in-8°.

Cennini (Andrea da colle di Valdescha). — Modo di lavorare a fresco, a tempera, a colla, a gomma, ed ovo, con la diversità di tutte le terre e tinte. *Firenze.* 1437. Voy. les notes sur Vasari, par monsignor Bottari. p. 1. p. 133.

Cennino Cennini (da colle); scholaro di Giotto. — Instruzioni pittoriche. Cet ancien manuscrit, trouvé à la bibliothèque du Vatican, a été publié par le chevalier Tambroni. *Roma.* 1821. Voy. le Moniteur de mars et avril 1823.

Cespedes (Paul de), de Cordoue, peintre, mort en 1608. — Ses manuscrits sur la peinture, sur la fresque, la détrempe, l'encaustique, la perspective, etc., sont cités par Pacheco, et par Velasco, etc., etc. — Poème sur la peinture, publié par Pacheco. — Perspective théorique et pratique. — Dans ses recherches sur le temple de Salomon, il traite de l'origine de la peinture. — Comparacion de la antigua e moderna pintura y escultura.

Chabert. — Galerie des peintres, ou collection de portraits, biographies et dessins des peintres les plus célèbres de toutes les écoles. *Paris.* 1823. grand in-fol. avec portraits gravés.

Chagas (Felipe de las). — Tratado de la pintura simetria y perspectiva. *Lisboa.* 1615. in-4°.

Chambers (Ephraïm). — Dictionary of arts and sciences. Supplement with fig. by M. Scott and Dr Hill. 2 vol. *London.* 1750. 1751. 1753. in-fol.

Chambray (de Roland Fréart sieur). — Idée de la perfection de la peinture démontrée par les principes de l'art et par les exemples conformes aux observations que Pline et Quintilien ont faites sur les plus célèbres tableaux des anciens peintres mis en parallèle avec quelques ouvrages de nos meilleurs peintres modernes. Au *Mans*. 1662. in-4°. — La perspective d'Euclide, traduite en français sur le texte grec original de l'auteur et démontrée. 1663. in-4°. — Traduction du Traité de Léonard de Vinci. avec fig. *Paris*. 1651. in-fol.

Chappuis (Gabriël). — Examen des esprits propres aux sciences et aux beaux-arts, ouvrage traduit en français. *Rouen*. 1613. in-12.

Chaptal. — Chimie applicable aux arts. 4 vol. *Paris*. 1807. — Notice sur quelques couleurs trouvées à Pompëia. Voy. les mémoires de l'Institut, classe des sciences physiques, page 229. 1808.

Chaussart (P.-R.). — Essai philosophique sur la dignité des arts, 30 pages. *Paris*. an IV. in-8°. — Le Pausanias français (salon de 1806), ouvrage dans lequel les principales productions de l'école actuelle sont classées, expliquées, analysées à l'aide d'un commentaire exact, raisonné, et représenté par une suite de dessins exécutés et gravés par les plus habiles artistes, publié par un observateur impartial. *Paris*. 1807. in-8°.

Chéris (Louis), peintre. — Voyage pittoresque autour du monde. *Paris*. 1823.

Chiari (Pietro), abbate. — Dell' origine uso e abuso della pittura : Lettere. Voy. ses lettres choisies, p. 172. *Venezia*. 1750. in-8°.

Chiusole (le comte di Roverdo Adamo). — Dell' arte pittorica, poëma : libri, 8. coll' aggiunta di componimenti diversi. *Venezia*. 1768. in-8°. — Le même, réduit en quatre chants, sous le titre de Precetti della pittura. *Vicenza*. 1781. in-8°.

Choffart (P.-R.). — Notice historique sur l'état de la gravure en France. in-8°. *Paris.* an xii. (1804.) — (Le Barbier attribue cet ouvrage à Chauffart.)

Choquet (J.-P.). — Traité élémentaire de perspective. *Paris.* 1823. in-4°. — Nouveau traité élémentaire de perspective. *Paris.* in-4°. 12 feuilles. Voy. Boniface.

Christ (Rhodius). V. Sandrart.

Christius (Joh.-Frid.). — Dissertatio super signis in quibus manus agnosci antiquæ in gemmis possint. Voy. les Commentaires littéraires de Leipzick. t. 1, p. 64, 175, 323 et 421. *Lipsiæ.* 1753. in-8°. — Réfutée par André Goëtrius à l'aide du travail que Joh.-Dan. Kochler a publié sur les gemmes gravées dans son histoire de l'ancienne Germanie. *Schwabach.* 1760. in-8°. — Historisch-Kritische-Abhandlung über das Leben und die Kunstwerke des berühmtem deutschen Malers Lucas Cranach; par C.-T. Reisner. *Hambourg.* 1761. in-8°. — Fraenkische acta eruditorum, tom. 1, p. 338, 355. Voy. Bibli. d. s. w. u. d. f. tom. 8, p. 83 et 101. *Nuremberg.* 1726. in-8°. — Anzeige und Auslegung der Monnogrammatum. *Leipzick.* 1747. in-8°. — Dictionnaire des monogrammes, lettres initiales, rebus, etc., traduit de l'allemand par M. Sellius, et augmenté par M. Dargenville le fils. *Paris.* 1750. in-8°. — Traité sur la littérature et les ouvrages de l'art de l'antiquité. 5ᵉ et 6ᵉ chap. *Leipzick.* 1776. in-8°. — Otii regalis acraomata. p. 75. seq. — Philippi Danielis Lipperti Dactyliothecæ universalis chiliades duæ. *Lipsiæ.* 1755. in-4°. — Chilias tertia. *Lipsiæ.* 1762. in-4°.

Ciampi. — Memorie sul campo santo di Pisa.

Cicognara (le chevalier Léopold). — Discorsi letti nella veneta academia de' belle arti, per la distribuzione de' premii, li 13 agosto, 1809. (tipographia di Picotti, 62 p.) *Venezia.* 1809. grand in-fol. — Cette brochure contient l'éloge de Tiziano avec des notes très-étendues, et un discours sur la critique qu'il faut employer dans l'imitation des classiques, par M. Antoine Diedo, secrétaire de l'académie. *Pisa.* 1800. in-4°. — Del bello : Ragionamento. *Firenze.* 1808. in-4°. Dans la collection italienne des classiques métaphysiciens, il en a paru une nouvelle édition. *Pavia.* 1826. tom. 53. in-12. — Storia, etc. ou Histoire de la sculpture depuis sa renaissance en Italie, etc., jusqu'au siècle de Canova, 2 vol. *Venezia.* 1813. in-fol. Id. *Prato.* 1824 et 1825. 4 vol. in-8°. Voy. Emeric David. — Analyse de l'ouvrage de M. Quatremere de Quincy, intitulé Essai sur la nature, le but, etc., insérée dans le tom. 13 de l'Antologia. *Florence.* 1824.

Cignaroli (Giambettino, veronese). — Serie de' pittori veronesi. Voy. le tom. 3ᵉ della Cronica della Zagata. Voyez aussi ses notes sur l'ouvrage de Pozzo sui pittori veronesi.

Cigoli (Lodovico-Cardi), cavaliere e pittore. — Prospettiva pratica, divisa in due libri, con le figure in rame intagliate da Bastiano Cardi di lui fratello.

Ciner (Pierre). — Introductio ad historiam artis delineatoriæ. — Cette introduction se trouve dans ses Dissertationes litterariæ, p. 333 et suivantes. *Florence.* 1742. in-8°.

Ciocchi (Gio.-Maria). — La pittura in Parnasso. *Firenze.* 1725. in-4°.

Citadella (Cesare). — Catalogo istorico de' pittori e scultori ferraresi. 2 vol. *Ferrara.* 1782. in-8°.

Clarac (le comte de). — Description des antiques du musée royal de Paris, commencée par Visconti, continuée, et augmentée de plusieurs tables. *Paris.* 1820. — Catalogue des peintures du musée Portici. — Notice sur la statue antique de Vénus Victrix. *Paris.* 1821. in-4°. 2 planches. — Musée de sculpture antiq. et mod. *Id.* 1827.

Clio. — A Discourse on taste, ou Discours sur le goût. *London.* 1766. in-12. *Id.* 1769.

Clinchamp (F.-E.-V. de). — Élémens de perspective linéaire et aérienne, à l'usage des personnes qui cultivent le dessin. *Paris.* 1820. in-8°. — Instrument destiné à former des perspectives et à en fournir diverses épreuves sur le papier. (Voy. la Revue encyclopédique. Janvier 1822). L'auteur donne le nom d'hyalographe à cet instrument. Voy. ci-après le n° 187 du supplément.

Cloquet (Jules). — Manuel d'anatomie, description du corps humain. *Paris.* 1825. in-4°. 250 planches. Cet ouvrage est différent de celui que publia, dans le même temps, M. Hippolyte Cloquet, intitulé Traité complet de l'anatomie de l'homme, comparée dans ses points les plus importans à celle des animaux, etc. 400 planch. lith. 900 pag. de texte.

Cochin (Charles-Nicolas). — Lettre à un jeune artiste. — Dissertation sur les divers jugemens, par rapport à la ressemblance des portraits. — Essai sur la vie de M. Deshayes. *Paris.* 1765. in-8°. — Mémoire sur la peinture; on le trouve dans le recueil de quelques pièces concernant les arts, pag. 121. *Paris.* 1767. in-12. Ce mémoire avait déjà paru dans le Mercure de France. — Cochin et Bellicard. Observations sur les antiquités d'Herculanum, avec quelques réflexions sur la peinture et la sculpture des anciens, et une courte description des environs de Naples, avec 33 planches. *Paris.* 1754. in-12. — Voyage d'Italie. 3 vol. 1773. in-12. — *Idem.* avec des réflexions sur la peinture. 3 vol. 1769. in-12. Voy. Gravelot Bosse.

Cœberger (Vinceslas). — Tractatus de picturâ antiquâ.

Coguen. — A philosophical treatise on passions. 1801.

Coins. — British museum. 1811 et 1814.

Collot-d'Escuzy (le baron). — Hollands orem in Künsten en Wetenschappen, ou Discours sur les sciences et les arts en Hollande. *Amsterdam.* 1824. Le 1er volume contient deux discours, l'un de 100 pages, sur l'architecture et la sculpture, l'autre de 168 pages sur les arts de la peinture, de la gravure et de la numismatique.

Colson. — Parallèle de l'état de la peinture chez les anciens, et de celui du même art chez les modernes, lu par l'auteur à la société des sciences, lettres et arts de Paris. 9 messidor an VIII. — Essai sur la beauté des êtres animés, lu à la même société. 9 thermidor an X.

Columna (Fabius). — De purpurâ. *Roma*. 1676. in-4°.

Combe (Taylor). — Description of the collection of ancient terracottas, preserved in the british museum, avec gravures. 1810. — Description of the ant. marbles in the british museum. 1812 et 1816.

Comolli (Angelo), abbate. — Vita inedita di Raffaello d'Urbino, illustrata con note : edizione seconda. *Roma*. 1791. in-4°. (Il est l'auteur de la Bibliographia della architettura.)

Commanino (P.-D.-Grégorio), canon. Later. — Il filogino, ovvero Del fine della pittura, dialogo nel quale si mostra qual sia l'imitare più perfetto il pittore o il poeta. *Mantova*. 1591. in-4°. — Descrizione odeporica.

Conca. — Auteur cité par Lanzi, qui dit que Ponz fut son principal guide.

Condivi (Ascanio). — Vita di Michel-Angelo Buonarotti. *Roma*. 1553. in-4°. — Seconda edizione accresciuta di varie annotazioni di Antonio-Francesco Gori. *Fiorenza*. 1746. in-fol. — Il en a paru une autre édition dans laquelle on trouve des observations de Mariette : elle fut traduite en français par Hauteroche. *Paris*. 1753. in-12. Voy. Vita di M.-A. Buonarotti da Giacomo Vignali. *Ferrare*. 1753. in-4°.

Consentinus (Antonius-Thylesius). — De coloribus.

Contino (Bernard). — Prospettiva pratica. *Venezia*. 1645. in-fol. *Id*. 1684. in-fol.

Cook *ou* Kocch *ou* Kouck *ou* Kuch (Peter.). — Traité de géométrie, d'architecture et de perspective, avec grav. en flamand. — Traduction de Vitruve, en Flamand. — Traduction de Serlio, *idem*.

Cook. Voy. Hogarth.

Cooper. — Observations on the art of painting among the ancients, dans le 3ᵉ volume des mémoires de la société littéraire et philosophique de Manchester. 1790. in-8°.

Corazzi (Herculis). — Oratio in funere Caroli Cignani. *Banoniæ*. 1720. in-4°. — Arbor, etc., ou Arbre généalogique de la famille de Carl. Cignani. *Banoniæ*. 1687. in-4°.

Cordier-Delaunay. — Théorie circonsphérique des deux genres du beau. *Paris*. 1812. in-8°.

Corneille (Thomas). — Dictionnaire des sciences et des arts, nouvelle édition revue et augmentée par Fontenelle. 2 vol. *Paris*. 1732. in-fol. C'est le même que le Dictionnaire des arts pour servir de suite à celui de l'académie. Un Jean-Baptiste Corneille, peintre de l'académie royale, a dessiné et gravé les figures de l'ouvrage de Depiles, intitulé Premiers élémens de la peinture pratique. 1684. Voy. Depiles.

Covinus (Joh.-Aug.). — Artis sculptoriæ, vulgò stuccatoriæ, paradigmata. Aug. Vindel. 1708.

Costa (Giov.-Baptista). — Lettere varie e documenti autentici intorno le opere e vero nome, cognome e patria di Guido Cagnacci pittore : fatica del sig. Costa d'Arimino. Voy. Raccolta d'opuscoli scientifici e filolog. tom. 47, pag. 119, 161, réimprimé. *Rimini*. 1752. in-8°. Voy. Marcheselli.

Coullier (P.-H.-J.). — Considérations sur l'altération des couleurs dans les tableaux peints à l'huile. *Paris*. 1824. in-8°.

Courtivon. Traité d'optique. 1752. in-4°.

Courtonne. — Perspective pratique, avec des remarques sur l'architecture. *Paris.* 1710. in-fol. *Id.* 1724. in-fol.

Cousin (Jean). — Perspective et livre de géométrie. *Paris.* 1560. in-fol. *Id.* 1587. in-4°. — L'art de dessiner. *Paris.* 1821. in-4°.

Coussin. — Sur les causes de la perfection de la sculpture chez les Grecs, question proposée par l'institut.

Cowley (J.-Lodge). — The Theory of perspective in a method entierly new. 2 vol. *London.* 1766. in-4°. Voy. Taylor.

Coxe. — Picture of italy, or guide to the antiquities and curiosities of that country. 1815. in-12.

Coypel (Charles-Antoine). — Discours prononcé dans les conférences de l'académie de peinture de Paris. 1721. — Autre discours académique. Voy. le Mercure de France. 1752.

Cozens (Alexandre). — A new method of assisting the invention in drawing original compositions of Landscape. *London.* 1785. — Principles of beauty relative to the human head, avec gravures, par Bartholozzi. *London.* 1778. in-fol.

Crespi (Luig.-Can.). — Lettere sulla pittura, scultura. — Lettre sur la manière de nettoyer les tableaux. — Felsina pittrice o sia vite de' pittori bolognesi non descritte dal Malvasia. *Roma.* 1769. in-4°. — Dialoghi in difesa della stessa opera. — Note e aggiunte alle vite del Baruffaldi : opera m. s. — Dissertazione analitica sopra due lezioni del Manni sopra l'opinione che S. Luca possa aver dipinto. *Faenza.* 1776. in-8°. — La Certosa di Bologna descritta nelle sue pitture. *Bologna.* 1772. in-8°. Voy. Ansaldi.

CRISPIN (del Passo). — La prima parte della luce da dipingere. *Amsterd.* 1643. 1 vol. in-fol. — Il est en trois langues, italien, hollandais et français.

CROEKERS (Jean-Melchior). — Wohlanführender Maler, ou le peintre-instituteur, montrant aux amateurs comment il faut s'y prendre pour apprendre à peindre à l'huile, en pastel, à fresque, etc., etc. *Jena.* 1778. in-8°.

CROOKER (Henri-Thomas), William et Samuël Klarke, collaborateurs. — The complete dictionary of arts and sciences, in wich the whole circle of human learning is explained and the difficulties attending the acquisition of every art wether liberal or mechanical are removed in the most easy and familiar manner. 3 volumes, avec 156 planches. *London.* 1769. in-fol.

CROUZAS. — Traité du beau. 2 vol. *Amsterd.* 1724. Voy. le journal littéraire, tom. 5.

CROZE-MAGNAN. — Explications des antiques du musée français, publié par MM. Robillard, Péronville et Laurent.

CUMBERLAND (Richard). — Anecdotes of eminent painters in spain. 2 vol. *London.* 1782. in-12. — Pensée sur le trait, la sculpture et le système qui guidait les anciens dans la composition de leurs figures et de leurs groupes, etc. 24 dessins. *London.* 1796. in-4°.

CURE (Martin) de la Chambre. — L'art de connaître les hommes. 1 vol. *Paris.* 1662. in-4°. — Caractère des passions. 5 vol. *Amsterd.* 1658. in-8°. (Il a écrit sur l'optique et les couleurs.) *Amsterd.* 1663. in-8°.

CUREL (Charles de). — Essai sur la perspective linéaire et sur les ombres. *Strasbourg.* 1766.

CYPRIANUS. — Dissertatio de picturâ veritatis teste.

## D.

D'Agesci (Bernard), correspondant de l'institut de Bologne. — Projet d'organisation d'une nouvelle direction générale des arts, et moyens de les faire fleurir dans toutes les villes de l'empire. *Paris.* 1806.

Dagincourt. — Histoire de l'art par les monumens, depuis sa décadence au 4e siècle, jusqu'à son renouvellement au 16e, ouvrage enrichi de 325 planches. 6 vol. *Paris.* 1819. in-fol. — Collection de terres cuites, etc.

Dagli-Arcani (Giacomo). — Nuova descrizione di due principalissimi quadri di Rafaello da Urbino. *Bologna.* 1730. in-8°.

D'Agly (G.). — Recueil des mémoires et des différentes expériences faites au sujet de la conservation des tableaux, avec un discours sur l'incorruptible. *Berlin.* 1706. in-8°.

D'Alberg (Charles, prince primat, archevêque de Ratisbonne, etc., etc.). — Périclès, ou De l'influence des beaux-arts sur la félicité publique. 1 vol. *Paris.* 1807. in-12.

Dallaway. — Anecdotes sur les beaux-arts en Angleterre, ouvrage dont la traduction française a été revue et accompagnée de notes par Millin; on y trouve une notice détaillée de la collection d'antiques du savant Townley, collection achetée par le parlement, pour le musée britannique. Cet ouvrage porte le titre suivant : Anecdotes of the arts in england, or Comparative remarks on architecture, sculpture and painting chiefly illustrated by specimens. *London.* 1800. in-4°. *Oxford.* 1801. in-4°. — On statuary and sculpture among the ancients, with some account of specimen preserved in england, avec gravures. 1816. in-8°.

Danckerts (Franz). — Neue verbesserte deutsche Academie der edlen Malerey, Reisz-Bild und Zeichenkunst, ou nouvelle académie de peinture, sculpture et gravure. *Nuremberg*. 1754. in-4°.

D'André-Bardon. — Les élémens de l'art de dessiner. *Paris*. 1762. in-4°. — Traité de peinture, suivi d'un essai sur la sculpture. 2 vol. *Paris*. 1765. in-12. — Sur le costume. — Sur les éléphans. — Vie de Charles Vanloo. — Histoire universelle, traitée relativement aux arts de peinture et de sculpture. 3 vol. *Paris*. 1769. in-12.

Danti (le père Ignace), dominicain. Voy. Barrocci.

Danti (Vincenzio). — Il libro primo delle perfette proporzioni di tutte le cose che imitare e ritrare si possono coll' arte dell disegno. *Firenze*. 1567. in-4°. — Vies de ceux qui ont excellé dans les dessins des statues.

Darcet. Voyez Annales des arts. Voyez Cadet de Vaux.

D'Arclais. Voyez Montamy.

D'Arco (Gérardo). — Della patria dell' arte del disegno. *Cremona*. 1785. in-8°.

Darcy (Patrice). — Mémoire sur la durée de la sensation de la vue. 1765.

D'Aret (Pierre). — La vita di Raffaello Sanzio da Urbino, nella quale si tratta delle stampe di Marc-Antonio e d'altre di Vasari; traduit en français sous le titre d'Abrégé de la vie de Raphaël Sanzio-d'Urbin. *Paris*. 1607. in-12. *Id*. 1651. in-4°.

D'Argenville. Voy. Dezallier.

D'Agens (J.-B. de Boyer, marquis). — Réflexions critiques sur les différentes écoles de peinture. *Paris*. 1752. in-8°. *Berlin*. 1768. in-8°. (Elles ont été réfutées par Venuti.) Voy. ce nom.

Dati (Carlo). — Vite de' pittori antichi. *Firenze*. 1667. in-4°. — Il disinganno delle principali notizie ed erudizioni dell' arte nobile del disegno, diviso in tre parti; la prima sopra la scuola di Toscana e di Roma; la seconda sopra quella di Venezia, e la terza sopra l'altra di Lombardia. *Milano.* 1806. in-8°, avec portraits. Voy. de Murr. — Di Cartoni disegnati da Carlo Cignani e de' quadri dipinti da Sebastiano Ricci, con un compendio delle vite di questi due professori. *Venezia.* 1749. in-4°.

Daulby. — Descriptive catalogue of the Works of Rembrandt. 1796. in-8°.

Dauw (J.) en allemand. — Le peintre instruit, galant et édifiant. *Copenhague.* 1721. in-8°. — Edition augmentée par Charles Bertrand. *Copenhague.* 1755. in-8°.

David (Lud.). — Disinganno delle principali notizie ed erudizioni delle arti del disegno. 3 vol. *Roma.* 1670. in-8°.

D'Avignon (Michel). — La Peinture, poëme couronné aux jeux floraux en 1767. *Lyon.* 1767. in-12.

Dawis. — Sur les couleurs des anciens. Voy. la bibliothèque britannique, octobre ou septembre 1815, et les transactions philosophiques.

Dayes. — Observations on sheldrake. *London.* 1779. — Sur la pratique des couleurs selon la méthode vénitienne.

Déal (J.-N.). — Nouvel essai sur la lumière et les couleurs, renfermant la vraie théorie de ces grands phénomènes, fondée sur les résultats évidens et incontestables d'expériences infiniment simples : ouvrage utile aux opticiens et aux peintres, et intéressant pour ceux qui aiment à se rendre compte de leurs sensations. *Paris.* 1827. in-8°.

De Bast (L.). — Notice sur le chef-d'œuvre des frères Van-Eyck (église de Saint-Bavon, cathédrale de Gand), traduite de l'allemand de Vaagen (G.-F.), de Berlin, et augmentée de notes inédites sur la vie et les ouvrages de ces peintres célèbres. *Gand.* 1825. — Annales du salon de Gand, ou Recueil des productions des artistes vivans de l'école belge, etc., avec une notice sur les artistes. *Gand*. 1823. in-8°. *Id*. 1825. in-8°. avec figures.

De Brunel de Varennes (le chev.). Voy. Brunel.

Dechazelle (P.-T.), de Lyon. — Discours sur l'influence de la peinture sur les arts d'industrie commerciale. — Sur les musées. — Sur les arts et les manufactures de Lyon. — Sur la vie des graveurs de Lyon.

Dégérando. — Sur le grand et l'esprit de méditation. Voy. les archives littéraires, n° 21. 1806.

Deghuy, de Marcenay. — Traité du coloris. *Paris*. 1768.

Deidier. — Perspective théorique et pratique, nouvelle édition, revue par Cochin. *Paris*.

Delbruck. — Les arts et les sciences sont florissans, lorsqu'ils ont un but important à atteindre : Discours lu à la société royale de Kœnisberg.

De la Hire (Philippe). — Traité de la pratique de la peinture. *Paris*. 1666. *Id*. 1669. (Voy. l'histoire de l'académie des sciences de Paris, volume 9, pag. 635 et suivantes.)

Delaunay — Sur la pantomime des anciens.

Delaval (Edward, Hussey). — Experiments in the changes and cause of colours. 1777. in-4°. — Recherches expérimentales sur la cause du changement de couleurs dans les corps opaques et naturellement colorés, traduites en français par M. Quatremere-d'Isjonval. 1 vol. *Paris*. 1778.

Delavoye-Mignot. — Traité de miniature pour apprendre à peindre sans maître. 1696.

Della-Palude (le comte). — Descrizione de' quadri del ducale appartemento di Modena. 1784 et 1787.

Della-Valle (il padre Guglielmo). — Lettere senesi. tomi 3. *Venezia.* in-4°. *Roma.* dal 1782 al 86. — Correzioni e giunte al Vasari, inserite nella edizione senese. dal 1791 al 94. — Indice degli artefici impiegati nel duomo d'Orvietto, estratto dalla istoria di quel duomo, dal medesimo Della-Valle. (Cet ouvrage a été inséré dans le deuxième volume de Vasari, édition de Sienne.) Voy. Bianconi.

Delmedico (Joseph). — Anatomia, etc. — Anatomie à l'usage des peintres. *Roma.* 1811. in-f°.

Delphico. — Sur le beau.

Delphicus (Hippolytus). — Oratio de laudibus liberalium artium. *Batavia.* 1753. in-8°.

Demontios. — De la escultura antigua.

Demurr. — Bibliothèque de peinture, gravure, etc. 2 vol. *Francfort. Leipzick.* 1770. in-8°. — Journal artistique. (Dans le 15e volume de ce journal il se trouve un mémoire sur la peinture sur verre.) 17 vol. *Nuremberg.* in-12.

Denon (vivant). — Notice sur le Poussin. (Cette notice a été insérée dans un ouvrage intitulé Galerie française.) — Voyage en Egypte. Voy. le catalogue des estampes, publiées d'après l'antique.

Deperthes (J.-B.). — Histoire de l'art du paysage depuis la renaissance des beaux-arts jusqu'au 18e siècle, ou Recherches historiques sur la marche et les progrès de ce genre de peinture, et sur la vie, les ouvrages et le talent distinctif des principaux paysagistes des différentes écoles. 1 vol. *Paris.* 1822. in-8°. — Théorie du paysage, ou Considérations générales sur les beautés de la nature que l'art peut imiter, et sur les moyens qu'il doit employer pour réussir dans cette imitation. 1 vol. *Paris.* 1818. in-8°.

Depiles (Roger). — Dissertation sur les plus fameux peintres, et réflexions sur le cabinet du duc de Richelieu.

1681. — Antoine Jombert en a donné une édition augmentée. 1766. in-8°. (Cet ouvrage forme le 3e volume de ses œuvres diverses.) *Amsterdam*. 1766. in-12. — La vie de Rubens et son tableau de Neptune. *Paris*. 1683. — La traduction de Dufresnoy. *Paris*. 1751. — Abrégé d'anatomie, qui a paru sous le nom de Tortebat. *Paris*. 1667. in-fol. — Des ouvrages de peinture et de sculpture de P. Zumbo. — Les premiers élémens de la peinture pratique, avec des figures gravées, par J.-B. Corneille. 1684. in-8°. — Élémens de peinture pratique, avec 5 planches, édition de 1766. — Dialogue sur le coloris. 1708. in-12. Recueil de divers ouvrages de M. Depiles sur le coloris. 1673. 1699. — Conversation sur la connaissance de la peinture. 1 vol. 1677. in-12. — Cours de peinture par principes. *Paris*. 1708. in-12. — Abrégé de la vie des peintres, avec des réflexions sur leurs ouvrages et un traité du peintre parfait et de la connaissance des dessins et de l'utilité des estampes. *Paris*. 1699. in-12. — 2e édition, avec un éloge de l'auteur, par l'abbé Fraguier. *Paris*. 1715. in-12. — La vie des peintres a été imprimée aussi à *Amsterdam*. 1766. — Traduite en allemand. *Hambourg*. 1710. — Traduite en anglais et augmentée. *London*. 1706 et 1753. — Recueil d'ouvrages sur la peinture. *Paris*. 1755. in-12.

Depping (G.-B.). — Aperçu historique sur les mœurs et les coutumes des nations, contenant le tableau comparé, chez les divers peuples anciens et modernes, des usages et des cérémonies concernant l'habitation, la nourriture, l'habillement, les mariages, les funérailles, les jeux, les fêtes, les guerres, les superstitions, les castes, etc., etc. Voy. l'Encyclopédie portative. *Paris*. 1826. in-32.

De Rossi. Voy. Rossi.

Desargues, né à Lyon. — La doctrine de ce savant géomètre, si utile aux peintres, nous est connue par les écrits de A. Bosse (voyez ce nom); cependant Desargues publia un traité de la perspective; in-f°. 1636, et d'autres ouvrages sur les mathématiques.

DESBRIÈRES. — Nouveaux secrets des arts et métiers. 2 vol. *Paris.* 1819. in-12.

DESCAMP (J.-B.). — Les vies des peintres flamands, allemands et hollandais, avec des portraits et des réflexions sur leurs différentes manières. 4 vol. *Paris.* 1753. in-8°. — Sur l'utilité de l'établissement des écoles gratuites de dessin en faveur des métiers. *Paris.* 1767. in-8°. *Id.* 1763. *Idem,* en allemand, dans le 6e volume de la bibliothèque des beaux-arts, 219,243. *Leipzick.* 1768. in-8°. —Voyage pittoresque de la Flandre et du Brabant, avec des réflexions, etc., augmenté de la vie de plusieurs peintres flamands, etc. 1 vol. *Amsterd.* 1772. in-8°.

DESEINE, statuaire. — Notices historiques sur les anciennes académies royales de peinture, sculpture et architecture de Paris, suivies de deux écrits sur la restitution des monumens consacrés à la religion. 1 vol. *Paris.* 1814.

DESENFAN. — Descriptive catalogue of some pictures of the late King of Poland exhibited in Berner's street. 2 vol. *London.* 1801.

DESPORTES, peintre. — Vie de Lebrun, premier peintre du roi, avec un discours en tête de l'ouvrage. *Paris.* 1752. in-8°.

DEVIELLE. — Essai sur la peinture en mosaïque et un essai sur la pierre spéculaire des anciens. 1 vol. *Paris.* 1768. in-12.

DEZALLIER D'ARGENVILLE (Antoine-Joseph). — Abrégé de la vie des plus fameux peintres, avec leurs portraits gravés en taille-douce; les indications de leurs principaux ouvrages; quelques réflexions sur leurs caractères, et la manière de connaître les dessins et les tableaux des grands maîtres. 3 vol. *Paris.* 1745. in-4°. — Supplément. *Paris.* 1752. in-4°. — La vie de plusieurs peintres. 4 vol. *Paris.* 1762. in-8°. — Nouvel abrégé de la vie des plus fameux peintres avec leurs portraits. *Paris.* 1745.

in-4°. — 3 vol. *Id.* 1752. in-4°. — 4 vol. *Id.* 1762. in-8°. On y trouve la vie de deux cent cinquante-cinq peintres de diverses écoles. Voy. les mémoires de Trévoux, p. 223 et suivantes. 1762. — Lettre sur la peinture, la sculpture et l'architecture à M***. *Paris.* 1748. in-8°. — L'Abrégé de la vie des peintres, fut traduit en allemand, avec des remarques. 4 vol. *Leipzick.* 1768. in-8°. Voy. Neue Bibli-der s. w. u. der Freyen-Künste. tom. 6, p. 339. — Vies des fameux architectes, sculpteurs, etc., depuis la renaissance des lettres. 2 vol. *Paris.* 1788. in-8°. — Description sommaire des ouvrages de peinture, sculpture et gravure, exposés dans les salles de l'académie. *Paris.* 1781. in-12.

Dhancarville. — Recherches sur l'origine, l'esprit et les progrès des arts de la Grèce. 3 vol. *Londres.* 1785. in-4°. On trouve des observations sur la peinture et sur la théorie des anciens dans son ouvrage intitulé : Collection of Etruscan antiquities from the cabinet of M. W. Hamilton. *Naples.* 1767.

D'Holback (le baron). — L'art de la verrerie, commenté par Merret, et avec les notes de Kunckel, ou Manière de faire le verre, d'y porter des couleurs, d'imiter les pierres précieuses, etc. *Paris.* 1750. in-4°. 2 vol. *Idem.* 1752. in-4°.

Diderot. — Essai sur la peinture. *Paris.* an iv. in-8°. — L'Histoire et le secret de la peinture en cire. 1755. in-12. (Cet ouvrage, tiré à un petit nombre d'exemplaires, se trouve dans le 15e vol. de ses œuvres.) Voyez Montamy.

Diedo. Voy. Cicognara.

Diego de Sagrado. — Sur la perspective et l'architecture. 1 vol. *Paris.* 1608. in-4°. (Cet ouvrage a été traduit de l'espagnol en français.)

Dieudé. Voy. Lanzi.

Dillon (Talbot). — Sketches on the art of painting. *London.* 1782. in-8°.

Dimola. Voy. Vincenzio Dimola.

Ditton. — Perspective. *Londres.* in-8°.

Dixmerie (de la). — Les deux âges du goût et du génie français sous Louis XIV et Louis XV, ou Parallèle des efforts du génie et du goût dans les sciences, dans les arts, dans les lettres, sous les deux règnes. *Paris.* 1769. in-8°.

Doissin (le père). — Poëme latin sur la sculpture, intitulé : Sculptura, carmen, traduit en français. *Paris.* 1767. in-12.

Dolce (Lud.). — L'Aretino, dialogo della pittura nel quale si ragiona della dignità di essa pittura e di tutte le parti necessarie che a perfetto pittore si convengano con exempi di pittori antichi e moderni : e nel fine si fa menzione della virtù et delle opere del divino Tiziano. *Venezia.* 1580 et 1557. in-8°. En anglais. 1770. in-12. Voy. Vleughel. — Édition en italien et en français, avec des exemples de peintres anciens et modernes. 1 vol. *Florence.* 1735. in-8°.

Dominici (Bernardo da). — Vite de' pittori, scultori ed architetti Neapolitani. 3 vol. *Napoli.* 1742. in-4°. *Id.* 1743. in-4°. *Id.* 1745. in-4°.

Doni (Antonio-Francisco). — Discorso dove si tratta della scultura e pittura, di colori, di gesti, di modegli con molte cose appartenenti a queste arti. *Venezia.* 1549. in-8°. — Ragionamenti sopra il disegno. 1549. in-8°.

Doray de Longrais. — Dissertation sur un certain je ne sais quoi qu'on ne comprend pas, et des réflexions sur quelques peintres de différentes écoles. 1783.

D'Orléans (le père Chérubin). — La vision parfaite. 2 vol. 1677. in-fol. — Dioptrique oculaire. 1 vol. in-fol.

Dossie. — Sur la peinture. 2 vol. *London.* 1764. in-8°.

Douglas (George). — The art of drawing in perspective from mathematical principles; illustrated with 50 engravings. — Essay on the ressemblance of the antient and modern Greeks. 1813. in-8°.

Douillot (J.-P.). — Traité spécial de la coupe des pierres. 1 vol. 99 planches. *Paris.* 1825. in-4°.

Droz (Joseph). — Essai sur le beau, dans les arts. *Paris.* 1815. in-8°.

Dryden. — A parallel betwen poëtry and Painting. *London.* 1695. in-4°. (Ce traité sert de préface à la traduction du poëme de Dufresnoy.) — Traduction du poëme de Dufresnoy. — Catalogue des peintres d'Angleterre.

Dubois de Saint-Gelain. — Description de tableaux. 1750. — Description des tableaux du palais-royal. 1727.

Dubreuil (Nicolas). — La perspective pratique, nécessaire à tous les peintres, graveurs, etc., par un père de la compagnie de Jésus. 3 vol. 1679. in-4°. 1755. in-f°.

Ducerceau-Androuet (Jacques-André), architecte. — Leçons de perspective. *Paris.* 1576. in-fol. — Principes de la perspective et des grotesques.

Duchêne aîné. — Notice des estampes exposées à la bibliothèque du roi, précédée d'un essai sur l'origine, l'accroissement et la disposition méthodique du cabinet des estampes. *Paris.* 1823. — Compte rendu au ministre de l'intérieur, du voyage fait en Angleterre par M. Duchêne aîné, pour y examiner diverses collections publiques ou particulières d'estampes, inséré au Moniteur du 28 juillet 1824. L'auteur annonce qu'il doit publier un catalogue raisonné de l'œuvre de Rembrandt, et un autre ouvrage sur les Nielles. Ce dernier a paru.

Duchêne. — Dictionnaire de l'industrie ou Collection de procédés utiles, etc., première édition. *Paris.* 1776 (par une société de gens de lettres). 3 vol. in-8° de 700 pages. — Autre édition. 6 volumes. *Paris.* an IX (1801). in-8°.

DUCIS. — Epître en vers à M. Vien, lue à l'institut, séance du 15 vendémiaire an IV. (Cette épître se trouve dans le magasin encyclopédique.) tom. 3. an IV.

DUFF. — Essai on original Genius. *London.* 1767. in-8°.

DUFLOS. — Abrégé des arts et des métiers. *Paris.* 1758. in-4°.

DUFLOS le jeune. — Recueil d'estampes représentant le costume de toutes les nations. *Paris.* 1779. in-fol.

DUFOURNY. — Rapport fait à l'institut, au nom d'une commission spéciale, sur l'origine, les progrès et les effets des panoramas. 1800.

DUFRESNOY (Charles-Alphonse). — De arte graphicâ poëma. *Paris.* 1668. 1673. 1736. in-12. 1751. — Traduit en français par Depiles. 1736. — Traduit en anglais, par Dryden, avec un Account of the most eminent painters by Graham : cet Account se trouve dans l'édition in-8° de 1750. Voy. Kératry. — Traduit en français avec le texte et des remarques (fig. de Leclerc). *Paris.* 1684. in-12. — Traduit aussi par de Marsy. Voy. ce nom. — Traduit en anglais par Mason. *London.* 1683. — Traduit en italien. *Roma.* 1713.

DUHAMEL-DUMONCEAU. — L'art de faire les colles, nouvelle édition. *Paris.* 1812.

DUPAIN. — La science des ombres par rapport au dessin, avec 18 planches. *Paris.* 1760 ou 1786.

DUPORT-DUTERTRE. — Almanach des beaux-arts. *Paris.* 1751. in-18.

DUPPA (R.). — The life of Raphaëllo, with the characters of the most celebrated painters by S.-J. Reynolds. 1816. in-8°. — Avec douze têtes gravées d'après les peintures du Vatican. *London.* in-fol. —The life of Michel-Angelo, avec fig. 1807. gr. in-4°.

Dupuis. — Perspective, chez Firmin Didot.

Dupuy (Bernard), du Grez. — Traité sur la peinture, pour apprendre la théorie et se perfectionner dans la pratique. *Toulouse.* 1699. in-4°. Il y parle de la fresque. *Paris.* 1700. in-4°.

Durand (David). — Histoire de la peinture ancienne, extraite de l'histoire naturelle de Pline (liv. XXXV), avec le texte en latin, corrigé et éclairé par des remarques nouvelles. *Londres.* 1725. in-fol.

Durando (di Villa-Felice). — Ragionamento letto il di 18 aprile 1778, con note, e annesso ai regolamenti della R. acad. di Torino. *Torino.* 1778. in-fol. (Dans ces notes il parle des peintres piémontais.)

Durdent. — Sur la peinture.

Durr (François-Antoine). — De probatione per picturas in sacris. *Maguntiæ.* 1779. in-4°.

Dutems. — Principes abrégés de peinture. *Tours.* 1779. in-8°.

Dutertre. — Planches anatomiques à l'usage des jeunes gens qui se destinent à l'étude de la médecine, de la peinture et de la sculpture, avec des notes et des additions, suivant la nomenclature de Chaussier, 2° édition, 22 planches. *Paris.* 1823. in-4°.

Du Tremblay (Jean-François). — Discours sur le Bon Goût. *Paris.* 1713. in-12.

Dyck. — Dictionnaire des arts et des sciences, traduit de l'anglais.

## E.

Eberhard (J.). — Handbuch, etc. ou Manuel des beaux-arts. 3 vol. *Halle.* 1813. in-8°.

Edward (Ed.). — Anecdotes of painters, who have resided, or have been born in england, intended as a supplement to Walpole's anecdotes. *London.* 1808. Voy. Walpole.

Elsholtius (John-Sigismundus). — Anthropometria. *Patavii.* 1654. in-4°.

Elsum. — Art of painting after the italian manner. *London.* — Epigrams upon the paintings of the most Eminent masters. 1704. in-8°.

Emaldi (Tomaso-Antonio). — Orazione di Cadmite Dorico. *Roma.* 1754. in-4°.

Emeric (David). — Recherches sur l'art statuaire, considéré chez les anciens et les modernes. 1 vol. *Paris.* 1805. in-8°. — Appendice à l'ouvrage intitulé : Recherches sur l'art statuaire des Grecs, ou Lettre de M. Giraud à M. Emeric David. 1 vol. in-8°. *Paris.* 1805. — Sur le classement chronologique des sculpteurs grecs les plus célèbres. Voy. le Musée français. tom. 19. pag. 95, ou le magasin encyclopédique, année 1807. août. tom. 4. — Sur la peinture du moyen âge. Voy. le Musée français. — Discours sur la peinture moderne. (Ce discours se trouve dans le magasin encyclopédique. Mai 1812.) — Suite d'études calquées et dessinées d'après cinq tableaux de Raphaël, avec des notices historiques et critiques. 1818. in-fol. — Remarques sur l'histoire de la sculpture de M. Cicognara. (Ces remarques ont été insérées dans la revue encyclopédique. 1820, etc.)

Engel, en allemand. — Sur la peinture musicale. *Berlin.* 1780. in-8°. (On en trouve la traduction française à la page 247 et suivantes du 1er volume du recueil de pièces curieuses et intéressantes, publiées par M. Jansen. — Idée sur le geste et l'action théâtrale. *Paris.* 1790. Traduit en entier dans ce recueil de M. Jansen.)

Engelbert-Vichelausen. — Sur la préparation de la cire pour les figures. Voyez le magasin encyclopédique. tome 1er. an v.

Epinosa (don Félix-Luzio de) — Glorias del Pincel. *Sevilla.* 1650.

Equicola (Mar.).—Discorso eruditissimo della pittura con molte segrete allegorie circà le muse. (Ce discours se trouve dans les instituzioni all comporre in ogni sorte di rima, etc. *Milan.* 1541. in-4°.

Eraclius. — Manuscrit du 12ᵉ siècle. On l'a annexé à celui de Théophile Presbyter. L'auteur, qui est du même temps que ce dernier, traite de plusieurs parties pratiques. Cet écrit, partie en vers hexamètres, partie en prose, a pour titre : De coloribus et artibus romanorum.

Ernesti. — Le 1ᵉʳ chapitre du 1ᵉʳ livre, et les 5ᵉ et 6ᵉ du 2ᵉ de l'Archæologia litteraria d'Ernesti traitent : De marmoribus, de toreuticâ et de plasticâ. *Leipsiæ.* 1769. in 8°. (Il parle aussi de la peinture des anciens.)

Esegrenio (Filippo). — Primi elementi nella simetria, o sia commensurazione del disegno dei corpi umani *Padova.* 1600. in-fol.

Evelin (John). — Epigrams upon the paintings of the antient and modern masters. *London.* 1700. in-12. Il est l'auteur d'une histoire de la gravure, sous le titre de Sculptura, or the History and art of chalcography and engraving in copper. *London.* 1755.

## F.

Fabbroni (Giov.). — Antichità, vantaggi e methodo della pittura encausta. 20 pages. *Roma.* 1797. in-4°. Voy. aussi sur ce sujet l'Antologia Romana de la même année. — Dissertation sur le fameux groupe de Niobé.

Faberinano (Giov.-Gilio. da). — Dialogue sur les erreurs commises par les peintres contre l'histoire. Ce dialogue contient beaucoup d'autres observations utiles. 1564. 4°.

Falconet (Œuvres d'Etienne). — Sur les arts. 6 vol. *Lausane.* in-8°.

Fanti. — Descrizione completa di tutto cio che ritrovasi nella galleria di pittura e scultura di S.-A. Giuseppe Wenceslao del S. R. J. principe regnante della casa di Litchenstein, dove chiaro apparisce, tanto la spiegazione di pensieri di tutti gli autori, quanto il pregio delle storie e delle favole che ne' quadri si trovano espresse unitamente al compendio delle vite degl' istessi pittori; data in luce da Vincenzio Fanti pittore Viennese. *Vienna.* 1767. in-4°. Voy. nouv. Bibl. v. s. w. n. o. j. vol. 7. p. 293, 304.

Fantuzzi (Marco.-Co.). — Notizie del canonico Gio.-Andrea Cazzarini di Pesaro insigne pittore e letterato. *Venezia.* 1804. in-4°.

Farcy (C.) — Nouveaux précis de perspective, 1 vol. *Paris.* 1819. avec des planches. — Essai sur le dessin et la peinture, relativement à l'enseignement. — Résumé et application des principes élémentaires de perspective. *Paris.* 1822. in-4° oblong. — Cours élémentaire de perspective, à l'usage des dames, avec des figures et dessins lithographiés. 1 vol. *Paris.* 1823. in-8°.

Farrington. — Sur la vie de J. Reynolds, article inséré dans l'Edinburgh-Review.

Faujas de St.-Fond. — Sur la théorie de la chaux et sur la cause de la durée du mortier. — Recherches sur la pozzolane. (Questions qui se rapportent au matériel de la peinture à fresque, à l'encaustique, etc.)

Fayole. — Essai sur le goût, lu à la séance de la veillée des muses, le 7 messidor. *Paris.* an VIII.

Fea (Carlo). — De l'histoire de l'art.

Federici (il Padre.) — Memorie trevigiane su le opere di disegno. *Venezia.* 1813. in-8°. — Sur les peintres de Naples. Voy. Astorri.

Felibien (André). — Entretiens sur les vies et les ouvrages des plus excellens peintres anciens et modernes. 1 vol. *Paris.* 1666. — 2 vol. *Id.* 1672. in-4°. — Réimprimé en 3 vol. *Id.* 1685. in-4°. — 2 vol. 1688. in-4°. — 5 vol. *Id.* 1696. in-4°. — 5 vol. *Londres.* 1705. in-8°. — 6 vol. *Amsterdam.* 1706. in-12. — 6 vol. *Trévoux.* 1725. in-12. — 6 vol. *La Haye.* 1736. in-8°. — Principes de l'architecture, peinture et sculpture, avec un dictionnaire. 1699. in-4°. — Recueil historique de la vie et des ouvrages des plus célèbres architectes. 4 vol. *Paris.* 1669, 1687 et 1693. in-4°. — Idée du peintre parfait, jointe à la dernière édition des entretiens sur la vie des peintres. — Traité des dessins, des estampes, de la connaissance des tableaux et du goût des nations; à la suite aussi de la dernière édition de la vie des peintres. — Les quatre élémens, peints par Lebrun, et la famille de Darius.

Felibien Desavaux. — Description des maisons de Pline, le consul, avec des remarques sur l'architecture, sur l'antique et sur le gothique. *Paris.* 1699.

Fénélon. — Dialogue sur la peinture. *Amsterdam.* 1731. in-12. (Ils sont joints à la vie de Mignard, par l'abbé Monville.)

Fergusson (J.). — The art of Drawing in perspective made easy to those who have no previous knowledge of mathematics. *London.* 1765. *Idem.* 1778. *Id.* 1810. in-8°.

Fernow. — Vie de Castrens, peintre allemand, mort à Rome en 1798. — Études romaines, renfermant trois dissertations. *Zurich.* 1806. in-8°; la 1re sur Canova; la 2e traite de l'inspiration de l'artiste; et la 3e traite du beau dans les arts, et est destinée, dit le rédacteur des archives littéraires, n° 33, a engager une discussion sur l'idéal, sur le vrai et le beau, sur l'expression et sur les modèles. (Cet ouvrage a été annoncé dans la Gazette universelle d'Allemagne. Août 1806.)

Ferrand. — Traité sur la peinture en émail et en miniature. *Paris.* 1721 et 1732. in-12. — Pernety, page 118, cite une traduction par d'Antiquer-d'Ablancourt, d'un traité latin sur l'art de la verrerie (1718), par un fameux chimiste allemand; il cite encore une lettre du fameux Petitot ou plutôt Peidot, à son fils, pour lui servir de guide dans la peinture en émail.

FERRAND DE MONTHOLON. — Sur l'établissement de l'école des arts.

FERRARIUS (Octavius). — Dissertatio de pantomimis et mimis. Voy. Calliachus.

FESEL (Christoph), en allemand. — Théorie de la peinture, ou Instruction sur la peinture d'histoire, à l'usage des commençans. *Wurtzburg*. 1792. in-8°. — Malertheorie, etc. ou Théorie de la peinture, etc. *Bamberg*. 1811. in-8°.

FEUILLET. — La Chorégraphie, ou l'Art d'écrire la danse par caractères, signes et figures démonstratives. La deuxième édition parut en 1701.

FIALETTI (Edoardo). — Primi elementi della pittura, cioè il modo per disegnare con facilità tutte le parti del corpo humano; ampliato in grazia degli amatori del disegno. in-4°. — Habits des différens ordres religieux. *Paris*. 1658.

FICHTNER. — De eo quod justum est circà picturam. *Altorf.*, in-4°.

FIERLI (Georg. de Cortone). — Du mérite des statuaires étrusques, comparé à celui des statuaires grecs. — Traduit dans le 4ᵉ tome du conservatoire des sciences et des arts de Jansen.

FIGUEROA (Benito-Pardo di). — Examen critique du tableau de la Transfiguration. 1 vol. *Paris*. 1804. in-8°.

FILHOL fils. — Cours historique et élémentaire de peinture, gravé par lui. *Paris*. de 1802 à 1815. 11 vol. in-4°. fig. — Concours décennal ou Collection gravée des ouvrages de peinture, sculpture, architecture et médailles, mentionnés dans le rapport de l'institut de France. *Paris*. 1812. in-4°.

Fioravanti. — Miroir universel des sciences et des arts. *Paris*. 1586. in-8°.

Fiorillo (le professeur). — Discours sur différens objets d'art. — Recueil de petits écrits composés par des artistes. *Goetting*. 1798. in-8°. — *Id*. 2 vol. 1803. in-8°. — Histoire des arts du dessin, depuis la renaissance des arts, jusqu'à nos jours : il en a paru 2 volumes, le 1er contient l'histoire des écoles romaine et florentine; le 2e, celle des écoles vénitienne, lombarde, et des autres écoles d'Italie. *Goëttingue*. 1798. in-8°. *Id*. 1801. — Dans ses Kleine Schriften, 1805. in-8°, il a tracé l'histoire de la peinture et de la perspective chez les anciens, depuis la renaissance chez les modernes. — Histoire de la peinture. *Berlin*. 1811.

Fleuret. — L'art de composer les pierres factices, etc. 2 vol. *Paris*. 1818.

Florent (le comte). — Introduction à la connaissance des beaux-arts, figurés sur les tableaux, les statues et les estampes. *Amsterdam*. *Bruxelles*. 1700. — Cabinet de singularités, d'architecture, peinture, sculpture et gravure. 3 vol. (fig. de Bernard Picart). *Paris*. 1699. in-12. 1700. — Sur l'école florentine. — Sur la peinture sur verre.

Florettus (Benoist, sous le nom supposé d'Udeno Nisieli). — Progymnasmata poetica. Voy. le 3e vol. chapitre 36, 37, 39, 41 et 42, où il traite du pathétique.

Fludd (Robertus, ou De fluctibus). — Tractatus de arte picturæ. *Francfort*. 1624. in-fol.

Fond (De la, de St-Yenne), de Lyon. — Réflexions sur quelques causes de l'état présent de la peinture en France et sur le salon de 1746. *La Haye*. 1746. in-12. — Lettre sur l'exposition des ouvrages de peinture, de sculpture, et sur les réflexions ci-dessus. 1747. — Lettre de l'auteur des réflexions sur la peinture et sur l'examen des tableaux de 1746.

Fonseca (Joannes). — De picturâ veterum.

Fontanesi (Francesco). — Discorso sulle opere di scultura del Clemente. *Reggio.* 1826. in-8°.

Fontenay (l'abbé Louis-Abel). — Dictionnaire des artistes. 2 vol. *Paris.* 1776. petit in-8°. — 2 vol. *Id.* 1782. — Abrégé de la vie des peintres, gravés dans la galerie du palais-royal. 1784. in-fol.

Fontenelle (De). — Discussion sur les anciens et sur les modernes.

Fontinguerri (Nicolas). — Orazio in lode della pittura, scultura e architettura. (Ce traité se trouve au 2e volume des Frose degli Arcadi.) *Roma.* 1718. in-8°.

Foppa (Vincenzio). — Trattato della pittura e quadratura del corpo umano.

Formey. — Discours et réflexions sur le goût (il se trouve dans son discours préliminaire de l'édition du père André, sur le beau). *Amsterdam.* 1764.

Forster. — Voyage philosophique et pittoresque sur les bords du Rhin, à Liège, dans la Flandre, etc., traduit de l'allemand, par C. Pongens. 2 vol. *Paris.* 1795. in-8°.

Forti (Franc.-Scanelli da). — Il microscomo della pittura. *Cesena.* 1657. in-4°.

Fosbrooke (le révérend T.-D.). — Encyclopédie d'antiquités.

Fougeroux, de Bauderoy. — Sur la fabrique des mosaïques (à la suite de ses recherches sur les ruines d'Herculanum). *Paris.* 1770. in-8°.

Fouquet (mademoiselle). — Traité de la peinture en miniature. — Depiles (élémens de peinture) cite une seconde édition de cet ouvrage, attribué, dit-il, à mademoiselle Fouquet; cette 2e édition fut imprimée à *La Haye*, en 1708.

Fourcroy. — Rapport sur les couleurs pour la porcelaine. (Annales de chymie, 25e volume. 1798.)

Fraguier. — De l'ancienneté de la peinture. (Cet écrit se trouve au premier volume des Mémoires de l'académie des belles-lettres.) Il parle aussi de la perspective des anciens.

Francesconi. — Conjectura che una lettera creduta di Baldessar Castiglione sia di Raffaello d'Urbino. *Firenze*. 1799.

Franchi (Antoine). — La teoria della pittura, ovvero Trattato delle materie più necessarie per apprendere con fondamento quest' arte. *Lucca*. 1739. in-8°.

Francœur (L.-B.). — Du dessin linéaire. *Paris*. 1819. in-8°. — Divers rapports concernant l'art du dessin.

Franco (Nicolo). — Dialogo della bellezza. *Venezia*. 1542. in-8°.

Franchini (Gioseffo, Guidelotti). — Vita di Domenico Maria Viani, pittore Bolognese. *Bologna*. 1716. in-8°.

François (J.-Ch.). — Un livre à dessiner.

Franklin (Thomas). — The triumph of the arts, writen on the institution of the royal academy Jan 1769. Voy. Neue bibliotheck. D. S. W. U. D. F. K. vol. 8. pag. 181.

Fréard (Rolland). Voy. Chambray.

Fredon, de la Bretonnière. — Observations raisonnées sur l'art de la peinture, appliquées à la galerie de Dusseldorf. 1776. 8°.

Freherus, Maquardus. — Theatrum virorum eruditorum. 2 vol. *Noribergœ*. 1688. in-fol.

Friesen (Joh.-Fridmanus). — Perspectiva. Vermehrt durch Samuel Maroloys. *Amsterdam*. 1628. in-fol. — Partie seconde, par Albert Gérardt. *Id.* 1628. in-fol.

Frisius (Martinus). — Dissertatio de erroribus pictorum. *Hafniæ*. 1703. in-4°.

Fuessli (Jean-Gaspard). — Cours ou leçons de peinture. Voy. Fuessil (J.-Rud.).

Fuessli (Jean-Rudolph). — Geschichte der berühmtesten Künstler in der Schweiz, erster Band mit Bildnissen, ou Histoire des plus célèbres artistes de la Suisse, avec leurs portraits, et de quelques allemands. 3 vol. *Zurich*. 1754, 1756, 1769. in-8°. — Lexicon, etc. ou Dictionnaire général des artistes, ou Notices sur les ouvrages des plus célèbres peintres, sculpteurs, graveurs, etc., continué par son fils (Jean-Gaspard). *Zurich*. 1818.

Funcii (Nicolas). — Dissertatio de picturæ usu et origine : cet ouvrage se trouve avec ses Dissertationes academicæ, page 470 et suiv. *Lemgo*. 1745. in-8°.

Funcius (Joh.-Gasp.). — Tractatus de coloribus cæli. *Ulmæ*. 1716. in-8°.

## G.

Galini (Pauli). — Criticals observations on the art of Dancing.

Galland. — Sur la peinture à huile, du temps de Marc-Aurèle.

Gallani. Voy. Giovanni.

Galle (Tomaso). — Ritratti degl' illustri pittori fiamminghi. Voy. Baldinucci, notizie de' professori del disegno. tom. 2. p. 270. secolo 4. décennale 1. p. 211.

Gallerati (Francesco). — Instruzione intorno alle opere de pittori nazionali ed esteri, esposta in publico nella città di Milano con qualche notizie degli scultori ed architetti. Parte prima. *Milano.* 1777. in-8°.

Galt. —West's (Benj.). Life and studies prior to his arrival in London. *London.* 1816. in-8°.

Gamelin. — Nouveau recueil d'ostéologie et de myologie pour l'utilité des sciences et des arts. 2 volumes avec description. in-fol.

Gandinelli. Voy. Angelis.

Garcia-Hidalgo (dom Joseph), peintre. — Principes du dessin. Il y traite de l'anatomie, du matériel de la peinture, du mode d'enseignement de la gravure à l'eau forte, avec des notes sur les peintres espagnols. 1691.

Garcia de la Huerta (D. Pedro). — Comentarios de la pintura encaustica del Pincel. 1 vol. in-8°. *Madrid.* 1795. (Il indique, ainsi qu'il suit, dans son chap. 27, l'ouvrage d'Artorri, Memoria sobre la pintura con la cera al encausto, del senor Juan-Maria Astorri. Voy. Astorri.)

Garingeot. — Miotomie humaine et canine, ou la manière de disséquer les muscles de l'homme. 2 vol. *Paris.* 1750. in-12.

Garnier (Adolphe). — Observations sur le beau, servant d'introduction à l'analyse de l'ouvrage de M. Massias.

Garsault. — Anatomie du cheval, avec figures. *Paris.* in-4°.

Garve, en allemand. — Dans la nouvelle bibliothèque des belles-lettres, on trouve un article sur le choix des sujets intéressans. Voy. aussi le 12e vol. de ses œuvres diverses. *Leipsick.* 1779. in-8°.

Gaucher (C.-E.). — Le désaveu des artistes. *Paris.* 1776. *Florence.*

Gault, de Saint-Germain. — Edition de Léonard de Vinci. *Paris.* 1803. Voy. Léonard de Vinci. —

Sur les passions, ouvrage avec gravures. — Guide des amateurs de peinture dans les collections générales et particulières; les magasins et les ventes; utile aux artistes, aux marchands, aux commissionnaires de l'Europe. 1 vol. *Paris.* 1816. in-8°. — Guide des amateurs de tableaux pour les écoles allemande et hollandaise. 2 vol. *Paris.* 1818. in-12.

Gauricus (Pomponius), neapolit. — Dialogi de sculturâ, sive statuariâ veterum. *Florent.* 1504. in-4°. Voy. le 9ᵉ vol. du Trésor de Gronovius.

Gauthier de Montdorge. Voy. Montdorge.

Gauthier (Emmanuel). — Observations sur la notice de la galerie des antiques du musée Napoléon. *Paris.* an XI. 1803. in-12.

Gautier (H.). — L'art de laver, ou Nouvelle manière de peindre le papier, suivant le coloris des dessins qu'on envoie à la cour. 1 vol. *Lyon.* 1687. in-12.

Gautier d'Agoty (Henri), de Nismes. — Art de laver. *Paris.* in-8°. — Kunst taschen. *Nurnberg.* 1719, 1764 et 1766. in-8°. — Observations sur l'histoire naturelle, sur la physique et sur la peinture, avec des planches imprimées en couleur. 18 parties formant 3 vol. *Paris.* 1752, 1753 et 1755. in-4°. (Cet ouvrage a été continué à dater de juillet 1756, par M. Toussaint.)

Gayot de Pitaval. — L'art d'orner l'esprit en l'amusant. 4 parties. *Paris.* 1732. in-8°. (Il y traite de la peinture).

Gazzoni (Thomaso). — Schauplaz aller Künste und Handwerker durch Mathaeus Merian herausgegeben und von Jobst Ammon gezeichnet, ou Théâtre des arts et métiers, publié par Mathieu Mérian, avec fig., par Jobst Ammon. *Francfurt.* 1620. in-4°. *Id.* 1641. in-4°. — La piazza universale di tutte le professioni del mondo. *Venezia.* 1589. in-4°. — En allemand, avec les figures en taille-douce, par Mérian. *Francfurt* 1649. in-4°.

Gelée. — Tyrocinia artis pictoriæ. 19e morceau.

Gelehrsamkeit. — Philosophische gedanken vonder maler kunst in dem abrisse von dem musten zustande; 1. stnek, ou Pensées philosophiques sur la peinture. *Goëttingen.* 1740. in-8°.

Gemålde. — Raccolta della imperiale real galleria. *Vienna.* 1796.

Gérard (Alex.). — Essay on Genius. *London.* 1774. — Essay on Taste. *Edimburg.* 1789. — *Id.* with three dissertations on the same subject; by MM. Voltaire, d'Alembert et Montesquieu. *London.* in-8°.

Gerbelius (Nicolaüs). — Pro declaratione piçturœ Liber; sive descriptiones Grœciæ septem. *Basileæ.* 1550. in-fol.

Gersaint. — Catalogue raisonné des tableaux de M. de L'Orangère. *Paris.* 1744. — *Id.* des tableaux de Rembrandt. *Paris.* 1751. in-12.

Gherardi (Pietro). — Descrizione delle pitture esistenti in Modena nella ducal galleria. 1744.

Ghezzi (Giuseppe). — Le tre belle arti, pittura, scultura, architettura, mostrate sull Campidoglio nell academia del disegno. *Roma.* 1716. in-4°. — Le Buone arti sempre più gloriose nel Campidoglio. *Roma.* 1704. in-4°.

Ghiberti, célèbre statuaire florentin. — Ouvrage inédit sur la sculpture.

Gibelin. — Discours sur la nécessité de cultiver les arts d'imitation, lu à l'institut de Paris, le 15 messidor an VIII. — Sur la peinture encaustique, antique et moderne. *Paris.*

Gibs. — Rules of Drawing. *London.* 1728. in-fol. *Id.* 1753.

Gibson. — On Horses : avec figures. 1751.

Giglio (Giovan-Andrea da Fabriano). — Due dialoghi. Nel secondo si raggiona dagli errori de' pittori circà le storie, con molte annotazioni fatte sopra il giudizio universale dipinto dal Buonarotti, ed altre figure. *Camerino.* 1564. in-4°.

Giglio (Guilio - César). — La pittura trionfante, poëma.

Gilpin. — Observations on the river dye and several parts of south wales relative chiefly to picturesque beauty. *London.* 1782. in-8°. — Five Essays on the picturesque. *Breslau.* 1799 et 1808. in-8°.

Giovanni (monsignor). — I tre libri di prospettiva commune, con le annotazioni di Giovanni Paolo Gallani. *Venezia.* 1593. in-fol.

Giovo (monsignor). — Notizie sopra il Musso, pittore Piemontese.

Girardin. — De la composition des paysages, ou moyen d'embellir les habitations champêtres, en y joignant l'utile à l'agréable. *Paris.* in-8°.

Girodet. — La Critique des Critiques du salon de 1806. *Paris.* 1806. in-8°. (Le Barbier attribue cet opuscule à Girodet.)

Godefroy. — Lettre à jeune artiste, sur la peinture. *Paris.* 1816. in-18.

Gœrée (Wilhelm). — Natuursyken schilderkonstig ontwerp der menschenvende, ou Connaissance de l'homme, sous le rapport de la peinture, avec fig. *Amsterdam.* 1682. in-8°. — Schilderkonst, ou Introduction à la pratique de la peinture. *Gravenhage.* 1696. in-8°. et à *Amsterdam.* 3e édition. 1697. — Sur l'usage des couleurs aquarelles. *Hamburg.* 1678. in-8°. et à *Amsterdam.* 3e édition. 1697.

Gœthe. — Il est l'auteur d'un journal périodique, intitulé : les Propylées, en allemand. *Tubingen.* 1798.

Voy. le tome 6ᵉ des Archives litt. 4ᵉ année. — Dissertation sur les Niobés, et sur le Laocoon. Voy. le Magasin encyclopédique, 6ᵉ année. — Doctrine sur les couleurs. — Beitraege zur Farbenlehre von. tome 2, pag. 97, 103.

Goguet (Antoine-Yves). — Sur l'origine des lois des arts et des sciences. — En anglais. 3 vol. *London*. in-8°. — En allemand, par G.-L. Hamberger. 3 vol. *Lemgo*. 1761. in-4°. — En italien. 3 vol. *Lucca*. 1761. in-4°.

Goltzius (Ubertus). — Vita Lamberti, lombardi pictoris celeberrimi. *Brugis*. 1565. in-8°.

Gool (J.-Haan.-Van). — De neuwe Schauburg der nederlansche Kunst-Schilder en Schilderessen. 2 deel in, ou Vie des peintres flamands. 2 vol. *Gravenhage*. 1750. in-8°. *Id*. 1752. in-8°. Voy. Hoet. — Nouveau théâtre de peinture. En hollandais. 2 vol. *La Haye*. 1750. in-8°.

Gori. Voy. Condivi.

Gorleus (Abraham). — De sculpturâ, cœlaturâ, etc. dans sa Dactyliotheca. *Amsterdam*. 1609. in-4°.

Gotti (le père). — Recherches sur les premiers peintres florentins.

Gottscheds (Joh.-Christoph). — Handbuch der schœnen Künste und Wissenschaften, ou Manuel des beaux-arts. *Leipzick*. 1760. in-8°.

Graham (Richard). — Account of the most eminent Painters both ancients and moderns, continued down to the present time according to the order of their succession. *London*. 1716. in-8°. Voy. Dufresnoy.

Graham (Maria). — Mémoires sur la vie de Nic. Poussin, traduits de l'anglais en français. 1 vol. *Paris*. 1821.

Graindorge. — Traité de la nature du feu, de la lumière et des couleurs. *Caen*. 1680. in-4°.

GRAMMIUS (John), scriptor societatis regiæ hafnensis. — Dissertatio de artificio naturæ quo certarum rerum imagines in fenestris vitreis gelu obductis representantur, tome 3. Voy. l'ouvrage suivant. — Untersuchung der Frage woher die Figuren und Gestalten der Kræuter, Bæume und allerhand andre Gewæchse welche man bisweilen an den Glasscheiben zu Winterszeit gewahr wird. *Hamburg*. 1748. in-8°.

GRANO. Voy. Hakert.

GRAVELOT (Bourguignon dit). — Almanach iconologique ou des arts, pour l'année 1764, orné de figures avec leurs explications. 10 volumes. *Paris*. de 1764 à 1773. in-4°. (M. Cochin en a publié une suite de 1774 à 1780, inclusivement. 7 vol. in-4°.)

GRAVESEND (G. de S^t-). — Essai de perspective, avec l'usage de la chambre obscure. *La Haye*. 1711. in-8°.

GREGORY (G.). — Dictionnary of the arts and sciences. 2 vol. *London*. 1806. in-4°. — Dictionnaire complet des sciences et des arts. *London*. 1810. in-4°.

GRIEGOS (de los). — Examen del quadro de la Transfiguratione. 1 vol. in-8°. Voy. Figueroa.

GRIFFOUL D'ORVAL. — Essai sur la sculpture en bas-relief. — *Paris*. 1822. in-8°.

GRIGOREVITCH (Vassili-Bazile). — Journal des beaux-arts. *Pétersbourg*. 1823.

GROSE (Fr.). — Principes de caricatures, suivis d'un essai sur la peinture comique, traduit de l'anglais en français, avec additions. 28 planches. *Paris*. 1802. in-8°. *Id.* 1812.

GRUBERS (J.-G.). — Wœrterbuch, etc. ou Dictionnaire de l'Æsthétique. 2 vol. *Weimar*. 1810. in-8°.

GRUNDE (J.-J.) — Die malerei, etc. ou Essai sur la peinture des Grecs. *Dresde*. 1811. in-8°.

Guarco (le comte). — De l'usage des statues chez les anciens. 1 volume, avec gravures. *Bruxelles*. 1768. in-4°.

Guarienti. Voy. Orlandi.

Guattani. — Mémoires sur le musée de Mantoue. 1784.

Guattani. — Memorie encyclopediche, ouvrage périodique qui parut à Rome en 1805; il a été suivi d'un autre qui a pour titre : Notizie sulle antichità e belle arti di Roma. *Rom*. 1805. in-4°. avec figures.

Guérin. — Description de l'académie royale de peinture et de sculpture. 1 vol. avec grav. *Paris*. 1715. in-8°. Insérée dans le 1er vol. de la description de Paris, par Piganiol de la Force.

Guettard (Jean-Etienne). — Mémoire sur différentes parties des sciences et des arts. 3 vol. in-4°.

Gueudeville. — Atlas historique. 6 vol. *Amsterdam*. 1705. in-fol.

Guevara (don Philippe). — Commentaire sur la peinture; ouvrage publié par don Antonio Ponz. *Madrid*. 1788. — Examen de la opinion del senor Guevara sobre el preteso uso del olio en las pinturas griegas y romanas.

Guibal (Nicolas), peintre, élève de Mengs. — Éloge du Poussin, morceau qui a remporté le prix de l'académie de Rouen. 1783. (L'éloge historique de Mengs et le catalogue des tableaux qui se trouvent indiqués dans ses œuvres, sont aussi de M. Guibal.)

Guicciardini. — Account of ancient flemish School of painting. in-4°. 1795.

Guidelotti. Voy. Franchini.

Guido Ubaldi ou Guidus. — Sur la perspective.

GUIDOTTI (Angelo-Maria-Alberto). — Nuovo trattato di vernici ad uso della china. *Bologna.* 1764. in-8°.

GUILLON (l'abbé Aimée). — Essai sur le Cénacle de Léonard de Vinci. 1810. in-8°. — Dissertation sur une ancienne copie de la scène de Léonard de Vinci. *Paris.* 1817. in-8°.

GUIZOT (J.). — De l'état des beaux-arts en France, et du salon de 1810. 1 vol. in-8°. — Sur les allégories en peinture.

GUMPENBERGIUS (Guilielmus). — Atlas Marianus, sive de imaginibus Dei-paræ per orbem. *Ingolstadii.* 1657. in-12.

GUNTHERS (Georg.-Christoph). — Practische Anweisung zur Pastell-Malerei, ou Instruction pratique sur la peinture en pastel. *Nuremberg.* 1762. in-4°. 1792. in-4°.

GURLITT, en allemand. — Dissertation sur l'art de la mosaïque. *Hamburg.* 1806. — Sur les médailles antiques. — Sur les pierres gravées. — Sur les bustes antiques. — Sur les camées. — Programmes d'invitations pour les distributions des prix annuels au collége de Johannes, à Hambourg.

GUTLE (J.-C.), en allemand. — Sur les vernis. 1800.

GUTTIERREZ (Gaspar). — Noticia de las artes liberales. *Madrid.* 1600. in-4°.

GUYARD, de Troyes. — Réflexions sur les principes invariables du goût. Voyez le journal de Verdun. Mai. 1753.

GUYTON. — Bibliothèque italienne, ou Tableau des progrès des sciences et des arts, en Italie, par MM. Julio Vassali, Landi et Rossi, extrait par M. Guyton. Voy. les Annales de chimie, 2e cahier, p. 203.

GWIN (John). — Essay on Darwing. *London.* 1749. in-8°.

# H.

HACHETTE. — Traité de géométrie descriptive. Voy. Monge. — Traité de perspective, avec planches. *Paris*. 1822. in-8°. (Cet ouvrage fait partie de la nouvelle description des arts et métiers, publiée par M. E. Babeuf.)

HAGEDORNS (Christian-Ludwig). — Abhandlung über verschiedene alte Denk-Malerei, ou Réflexions sur la peinture. 2 vol. *Leipsick*. 1762. in-8°; traduites en français, par Michel Hubert. 2 vol. *Id.* 1775. in-8°. — Lettre à un amateur de la peinture, par J.-C. Janneck, avec des éclaircissemens historiques sur un cabinet de Dresde et sur les auteurs des tableaux qui le composent; ouvrage entremêlé de digressions sur la vie de plusieurs peintres modernes. *Dresde*. 1755. in-8°. — La continuation du journal de Dresde. 1755.

HAGENAVER (Jean-Baptiste). — Traité sur les proportions du corps humain, avec fig. *Vienne*. 1791.

HAKERT (Filippo). — Memorie de' pittori messinesi, scritte dal sig. Gaetano Grano. *Napoli*. 1792. in-4°. — Dell' uso delle vernici, Lettera e Riposta.

HALFPENNY. — Perspective made easy. in-4°.

HALTENS (Peter). — Perspectivische Reiszkunst, ou du dessin perspectif. *Augsbourg*. 1625. in-fol.

HAMBURGISCHES. — Description de la méthode de transporter un tableau d'une toile sur une autre. Voy. le magasin encyclopédique. tome 14, p. 205.

HAMILTON, éditeur des vases étrusques de sa collection. — Mémoire sur l'expression. *London*. 1766.

HAMILTON. — Schola italica picturœ, sive selectœ quædam summorum e scholâ italicâ pictorum tabulæ. *Roma*. 1773. in-fol. — Stereography or a complet body of perspective in all its branches, avec 130 grav. *London*.

1738. *Id.* 1748. 2 vol. in-fol. *Id.* sous le titre de : Hamilton's elements of drawing for studens. 51 planch. in-8°. 1812.

Harms (Antoine-Frédéric). — Table historique et chronologique des plus fameux peintres anciens et modernes. *Brunswick.* 1742. in-fol. (Il en acheva une seconde édition où se trouve une classification nouvelle avec les élèves de chaque maître.)

Harpus. — Sur le beau. *London.* 1810.

Harris. — Lexicon technicum. 3 vol. *London.* 1704, 1716 et 1725. in-fol. — Three essays on poetry, music and painting. *London.* 1744. in-8°. — Traduit en allemand. *Danzig.* 1756. in-8°. — Autre édition ayant pour titre : Three treatises concerning the arts of music, painting, etc. *London.* 1783. in-8°.

Harte (Walter). — Essay on painting; in his poëms on several occasions. *London.* 1727. in-8°.

Hartig (le comte de). — Essai sur les avantages que retireraient les femmes en cultivant les sciences et les beaux-arts. *Prague.* 1775. in-8°.

Hartman (Georges). — Perspective. *Paris.* 1756. in-4°.

Hartmann Schopper. — De omnibus illiberalibus sive mechanicis artibus, et de humani ingenii sagacitate atque industriâ, jam inde ab exordio nascentis mundi usque ad nostram ætatem, etc., avec figures. *Francfurt.* 1574.

Hasseus. — Dissertatio de piâ et liberali pictorum phantasiâ circà Christi crucifixi imaginem. *Silusiæ.* 1694. in-4°.

Hauchecorne (l'abbé). — Vie de Michel-Ange. *Paris.* 1783.

Hawkins (John-Sydney). — De la manière de peindre

sur verre, usitée dans les édifices ecclésiastiques du moyen âge. — Voy. son history of gothic architecture. 1 vol. *London.* 1814. in-8°.

HAYLEY. — Poetical épistle to an eminent painter. *London.* 1778. in-4°. — Life of Georges Romney. fig. *London.* 1809. in-4°.

HÉBERT (Amateur). — Iconographie, ou Discours sur les quatre arts d'architecture, peinture, sculpture et gravure, avec des notes historiques, cosmographiques, chronologiques, généalogiques et monogrammes, chiffres, lettres initiales, logogryphes. 5 vol. *Paris.* 1767. in-8°.

HEINEKENS (Charles-Henri de). — Lucidum perspectivæ speculum, avec 93 grav. *Augsbourg.* 1727. in-fol. Avec 126 grav. *Id.* 1753. —Nachrichten von Künstlern und Kunstsachen, ou Nouvelles des artistes et des arts, avec plusieurs estampes. 2 vol. *Leipzick.* 1768. *Id.* 1769. in-8°. — Dictionnaire des artistes dont nous avons des estampes, avec une partie détaillée de leurs ouvrages gravés. 4 vol. 1778 et 1790. in-8°. (Ce Dictionnaire ne conduit qu'à la syllabe *diz*). — Idée générale d'une collection complète d'estampes. *Leipzick.* 1740. *Vienna.* 1771. in-8°.

HELLERS (Joseph).—Das Leben und die Werke Albert-Durers, ou Vie et Œuvres d'Albert-Durer. 3 vol. avec fig. *Bamberg.* 1827.

HERDER, en allemand. — Si la peinture produit un plus grand effet que la musique, dialogue qui se trouve dans ses œuvres diverses. *Gotha.* 1785. in-8°.

HÉREAU (J.). — Tableau élémentaire du squelette de l'homme, pour un cours de zoonomie, considérée dans ses rapports avec les arts, avec un planche lithographiée. *Paris.* 1820.

HERMSTERHUIS (le fils), en français. — Lettre sur la sculpture à M. Théodore de Smith, ancien président des échevins de la ville d'Amsterdam. 1 vol. avec 4 gravures. *Amsterdam*. 1769. in-4°.

Heurtier. — Observations sur le goût dans les beaux-arts : lues à l'institut, séance du 6 vendémiaire an xiii.

Heyne. — Commentationes duæ super veterum ebore, eburneisque signis. Voyez le 1er volume des nouveaux mémoires de la société royale de Gœttingue. 1774, et ses mémoires sur les antiques. — Distinction entre les faunes, les pans, les satyres, etc. en allemand, *Leipsick*. 1779. — Dissertation sur la toreutique, en allemand. (Dans ses Antiquarische Evœrterung, tom. 2, p. 127 et 128.) Cette dissertation a éte traduite en français par M. Jansen, à la suite de la traduction de l'Art de Winckelmann. — Plusieurs autres écrits précieux, relatifs à l'art.

Hickey (Thomas). — Storia della pittura e della scultura dei tempi antichi. tom. 1. (Cet ouvrage, écrit en italien et en anglais, porte aussi le titre suivant : The history of painting and sculpture. *Calcutta*. 1788. in-4°.)

Higgins (B.-M.-D.). — Experiments and observations made with a wiew of improving the art of composing and applying *Calcareous cements*, and of preparing *Quick-Lime*, with the theovy of these arts.

Highmore (J.). — Practice of perspective. *London*. 1784. in-4°.

Hirschfeld. — Rapprochement de l'art des jardins et de celui de la peinture. Voy. le 1er volume du Magasin de Gotha. — Théorie du jardinage. — Sur la grandeur et la variété, dans le jardinage.

Hirt. — Sur les différentes méthodes de peindre chez les anciens. 1779. — Iconologie mythologique et archœologique de l'art, avec 12 planches et 26 vignettes. *Berlin*. 1805. in-4°. (M. Bœttiger a fait des observations sur la première livraison de cette Iconologie, dans le *Sincère* (journal), année 1805, n° 94 et 95. — Des limites de la poésie et de la peinture. — Histoire de la plastique chez les anciens. — Examen critique des monumens antiques qui composent la galerie de Florence : inséré dans l'Amalthéa de Bœttiger.

Hoare (prince), secrétaire de l'académie royale de Londres. — De l'état présent des arts du dessin en Angleterre : inséré dans la bibliothèque britannique. 1807. in-4°. — Epochs of arts, including historical observations on the most celebrated periods of painting and sculpture in Grece, Italy and France, with a view of their rise and progress in England. *London.* 18.. in-8°. — The artist : a series of essays, relative to painting, poetry, sculpture, architecture, etc. 2 part. *London.* 1812. in-4°.

Hoa-Ta-Ie. — Ce livre chinois a été composé par un jésuite, en 1640, sous l'empereur Tsong-Tchin. Dans la préface il parle des sculpteurs et des peintres. Catal. Bibl. Reg. Paris, n° 46, p. 398. Voy. Fourmont, grammatica sinia, pag. 500. *Paris.* 1742. in-fol.

Hodory de Hoda (Carl.). — Ars delineandi, coloribusque localibus adumbrandi. 1790. in-8°.

Hoet (Gérard). — Fondement du dessin, par Bodart. *Leyde.* 1723. in-fol. — Anmerkungen op het eerste en tweede deels der neuwen Schauburg, ou Notices sur les 1er et 2e volumes de la vie des peintres, par van Gool.

Hœffelni (l'abbé). — Voy. ses observations sur la mosaïque des anciens, dans le 5e volume, n° 3, p. 89 de ses Commentaires historiques académiques. *Manheim.* 1783. in-4°.

Hoffmann, en allemand. — Essai d'une histoire de l'harmonie pittoresque en général, et de l'harmonie des couleurs en particulier. *Halle.* 1786. in-8°.

Hofstœter, en allemand. — Essai d'une histoire de la sculpture chez les anciens. *Vienne.* 1778. in-8°.

Hogarth. — Analyse de la beauté, traduit de l'anglais en français, 2 vol. avec gravures. — Sur la traduction d'Hogarth, par Jansen. Voy. le Mercure de France du 21 octobre 1805. — Works, etc. ou Œuvres authentiques de William Hogarth, publiées par Nichols. 2 vol. *London*. 1811. — Hogarth Restored, in a complete edition of the works of that much admired artist, by Thomas Cook (110 planches, mesure de l'original), with descriptive letter press, in a separate vol. *London*. 1803. — Hogarth's analysis of beauty. 1772. in-12. — Biographical anecdotes of Hogarth, by J. Nichols. *London*. 1785. in-8°. — Hogarth's genuine works, illustrated with bibliographical anecdotes, by Nichols and Stevens. *London*. 1808 et 1818. in-4°. *Id.* with the supplement. — Hogarth illustrated, by John Breland, première édit. 3 vol. in-8°. — Graphic illustrations of Hogarth, by the same Breland. 5 vol. in-8°. avec beaucoup de planches. 1791 et 1794.

HOLCROST. Voy. Lavater.

HOME (Evrard). — Sur l'œil et le mouvement musculaire de cet organe. Voy. la Bibliothèque britannique, tom. 17.

HOPE (William), et le sieur de Solley sell. — Complete horseman, discovering the most secrets marks of the beauty, goodness and imperfections of horses. *London*. 1707.

HOPE. — Costume of the antients : avec 200 planches gravées au trait. 2 vol. 1812.

HOOFNAIL. — Observations on colours. *London*. 1738. in-8°.

HOOGSTAETEN (Van-Samuel), en hollandais. — In leyding tot de hooghe school der schilderkunst, ou Introduction dans l'art de la peinture. *Middleb*. 1641. in-4°. *Rotterdam*. 1678. in-4°.

HORN (Huldreick). — Des sujets de l'histoire sacrée, ou Œuvres des peintres dans les représentations des sujets de la Bible. *Francfurt.* 1723. in-8°. *Leipsick.* 1723. in-8°. (Il a publié sur la même matière des ouvrages sous les noms de Balsnicensis J.-Ch. de Belitz, phil. Rohr, etc.) — Sur les symboles et les emblêmes.

HORT. — Sur l'origine des différentes beautés d'imitation figurées chez les Grecs. 1822.

HOUBLOUP. — Théorie lithographique, ou manière d'apprendre à imprimer soi-même. 1 vol. in-8°. 6 pl.

HOUBRAKEN (Arnold). — De groote Schauburg der nederlandsche Kunst-Schilder en Schilderessen, waarvan veele met hune Bildnissen ten toonces verschynen en hun Levensgedrag en Kunst-Worken beschreeven worden zynde on Vervolg op het Schilderboek, van Karl van Mander, ou Vies des peintres des Pays-Bas, depuis l'an 1466, jusqu'en 1659, avec 67 feuillets en taille-douce. 2 vol. *Amsterdam.* 1718. in-8°. *Gravenhage.* 1750, 1753 et 1754. 2 vol. in-8°.

HOUDIQUER OU HAUDICQUER DE BLANCOURT. Voy. dans son Art de la verrerie l'article de la peinture en émail.

HUARTE (Juan). — Examen de ingenios para las ciencias. *Amsterdam.* 1657. in-12. *Madrid.* 1668. in-4°. — En allemand. *Vittemberg.* 1751. in-8°.

HUBERT. Voy. Rost. — Un Hubert est cité dans l'Encyclopédie, à l'article *Otto-Vennius*, ou *Octave-Van-Veen.*

HUCH (Ernest-Louis), en allemand. — Différence entre la peinture, en tant qu'elle appartient aux beaux-arts, et la peinture-métier, prouvée d'une manière pratique. *Halle.* 1775. in-8°. — La philosophie des sculpteurs. *Brandeburg.* 1775. in-8°.

HUERTA. Voy. Garcia.

HUET. — Lettre sur la pourpre. Voy. les dissertations de Tilladet, tom. 2, p. 169.

Hugford (Ignario-Enrico). — Vita di Ant.-Domenico Gabbiani pittor fiorentino, descritta da Hugfort suo discepolo. *Firenze.* 1762. in-fol. Voy. Bottari.

Huldreick. Voy. Horn.

Humbert (de Superville), membre de l'Université de Leyde. — Nouvelle Théorie des beaux-arts. (On en trouve une indication détaillée dans la Revue encyclopédique. Décembre 1824.)

Humbert (Abraham). — Ouvrages divers. *Berlin.* 1747. in-12. *Guettingue.* 1747. in-12.

Humboldt (Mme De). — Description des meilleurs tableaux qui existent en Espagne.

Humboldt. — Essais Æsthétiques.

Hume. — Elements of criticism. *London.* 1748.

Hunter (Robert). — Lettre sur l'enthousiasme, trad. de l'anglais, par Samson. *La Haye.* 1709. in-12.

Huret. — Optique de portraiture et de peinture. 1675. in-fol.

Husgen. — Notice sur quelques artistes de Francfort. — Sur la vie et sur les ouvrages des peintres et sculpteurs de Francfort. *Francfort.* 1780. in-8°.

Husly. — Sur la perfection des proportions de la figure humaine; discours prononcé à Amsterdam, le 19 avril 1767.

Husson. — Eloge historique de Callot, noble Lorrain, célèbre graveur, avec son portrait. *Bruxelles.* 1766. in-4°.

Hutcheson. — Recherches sur l'origine des idées que nous avons de la beauté et de la vertu, trad. par Eidons. 2 vol. *London.* 1790. in-8°.

## I.

Imison. — Ecole des arts mécaniques. (On trouve dans

cet écrit plusieurs choses sur les beaux-arts. ( Voy. le Moniteur du 30 juillet 1815.)

Isabeau. — Perspective-pratique, comprenant la perspective linéaire et aérienne, et les notions du dessin linéaire, à l'usage des ouvriers. 11 planch. lithographiées. *Paris*. 1827.

## J.

Jablonski (Jos.-Theod.). — Allgemeines Lexicon der Künste und Wissenschaften verbessert von J.-J. Schwaben, ou Lexicon universel des beaux-arts et belles-lettres, augmenté par J.-J. Schwaben. 4 mai. *Kœnisberg*. 1767. in-4°.

Jack. — Panthéon des artistes et des littérateurs de Bamberg. *Erlangen*. 1821. in-8°.

Jacobi (Joh.-G.). — De lectione poetarum recentiorum pictoribus commendandâ : Programma. *Hall*. 1766. in-4°.

Jacobs (Gaspar-Philippe), graveur d'Amsterdam. — Introduction raisonnée de la perspective. 60 pl. *Amsterdam*. 1767. in-8°. (L'auteur a pris pour base l'ouvrage de Désargues et de Bosse.)

Jacobs (F.). — Reichthum, etc., ou De la richesse des Grecs en ouvrages d'art. *Munich*. 1812. in-4°.

Jacquier (François). — Traduction de la perspective de Taylor.

Jal (Gustave). — L'ombre de Diderot et le Bossu du Marais, dialogue critique sur le salon de 1819. in-8°. *Paris*. 1819.

James (le révérend G.-T.). — The italian Schools of painting, ou les écoles italiennes de peinture, avec des observations sur l'état actuel de cet art. 1 vol. *Londres*. 1820. in-8°.

Jamitzers (Wenzel). — Perspectiva corporum regularium, etc. d. i. eine fleissige Fürweisung wie die sunt regulirtem corpes Jobst ammann. *Nuremberg.* 1564. in-fol. *Idem.* 1568. in-fol.

Jansen. — Conservatoire des sciences et des arts, ou Recueil de pièces intéressantes sur l'antiquité, la mythologie, la peinture, la musique, le geste et l'action théâtrale, les belles-lettres, la philosophie; traduit de diverses langues. 6 vol. avec 42 fig. *Paris.* an 2. in-8°. — Recueil de différentes pièces sur les arts, par Winckelmann, traduit de l'allemand. 6 vol. *Paris.* années 1786 et suivantes. in-8°. — De l'allégorie, extrait par Jansen d'après Winckelmann, Adisson, Sulzer, etc.

Jauregui d'Aquilar (Don-Juan), peintre espagnol. Il écrivit en vers un dialogue sur la nature, la peinture et la sculpture. Il florissait en 1619.

Jarry de Mancy. — Atlas historique et chronologique des littérateurs anciens et modernes, des sciences et des beaux-arts (Las Cases, éditeur). *Paris.* 1826.

Jaubert. — Dictionnaire raisonné universel des arts et métiers. 5 vol. in-8°. *Paris.* 1773. 5 vol. in-8°. *Lyon.* 1801.

Jay. — Choix des lettres de Bottari, traduites en français, avec additions, etc. *Paris.* 1817.

Jeaurat. — Traité de perspective. 1 vol. in-4°. *Paris.* 1750.

Jombart (Charles-Antoine). — Méthode pour apprendre le dessin, enrichie de 100 planches d'après Raphaël. *Paris.* 1755. in-4°.

Jobiot. — Due lettere al sig. caval. M. Galdi sul metodo degli antichi nel dipingere i vasi. (Voy. Le Magasin encyclop. Janvier 1814.)

Josse (Math.). — Perspective, en latin-français. *Londres.* 1612. in-fol. avec 35 grav. *Paris.* 1635. in-fol.

Joubert (F.-E.). — Manuel de l'amateur d'estampes.

*Paris.* 1821. 3 vol. in-8°. Dans la 1re partie du 1er vol., on trouve un essai sur le génie considéré comme principe des beaux-arts.

JOULLAIN (C.-F.). — Réflexions sur la peinture et la gravure. 1785. in-12. On y traite du commerce des tableaux.

JOZÉ (de Cunha-Taborda). — Regras da arte da peintura. *Lisboa.* 1815. in-4°.

JUNGERUS (Joa.-Fran.). —Dissertatio de inanibus picturis. *Lipsiæ.* 1679. in-4°.

JUNIUS (Franciscus ou François Dujoug). — De picturâ veterum. 1 vol. *Amsterdam.* 1614. in-fol. fig. 1637. in-4°. — Grœvius en a donné une nouvelle édition très-augmentée et corrigée, qui doit être préférée à la précédente. *Rotterdam.* 1694. in-fol. — Publiée aussi en anglais. 1638. — Autre édition latine, citée par Lanzi. 2 vol. *Rotterdam.* 1594. in-fol. — Le même en hollandais, par Junius lui-même. 1 vol. in-4°. *Middelbourgh.* 1641. — Une partie de la préface de F. Junius a été traduite en français par Chambray dans son livre intitulé Idée de la perfection de la peinture.

JUNKER, en allemand. — Principes de la peinture. *Zurich.* 1775. in-8°. — Sur la manière de représenter le Père-Éternel, d'après les idées des Grecs. Voy. l'ouvrage intitulé : De l'allégorie.—Extrait par Jansen. Voy. Jansen.

## K.

KANT (M.-Emmanuel). — Critique du jugement, etc. *Koenisb.* 1766. in-8°. Il y traite de l'œsthétique et il s'y trouve (dit Villers, philosophie de Kant) une philosophie neuve et profonde du goût, du beau, du sublime dans les arts. Il a donné en 1764, dit le même traducteur, des Considérations sur le sentiment du beau et du sublime, qu'on a traduit en français. *Paris.* 1786. Voy. Keratry.

KANOLD, médecin de Breslaw, en allemand. — Mémoire sur la nature des beaux-arts. *Leipsick.* Voyez Neickelius.

Kenntnisz. — Derjenigen Künste die sich auf die Zeichnung gründen, und besonders von der Malerey aus der franzœsischen Bibl. der s. W. u. der f. K. 7 vol. P. 11—31, ou Des arts qui servent de fondement à la peinture. Voy. la Biblioth. des sciences et des beaux-arts. 7 vol. pages 11—31.

Keratry. — Du beau dans les arts d'imitation, avec un examen raisonné des productions des diverses écoles de peinture et de sculpture, et en particulier de celle de France. 2 vol. in-12. *Paris.* 1822. — Considérations sur le sublime et le beau d'après la doctrine de Kant. 1 vol. in-8°. *Paris.* 1822. — Annuaire de l'école française de peinture, ou Lettres sur le salon de 1819. 1 vol. in-12. *Paris.* 1820. — Le guide de l'artiste et de l'amateur, contenant le poëme de la peinture de Dufresnoy, avec une traduction nouvelle, revue et suivie de réflexions, des notes de Reynolds, de l'essai sur la peinture par Diderot, d'une lettre sur le paysage par Gesner, de trois lettres tirées du Paresseux, sur l'observation des règles, l'imitation de la nature et la beauté. 1 vol. in-12. *Paris.* 1823. — Dans l'encyclopédie des dames, les articles architecture, sculpture, peinture, gravure, sont du même auteur. 5 ou 6 vol. avec figures.

Kerndverfers (L.-E.). — Handbuch der Deklamation, ou Manuel de déclamation. 2 vol. in-8°. *Leipzick.* 1813.

Kersaint (de). — Discours sur les monumens publics. *Paris.* 1790. in-4°.

King (H.). — A letter on poetry, painting and sculpture. *London.* 1768.

Kirby (Joshua). — The perspective of architecture, a work Entirely new; deduced from the principles of D. Brook Taylor, and performed by two rules of universal application. 75 planches. *London.* 1761. 2 vol. in-fol. —

Commencé d'après les ordres du prince de Wales. — The description, and use of a new instrument called the Architectonic Sector, by which any part of architecture may be drawn with facility and exactness. 25 pl. — Perspective made easy in theory and pratice. 1755. in-4°. 1768. (avec deux frontispices par Hogarth).

Kircher. — Primitiæ gnomonticæ catoptricæ. in-4°. — Ars magna lucis et ombræ. 2 vol. *Roma.* 1646. in-fol.

Klein (le professeur). — Voyez le 2° volume de son ouvrage sur les vies et portraits des Allemands célèbres. *Manheim.* 1786. in-fol.

Klotz (Christian-Adolphe). — Antiquaire allemand. Recherches sur l'allégorie. — Epistolæ homericæ. *Altenburgo.* 1764. in-8°. Voy. la Gazette littéraire de l'Europe. p. 194 et 196. année 1765. — Ueber das Studium der Alterthümer, ou Sur l'étude de l'antiquité. *Halle.* 1766. in-8°. — Traité sur l'usage et l'utilité des pierres gravées. *Altenburg.* 1768. — Essai pour servir à l'histoire du goût et des arts, d'après les médailles. Ces deux ouvrages sont en allemand.

Kluber (Joh.-Lud.). — Dissertatio de picturâ contumeliosâ. *Erl.* 1787. in-4°.

Klyn (M.-H.-H.). — Discours sur la nécessité d'encourager les beaux-arts et de leur donner une direction utile et convenable, lu à l'Institut royal des Pays-Bas (séance du 29 novembre 1826). — Des rapports que les beaux-arts établissent entre le monde matériel et le monde intellectuel, discours lu à la même séance.

Knorr (Georg.-Wolf). — Dialogue entre Albert-Durer et Raphaël : avec gravures. *Nüremberg.* 1738. in-8°. — Allgemeine Künstler-Geschichte oder berühmter Künstler Leben, Werke und Verrichtungen, ou Histoire universelle des artistes les plus fameux, leurs ouvrages et leurs manières. *Nüremberg.* 1759. in-4°. — Histoire des artistes.

Koech (Peter). Voy. Cook.

Kœnig (J.-C.). En allemand. — La philosophie des beaux-arts. Le dix-septième chapitre traite du choix des sujets intéressans.

Kœppen (Cr.). — Lettres sur le paysage. Voy. ces diverses lettres traduites dans le magasin encyclopédique. tom. 3. 1804. Voy. aussi les archives littéraires. tom. 3. an XII.

Kopps (V.-F.). — Bilder und Schriften der Vorzeiten, ou Images et écritures des anciens tems. 1 vol. in-8°, avec des gravures coloriées et des figures gravées en bois. *Manheim*. 1819.

Kratzenfteins (Frid.-Wilh.). — Pracktische Abhandlung wie man Zeichnungen und Risse schœn ansteichen und mit Farben illuminiren soll, ou Traité pratique du dessin des plans géométriques, et du coloris. *Nüremberg*. 1766. in-8°.

Krucsacius ou Krübsacius. — Gedanken über dem Ursprung, etc. Réflexions sur l'origine, les progrès et la décadence des ornemens ou décors dans les beaux-arts. *Leipzick*. 1759. in-8°. *Id*. 1773. in-8°. Voyez une notice sur cet ouvrage dans le Journal étranger. Septembre 1761.

Krunitzs (J.-B.). Œkonomische Encyclopedie, etc., Encyclopédie économique, ou Sujet général de l'économie politique, rurale, domestique et de l'histoire des arts. 125 volumes. *Berlin*. 1816. in-8°, avec fig. (Cet ouvrage a été continué par Flœrke.)

Kuch (Peter). Voyez Cook.

Kuhls. — Sur le goût.

Kuhns (Wilhelm). — Kurzer Bericht von der Proportion des Menschens, ou Notices sur les proportions du corps humain.

Kunckel. — Art de la verrerie. Il traite de la fabrication des couleurs. Voyez Neri.

# L.

Labillardière. Voyez River.

Lacaille. — Leçons et élémens d'optique. 1 vol. in-8°. *Paris*.

Lacombe de Prezel. — Dictionnaire iconologique, ou Introduction à la connaissance des peintures, sculptures, médailles et estampes. *Gotha*. 1758. in-8°. *Paris*. 1779.

Lacombe, avocat. — Dictionnaire portatif des beaux-arts. *Paris*. 1753. in-8°. — Spectacle des beaux-arts. *Id*. 1758. in-12. — L'amateur, ou Nouvelles pièces et dissertations françaises et étrangères pour servir aux progrès du goût et des beaux-arts. *Paris*. 1762. — On y trouve des réflexions sur le coloris, tirées la plupart d'un mémoire de M. Oudry.

Lacour, père et fils. — Antiquités bordelaises. — Sur l'état de l'art transplanté en France par les colonies romaines.

Lafontaine. — Académie de la peinture, nouvellement mise au jour pour instruire la jeunesse à bien peindre à l'huile et en miniature. *Paris*. 1679. in-12.

Lairesse (Gérard de). — Les principes du dessin, avec figures. *Amsterd*. 1719. in-fol. — *Id*. 1727. in-fol. — En allemand, par Samuël-Théodore Gerike. *Berlin*. 1703. in-4°. — Neue erœfnete Schule der Zeichnungs-Kunst, mit 120 Kupferstiche. *Leipzick*. 1746. in-fol. — Le grand livre des peintres, en hollandais (plusieurs éditions). — Traduit en français, par Jansen. 2 vol. *Paris*. 1787. in-4°. — Traduit en anglais. 1778.

Lamani. — Règles fondamentales de la perspective, par le moyen du cercle proportionnel, avec figures. *Ausburg*. 1759. in-8°. *Id*. 1768. in-8°.

Lambert (J.-H.), en allemand. — Instruction sur la manière de tracer toute élévation en perspective, sans avoir besoin d'un plan. *Zürich*. 1739. in-8°. *Id*. 1774.

in-8°. — Une traduction française de cet ouvrage a paru à Zürich, en 1759. in-8°. — Traité sur les propriétés les plus remarquables de la route de la lumière (en allemand). *La Haye.* 1759.

LAMI (Giov.). — Dissertazione sui pittori e scultori italiani che fiorirono dal 1000. al 1300. Cette dissertation a été insérée dans le Trattato del Vinci. *Firenze.* 1792.

LAMO (Alessandro). — Discorso intorno alla scultura e pittura dove si ragiona della vita e delle opere di Bernardino Campo. *Cremona.* 1784. in-8°.

LAMO (Pietro). — Su le pitture di Bologna, manuscrit dont le chev. Lazara possède une copie.

LAMOTTE (Charles). — Essay upon poetry and painting, with relation to the sacred and profane history. *London.* 1730. in-12.

LAMPSONIUS (dominicus). — Episcopo Leodiensi a secretis effigiis, etc. — Elogia pictorum germaniæ inferioris. *Antverpiæ.* 1572. in-4°. — Vita Lamberti lombardi pictoris celeberrimi. — Vers composés à la louange de Lucas Gassel, paysagiste, etc.

LAMY (le père Bernard). — Perspective. *Amsterdam.* 1734. in-8°, ouvrage où sont contenus les fondemens de la peinture. *Paris.* 1701. in-8°. — Il en a paru une traduction anglaise. *Londres.* 1702. in-12.

LANA (François). — Dans son Prodromo alle arti, il traite de l'invention du dessin, du coloris et des différens genres de peinture.

LANCISI (Giov.-Maria). — Anatomia, pel l'uso ed intelligenza del disegno, ricercata non solo su gli ossi e muscoli; mà dimonstrata ancora su le statue antiche più insigni di Roma; delineata per el studio della regia academia di francia, e preparata sui cadaveri dal dottore Bernardo Genga, avec fig. *Roma.* 1641. in-fol.

LANDI. Voy. Guyton.

LANDON (C.-P.). — Vie et œuvres des peintres les plus célèbres de toutes les écoles. in-8°. 22 vol. *Paris*. 1803. 1812. — *Id*. 2e édition. *Paris*. 1812. 1818. — Choix des tableaux et statues des plus célèbres musées et cabinets étrangers. in-8°. *Paris*. 1821. — Annales du musée et de l'école moderne des beaux-arts, avec observations critiques et abrégées sur la vie des artistes. in-8°. *Paris*. 1824. avec fig.

LANE (Lasino), parigino. — Principi del disegno per imparare l'arte della pittura, inventati et intagliati da Michel Lasino, parigino.

LANG (C.), en allemand. — Bibliothèque des arts, destinée aux peintres, dessinateurs, graveurs et sculpteurs, en forme de lettres. *Etlangue*. 1789. — Il a donné une suite de cet ouvrage sous le titre de Lettres à l'usage des peintres, dessinateurs, etc. 2 vol. *Francfort*. 1791. in-8°. *Id*. 1792. in-8°.

LANGLOIS (François). Voy. Tavernier.

LANGLOIS (E.-N.). — Mémoire sur la peinture sur verre, avec fig. *Paris*. 1823. in-8°.

LANSELLES (de). — Leçons de dessin et de lavis. *Paris*. 1767.

LANZI (Luigi), abbate. — Storia pittorica della italia, dal risorgimento delle belle arti fin presso al fine del 18 sec. 6 vol. in-8°. *Bassana*. 1809. — 6 vol. in-12. *Pisa*. 1815. — 6 vol. in-8°. *Firenze*. 1822. — Traduite en français, et abrégée avec des notes, par Francillon; elle renferme 80 gravures d'après des tableaux peu connus des meilleurs maîtres, et choisis dans les collections particulières de Londres et de Paris. *Paris*. 1823. 1 vol. in-8°. — Traduite en français d'après l'édition troisième et en 3 vol., par Mme Armande Dieudé. 5 vol. in-8°. *Paris*. 1824. — Abecedari pittorici, loro autori, edizioni e giudizio, etc. Voy. la préface de sa Storia pittorica. pag. 20. — Notizie su la scultura degli antichi, e su varj suoi stili. Ces notices insérées dans le 3e volume de son ouvrage, intitulé Saggio di lingna

Etrusca, devaient servir de préambule à une grande description du musée de Florence, mais cet ouvrage fut suspendu.

Larisse (Héliodore de). — Deux livres d'optique, imprimés par Erasme Barthole, en grec et en latin. *Paris.* 1657. in-4°. — Traduction de Pérénas. 2 vol. 1767. in-4°.

Laserre (l'abbé). — Discours sur les causes de la décadence du goût. *Nismes.* 1768.

Lastri (l'abbé). — L'Etruria pittrice. *Firenze.* 1791. 1795. 2 vol.

Laugier (le père), jésuite. — Manière de bien juger des ouvrages de peinture. *Paris.* 1771. in-12. — Essai sur l'architecture (il a traité du beau). *Paris.* 1755. 3e édition. grand in-8°.

Laure. — Sur la peinture. Cet auteur, contemporain de Félibien, est probablement le même que Laure qui a publié en latin une description des monumens de Rome.

Laurence. — Introduction to comparative anatomy and physiology. 1816. Voy. Blumenbach. — Remark, etc. ou Remarques sur les marbres d'Elgin ou du Parthénon. Voy. le catalogue des estampes gravées d'après l'antique (dernière section).

Laurens (Paul). — Mémoire sur la perspective aërienne. Ce mémoire a été adressé à l'Académie des sciences, le 14 novembre 1825.

Laurent. — Douze tables anatomiques, tirées du Vesale, par Beger le jeune. *Berlin.* 1700. in-fol. Il est probablement le même que Laurentius, cité par Hoogstraëten, comme étant le meilleur auteur sur l'anatomie des peintres.

Laurent. — Traité de perspective, à l'usage des artistes. *Paris.* 1827. in-8°.

Lautensacks (Heinrich). — Unterweisung der perspectiva und proportion der Menschen und Rosse, ou Sur les proportions des hommes et des chevaux. *Francfort.*

1564. in-fol. — Instruction sur l'usage du compas et de de la règle, et en particulier sur la perspective, en allemand. *Franckfort.* 1567. in-fol. — Unterweisung zum Gebrauch des Cirkels und Richtscheits. *Franckfort.* 1618. in-fol. avec figures.

LAVATER. — Essais on physiognomomy, by Holcrost. 3 vol. *London.* 1799. — Physiognomomie. 4 vol. in-4°.

LAVIT (J.-B.-O.). — Traité de perspective. 2 vol. in-4°, dont un de fig. *Paris.* 1804.

LAVOCAT. — Dictionnaire portatif des beaux-arts. *Paris.* 1732. in-8°. — En Italien. *Venezia.* 1758. in-8°.

LAZZARI (D.-Andrea). — Dizionario storico degl' illustri professori delle belle arti della cità d'Urbino.

LAZZARI (Tullio). Voy. Orsini.

LAZZARINI (Giov.-Andrea), canon. — Dissertazione sopra l'arte della pittura : on la trouve à la page 97 et suivantes du second volume de la Nuova raccolta de' opusculi scientif. e filosof. réimprimé. *Pesaro.* 1783. in-4° — Autres Dissertations. *Pesaro.* 1806. — Relazione delle pitture del duomo di Osimo. — Catalogo delle pitture delle chiese pesaresi. — Alcune osservazioni su le megliori pitture di Pesaro.

LEBAS DE COURMONT. — De la peinture sur verre. *Paris.* 1825. in-8°. — Vies des peintres, sculpteurs et architectes les plus célèbres, par G. Vasari, traduites en français par Lebas de Courmont, avec les notes de Bottari. *Paris.* 1803. 3 vol. in-8°.

LEBATTEUX. — Les beaux-arts, réduits à un même principe. *Paris.* 1746. — Traduit en allemand, et réfuté par Schlegel. *Paris.* 1773.

LEBICHEUR. — Leçons de perspective.

LEBLANC (l'abbé). — Observations sur les arts et sur quelques morceaux de peinture et de sculpture exposés au Louvre. 1747. in-4°. — Lettre à M***, contenant quelques observations sur le poëme de l'art de peindre. *Paris.* 1760. in-4°. — Observations sur les ouvrages de MM. de l'Académie de peinture et sculpture, exposés au salon. *Paris.* 1753. in-12.

Leblon (J.-C.). — L'art d'imprimer les tableaux, traité d'après les écrits, les opérations et les instructions verbales de J.-C. Leblon. *Paris.* 1756. 1 vol. in-8°. — Ce livre contient deux parties : la première est intitulée L'Harmonie du coloris dans la peinture, réduite en pratique mécanique et à des règles sûres, ou Traité du coloris. Il n'y est question que du mélange des matières par rapport aux degrés de teintes ou de tons. La deuxième partie est intitulée Opérations nécessaires pour graver et imprimer des estampes, en imitation de la peinture selon le système de J.-C. Leblon. Cette partie est imprimée en anglais et en français. Le titre anglais commence par Colorito or the harmony of colouring painting, reduced to mechanical pratice under easy and infaillible precepts. *London.* 1737. in-4°. — Voyez les mémoires sur l'Italie. tom. 2. p. 143. 1764. — Voy. les mémoires de Trévoux. p. 965. 1727. — Voy. l'histoire de l'Académie des sciences. p. 46 et suiv. Juillet 1702.

Leblond (l'abbé), de l'Académie des inscriptions et belles-lettres. — Lettre d'un amateur des beaux-arts (cette lettre a pour objet le St Alype de Caffieri). 1790. in-8°.

Lebrun (Charles). — Traité de la physiognomie, ou Livre de portraiture pour ceux qui commencent à dessiner. *Paris.* in-fol. — Méthode pour apprendre à dessiner les passions, proposée dans une conférence sur l'expression générale et particulière. *Paris.* 1667. in-8°. *Amsterd.* 1702. in-8°. *Id.* 1706. in-12. — Et dans le 5e vol. des entretiens sur les vies des peintres, par Félibien. *Trèves.* 1725. in-12. — Dissertation jointe au traité de Charles Lebrun. *Paris.* 1806.

Lebrun. — Galerie de Lebrun. 1800. — Essai sur le paysage. *Paris.* 1822. 1 vol. in-8°. — Almanach historique et raisonné des architectes, peintres. etc. *Paris.* 1776. in-12.

LECARPENTIER (C.-L.-F.). — Essai historique sur le Dominiquin, lu à la Société d'émulation de Rouen, le 9 juin 1813. — Essai sur le paysage, dans lequel on traite de diverses méthodes pour se conduire dans l'étude du paysage, suivi de courtes notices sur les plus habiles peintres en ce genre. 1817. in-8°, avec fig. — Galerie des peintres célèbres, avec des remarques sur le genre de chaque maître. *Paris.* 1821.

LECAT. — Dissertation sur le goût. Voy. les nouveaux mémoires de l'Académie de Berlin. — Dissertation sur les passions.

LECLERC (Sébastien). — Discours sur le point de vue. *Paris.* 1679. — Traité de géométrie, théorique et pratique. *Paris.* 1774. —Pratique de géométrie. *Paris.* 1669.

LECLERC (L.-Jh.). — Sur l'excellence de la sculpture antique. Union du beau moral au beau physique. Voy. la séance de l'oratoire du 7 messidor an XI. — Fragment d'un mémoire sur la sculpture. *Paris.* 1815. in-8°. 4 f.

LECOMTE. Voy. Florent (le comte).

LEFÉBURE DE S^t-ALPHONSE (le baron). — Manière d'enluminer l'estampe posée sur toile. *Londres.* 1773. in-8° de 8 pages.

LEGATI (Dominico). — Poesie di diversi autori latine e vulgari fatte nella morte di Michel-Agnolo Buanarotti. *Firenze.* 1564. in-12.

LEGRAND (Augustin). — Ode sur le beau, lue à la Société académique des sciences de Paris, tenue à l'hôtel de Bullion, le 14 juin 1807. — Dissertations sur le paysage et le dessin. *Paris.* 1816. in-8°.

LEIST. — Sur la peinture à l'huile.

LEMÉE (François). — Traité des statues. *Paris.* 1688. in-8°.

Lemière. — La peinture, poëme en trois chants. *Paris.* 1769. in-4°.

Lenkers (Hans). — Perspectiva. *Nüremberg.* 1567. in-fol. *Id.* 1571. in-fol. *Id.* avec fig. *Ulm.* 1617. in-4°.

Lenoir (Alexandre). — Description des monumens français. — Observations scientifiques et critiques, sur le génie et les principales productions des peintres et autres artistes les plus célèbres de l'antiquité, du moyen-âge et des temps modernes. *Paris.* 1822. — La vraie science des peintres, ou Recueil de préceptes et d'observations, formant un corps complet de doctrines sur les arts dépendans du dessin. *Paris.* 1823. 2 vol. in-8°. avec fig. — Dissertations, recherches et observations critiques sur les statues dites Vénus de Médicis, Vénus du Capitole, Callipyge, et autres, etc. *Paris.* 1822. in-8°. — Observations sur la peinture sur verre. *Paris.* 1824.

Lens (André). — Le costume, ou Essai sur les habillemens et les usages de plusieurs peuples de l'antiquité, prouvé par les monumens. *Liège.* 1777. in-4°, avec des notes de Martini. — Du bon Goût ou de la Beauté en peinture, considérée dans toutes ses parties. *Paris.* 1811. 1 vol. in-8°.

Leonardo de Vinci. — Trattato della pittura dato in luce con la vita del istesso autore, scritta da Raphaël Du Fresne, avec des gravures d'après les dessins faits par le Poussin. *Parigi.* 1651. in-fol. — *Napoli.* 1733. in-fol. — Il en a paru une nouvelle édition, augmentée de la vie de l'auteur, par François Fontani. *Florence.* 1792. in-4°. — Une autre avec fig. *Milano.* 1804. Voy. Amoretti. Le père Mazzenta a écrit sur la vie et les ouvrages de Léonard de Vinci, mais son écrit est inédit. — Traduit en français par Roland Fréart de Choambray. *Paris.* 1651. in-fol. *Id.* 1716. in-8°. *Id.* 1724 in-8°. — Traduit en anglais. *Londres.* 1721. in-8°. — M. Gault de S^t-Germain a publié une nouvelle édition française avec des notes. *Paris.* 1803. — Une autre édition avec des notes et le traité de Léon Alberti. — Une autre de l'abbé Amoretti, intitulée Trattato, etc., colle memorie storiche del medesimo. 1804. in-8°, avec fig. — Les carricatures de Léonard de Vinci, publiées par le comte de Caylus, en 58 feuilles. — Et une seconde fois par Mariette, avec une lettre au sujet de ces dessins. — On trouve un éloge de ce peintre dans le 3ᵉ volume des Illustres Toscans du docteur Durazzini. — Il a paru une nouvelle édition du traité de peinture de Léonard de Vinci, dans laquelle se trouve un long chapitre inédit, trouvé dans un manuscrit de la bibliothèque du Vatican. 1818. — Il existe des lettres de Léonard de Vinci, et deux entre autres écrites en 1511 à Charles d'Amboise, lieutenant du roi Louis XII, et l'autre, à un président; dans ces lettres il est question de deux tableaux de ce peintre, tableaux qu'on vient de retrouver. Voy. la Revue encyclopédique. Août 1824. tom. 23.

Lepicier (Bernard). — Les vies des premiers peintres du roi, depuis Charles Lebrun jusqu'à François Lemoine. *Paris.* 1752. in-12. — Catalogue raisonné des tableaux du Roi.

Leprince (le jeune). — Remarques sur l'état des arts du moyen-âge (Journal des savans). Octobre 1782.

Leroy. — Essai sur la perspective pratique. *Paris.* 1757. in-12.

Lespinasse. (L.-N.). — Traité de perspective linéaire, à l'usage des artistes, contenant la théorie et la pratique de cette science, d'après les meilleurs auteurs, enrichi de planches. *Paris.* 1801. in-8°. Nouvelle édition. *Paris.* 1824. in-8°. — Traité du lavis des plans. *Paris.* 1801.

Lessing. — Le Laocoon, ou Des limites de la peinture et de la poésie, traduit de l'allemand en français, par M. Vanderburg. *Paris.* 1802. in-8°. — Réponse au Laocoon de Lessing. Voy. le journal, intitulé Berlin. Voy. aussi la Dramaturgie de Lessing, traduction de Junker. — Sur l'antiquité de la peinture à l'huile. Voy. Soehnée.

Lesuire. — Coup-d'œil sur le sallon de 1785, par un aveugle. *Paris.* 1775. in-12.

Letrone. — Etat des arts chez les Egyptiens, etc.

Leukart, en allemand. — Traité de perspective. *Ausbourg.* 1616. in-fol.

Léveillé (Stanislas), ingénieur des ponts-et-chaussées. — Etudes d'ombres, à l'usage des écoles d'architecture. *Paris.* 1812. in-4°. 1 vol.

Lévêque, l'un des collaborateurs de l'Encyclopédie méthodique, partie des beaux-arts.

Levesou. — Discours sur la réunion de la peinture à la plastique, lu à la Société philantropique de Berlin, le 16 janvier 1813.

Lewis (Wilhelm). — Zusammenhang der Künsten aus dem Englischen mit Zusætzen von J.-H. Ziegler, ou Sur l'alliance des arts entre eux; traduit de l'anglais par Ziegler. *Zürich.* 1766. in-8°. — Geschichte der Farben, ou Histoire des couleurs. *Idem.* 1766. in-8°.

Libert (L.). — Traité élémentaire du dessin. *Lille.* 1811. 1 vol. in-12. — Traité élémentaire et pratique du dessin et de la peinture, à l'usage des jeunes artistes. *Paris.* 1825. in-12.

Lichteusteger (Georges), en allemand. — Proportions du corps humain, d'après des règles géométriques et arithmétiques. *Nüremberg.* 1746. in-fol.

Ligorius (Pyrrhus, patricius neapolitanus). — Historia picturæ et sculpturæ. Cet ouvrage se trouve dans la bibliothèque royale à Turin, où il y a 30 volumes de ses ouvrages. Voy. Kegslers-Reisen. tom. 1. p. 195; et Domenici, Vite de' pittori napolitani. tom. 2. p. 168.

Limiers. — Histoire de l'Académie, appelée l'Institut des sciences et des arts, établi à Bologne, en 1712. *Amsterdam.* 1725. in-8°.

Linguet. — Réflexions sur la lumière. in-12.

Lioni (Ottavio). — Ritratti di alcuni celebri pittori del secolo, 17 disegnati e intagliati in rame con le vite de' medesimi, tratte da vari autori. *Roma.* 1731. in-4°. On y trouve la vie d'Ottavio Lioni, de Ludovico Lioni, Tomasso Salini, Cristoforo Roncalli delle Pomerancie, Tempesta, Marcel-Provencal, Darpino, Vernet, Vanni, Baglioni, Guercino, Bernini, Carlo-Maratti.

Liotard. — Traité des principes et des règles de la peinture. *Genève.* 1781. in-8°.

Lipowsky (Fr.). — Lexicon et Dictionnaire des Artistes de la Bavière. *Münich.* 1810. in-8°.

Lippert. — Dans l'avant-propos de sa Dactyliothèque, il parle de la perspective des anciens.

Lomazzo (Giovanni-Paolo). — Trattato dell' arte della pittura e architettura nel qual si contienne tutta la theorica e la pratica di essa pittura, div. in 7 libri. *Milano.* 1584. in-4°. — Le même ouvrage existe encore sous le titre de Trattati dell' arte della pittura, scult. e archit. da G.-P. Lomazzo, in 7 libri, ne quali si discorse della proporzione, de moti, de colori, de lumi, della prospettiva, della pratica della pittura, con una tavola di nomi di tutti le pittori, scultori, architetti e matematici antichi e moderni. *Milano.* 1585. in-4°. *Id.* 1590. in-4°. — Traduit en anglais, par Haydock, avec la vie des peintres de Milan. *London.* 1598. in-fol. — Il existe une traduction française du 1er livre. *Toulouse.* 1649. in-fol. — A cet ouvrage il faut en joindre un autre du même auteur, intitulé Idea del tempio della pittura, nella quale si discorse della origine e del fondamento delle cose contenute nel Trattato dell' arte della pittura. *Milano.* 1571. in-4°. *Id.* 1590. in-4°. — Rime divise in 7 libri, intitulé J. Groteschi, con la vita del autore. *Milano.* 1587. in-4°. — M. Della forma delle Muse. *Milano.* 1591. in-4°.

Longhi (Alex.). — Compendio delle vite de' pittori veneziani istorici più renomati del presente secolo. *Venezia.* 1762. in-fol.

LORENZO il cavaliere. — Prospettiva.

LORGNA. — Sur la cire punique et sur le natrum, traduit en français de l'Italien. 30 pages. — Osservazione di un anonymo contra il discorso del cavaliere Lorgna.

LORIOT. — Sur la peinture en pastel. Voyez bibl. der s. W. u. d. f. K. tom. 11. p. 354.

LORMOY (Mme de). — Etudes et dissertations sur le paysage. *Paris.* 1818. in-12.

LOWTI ou LOWRY. — Treatise on perspective. *London.* 1812. 1 vol. in-4°.

LUCCHESE-LUCCA (Antonio). — Teoria della pittura. 1739.

LUCCHESINI (Vinc.). — Le tre belle arti in lega, etc. in difesa della religione. Orazio. *Roma.* 1716. in-8°.

LUCKOMBE (P.). — History and art of painting. 1771. in-8°.

LUDWIGS (Lau.-Theodor). — Tractat von Statuen, ouvrage cité dans les critische Beitræge. t. 2. p. 233.

LUYNES (cardinal de). — Lettre à M. Dupont, élève de M. Natier. Voy. la bibliothèque des sciences. tome 6e, p. 193-198.

LWICE. — Traité élémentaire d'optique. *London.* 1813. 1 vol. in-8°.

## M.

MACHIAVELLI (Alex.). — Della origine e progressi della pittura, scultura e architectura. *Bologna.* 1736. in-4°.

MACQUER. — Dictionnaire portatif des arts et métiers. *Paris.* 1756. 2 vol. in-8°.

MAJAULT. Voy. Caylus.

Magalotti (Lorenzo). — Lettere. *Firenze.* 1721. in-4°.

Magnani (Ab.). — Orazione in lode di belle arti. *Parma.* 1794. in-4°.

Magri (Carlo). — Sur l'état de la peinture dans le 6e siècle. Voy. une lettre de Magri, insérée dans le 14e volume des Opuscoli, publiés par Calogera.

Maier (Andrea). — Della imitatione pittorica, e delle opere e vita di Tiziano. Lib. 3. *Venezia.* 1818. in-8°. — Cet écrit a été réfuté par Joseph Carpani, mort à Vienne, en 1825. Voy. Carpani.

Malaspina (di Sannazzaro). — Delle leggi del bello applicato alle arti. — Memorie su gli apparenti caratteri delle inclinazioni e passioni, etc. ou Mémoires sur les caractères apparens des inclinations et des passions. *Milan.* 1826. in-8°. — 2e édition augmentée. (Voy. la collection des classiques italiens. in-8°.)

Malcom (J.-P.). — Essai historique sur l'art de la caricature. *London.* 1814. 1 vol. in-4°. avec 30 pl.

Malpez. Voy. Baverel.

Malton (James ou Th.). — A complete treatise on perspective in theory and pratice, on the principles of D. Brook-Taylor. *London.* 1776. in-4°.

Malvasia (Carl.-Ces.). — Felsina pittrice ovvero Vite de' pittori bolognesi. Voy. Vittoria. *Bologna.* 1678. in-4°. avec figures. — Le pitture di Bologna. *Bologna.* 1755.

Mancini (Ginlio). — Trattato sopra le pitture antiche. — Manuscrit de la bibliothèque de Sienne, cité par Lanzi. t. 1. pag. 303.

Mandelli (il padre). Voy. J.-B. Passeri.

Mander (Karel-Van). — Poésies et éloges des plus fameux peintres et sculpteurs. *Amsterd.* 1600. in-4°. — Het Schilder-Bœck. *Alcmaer.* 1603. — *Harlem.* 1604. in-4°.

— *Amsterd.* 1618. in-4°. — (Il commence à l'origine de la peinture à l'huile, c'est-à-dire depuis environ 1366, jusqu'en 1804.) — Voy. Houbraken. Traité de peinture.

Mandevar (Michel). — Principes raisonnés du paysage, publiés par M. Boudeville. *Paris.* 1808. 12 livraisons in-fol.

Manni (Domenico-Maria). — Del vero pittore Luca e del tempo del suo fiorire. *Firenze.* 1764. in-4°. — Dell' errore che persiste di attribuirsi le pitture al S. Evangelista. *Firenze.* 1766. in-4°. — Vite di alcuni artefici inserite nella raccolta del Calogerà. tom. 38. e 45. e negli opusc. milanesi. tom. 1. p. 73. Voy. Baldinucci.

Mannlich (J.-Ch. de). — Versuch, etc. Essai d'anatomie, à l'usage des dessinateurs, peintres, sculpteurs. *München.* 1813. 8 pl.

Mansi (monsignor Arcivescovo di Lucca). — Diario. Voy. Lanzi. tom. 5. p. 363. édition de Bassano. 1809.

Mansion, élève d'Isabey. — Lettres sur la miniature. *Paris.* 1823. 1 vol. in-12.

Manuce (Alde). — De cœlaturâ et sculpturâ veterum. Cet ouvrage se trouve dans le 9e tome du trésor de Gronovius.

Manzini (Giov.-Batista). — Lodi al signor Guido Reni, rime raccolte dall' imperfetto academico. *Bologna.* 1632. in-4°. — Il triomfo del pennello, ovvero compozitione sopra il Ratto d'Elena di Guido Reni. *Venezia.* 1633. in-4°. — *Bologna.* 1723. in-4°.

Marc, de Vesoul. — Essai sur la peinture. *Paris.* an IX. 1800. in-8°.

Marcenay. Voy. Deghuy.

Marchand (Prosper). — Dictionnaire historique. *La Haye.* 1758. in-fol. 2 vol.

Marcaeselli (Carlo-Francesco). — Pitture delle chiese

di Rimino, con nuove aggiunte di Giov.-Battista Costa. *Rimino.* 1754. in-8°.

MARÉCHAL (Sylvain). — Costumes civils actuels de tous les peuples. *Paris.* 1788. in-4°.

MARENIO (Jac.). — Speculum imaginum veritatis occultæ per symbola et emblemata. *Col.* 1661. in-8°. *Id.* 1681. in-8°.

MARIE (F.-C.). — Principes du dessin et du lavis de la carte topographique. *Paris.* 1825. in-4°.

MARIETTE. — Description des pierres en creux du cabinet du roi. *Paris.* — Lettre sur la fontaine de la rue de Grenelle. *Paris.* — Description des estampes gravées d'après le cabinet de M. Boyer d'Argenville, avec le caractère en abrégé de chaque peintre. *Paris.* in-fol. — Remarques sur Condivi. *Paris.* — Mariette a fait insérer dans le Journal étranger (août 1762) des notes critiques sur un écrit concernant Cranach.

MARINO. — Galleria del cav. Marino. Édition sans nom de pays et sans année. — Le même ouvrage. 1610. in-12. — Lettere. *Venezia.* 1628. in-12.

MARINONI (Jos.-Jac.). — De re ichnographicâ. *Viennæ.* 1751. in-4°.

MARIOTTI (Annibale). — Lettere pittoriche perugine. *Perugia.* 1788. in-8°. Voy. Orsini.

MAROLOIS. — La perspective, contenant la théorie et la pratique. *Amsterdam.* 1662. in-fol. Voy. Vredeman.

MAROLLES (l'abbé de). — Mémoires avec des notes historiques et critiques de Goujet. *Amsterd.* 1755. in-8°. 3 volumes.

MARSY (l'abbé de). — Poëme latin sur la peinture, intitulé : Pictura, carmen, traduit par Querlon. *Paris.* 1736. in-12. — Dictionnaire abrégé de peinture et d'architecture. 1746. in-12. 2 vol.

Martinez. — Planches anatomiques du corps humain. in-fol. avec un petit livre de texte.

Martinez (Joseph), peintre. — Discursos practicables del nobilissimo arte de la pintura; sus rudimentos, medios y fines que ensena la experiencia, con los exemplares de las obras insignes, de artifices illustres. — Manuscrit cité par Quillet dans son Dictionnaire des peintres espagnols. Martinez florissait en 1640.

Martini. Voy. Lens.

Mascagni. Voyez Antomarchi.

Mascheroni. — Géométrie du compas, ouvrage traduit de l'italien. *Paris*. 1798. in-8°.

Massias. — Théorie du beau et du sublime, ou Loi de reproduction, par les arts, de l'homme organique, intellectuel, social et moral, et de ses rapports : pour faire suite au livre du rapport de la nature à l'homme et de l'homme à la nature. *Paris*. 1824. 1 vol. Voy. Garnier.

Mathon (de la Cour). — Description des ouvrages de sculpture exposés au sallon en 1763. *Paris*. 1763. in-12. — Quatre Lettres à M*** sur les peintures, etc. exposées au salon du Louvre en 1763. *Paris*. 1763. — 1765 et 1767. (3 parties) in-12. 1767.

Mauclerc. — Sur les couleurs, brochure de 80 pages.

Maurolico. — De lumine et umbrâ. in-4°.

Mayer, professeur à Weimar, éditeur des œuvres de Winckelmann. — Esquisse d'une histoire de la sculpture chez les anciens, insérée dans le Magasin encyclopédique. tom. 3. an iv. — Essai sur la mixtion des couleurs et sur leurs quantités respectives dans le mélange. Entwurf einer Messung der Farben durch Hülfe der Vermischung. Voy. bibl. d. s. W. u. d. f. K. tom. 4^e^ p. 823—882. Il a écrit sur la peinture des Noces Aldobrandines; il parle du coloris de ce tableau, de sa composition, de son dessin, etc., à la suite d'un ouvrage de Bœttiger sur cette peinture. *Dresde.* 1810. in-4°. — Essai sur une histoire de la sculpture chez les anciens. Voy. le Magasin encyclopédique.

Mayer (Tobie). — Procédé pour multiplier les épreuves d'une peinture (mémoire inséré dans le recueil de l'Académie de Gœttingue, page 402). 1759. — Mémoire sur l'affinité des couleurs.

Maygrier (J.-P.). — Manuel de l'anatomiste, ou Traité méthodique et raisonné sur la manière de préparer soi-même toutes les parties de l'anatomie, suivi d'une description succinte et complète de ses parties. *Paris.* 1808, 1 vol. in-8°.

Mayol. — Introduction à la miniature. *Amsterdam.* 1771. in-12.

Mazeu (l'abbé). — Sur la peinture à la cire, Auszug aus einem Briefe über die alte Wachs-Malerei betreffend, die vor einiger Zeit wieder durch den Grafen Caylus erneuert worden. Voy. bibl. der s. W. u. d. f. K. tom. 6. p. 183—186.

Mazière. Voy. Monville.

Mazois. — Les ruines de Pompéi. *Paris.* 1813. in-fol.

Mazzarosa (le marquis Antoine). — Lezioni intorno le opere di scultura e d'architettura di Matteo Civitali, ou Leçons sur les ouvrages de sculpture et d'architecture de Mathieu Civitali, qui se trouvent dans l'église cathédrale de Lucques. *Lucques.* 1826. in-8°. avec gravures.

Mazzenta. Voy. Léonard de Vinci.

Meckel. — Dissertation anatomique sur les nerfs de la face, traduite du latin. Voy. le Dictionnaire de l'Académie, années 1751 et 1752.

Méhégan. — Considérations sur les révolutions des arts. *Paris.* 1753. in-12.

Meiners. — Élémens d'une théorie et histoire des belles-lettres. Le 10e chapitre traite du choix de sujets intéressans. — Recherches sur la diversité des natures humaines, en Asie et dans les terres australes. *Gœttingue.* 1811. — Histoire de l'origine et des progrès des connaissances humaines. — Histoire des arts de la Grèce, traduite de l'allemand. *Paris.* 1798. in-8°.

Meister (Léonard). — Sur l'imagination (en allemand). *Berne.* 1778. in-8°. — De opticâ veterum. Voy. les mémoires de l'Académie de Gœttingue. tom. 5 et 6.

Melchior (J.-P.). — Abhandlung über das Sichtbare Erhabene in der Zeichen-Künste, ou Essai sur le sublime, visible dans les arts du dessin. *Manheim.* 1771. *Id.* 1781.

Melchiori (natale). — Vite de' pittori veneti (manuscrit); l'autographe est à Trévise, chez M. Burchialetti, et une copie chez le chevalier Lazara. — On trouve aussi des écrits de Melchiori dans les Mémorie per le belle arti, depuis l'an 1785 jusqu'en 1788, et dans l'article *École romaine* du même ouvrage.

Melampus, médecin athénien. — De nervis corporis, tractatus ex græco in latinum versus à Nicolao Petreio Corcyrœo. *Venetiis.* 1552. — La physionomie de Démétrius et de Mélampe. in-12.

Melanchton. — De artibus liberalibus. Voy. ses discours choisis, nouvelle édition. *Wittemberg.* 1822. in-8°.

Melignan (le ch. de). — Traité sur la peinture en miniature. *Paris.* 1818. in-12.

Mendelsohn (Moses). — Réflexions sur les sources et les rapports des beaux-arts et des belles-lettres. Voy. les Variétés littéraires, tom. 1. p. 139. — Sur le sublime et le naïf. Voy. *Id.* tom. 11. p. 118.

Mengs (Raphaël). — Œuvres complètes de R. Mengs sur la peinture, traduites en anglais. 1796. 2 vol. in-8°. — En italien. *Bassano.* 1783. 2 vol. in-8°. — *Parma.* 1780. 2 vol. in-4°. — En français, par Jeansen. *Paris.* 1787. 2 vol. in-4°.

MENSART, peintre flamand. — Description de tableaux, avec théorie; ouvrage moderne. *Bruxelles*. in-8°. un petit volume.

MERIGOT (James). — The new drawing magazine, etc., c'est-à-dire, Nouveau Magasin de dessins, ou Choix de leçons, etc. *London*. 1814. in-4°. — Principes de la géométrie et de la perspective. *London*.

MERRET. Voy. d'Holback. Voy. aussi Neri.

MERSENNE (le père). — Catoptrique et perspective curieuse. 1652. in-fol.

MERY DE LA CANORGUE. — Théologie des peintres, sculpteurs, graveurs et dessinateurs. *Paris*. 1765. in-12. Voy. Molanus.

MERTENS (H.-A.), en allemand. — Leçons sur les arts du dessin, destinées aux élèves des académies des arts. *Leipsick*. 1783. in-8°.

METTRA, de Berlin. — Catalogue raisonné des tableaux de son cabinet, avec un petit traité instructif sur la connaissance et le commerce des tableaux.

MEURSIUS. — Orchestrique sur les danses des anciens.

MEUSEL (J.-G.). — Deutsches Künstler-Lexicon, etc. Dictionnaire des artistes allemands. *Lemgo*. 1814. 3 vol. in-8°. — Miscellanées artistiques. 1785. — *Idem*. 1804. (On y trouve un mémoire sur la peinture sur verre.)

MICHEL (S.-N.). — Traité de la perspective linéaire. *Paris*. 1771. in-8°.

MICHEL (J.-F.-M.). — Histoire de la vie de Rubens. *Bruxelles*. 1771. in-8°.

MILIZIA. — Memorie degli architetti antichi e moderni. — Dizionario delle belle arti del disegno. *Bassano*. 1797. 2 vol. in-8°. Voy. Antolini. — Dell' arte di vedere nelle belle arti secondo li principi di Sulzer e di Mengs. *Venezia*. 1781. in-8°. — *Parma*. 1781. in-8°. — Édition augmentée. *Bassano.* 1785. in-8°. — Le même ouvrage, traduit en français par le général Pommereuil. *Paris.* 1798. an VI.

MILLET (J.-B.). — Sur la peinture en pastel.

MILLIN (Aubin-Louis). — Dissertation sur les objets d'histoire naturelle, figurés sur les médailles grecques. Voy. le Magasin encyclopédique, dont il fut long-tems rédacteur. 1re année. tom. 5. p. 495. — Dissertation sur les variétés de l'espèce humaine, indiquées par les poëmes d'Homère. Voy. le Magasin encyclopédique. 1re année. tom. 4. p. 139. — Galerie mythologique. *Paris.* 1810. — Dictionnaire des beaux-arts. *Paris.* 1806. 5 vol. in-8°.

MILLY (le comte de). — Mémoire sur l'art de la porcelaine, avec fig. : il y traite principalement de la porcelaine de Saxe. 1771.

MILTON (H.). — Letters on the fine arts, written from. *Paris.* 1816. in-8°. *London.*

MINOZZI (il padre Franc.). — Fugamenti d'ingegno sopra la pittura e la scultura. *Venezia.* 1739. in-12. *Idem.* 1759. in-12.

MINUTOLI. — Ueber Mosaïk, etc., Mémoire sur la mosaïque antique en verre. *Berlin.* 1815. in-fol.

MISSIRINI (Melchior). — Descrizione delle imagini dipinte del vero ritratto di Raffaello. *Roma.* 1821. — Versi su i marmi di Canova. *Venezia.* 1817.

MOLANUS (Joh.). — De picturis et imaginibus sacris; de vitandis circà eas abusibus, et earum significationibus. *Leov.* 1570. in-8°. — *Idem.* 1594. in-8°. Voy. Mery de la Canorgue, qui a fait un extrait de cet ouvrage. Voyez aussi Ottonelli.

MOLÉ, avocat. — Observations historiques et critiques sur les erreurs des peintres, sculpteurs et dessinateurs dans la représentation des sujets tirés de l'Écriture-Sainte.

*Paris*. 1771. 2 vol. in-12. (Le Barbier attribue cet ouvrage à Molé.)

MOLIÈRE. Voy. Monville.

MOLINI (Giovani-Atanasio). — Trattato dell' arte de' Carracci per intagliare all' acqua forte; con i discorsi di monsig. Agucchi sulla pittura.

MONGE (G.). — Géométrie descriptive, nouvelle édition, avec un supplément par Hachette. *Paris*. 1812. in-4°. — 4ᵉ édition, augmentée d'une théorie des ombres et de la perspective. *Paris*. 1819. in-4°.

MONGEZ. — Sur l'allégorie, lu à l'Institut le 15 messidor an VIII. — Sur le costume. Voy. l'Encyclopédie méthodique.

MONGIN (P.). — Cours complet d'études du dessin. *Paris*. 1816.

MONIER. — Histoire des arts qui ont rapport au dessin, divisée en 3 livraisons, où il est traité de son origine, de ses progrès, de sa chute et de son rétablissement. *Paris*. 1698—1705. in-8°.

MONNIN. — Annales des arts. (Journal.) septembre. *Paris*. 1824. in-8°.

MONNLICH. Voy. Mannlich.

MONNOYE. Voy. Caylus.

MONTAMY (d'Arclais de). — Traité des couleurs pour la peinture en émail et sur la porcelaine; précédé de l'art de peindre sur l'émail, et suivi de plusieurs mémoires sur différens sujets intéressans, tels que le travail de la porcelaine, l'art du stuccateur, la manière d'exécuter les camées et les autres pierres figurées, la composition du verre blanc, le travail des glaces, etc. : ouvrage posthume. *Paris*. 1765. in-12. — Publié en allemand avec des augmentations par Diderot. *Leipsick*. 1767. in-8°.

MONTANI. — Sur les peintres de Pesaro et d'Urbin.

Montdorge (Gauthier de). — Réflexions d'un peintre sur l'opéra. *La Haye*. 1743. in-12. — L'art d'imprimer les tableaux en trois couleurs. 1755. in-8°. Sur la gravure et les beaux-arts. Voy. Leblon.

Montesquieu. — Essai sur le goût. — Sur la grâce, chapitre intitulé : Le je ne sais quoi.

Montjosieu (Louis). — La 5e et la 4e partie de l'ouvrage intitulé : Gallus Romæ hospes. *Roma*. 1585. in-4°. —Voyez le 9e volume du Trésor de Gronovius. De picturâ et sculpturâ antiquorum. Voyez le Vitruve d'Amsterdam. 1649.

Monville (l'abbé Mazière de). — Vie de Mignard avec le poême de Molière. *Amsterdam*. 1731. — Sur le Val-de-Grâce, et deux discours sur la peinture, par Fénélon. *Paris*. 1730. in-12.

Morato (Fulvio-Pellegrino). — Del significato de' colori e de' mazzoli. *Venezia*. 1584. in-8°.

Morelli (il cav. D.-Jacopo). — Notizia d'opere di disegno nella prima meta del secolo xvi, existenti in Padova, Cremona, Milano, Pavia, Bergamo, Crema, e Venezia, scritta da un anonimo di quel tempo. *Bassano*. 1800. in-8°.

Morelli (Giov.-Francesco). — Pitture e sculture della cità di Perugia. *Perugia*. 1683. in-16.

Moreni (Domenico), abbate. — Notizie istoriche de' contorni di Firenze. *Firenze*. 1790. 8 vol. 1792. 1793. 1794. 1795. 1796.

Moreschi (Giov.-Batt.-Aless.).—Orazione in Lode della pittura, scultura, ed architettura. *Bologna*. 1781. in-8°.

Morgagni. — Anatomie.

Morgan (lady). — Mémoires sur la vie et le siècle de Salvator-Rosa. *Dublin*. 1823. — Traduits en français. *Paris*. 1824.

MORIEN (de S^t-). — La Perspective aérienne soumise à des principes puisés dans la nature, ou Nouveau Traité du clair-obscur et de chromatique, à l'usage des artistes : avec quelques figures. *Paris*. 1789. in-8°. — Critique sage sur tous les tableaux susceptibles de critique. *Paris*. — De l'art scénographique. *Paris*. an VIII.

MORO (Jacopo).—Anatomia ridotta all' uso de' pittori, avec figures. *Venezia*. 1679. in-fol. — Traité d'ostéologie, traduit de l'anglais d'après Monro, avec figures. *Paris*. 1759. in-fol.

MORONA (Alessandro de). — Pisa illustrata nelle arti del disegno. 2^e édition. 3 vol. 32 planches, avec le portrait de l'auteur. *Livourne*. 1812. in-8°.

MORONI (Gian.-Battista). — Le pompe della sculptura. *Ferrare*. 1640. in-12.

MOSCA. Voy. Vendramini et Boschini.

MOULIN. — Essai sur l'art de décorer les théâtres. *Paris*. 1760. in-8°.

MOUSEAU (l'abbé). — Quelle est la cause du plaisir que les chefs-d'œuvre en tout genre nous procurent, discours lu à l'Académie des belles-lettres de La Rochelle, le 15 mai 1813.

MOXON.— Practical perspective made easy. 1670. in-fol.

MULCOLM (J.-P.). — A Sketch, etc., ou Essai sur l'art des caricatures. *London*. 1813. in-4°.

MULLER (J.-Ch.). — Anweisung, etc., ou Méthode pratique de mouler en cire et en plâtre, de blanchir, de colorer, de purifier, de dorer et de polir la cire, d'en former des fruits et des fleurs artificielles. *Jena*. 1813. in-8°. 1 vol.

MULLER (le professeur). — Dissertation sur la vie de Phidias, lue à la société royale des sciences de Gœttingue. 1824.

MULLER, peintre du roi de Bavière. — De picturâ dissertatio juridica. *Jena.* 1812. in-4°. — Brochure contre les jugemens de M. de Kotzbue, dans son voyage de Livonie à Rome et à Naples.

Munz. — On encaustic painting. *London.* in-8°.

Muratori (Louis-Antoine) a publié, sous le nom supposé de Lamindo Pritanio, un ouvrage intitulé : Reflessioni sopra il buon gusto intorno le scienze e le arti. *Venezia.* 1708. *Idem.* 1817. — Della forza della fantazia umana. *Venezia.* 1745. in-8°. *Idem* 1766. in-8°. — Traduit en allemand et enrichi d'additions par Richerz. *Leipsick.* 1785. in-8°. — Antiquités italiques. — Delle arti degl' Italiani doppo la declinazione dell imperio romano. tom. 1er. dissert. 24e. *Venezia.* 1751. in-4°.

Murdoch (patrice). — Newtoni genesis curvarum per umbras, seu perspectivæ universalis elementa, etc. *Londres.* 1746. — Un extrait a été traduit en français par le père Rivoire, avec l'ouvrage anglais de Brook-Taylor. *Amsterdam.* 1759. in-8°. Voy. Taylor.

## N.

Neeregard (Brunn de). — Galerie de Salzthalen et de l'état des arts à Brunswick. 1800. — Lettres sur la situation actuelle des beaux-arts en France. *Paris.* 1801. in-8°. — Voyage pittoresque dans le nord de l'Italie. *Paris.* — Sur l'état des arts en Dannemarck. *Paris.*

Neickelius (C.-F.). — Museographia oder Andeutung zum rechten Begriff nützlicher Anlegung des Museorum oder Raritæten Kammern-Museographie, ou de l'utilité des musées et collections. *Leipsick.* 1727. in-4°.

Nemeiz (Joach.-Christoph). — Inscriptionum, maximam in partem singularium, fasciculus. *Lipsiæ.* 1726. in-8°. — Séjour à Paris. *Paris.* 1752. in-12.

Neri (Antonio). — L'arte vitraria. *Firenze.* 1661. in-8°. — L'art de la verrerie, commenté par Merret, auquel Kunckel a joint des notes fondées sur ses propres expériences. *Paris*. 1752. in-4°.

Neu-Mayr (Antoine). — Artisti alemanni, etc., ou Dictionnaire des artistes allemands. *Venise*. 1822.

Newton. — Nouveaux principes de perspective linéaire, avec un essai du mélange des couleurs; traduit de l'anglais, avec fig. *Lyon*. 1757. in-8°. — L'optique de Newton a été traduite en français par Coste. 1720. Voy. Bourgeois (Charles). Voy. Murdoch.

Niccolini (Giov.-Battista). — Elogio di Leon-Batista Alberti, etc. Eloge de Léon-Baptiste Alberti. *Florence*. 1819. Cet auteur a prononcé, en 1816, l'éloge d'Andrea Orcagna, peintre florentin du 14e siècle.

Niceron (le père). — Vies de Félibien et de De Piles. — Thaumaturgus opticus, studiosissimus perspectivæ. *Paris*. 1646. in-fol. — Il en a paru une traduction française sous le titre de Perspective curieuse. *Paris*. 1652. in-fol. *Rome*. 1643. in-fol.

Nichols. Voy. Hogarth.

Nicolaï (J.-F.). — Briefe über den jetzigen Zustand der schœnen Wissenschaften und schœnen Künste in Deutschland. *Berlin*. 1766. in-8°. Ou Lettres sur l'état présent des beaux-arts et des belles-lettres en Allemagne.

Nicolini (Giovan-Giorgio). — Le ombre del pennello glorioso di Pietro Bellotti, excellente pittore, abbozate. *Venezia*. 1659. in-fol.

Niquevert, auteur de plusieurs articles sur la théorie des beaux-arts. — Articles insérés dans le journal des artistes. Voy. le n° 241 du supplément.

Nivelon (Claude). — Description des œuvres de M. Lebrun, dédiée à Louis XIV. Manuscrit de la bibliothèque de M. Lami, et cité par Maria Graham, dans ses mémoires sur la vie de Nicolas Poussin.

Nobili (L.). — Nuovo trattato d'ottica, etc., ou Nouveau

Traité d'optique ou de la science de la lumière. *Milano.* 1820. in-8°. 1 vol. avec planch.

NOBLE (Edward). — The elements of lineal perspective demonstrated by geometrical principles. *London.* 1771. in-8°.

NORTHCOTE (James). — Mémoirs, etc., ou Mémoires sur la vie de sir Josué Reynolds, accompagnés d'un grand nombre d'anecdotes originales du D. Johnson, d'Oliver, de Goldsmith, etc. *London.* 1815. in-4°. *Id.* 1819. 2e édition. 2 vol. avec fig.

NOUGARET. — Anecdotes des beaux-arts, contenant tout ce que la peinture, la sculpture et la vie des artistes offrent de plus intéressant. *Paris.* 1776. in-8°. 3 vol. *Id.* 1780. in-8°. Voy. Walpole. (Le Barbier attribue cet ouvrage à Nougaret.)

NOUREY (P.-P.). — L'art de dessiner, à l'usage des jeunes élèves. *Paris.* 1825. in-8°.

NOVERRE. — Lettres sur la danse et sur les ballets, nouvelle édition. *Paris.* 1812.

NUNÈS. — Arte de pintura, symmetria, y perspectiva. *Lisboa.* 1615. in-4°.

NYPHUS (Augustin). — Sur la beauté. Son ouvrage est adressé à la princesse Jeanne d'Avignon.

## O.

OCTENSCHLAGER. — Poême épique sur les principes des beaux-arts, intitulé Corregio, en langue danoise. Ce poême a été traduit en italien par le conseiller de légation Olinto del Borgo.

OESSEREICH (Mathias). — Beschreibung der Original-Gemælde des Banquiers Eimbkent, ou Description de tableaux de M. Eimbkent. — Description des tableaux de Sans-Souci, Potzdam, Berlin. — Sur la vie de Dieterich.

— Voy. aussi : Verzeichnisz der Dieterichischen Kupferstich Werke Nachrichten von Künstlern und Kunstsachen.

Opmerius (Petrus). — Opus chronologicum orbis universi a mundi exordio usque ad annum 1614. *Antverp.* 1611. in-fol. — *Colon.* 1625. Cet ouvrage contient, ainsi que beaucoup d'autres de ce genre, un grand nombre de détails sur l'histoire de la peinture et sur les peintres.

Opie (John). — Lectures on painting. *London.* 1809. in-4°.

Opoix. — Théorie des couleurs. *Paris.* 1808.

Oreilly. — Annales des arts et manufactures. 56 vol. in-12. Elles ont commencé en 1799 et sont continuées jusqu'à ce jour par MM. Barbier de Vemars et de Rouillac, collaborateurs; 2° collection 1815 et 1817. 4 vol. in-4°.

Orell. — Künster-Lexicon, etc. Dictionnaire général des artistes, ou Notices sur la vie et les ouvrages des peintres, sculpteurs, architectes et graveurs, etc. *Zürich.* 1812.

Oretti (Marcello-Bolognèse). — Ses œuvres. Manuscrits cités par Lanzi, et formant 52 volumes, abondant en notices pittoresques. Elles ont été achetées par le prince Philip. Ercolani.

Orlandi (F.-Pellegri-Ant.). — Abecedario pittorico, o sia Serie degli nomini i più illustri in pittura, scultura ed architettura. *Bolon.* 1704. — Nouvelle édition considérablement augmentée par le peintre Guarienti. *Venezia.* 1761. in-4°. Voy. les notes de Lanzi.

Orloff (le comte Grégoire). — Essai sur l'histoire de la peinture en Italie, depuis les tems les plus anciens jusqu'à nos jours. *Paris.* 1823. 2 vol. in-8°.

Orsini (Baldassare). — Geometria e prospectiva pratica. *Roma.* 1774. in-12. — Opera di Tullio Lazzari. *Ascoli.* 1724. in-8°. — Descrizione delle pitture, sculture, architetture della insigne città d'Ascoli, e in fine notizie istoriche de' professori ascolani. *Perugia.* 1790. in-8°. — Riposta alle lettere pittoriche del sig. Annibale Mariotti. *Perugia.* 1791. in-8°.

Ottley (W.-Y.). — The School, etc., ou L'école italienne du dessin. *London.* 1814. in-fol. — The british galerie, etc., ou Galerie britannique de peintures. 1812. in-fol. — Collection raisonnée des tableaux du marquis de Stafford. Voy. Treshum.

Ottonelli (il padre). — Trattato della pittura e scultura, uso ed abuso loro, composto da un teologo (il padre Ottonelli) e da un pittore (Pietro di Cortona), in cui si resolvano molti casi di conscienzia intorno al fare e tenere le imagini sacre e profane; si referiscono molte historie antiche e moderne; si considerano alcune cose d'alcuni pittori morti e famosi del nostro tempo; e si notano certi avisi e certe particularità circa l'operare secondo le osservazioni fatte in alcune opere di valentuomi. *Firenze.* 1652. in-4°. (Ce livre est devenu très-rare.)

Oudry. — Mémoire sur l'étude et la pratique de la peinture. (Voy. Lacombe. Voy. les conférences de l'Académie de peinture.) Ces réflexions d'Oudry sur le coloris se trouvent dans l'Encyclopédie méthodique.

Ozanam. — Perspective théorique et pratique, où l'on enseigne la manière de mettre toutes sortes d'objets en perspective, et d'en représenter les ombres causées par le soleil et par d'autres lumières. *Paris.* 1720. 1 vol. in-8°. 36 planches. — Usage du compas de proportion. *Paris.*

## P.

Pacheco (Franc.). — Tratado de la pintura su antiguedad y grandezas. *Sevil.* 1649. in-4°. On a de cet auteur une pièce de vers contre la mauvaise imitation de la nature en peinture.

Pader (Henri). — La peinture parlante. *Toulouse.* 1657. in-4°.

PAECAN (Henri), — Compleat gentleman. *London.* 1634. in-4°.

PAGANI (il dott. Gian-Filiberto). — Le pitture e sculture di Modena. *Modena.* 1770. in-8°. On y trouve aussi la Descrizione della galleria ducale, ristampata anche separatamente. 1792. in-8°.

PAGANO. — Essais sur le goût. *Venezia.*

PAGAVE (D.-Venanzio). Voy. Vasari.

PAGGI (Giov.-Batt. nobile genov. e pittore). — Definizione e divizione della pittura. *Genova.* 1607. in-fol. — Scrittura su la nobiltà della pittura. Voy. les Lettere pittoriche. tom. 7. p. 148.

PALAISEAU (G.-L.-G.-B.). — Perspective, ouvrage in-4° de quelques pages. *Paris.* 1804 ou 1805. — Traité de perspective à l'usage des peintres. *Paris.* 1818. in-4°.

PALAYE (Jean-Baptiste de la Curne de Ste-). — Lettre à M. Bachaumont sur le bon goût dans les arts et dans les belles-lettres. *Paris.* 1751.

PALEOTTI (Gabriello), cardinal archevêque de Bologne. — Discorso intorno alle imagini sacre e profane, diviso in cinque libri dove si scoprono vari abusi loro, e si dichiara il modo che cristiniamente si dove osservare nel porle nelle chiese e ne' luoghi publici. *Bologna.* 1582. in 4°. — En latin. *Ingolstadii.* 1594. in-4°. Les deux premiers livres seulement sont imprimés.

PALIEZ. — Dissertation sur la peinture des anciens, lue à la Société des sciences et des arts de Valenciennes, le 29 novembre. *Valenciennes.* 1812.

PALIOLI (Luc. di borgo s. Sepulcro). — La divina proportione. *Venezia.* 1518. in-fol.

PALLETTA (dom.). — Preggi della pittura. *Roma.* 1688. in-8°.

PALMAROLI. — Saggio analitico chimico sopra i colori

minerali, etc., ou Essai sur la chimie des couleurs minérales. — Sur les procédés des anciens peintres vénitiens, florentins, flamands. *Rome.* 1688. in-8°.

PALOMINO. Voy. Velasco.

PANNI (Anton.-Maria). — Distinto rapporto delle dipinture di Cremona. *Cremona.* 1762. in-8°. Voy. Zaist.

PAPADOPULO (André). — Memorie su alcuni costumi degli antichi greci, tuttora esistenti nella isola di Leucade, etc., ou Mémoire sur quelques coutumes des anciens Grecs, qui se conservent encore dans l'île de Leucade, dans la mer ionienne. Seconde édition, augmentée. *Naples.* 1825. in-8°.

PAPAZZURRI. — Osservazioni sopra una lametta d'avorio, dipinta verisimilmente col secondo de' tre metodi encaustici accennati da Plinio, ed esistente nel museo di monsignor Giuseppe Muti Papazzurri gia Cazali Canonico della basilica Vaticana. *Roma.* 1792.

PAPILLON DE LA FERTÉ. — Traité historique et pratique de la gravure en bois, avec plusieurs figures de monogrammes, qu'aucun monogrammiste n'a connue. *Paris.* 1766. in-8°. 2 vol. et un supplément, qui fait le t. 3. — Extraits de différens ouvrages publiés sur la vie des peintres, sous ce faux intitulé : Abrégé de la vie des peintres, par Dargenville. *Paris.* 1776. 2 vol. in-8°. et 1796. an IV.

PARADOSSO (Giulio-Troili, detto Paradosso). — Paradossi per praticare la perspettiva senza saperla. *Bologna.* 1672. in-fol. — *Bologna.* 1683. in-fol.

PARCEVAL DE GRAND-MAISON. — Poëme sur la peinture. On en trouve des extraits dans l'Almanach des Muses. *Paris.* 1807.

PARENT. — Essais et recherches de mathématiques et de physique. *Paris.* 1713. in-12. 3 vol. Sur la beauté corporelle. Voy. ses essais, tom. 3, pag. 87 et suivantes. Voy. le journal des savans. 1700. tom. 28.

Parois (Jacques de), célèbre peintre sur verre, a publié un ouvrage intitulé : Peinture sur verre qui s'appelle d'apprêt.

Parson. Human physiognomy explained. Voy. Philos. Transact. 74 vol. part. 1re du supplément, page 60.

Pascoli (Lione). —Vite de' pittori, scultori, ed architetti moderni. *Roma.* 1732. in-4°. 3 vol. *Idem.* 1736. in-4°. 3 vol. — Sur les peintres de Perugia. *Rome.* 1732. in-4°.

Pasta (il dottore Andrea). — Le pitture notabili di Bergamo. *Bergamo.* 1775. in-4°.

Passari (Giam-Battista).— Il Silenzio, discorso academico sopra la pittura. (Mandosii. bibl. Rom.). — Vita di Salvator-Rosa. Voy. Baglione. 1733.

Passeri (J.-B.). — Vies des peintres, sculpteurs et architectes qui fleurirent depuis 1641 jusqu'en 1673. *Rome.* 1772. in-4°. — Storia delle pitture in majolica fatte in Pesaro e ne' luoghi circonvicini : elle est insérée dans les opusc. del Calogera, nuova raccolta del P. Mandelli, t. 4.

Passeri (Nicolo). — Esame ragionato sopra la nobiltà della pittura e della scultura. *Napoli.* 1783. in-8°. —Del metodo di studiare la pittura, dialogo. *Napoli.* 1785.

Patina (Caroli-Patini filia). — Icones celebrium pictorum earumque descriptio. *Patavii.* 1691. in-fol.

Patri. Voy. Soprani.

Patrick (Sym.).— Practical directions, etc., ou Introductions pratiques dans l'art de dessiner les fleurs. *London.* 1814. in-4°. 1 vol.

Paul (Jean). — Vorschule, etc., École préliminaire de l'æsthétique. *Tubingue.* 1813. in-8°.

Pavie (L.). — Épître à David, statuaire. *Paris.* 1824. in-8°.

Payne (J.-B.). — An analytical enquiry into the principles of taste. 1806.

Pecheux. — Sur l'harmonie. — Sur la beauté, etc. Voy. les mémoires de l'Académie de Turin, tom. 2.

Pein (J.-Gr.). — Idée sur la décoration intérieure et extérieure des édifices, à l'usage des artistes. Ouvrage périodique, avec grav. *Vienne.* 1810.

Pelletier, de Rouen. — Traité des erreurs des peintres. — Des allégories et des symboles. — Plusieurs mémoires sur les fautes commises par les peintres dans les représentations des sujets pieux : insérés dans les mémoires de Trévoux, années 1704 et 1705.

Pelli (Bencivenni-Giuseppe). — Saggio istorico della galleria reale di Firenze. *Firenze.* 1779. in-8°. 2 vol.

Percy. — Anecdotes relative to fine arts. *London.*

Permon (de). — Discours et dissertation sur les caractères du beau, du sublime et du style simple ; lu à Marseille (séance publique du 6 mai). 1810.

Pernety (Dom.-A.-Jos.), abbé, bibliothécaire de S. M. Prussienne. — Dictionnaire portatif de peinture, sculpture et gravure, avec un traité pratique des différentes manières de peindre. *Paris.* 1757. in-8°. Voy. Caylus. — Lettres sur la physionomie, intitulées : Connaissance de l'homme moral par celle de l'homme physique. *Berlin.* 1776. in-8°. 2 vol.

Perrault (Charles). — Mémoires. *Avignon.* 1759. in-12. — *Paris.* 1759. in-12. — Parallèle des anciens et des modernes. 1688. — Description de tableaux. — Poëme sur la peinture.

Perrier. — Les proportions de quelques figures antiques.

Perron (du). — Discours sur la peinture et sur l'architecture. *Paris.* 1758. in-8°.

Perrot (A.-M.). — Manuel du dessinateur, ou Traité complet de cet art., contenant 1° le dessin linéaire à vue; 2° le dessin linéaire géométrique; 3° le dessin de l'ornement; 4° le dessin de la figure; 5° le dessin du paysage; 6° le dessin et le lavis de la topographie, faisant partie de la collection des Manuels de Roret, orné d'un grand nombre de planches. *Paris.* 1827.

Perrot (Mlle Catherine). — Traité de miniature. 1625. in-12. (Il se trouve à la suite d'une édition de Félibien.)

Perruzi (il cavaliere Giov.). — Opera di 24 ore. — Marmorea felsinea. 1 gros vol. — Recueil d'anciennes peintures et sculptures de Bologne.

Petit-Radél (L.). — Explications des monumens antiques inédits du Musée de Paris, publiés par Thomas Piroli. *Paris.* 1804.

Petitot. — Lettre à son fils, pour lui servir de guide dans l'art de peindre en émail. *Paris.* 1759. in-8°. Voy. Ferrand. — Raisonnement sur la perspective, pour en faciliter l'usage aux artistes; en français et en italien. *Parme.* 1758. in-fol.

Petity. Voy. Raymond.

Pezai. — Les tableaux. *Paris.* in-8°. 1 vol.

Phelippeaux (L.-M.). — Du compas de proportion dans la pratique de la perspective. *Paris.* 1819. in-8°.

Philander ou Philandrie, né en 1505. — De sectionibus marmorum et polituris, de lapidum coloribus, de picturâ et colorum compositione, de plastice, de umbris. Voy. le Dictionnaire de Moréry. Ces écrits n'ont point vu le jour. Voy. Philibert de la Mare dans sa vie de Philander. C'est le même qui a commenté Vitruve.

Philostrate, auteur grec. — Les tableaux, ouvrage traduit en français par Blaise de Vigenère, et corrigé par Thomas Embry. *Paris.* 1615. in-fol. *Id.* 1617. in-fol. Voy. un mémoire de Caylus, dans le 29e volume des Mémoires de l'Académie.

Piacenza. Voy. Baldinucci.

Piaggio (Domenico), antiquaire de Gènes. — Mémoires relatifs à la peinture et à la gravure. 1808.

Picart. — Fragmens de Dioptrique.

Pietra. — Perspective.

Piganiol de La Force. — Essai sur la vie et les tableaux du Poussin. *Rome.* 1783.

Pignotti (Lorenzo). — Storia della toscana, con diversi saggi sulle scienze, lettere e arti. *Pisa.* 1813. 9 vol. in-8°.

Pilkington (M.). — The gentlemans' and connaisseurs' dictionary of painters, containing a complete collection andaccount of the most distinguished artists who have flourished in the art of painting in Europe, from 1520, to 1767; to which are added a catalogue of the disciples of the most famous masters, and a catalogue of those painters who imitated the works of the most eminent masters so exactly as to have their copies frequently mistaken for originals. *London.* 1767. in-4°. — Le même, abrégé par Shépard. 1803. in-8°. — Le même, augmenté par Fuseli. 1810. — Le même, publié par James Barry. *London.* 1799. 2 vol. in-fol. avec 107 portraits, et un supplément par Edward. — Le même avec un supplément, par lord of Orford. *London.* 1805. in-4°.

Pillement. — Notices sur l'étude du paysage. 1812. in-fol.

Pillon (A.-A.-F.). — Hommage à M. Gros, peintre (au sujet de la coupole de Ste-Geneviève). *Paris.* 1825. in-8°.

Pine. — Esquisses sur la peinture. Voy. la Litterary Gazette. *London.* 1826.

Pino (Paolo). — Dialogo della pittura Veneziana. *Venezia.* 1548. in-12.

Pino (le père). — Storia genuina del Cenacolo insigne. *Milano*. 1796.

Pio (Niccolo). — Vite de' pittori. Manuscrit cité par Lanzi.

Pisani (Pietro). — Mémorie sulle opere di scultura in Salinunte. *Palerma*. 1823. in-8°. avec fig.

Pivati (Gian-Francesco), il dottore. — Dizzionario scientifico e curioso. *Venez*. 10 vol. avec fig.

Plane (J.-M.). — Physiologie, ou l'Art de connaître les hommes sur leur physionomie. Ouvrage extrait de Lavater et de plusieurs autres auteurs. *Meudon*. 1797. in-8°. 1 vol. avec fig.

Pline (le naturaliste). — Voy. sur cet auteur les mémoires de l'Académie, tom. 9 et 25. Voy. aussi Heyne, Delanauze, Brotier, Durand, Falconet, Caylus, etc.

Ploos (Corneille-Van-Amstel de), directeur de l'Académie de dessin d'Amsterdam. — Discours sur les qualités naturelles, nécessaires à un dessinateur. Voy. le Conservatoire des arts et des sciences, tom. 4. — Un autre discours sur l'usage, la nécessité et l'utilité de l'art du dessin dans la société, prononcé le 7 juin 1769. — Un 3e discours, prononcé le 7 juillet 1769. — Introduction à la connaissance de l'anatomie, à l'usage des peintres : traduit en français. *Amsterdam*.

Pochini (J.). — Monumenti delle arti della cità di Parigi. 1809. 1 vol. in-8°.

Pommereuil (le général). — Réflexions sur la peinture et l'architecture. An vi. in-8°. Cet ouvrage est inséré dans sa traduction de Milizia, et intitulé l'art de voir dans les beaux-arts. *Paris*. 1 vol. — Essai sur l'histoire de l'architecture, précédé d'observations sur le beau, le goût et les beaux-arts, extrait et traduit de Milizia. *La Haye*. 1818. 3 vol. in-8°.

Ponce. — Mélanges sur les beaux-arts. *Paris*. 1826.

in-8°. On y trouve un essai sur l'état des arts chez les grecs ; une dissertation sur le beau idéal; une autre sur le degré de perfection de la peinture chez les anciens; des réflexions sur le nu et le costume en sculpture, ainsi que sur la manière d'étudier le dessin, etc.

PONCELET (J.-V.). — Traité des propriétés projectives des figures. L'auteur traite particulièrement de la théorie du tracé des bas-reliefs. *Paris.* 1822. 1 vol. in-4°. de 500 pag. 12 pl.

PONZ (Dom.-Antonio). — Lettre à Raphaël Mengs. (Cette lettre se trouve dans les œuvres de Mengs.) — Sur les peintres et sur les tableaux espagnols. Ponz est l'éditeur des commentaires de Guevara sur la peinture.

PORCIONARO (Nicolas de). — Manuscrit pour connaître les médailles et les statues anciennes, par quatre des plus savans antiquaires d'Italie. *Naples.* 1713. in-4°.

PORTA (J.-B.), neapolit. — De humanâ physiognomiâ, libri 8. *Naples.* 1602. in-fol. — Traduit par Rault. *Rouen.* 1655. in-8°. (Il en a paru un extrait en français sans année, sous ce titre : La physiognomie humaine, par J.-B. Porta, napolitain.) Une autre traduction porte ce titre : Le physionomiste, ou l'observateur de l'homme considéré sous le rapport de ses mœurs et de son caractère, d'après les traits du visage, les formes du corps, la démarche, la voix, le rire, etc., etc. avec des rapprochemens sur la ressemblance de divers individus avec certains animaux. Traduction libre du latin, de Porta. 1 vol. in-8°.

PORTIUS (Simon). — Libellus de coloribus. *Florent.* 1548.

POSSE (ou Possel), en allemand.—Histoire de la thecnologie ou de la théorie des arts. 1812.

POSSEVINIUS (Antonius). — De poesi et picturâ, bibliotheca selecta. *Lugduni.* 1595. in-12. — Traduit en italien sous le titre de Possevino (Antonio). De pictâ poesiâ. *Venezia*. 1603. in-fol.

Pozzo (Andr.-P.), gesuita. — Perspectiva pictorum et architectorum. Ce traité est écrit en latin et en italien. *Roma*. 1693. in-fol. *Id*. 1700. in-fol. — Cet ouvrage a paru en latin et en allemand, traduit par J. Boxbarth et G.-Court. Bodenner. *Augsburg*. 1706. in-fol. *Id*. 1709. in-fol. — Struct en a donné une édition en latin et en anglais. *Londres*. 1693. in-fol. *Id*. 1707. in-fol. Il en a paru trois traductions anglaises, l'une par Prixe, en 1712; l'autre par Chambers, en 1726; la 3e par Hodson. Il en a paru une en allemand, par Rembold. *Augsbourg*. 1710. in-4°.

Pozzo (le commandeur Bartolomeo del). Le vite de' pittori scultori ed architetti veronesi. *Verona*. 1718. in-4°. — Sur les peintres vénitiens.

Pouget (N.). — Dictionnaire des chiffres, etc. *Paris*. 1767. in 4°.

Poussin (Nicolas). — Reflessioni sopra la pittura. Elles se trouvent insérées dans les Vite de' pittori, scultori, ed architetti moderni da Bellori. *Roma*. 1671. in-4°. — Collection de lettres. Cet ouvrage, imprimé aux frais de l'Académie des beaux-arts, ne se vend pas. *Paris*. 1824. un vol. in-8°. 384 pages.

Prandi (Jérôme). — Notizie storiche spettanti la vita e le opere, etc., Notices sur la vie et les ouvrages de Laurent-Leon Bruno, célèbre peintre Mantouan du 16e siècle. *Mantoue*. 1825. in-8°.

Prangen (Chret.-Fred.), en allemand. — Académie des arts du dessin. *Halle*. 1778. in-8°. (On y trouve un mémoire sur le mécanisme de la sculpture.)

Preisleer (Jean), en allemand. — Instruction sur l'art de dessiner de belles vues et des paysages. *Nüremberg*. 1734. in-fol. — *Id*. 1739. in-fol.

Preissler (Jean-Daniel). — Méthode de dessin. (Un Preissler est cité souvent par Hagedorn.)

Prezel. Voy. Lacombe de Prezel.

Priestley (Jos.). — A familiar introduction to the theory and practice of perspective. *London.* 1770. in-8°.

Price-Udevole. — Essays on the picturesque, etc., ou Essais sur le pittoresque, comparé au sublime et au beau: avec des observations sur l'avantage de l'étude des tableaux pour le paysage. *London.* 1813. in-8°. 3 vol. — Seconde édition considérablement augmentée. *London.* 1815. in-8°. 3 vol.

Puccini (il cav. Tommaso). — Orazioni in lode delle belle arti. *Firenze.* 1794. in-8°. *Id.* 1804. in-8°. — Esame critico del libro di D. Webb. *Firenze.* 1797. in-8°. — Dello stato delle belle arti in Toscana, lettera al Sig. prince Hoare. 1807. — Memorie istoriche critiche di Antonello degli Antoni, pittore messinese. *Firenze.* 1809. — Lettera sullo stato attuale delle arti in Toscana. *Firenze.* — Statuti e piano d'instruzione per l'academia di Firenze. *Firenze.*

Puissant. — Nouvel instrument nommé panorographe, destiné spécialement au tracé des panoramas. On en trouve la description dans la Revue encyclop. 26e vol. p. 293. 76e livraison. 1825. Avril 1825.

## Q.

Quatremere de Quincy (A.). — Considérations sur les arts du dessin en France. *Paris.* 1791. Voy. les Archives littéraires. — Sur le langage de chaque art. Voy. les Archives littéraires. — Sur l'idéal dans les arts de peinture et sculpture. Voy. les Archives littéraires. t. 6. an IV. — Sur la beauté des femmes de la Grèce. Voy. le Magasin encyclopédique. an XII. — Dissertation sur la diversité du génie et des moyens poétiques des différens arts: extrait d'un essai de théorie sur le système imitatif des arts et sur le génie de chacun d'eux. Voy. les Archives littéraires. tom. 3. an XII. — Notice sur Canova. Voy. les Archiv. litt. tom. 3. p. 3. 1804. — De l'emploi du style idéal, et de la nécessité de changer les apparences et les costumes des objets et des personnes dans les sujets que traite l'imitation des arts du dessin ; lu à la séance de l'Institut, 3 juillet 1807. — Lettre sur le préjudice qu'occasionnerait aux sciences et aux arts le déplacement des monumens de l'art de l'Italie, le démembrement de ses écoles, la spoliation des collections, galeries, musées. *Paris*. 1796. in-8°. — Considérations morales sur la destination, etc. — Lettre adressée à M. Canova de Londres à Rome, sur les marbres d'Elgin, ou les sculptures du Temple de Minerve à Athènes. *Paris*. 1818. — Dissertation sur l'objet principal des beaux-arts et le véritable but de l'imitation. (Ce morceau est extrait d'une théorie générale de l'imitation.) — Mémoire sur le Demos de Parrhasius, ou éclaircissemens sur le passage dans lequel Pline en décrit la peinture. — Jupiter Olympien, ou l'Art de la sculpture polychrôme, etc. *Paris*. 1816. in-fol. avec plusieurs planches. — Essai sur la nature, le but et les moyens de limitation dans les beaux-arts. *Paris*. 1823. 1 vol. grand in-8°.

Querlon (de). — École d'Uranie. Titre sous lequel cet écrivain a publié le poême de Dufresnoy, auquel il a ajouté celui de l'abbé de Marsy : le texte latin est joint à ces traductions. *Paris*. 1753. in-12.

Quillet (F.). — Dictionnaire des peintres espagnols. *Paris*. 1816. in-12. 1 vol.

## R.

Radler (Hieronymus). — Ein schœn nützlich Büchlein und Unterweisung zur Kunst des Messens für Maler, Bildhauer, Goldschmide, etc. Livre très-utile, sur la géométrie, pour les peintres, les statuaires, les orfévres, etc. *Hunessrucke*. 1531. in-fol. avec fig.

Raguenet. — Observations nouvelles sur les ouvrages de peinture, de sculpture et d'architecture qui se trouvent à Rome et aux environs. *Paris*. 1702. in-12. *Idem*. 1762. in-fol. — *Londres*. 1737. in-12. *Id*. 1765. in-4°.

L'auteur avait publié des premières observations sur le même sujet. *Paris.* 1700.

RALPH (Benj.). — The School of Raphaël, or the students' guide to expression in historical painting, illustrated by exemples engraved by Duchange and others, under the inspection of S. Nic. Dorigny from his own Drawings after the most celebrated heads in the cartons of Hamptoncourt; to wich are added the outlines of each head, and also several plates of the most celebrated antique statues, with instruction for youngs students in the art of designing the passions. *London.* 1759. in-fol. 102 feuilles de gravures et 14 de texte.

RAMBACH (J.-J.-H.). — On trouve un article sur l'originalité de la composition, dans le 2e chapitre de ses mémoires sur l'histoire et la littérature. *Halle.* 1771. in-8°.

RAMDOLM ou RAMDOHR (le baron de), en allemand. — De la beauté dans les arts d'imitation. *Leipsick.* 1793. 2 vol. in-8°. — Sur les ouvrages de peinture et de sculpture qui existaient à Rome en 1779. — Sur la peinture et la sculpture à Rome. *Leipsick.* 1787. in-8°. 3 vol. Dans le 1er volume, il donne des observations sur le caractère de Raphaël.

RAMPINELLUS (Ramosius). — Lectiones opticæ, cum 32 tabulis Œneis. *Baixiæ.* 1750. in-4°.

RAMSEY (C.-A.). — Tacheographia. *Leipsick.* 1743. in-8°.

RANDONI, architecte. — Sur la perspective linéaire des anciens. Voy. les mémoires de l'Académie royale des sciences de Turin. tom. 29. *Turin.* 1825.

RANGHIASCI (Sebastiano), abbate. — Elenco de' professori Eugubini nelle arti del disegno. Voy. le 4e tom. de Vasari. Édition de Pesare.

RANSONNETTE (N.). — Premières leçons sur une partie des sciences et des arts libéraux, ornées de 96 planches. 12 cahiers in-4°.

Raspe (R.-E.). — A critical essay on oil painting, ou Essai critique sur la peinture à huile. *London.* 1783. Voy. Théophile.

Ratti (il cavaliere Carlo-Giuseppe). — Istruzione di quanto puo vedersi di più bello in Genova in pittura, scultura ed architettura. *Genova.* 1780. in-8°. — Descrizione delle pitture, sculture ed architetture della Riviera di Genova. *Genova.* 1780. in-8°. Voy. Soprani. — Notizie storiche sincere intorno la vita e le opere del celebre pittore Antonio Allegri, da Corregio. *Finale.* 1781. in-8°. — Delle vite de' pittori, scultori, ed architetti Genovesi. Voy. Soprani. — Vita del cav. Raffaello Mengs. 1779. — Difesa dello stesso, o sia Lettera ad un amico, etc.

Raymond (Georg.-Maria). — De la peinture considérée dans ses effets sur les hommes de toutes les classes. 1806. 1 vol. in-8°.

Raymond de Petity (l'abbé Jean). — Bibliothèque des artistes et des amateurs, ou Tablettes analytiques et méthodiques sur les sciences et les beaux-arts. 1766. in-4°. 3 vol. avec fig. (On y trouve différens mémoires sur le commerce des tableaux.)

Réal (l'abbé de St-). — Sur le mouvement des figures en peinture. Voy. tom. 1er. 1re journée.

Redi. — Lettere pittoriche. 2 vol.

Regon ou Rejon de Sylva. Il a fait imprimer un poême en 3 chants, dont la peinture est le sujet. *Ségovie.* 1788. in-8°. — Traduction en espagnol de Léonard de Vinci et de Léon Alberti. — Dictionnaire en espagnol des termes et des expressions qui constituent le langage des arts. — La bibliothèque de l'Académie de St-Fernand possède de lui un Compendium du grand livre de Palomino. Cet auteur mourut en 1796.

Reich (Gregorius), auteur allemand, qui écrivait avant Albert-Durer. Voy. le 10e livre de ses œuvres, où il traite de la perspective.

Reinhard (Ch.-Tobie.-Ephr.), en allemand. — Dimensions du corps humain. *Glogau.* 1767. in-8°.

Reiskius (Joh.). — Exercitationes historicæ de imaginibus Jesu-Christi quotquot vulgò circumferuntur. *Jenæ.* 1670. 1677. 1683. in-4°. — Acta eruditorum. p. 662. seq. 1686. in-4°. Ejusdem, ad Job. Ludolfum epistola.

Rembolds (Joseph-Christoph). — Perspectiva pratica oder Vollstændige Andeutung zu der Perspectivischen-Kunst. *Augsburg.* 1710. in-4°.

Remond de St-Marc). — Lettres sur la naissance, les progrès et la décadence du goût en France, insérées dans ses Réflexions sur la poésie. *Paris.* 1733.

Renaldis (Jirolamo-Canon. conte de). — Della pittura friulana, saggio istorico. *Udine.* 1796. in-8°. *Id.* 1798. in-4°.

Renfesthen. — Lettres sur les peintures antiques, dans l'ouvrage intitulé : Études de M. Kreutzer. *Heidelberg.* 1810. — Sur l'art de peindre en pastel à la cire. (Voy. le journal étranger, février 1757.)

Repton (H.), esq., et son fils Adry Repton. — An Enquiry into the changes of taste in landscape-gardening; to wich are added some observations on its theory and practice including a defence of the art, and some Remarks on grecian and gothic architecture; collected from various manuscrits. in-8°. 51 planches.

Requeno (don Vincenzo), presbytero. — Saggi sul ristabilimento dell' arte di pingere all' encausto degli antichi. 2 vol. in-8°. *Parma.* 1798. — Traduits en espagnol, par P. Garcia de la Huerta. — Lettera sopra l'Encaustica. *Firenze.* — Saggi sul ristabilimento dell' antica arte de' greci e romani pittori. *Venezia.* 1784. in-8°. *Roma.* 1786. 2 vol. — Con aggiunte. *Parma.* 1787. in-8°. — Sur l'art mimique et sur la chiromanie des anciens. Voy. le Magasin encycloped. tom. 3e. an VI.

Resta (il padre Sebastiano). — Indice del libro intitolato : Parnasso dei pittori. *Perugia.* 1707. in-8°. — The portraits of the most eminent Painters and others famous artists that have flourished in Europe, curiously engraved above one hundred copper plates by J. Bouttats, Peter de Jode, Will. Hollar, P. Pontius, J. Worstermann, C. Waumans; from original paintings of Vandick, Cornil-Janssens, Guido Reni, David-Teniers and others celebrated masters; with an account of their lives, caracteres, and most considerable Works to wich is new added an historical and chronogical series of all the most eminent painters for near five hundred years, chiefly collected from a manuscript of the late famous father Resta. *London.* 1659. in-4°. — Galleria portatile. MS. dell' ambrosiane. — Lettere Pittoriche.

Reveley (Henry). — Notices illustrative of the drawings., etc., ou Notices servant à expliquer les dessins et les esquisses de quelques-uns des maîtres les plus distingués de toutes les principales écoles de dessin. *Londres.* 1820. in-8°.

Rever et Labillardière. — Description de la statue fruste en bronze doré, trouvée à Lillebonne. *Rouen.* avec fig. 1823. in-8°.

Réveroni-Saint-Cyr. — Essai sur le perfectionnement des beaux-arts par les sciences, ou Calculs et hypothèses sur la poésie, la peinture et la musique. *Paris.* an XI. 1803. in-8°. 2 vol.

Reynolds (sir Josue). — Discours à l'académie de Londres. Traduits de l'anglais en français par Jansen. *Paris.* 1787. in-8°. 2 vol. — La traduction de Jansen ne comprend pas toute l'œuvre de Reynolds. Un volume manque; il se trouve dans l'édition de Malone, édition en 3 volumes in-8°, intitulée : Sir Josue Reynolds' Works on Painting, with his live. *London.* 1819. in-8°. Voy. Duppa et Northcote. — Il a paru depuis encore d'autres discours : The Works of sir Josue Reynolds. *London.* 1798. in-4°. — L'éditeur M. Malone a enrichi cette édition, imprimée avec luxe, du voyage de Reynolds en Hollande et en Flandre. — Il en a paru une traduction italienne. *Firenze.* 1778. in-12.

Rezay (Marnezia C.-Fr.-Adrien). — Les paysages, ou Essai sur la nature champêtre, poëme. 1800. in-8°.

Rheinhold (Chrétien-Louis), en allemand. — L'Étude du dessin et de la peinture des commençans, suivi d'une liste des plus célèbres peintres, sculpteurs, architectes, académies et écoles, avec 45 grav. *Gœtting.* 1773. — Système des arts du dessin et introduction à l'étude des antiques allégories, etc. *Münster.* 1774. — L'école du dessin. 1786. — L'académie des beaux-arts. 1788. Ces deux derniers ouvrages sont un supplément de celui du système des arts du dessin, etc.

Rhode. — Journal concernant les arts, pour les artistes et les amateurs. *Berlin.* 1798. 1802. 48 vol. — Mémoires pour servir à l'histoire de l'art en Allemagne, pendant le 15e et le 16e siècle. Par livraisons. *Breslaw.* 1813. in-4°.

Rhodes (J.-G.). — Blumen-Lese, etc., ou Recueil pour servir à l'histoire de l'art en Allemagne. *Breslau.* 1809. in-4°. 1 vol.

Rhodius. Voy. Sandrart.

Rica. — Traité de la plastique, ou Quelques observations sur la forme et la figure.

Richard. — Description historique de l'Italie. Voy. dans le tome 4, page 199, ce qu'il dit sur l'encaustique.

Richardson fils (Jonathan). — Essay on the Theory of Painting. *London.* 1719. in-8°. — Cet ouvrage forme le 1er volume du Traité sur la peinture du même auteur, ouvrage traduit en français par Uytwert, et revu par Rutgers le jeune et Tenkate. 3e édit. *Amsterd.* 1719. 3 vol. in-8°. — Discours sur la science du connaisseur, traduit de l'anglais. *Amsterd.* 1728. in-4°. 1 vol., ou Essay on the art of Criticisme, the science of a connoisseur, etc. Forming a supplement, to Walpole anecdotes. *London.* 1772. — Account of some of the statues, bas-reliefs, drawings and pictures in Italy with remarks. — Works on painting dedicated to sir Jos. Reynolds. *London.* 1773.

Richerz. Voy. Muratori.

Ridolfi (il caval. Carlo), pittore. — Vita di Jacopo Robusti detto il Tintoretto. *Venezia.* 1643. in-4°. — Le maraviglie dell' arte, ovvero le vite de' pittori veneziani, etc. avec portraits. *Venezia.* 1648. in-8°. 2 vol. — Descrizione di tutte le publiche pitture della cità di Venezia ed isole circonvicine. *Venezia.* 1733. in-8°.

Riedel, en allemand. — Théorie des beaux-arts. Dans le 16e chapitre, il traite du choix des sujets.

Riegger. — Archives pour l'histoire et la statistique. *Dresde.* 1792. in-8°. — Il s'y trouve des notices sur les plus anciens peintres de la Bohême, et un Essai sur l'histoire de la peinture à huile, ainsi que sur celle de la perspective.

Riem (A.). — Sur la peinture des anciens, supplément à l'histoire de l'art. *Berlin.* 1787. in-4°.

Riepenhausen (Fr. et J.). — Geschichte, etc., ou Histoire de la peinture en Italie. *Tubingen.* 1810.

Riffault (J.). — Manuel théorique et pratique du peintre en bâtiment, du doreur et du vernisseur. *Paris.* 1826. 1 vol. in-8°.

Rigamonti (D.-Ambrogio). — Descrizione delle pitture più celebri della cità di Trevigi. *Trevigi.* 1776. 1 vol. in-12.

Rigot (F.-G.-J.). — Traité des articulations du cheval. *Paris.* 1827. in-8°.

Righetti (Dandini-Orazio-Camillo). — Le pitture di Cento, e le vite in compendio di vari incisori e pittori della cità. *Ferrara.* 1768. in-8°. — Vita del Cav.-Giov.-Francesco Barbieri, detto il Guercino.

Rinaldi (Giovanni de). — Il mostruosissimo mostro, diviso in due trattati. Nel primo si ragiona del significato de' colori. *Ferrara.* 1588. in-8°.

Rive (l'abbé). — Essai sur l'art de vérifier l'âge des miniatures peintes dans les manuscrits. in-fol.

Rivery. — Traité de la pantomime.

Rivière (le marquis de). — Dissertation sur la statue de Milo. *Paris.* in-4°. 1822.

Rivius (Gréault Henri), en allemand. — Nouvelle perspective, ou Du véritable fondement des arts du dessin et de la peinture. *Nuremb.* 1347. in-fol.

Rizi (le frère Juan), mort vieux en 1675. — Sur la peinture et sur les arts qui peuvent l'illustrer : manuscrit cité par Palomino-Velasco. — Traité de peinture dédié à la duchesse de Béjar.

Robin, peintre, auteur de plusieurs articles de l'encyclopédie méthodique. — Sur l'influence de la peinture sur les mœurs et le gouvernement d'un peuple libre. 1798. Voy. le rapport lu à la séance de l'Institut, le 15 germinal an vi. — Vie de Durameau, peintre. Voy. les Archives litt. 4e année. tom. 1er.

Robinson (Pollyngs). — The Beauties of Painting, poème. 1783.

Rockftboh (Henri), en allemand. — Journal des arts, artifices et modes. *Berlin.* 1808. 1812. 1813.

Rodius (Ambroise). — Optique, avec un traité des crépuscules, en latin. *Vittemberg.* 1611. in-8°.

Rodler (Jérôme), en allemand. — Instruction utile sur l'art des mesures, à l'usage des peintres, sculpteurs, etc. *Siemern.* 1531. in-fol.

Rolli (Paolo-Antonio). — Poésies sur Raphaël. *Londres.* 1717. in-8°.

ROLLIN. — Réflexions sur le goût.

ROMANO (di Borgo, san sepulcro). — Trattato della nobiltà della pittura. *Roma.* 1585. in-4°. — *Pavia.* 1604. in-4°.

ROMNEY (Georges). — Hayley's Life. *London.* 1809. in-4° avec fig.

ROSA (Giuseppe), direttore della imperial e reale galleria. — Son ouvrage sur la peinture est écrit en allemand. *Vienne.* 1796. in-8°.

ROSA (Salvator). — La pittura, poëma satirico. *Amsterdam.* 1719. in-12. — *Id.* 1788. in-8°.

ROSALBA (Carriera). — Diario degli anni 1720 e 1721, posseduto, illustrato, e publicato dal dottor D. Giov.-Vianelli, canonico della cathedrale di Chioggia. *Venezia.* 1793. in-4°. (Ce Diaro ou Journal fut écrit à Paris, par Rosalba.)

ROSIGNOLI (Carlo-Gregorio). — La pittura in judicio, ovvero il bene delle oneste e il male delle oscene. *Venezia.* 1696. in-12. — *Bologna.* 1697. in-8°.

ROSINI (Giovanni). — Lettere pittoriche sul Campo Santo di Pisa. 1812. in-4°. Voy. de Rossi.

ROSSETTI (Giov.-Batista). — Descrizione delle pitture, sculture, ed architetture di Padova, con alcune osservazioni. *Padova.* 1780. in-4°.

ROSSI (Agostino). — Descrizione delle pitture e sculture della città di Montalboddo nella Marca di Ancona, e Notizie istoriche della stessa città. — Nuova Guida di Torino.

ROSSI. — Anatomia per uso e intelligenza del disegno. in-fol. 59 feuilles.

ROSSI. (Giov.-Gherardo de). — Articoli pittorici nelle memorie delle belle arti : journal dont 4 vol. ont paru.

*Rome.* 1786. 1788. in-4°. — Scherzi poetici e pittorici. *Parma.* 1795. in-8°. — Vita di Antonio Cavallucci. *Venezia.* 1769. in-8°. — Vita di Pickler, incisore. — Vita di Angelica Kauffmann. *Firenze.* 1810. in-8°. — Riposte alle lettere del Signor Giovanni Rosini. 1812. (Elles se trouvent dans les Lettere pittoriche de ce dernier.) Voy. Guyton.

Rosso. Il est cité par Hoogstraëten, comme un des meilleurs auteurs sur l'anatomie pour les peintres.

Rost. — Manuel des artistes et des amateurs. Traduit de l'allemand. *Zurich.* 1797. Ouvrage continué et rédigé par Fuessly, à Zurich, d'après le manuscrit du professeur Hubert, de Leipsick, auteur de la traduction de Winckelmann. 8 vol.

Roth. — Vie d'Albert-Durer.

Rothmaler (Hulderic-Sigism.). — Dissertatio de picturâ. *Jenæ.* 1692. in-4°.

Rouillac (de). Voy. Oreilly.

Rouquet. — L'État des arts en Angleterre. *Paris.* 1755. 1 vol. in-12. — L'Art de peindre en fromage ou en ramequin. *Paris.* 1758. in-12. Cet écrit est une satyre contre M. Bachelier. Voy. Caylus.

Rouzoux (P.-G. de), sous-préfet de Dôle. — Essai d'une histoire des révolutions arrivées dans les sciences et les beaux-arts, depuis les tems héroïques jusqu'à nos jours. *Paris.* 1811. in-8°.

Rozoi (de). — Essai philosophique sur l'établissement des écoles gratuites de dessin, pour les arts mécaniques. *Paris.* 1769. in-8°.

Rubens (Pierre-Paul). — De imitatione statuarum. Ce manuscrit se trouvait entre les mains de M. Depiles, et il le cite dans son cours de peinture, pag. 138. Depiles cite encore un passage de Rubens sur Léonard de Vinci (vie de Léonard de Vinci, dans sa vie des peintres), et il paraît extrait du même manuscrit; mais Depiles ne nous a conservé que ces deux extraits. Le manuscrit de Rubens périt dans un incendie, avec d'autres raretés rassemblées par Boule, ébéniste du roi. Il était écrit en trois langues. — L'architecture italienne. *Amsterdam.* 1754. — Rubens a composé un texte à cet ouvrage, dans lequel il fit dessiner ou dessina les plus beaux édifices de Gênes. — On a paré du nom de Rubens l'ouvrage suivant : Théorie de la figure considérée dans ses principes, soit en repos, soit en mouvement. *Paris.* 1769. in-4°. Le frère de Pierre-Paul Rubens a écrit sur les antiquités.

Rubejs (J.-B. de). — Des portraits ou Traité pour saisir la physionomie, en italien et français : suivi d'un Traité d'anatomie. *Paris.* 1809. 1 vol. in-4°.

Rumfort. — Sur les couleurs. Voy. la Bibliothèque britannique, tom. 1, p. 372. — Sur la couleur bleue des ombres. Voy. id. tom. 4, p. 137. — Sur le bleu clair.

Rumhor (Ch.-Fr.). — Dissertation sur le groupe de Castor et Pollux, ou Notions sur le beau idéal dans les ouvrages de l'art. *Lubeck.* 1812. in-4°. — *Hamburg.* 1812. in-4°.

Russel (J.). — Elements of painting with crayons. *London.* 1772.

Russel. — Letters from a young painter abroad to his friends in England, adorned with Copper-Plates. *London.* 1748. in-8°. 2 vol. *Id.* 1750. in-8°.

Ruta (Clémente). — Guida ed esatta notizia da forestieri delle più eccellenti pitture che sono in molte chiese della città di Parma, gia descritte. *Milano.* 1780.

## S.

Sachsell (P.-P.). — Tractatus pro coloribus faciendis.

Sagredo (Diego de). Voy. Diego.

SALLIER (Claude). — Sur l'optique des anciens peintres. Voy. les Mémoires de l'Académie des inscriptions et belles-lettres. tom. 2, p. 153 et suivantes. — Discours sur la perspective de l'ancienne peinture ou sculpture. Voy. les Mémoires de littérature. tom. 11, p. 153 et suivantes. *Amst.*

SALMON. — Polygraphie, or Art of Drawing, Limning, Painting, Etching, Engraving, Washing. *London.* 1678. in-8°. *London.* 1701. in-8°. 2 vol. avec fig.

SALVAGE (Galbert). — Ses Œuvres sur l'anatomie des artistes. *Paris.* 1804. 1 vol. in-fol. L'auteur a pris pour figure démonstrative la statue dite le gladiateur combattant.

SAINT-MARCEL. Voy. Cellini.

SAINT-QUENTIN (le chevalier Jules de). — De' più antichi marmi, etc., ou Des plus anciens marbres statuaires employés dans la sculpture chez les Italiens. *Turin.* 1814. in-4°. On trouve cette leçon insérée dans le tom. 29 des Mémoires de l'Académie des beaux-arts de Turin.

SAINT-VICTOR (de). — Texte du musée des antiques de Paris, gravées par M. Bouillon.

SALY, statuaire français. — Falconet, dans sa lettre à Mengs, cite de lui un écrit sur la connaissance du cheval.

SANCTO QUINTINO (le chevalier). — Osservazioni sopra alcuni antichi monumenti di belle arti del Stato luchese.

SANDRART (Joachim von). — A Stockau l'academia della architettura, scultura et pittura, oder deutsche Academie der edlen Bau-Bild und Malerei-Kunst, erster Theil, 38 planch. *Nüremberg.* 1675. in-fol. — Zweiter Theil, planch. A.-Q.q. *id.* 1675. in-fol. — Der deutschen Academie, zweiter und letzter Theil, oder der, etc. *Nuremberg.* 1779. in-fol. L'academia a été traduite en latin, et augmentée de la vie et des ouvrages de Sandrart, par Christ-Rhodius, et sous le titre de Academia artis pictoriæ. *Nuremberg*. 1683. 11 vol. in-fol. avec fig. Volkmann a donné une nouvelle édition allemande de l'Académie de Sandrart. in-fol.—Les délices de la peinture, ou Figures dessinées d'après le modèle vivant dans l'Académie de peinture à Paris (en allemand). *Nüremberg*. in-fol. 14 feuilles. — Admiranda artis statuariæ. *Nuremberg*. 1680. in-fol. Voy. Terbruggen.

SANTAGOSTINI (Agostino). — L'immortalità e gloria del pennello, ovvero Descrizioni delle pitture di Milano. 1671.

SANTINI (Vincenzo). — Orazione della pittura, scultura, e architettura etc., per l'acquista delle scienze. Elle se trouve dans le 3e vol. des Frose degli arcadi.

SANTISSIMO-SACRAMENTO (Jean de Guzman, dit Juan del), peintre né en Espagne en 1611; il traduisit en espagnol avec des notes critiques la perspective du père Accolti.

SANTOS (Francisco de Los). — Las vidas de los pintores y estatuarios eminentes espagnoles, ou Vies des plus fameux peintres et sculpteurs espagnols. *Londres*. 1742. in-8°. Obras de los pintores espagnoles. *Londres*. 1746. in-8°. —Descricion del monastario de San Lorenzo de l'Escurial. *Madrid*. 1698. in-fol.

SAPORTAS. — De la peinture des paysages, et des différens caractères des écoles françaises, italiennes et hollandaises : discours lu le 29 novembre 1826 à la séance de l'Institut royal des Pays-Bas.

SASS. — Journey to Rome and Naples, ou Voyage à Rome et à Naples. *Londres*. 1819. in-8°.

SASSI. — La prima parte della luce del disegnare e del dipingere. *Amsterd*. 1654. in-fol. avec fig. — En anglais. *Londres*. 1739. *Id*. 1744. in-8°. — En français. *Paris*. 1749. in-12. Voy. les mémoires de Trévoux, p. 281. Février 1751.

Saulnier (J.). — La parfaite connaissance des chevaux, leur anatomie, etc. *La Haye.* 1734.

Savigny. — Tableaux accomplis de tous les arts libéraux. *Paris.* 1619. in-fol.

Savot (Louis). — De causis colorum. 1609. in-8°.

Scamozzi (Vincenzio). — Discorsi sopra le antichità Romane. *Venezia.* 1582. in-fol. 40 fig. Il renferme plusieurs articles sur la sculpture et sur les marbres qu'il faut choisir de préférence pour les statues.

Scanelli (Francesco da Forli). — Il microscomo della pittura. *Cesena.* 1657. in-4°.

Scaramuccia (Luigi), peintre, élève de Guido Reni. — Le finezze de' penelli italiani. *Pavia.* 1674. in-4°. Cet artiste se donne aussi le nom de Girupeno, c'est-à-dire, Perugino.

Schaal. — Traité de perspective sans géométrie et sans plans. *Paris.* 1827.

Schæffers (Jacq.-Christian). — Esquisse d'une réunion générale des couleurs, ou Essai sur l'harmonie générale des couleurs (en allemand). *Ratisbonne.* 1769. in-4°. avec fig.

Scheffers (Jean-Argentinensis). — Graphice, id est de arte pingendi, liber singularis. *Nuremberg.* 1669. in-8°. *Upsal.* 1669. in-8°. Franciscus Junius l'a discuté fort au long.

Shée. — Sur la peinture.

Scheib (Christophe de). — Sur la nature et l'art, dans les tableaux, la sculpture, l'architecture et la gravure (en allemand). *Leipsick.* 1770. in-8°. — Le même auteur a encore publié sous le nom d'Orestio un autre ouvrage sur les arts du dessin, avec un Appendice sur la manière de faire les empreintes en souffre, plâtre et verre, et de graver en pierre dure. *Vienne.* 1764. in-8°. L'auteur s'est caché long-tems sous les noms pseudonymes d'Orestio et Koremon.

SCHEINER. — Sur la vision.

SCHENKEN (Joh.-Gottlob). — Die Zeichnung des menschlichen Kœrpers und seiner Theile theoretisch und praktisch vorgetragen, ou Proportions du corps humain et de ses parties. *Jena.* 1769. in-4°. 17 planch.

SCHIMMELPFENNICH (Marie-Anne). — Theory, etc., ou Théorie de la classification du beau et de la difformité, et de leur correspondance avec l'expression physiognomique. *London.* 1815. 1 vol. in-4° avec pl.

SCHLCHTERUS. — Elogio historico de Luca, pittore. Voy. Manni. Voy. aussi C.-I. Reiskius.

SCHLEGEL (Frédéric). — Dans son journal, intitulé l'Europe, on trouve des observations sur les sujets qui conviennent à la peinture. 1820.

SCHŒBER (David-Geoff.). — Sur la vie et les ouvrages d'art d'Albert-Durer. *Leipsick.* 1769.

SCHOONEBECK (Adrien). — Habits de différens ordres religieux. *Amsterdam.* 1688.

SCHOONHOVIUS. — Sur les emblêmes. *Amsterd.* 1648.

SCHORN. — Études des artistes grecs. *Stuttgard.* 1 vol. — Feuille des arts (journal).

SCHOTT. — Théorie des belles-lettres (en allemand). Voy. le tom. 1, p. 252, sur le génie original.

SCHUBERT. — Sur le génie original. Voy. le journal allemand intitulé : Deutsche Monatschrift, n° 4, année 1793.

SCHUBLER. — Introduction à la perspective (en allemand). *Nüremberg.* 1719. in-fol. 2 vol. 50 grav. *Id.* 1720. in-fol.

SCHUMANN (Johan.-Chr.). — Alchimedon, c'est-à-dire,

Vies des plus célèbres sculpteurs et graveurs allemands. *Dresde.* 1634. in-8°.

Schusters. — Neues Reisz und Zeichenbuch, ou Nouveau livre pour dessiner et peindre. *Nüremberg.* 1699. in-fol.

Schweighæuser. — Explications des monumens antiques inédits du Musée de Paris, publiés et dessinés par Thomas Piroli. *Paris.* 1824.

Seckendorf (le baron de), connu sous le nom de Patrick Peale. — Kritik der Kunst, ou Critique des arts. Mars 1813. Cet ouvrage traite de la métaphysique de l'art. *Gœtting.* 1812. in-12.

Selva (Antonio), architetto. — Catalogo de' quadri, de' disegni, e de' libri che trattano dell' arte del disegno della galleria del fu sig. conte Algarotti in Venezia. in-8°.

Senones (de). — Choix de vues pittoresques. *Paris.* 1821. in-fol.

Seran de la Tour (l'abbé). — L'Art de sentir et de juger en matière de goût. *Paris.* 1762.

Sergent-Marceau (Antoine J.). — Costumi de' populi antichi e moderni, etc. ou Costumes des peuples anciens et modernes en diverses figures gravées et coloriées, etc. *Brescia.* 1813. in-4°. 6e livraison. *Milan.* 1819. in-4°. es 6 dernières avec des planches coloriées. *Milan.* 1819.

Serlio. — Perspective.

Shaftesbury (Anthony). — Judgement of Hercules characteristicks. *London.* 1737. in-8°. Voy. dans le tom. 3, p. 345 et suiv. de cet ouvrage, ce qui est dit sur les caractères. Voy. aussi bibl. d. s. W. u. d. f. K. tom. 2, n° 1. en allemand.

Shildrake (Thimotée). — Procédés pour séparer le mucilage de l'huile de lin. — Dissolution du copal par l'essence de thérébentine et par le camphre. Voy. la Biblioth.

Britann. tom. 13. Transcrit de la société des arts de Londres pour l'an 1779. — Système sur la manière de peindre de l'école vénitienne. Voy. Annales des arts, tom. 1.

SHILLER. — Dans ses mélanges en prose, 4e vol., il traite de ce qu'on peut appeler le trivial dans les beaux-arts, et de l'usage qu'on en peut faire. Voy. le Magasin encyclopéd. tom. 2, p. 247. an XII. — Sur le sublime. Voy. Archiv. litt. tom. 5, p. 325 ou 305. — Sur le but des arts qui est le plaisir, et sur le plaisir que nous donnent les émotions tragiques. Voy. les archives littéraires, tom. 12.

SICKLER. Voy. Vœlkel.

SIGNORELLI. — Vicende della coltura delle due Sicilie, tomi 5. *Napoli*. 1787. in-8°. — Supplemento. Tomi 3. *Id.* 1791. in-8°.

SILVABELLE (de St-Jacques de). — Traduction en français de la perspective de Taylor, avec une méthode, etc. *Amsterdam*. 1757.

SIMONNET. — Discours sur cette question : est-ce une erreur de dire que certains cantons sont plus propres que d'autres à produire de beaux esprits ? Voy. le journal historique sur les matières du tems. Janvier 1736.

SIRIGARDI (Lud.). — Le corone del merito, distribute sul Campidoglio : orazione recitata nell' Academ. di St-Luca. *Roma*. 1703. in-4°.

SIRIGATI (il cavalier Lor.). — La pratica di prospettiva. *Venezia*. 1596. in-fol. *Id.* 1626. in-fol. Voy. Waare (Isaac).

SMITH. — Traité de perspective, de dessin, de peinture et de gravure, suivi d'un dictionnaire des termes usités dans chacun de ces arts. Traduit de l'anglais en français sur la 1re édition, par Bulos. *Paris*. 1826. Apographie, ou Nouvel instrument pour copier les dessins ; on le dit plus utile que le pantographe. Voy. la Revue encyclopédique,

35e cahier, année 1821. — Perspective à l'usage des gens du monde. Traduit de Smith, sur la 10e édition par Bulos. *Paris.* 1827.

Smith (George). — Décorations pour draperies, corniches, bibliothèques, meubles, etc., dessinées géométriquement et perspectivement avec des observations et des descriptions sur chaque morceau. 158 planches in-4°.

Smith (James). — Cours complet d'optique, avec un supplément sur la dioptrique, par Duval-le-Roy. *Paris.* — Art of painting in oil. — Method of colouring. *London.* 1753. in-12. — The art of drawing and painting in water-colours. *London.* 1730. 1752. 1757. 1779. in-12.

Snapes's. — Anatomy of an horse. *London.* 1686.

Sobry (J.-F.). — Poétique des arts, ou Cours de peinture et de littérature comparées. *Paris.* 1810. in-8°. 1 vol.

Soehnée (Charles-Frédéric). — Recherches nouvelles sur les procédés de peinture des anciens, suivies de la traduction de différens fragmens de l'ouvrage de Lessing sur l'antiquité de la peinture à huile. *Paris.* 1822. 1 vol. in-8°.

Sœmmering (Sanc.-Thom.). — Tabulæ sceleti fœminini, junctâ descriptione, ou Squelette choisi d'une fille de vingt ans dans l'attitude de la Vénus. *Francfort.* 1797. in-fol. Il traite des différences caractéristiques du squelette féminin.

Solis (don Francisco de). — Vidas de algunos pintores espanoles, que han sobrésalido en las tres partes de pintura, escultura y architectura, ou Vie des peintres, sculpteurs et architectes espagnols; manuscrit que la mort l'empêcha de publier, et qui est, dit-on perdu aujourd'hui. Don Franc. de Solis naquit à Madrid en 1629.

Somaglia (Giul.-Cæsar). — Delle arti del disegno; orazione detta in Campidoglio, il di 19 di maggio. 1775. in-4°.

SONNENFELS (Joseph), en allemand. — Sur le mérite du peintre portraitique. *Vienne.* 1768. in-8°. — Conseils aux jeunes artistes de s'appliquer à la lecture. *Vienne.* 1768. in-8°.

SOPRANI (Raphaël). — Vies des peintres, sculpteurs et architectes génois. 1674. in-4°. 1660. Édition avec les portraits gravés et avec des notes par Charles Joseph Ratti, tom. 1. jusqu'en 1768. *Genova.* 1768. in-4°. (Cet ouvrage a été corrigé par Patri.) — Dizionario degli artefici urbinali.

SORTE (M.-Cristofano). — Osservazioni sulla pittura. *Venezia.* 1580. in-4°.

SOVERBY. — Easy introduction to drawing flowers according to nature. *London.* 1788. in-4°.

SPALLART (Robert de). — Tableau historique des costumes, des mœurs et des usages des principaux peuples de l'antiquité et du moyen-âge. 7 vol. ornés de 44 fig. in-8°. in-fol. avec 52 fig. enluminées. *Metz* et *Paris.*

SPENCE (John). — Polymetis, or an enquiry concerning the agreement betwen the works of the roman poets and the remains of the ancient artists; il y traite de l'allégorie. *London.* 1747. 1754. 1755. 1765. 1786. in-fol. Tindal en a donné un abrégé. — Joseph Burkard en a donné une imitation en allemand. *Vienne.* 1773.

SPON (Jacq.). — Dissertation sur la physionomie des différens empereurs, intitulée : Dissertation de l'utilité des médailles pour l'étude de la physionomie. Hensinger l'a fait imprimer à la page 231 et suivantes de son édition des Césars. — Il en existe aussi une traduction latine.

SPRENGEL (P.-N.). — Handwerke und Künste in Tabellen, ou Tableau des arts et métiers. *Berlin.* 1769. in-8°.

SPURZHEIM (J.-P.). — Outlines of the physiognomical system. *London.* 1815. in-12.

STAHLIN (de). — Mémoires pour servir à l'histoire des

beaux-arts en Russie : manuscrit. Voy. Haigolds (Joh.-Bapt.). Beylagen zum neu-verschœnerten Russlande. *Riga*. 1768. in-8°. tom. 1, page 428.

STENDHAL (le comte de). — Rome, Naples et Florence. *London*. 1817. — Anecdotes sur les peintres et les musiciens. — État des arts, etc.

STETTLERS (Wilhelm). — Bericht von dem rechten Wege zu der Malerei, ou Instruction sur la bonne manière de peindre. *Bern*. 1707. in-12.

STEVENS (W.-P.). — Homographia, etc. Homographie, ou Essai sur les proportions du corps humain. *London*. 1812. in-8°.

STEVENS (J.). — Voy. Hogarth.

STEWART (Dugald). — Philosophy, etc., Philosophie de l'esprit humain. *Londres*. 1792. in-4°. Voy. la bibliothèque britannique, années 1814 et 1815.

STRANGE (Robert). — Catalogue descriptif des peintures des principales écoles de l'Europe, avec des remarques sur les principaux peintres et leurs ouvrages (en anglais). 1769. in-8°. — On the fine arts. 1775.

STRUTT. — Costume du peuple anglais, du tems des saxons, avec beaucoup d'estampes. 1796. 2 vol. in-4°.

STUDE. — Anatomy of the horse including a particular description of the bones, cartilages, muscles, fascias, ligaments, nerves, arteries, veins and glands. *London*. 1766. 24 pl.

STUDMUND (A.-W.). — Ueber den Ursprung und die Geschichte der Kunst, ou de l'Origine et de l'Histoire de l'art. *Jena*. 1767. in-8°.

SUARD. — L'un des collaborateurs de l'encyclopédie méthodique. Partie des beaux-arts. *Paris*.

SUE. — Les os du corps humain mesurés les uns par rapport avec les autres. Voy. les Mémoires de mathématiques et de physique présentés à l'Académie, tom. 1, et les Mémoires des savans étrangers.

Sue (J.-J.), le fils. — Essai sur la physiognomie des corps vivans, considérée depuis l'homme jusqu'à la plante. *Paris.* 1797. in-8°. 1 vol. — Élémens d'anatomie, à l'usage des peintres et sculpteurs, orné de planches. Ouvrage dans lequel l'auteur traite des passions et de l'expression. 1800.

Sulzer (Georges). — Théorie générale des beaux-arts, rédigée par ordre alphabétique (en allemand). *Leipsick.* 1793. in-8°. — Avec les supplémens de M. Blankenburg. *Francfort.* 1798. in-8°. — Supplémens à la théorie générale, etc. par une société de gens de lettres. 27 vol. in-8°. — Traité des sensations. 1800. La théorie des sensations agréables a été insérée dans les mémoires de l'Académie de Berlin, tom. 7 et 8. Voy. aussi le 10ᵉ vol. — Pensée sur l'origine et les différens emplois des sciences et des beaux-arts. *Berlin.* 1757. in-8°. *Kœnisberg.* 1762. in-8°. — Discours sur l'allégorie. 2 vol. in-8°. Voy. Milizia.

Superville (Humbert de). — Mémoires sur la perspective et sur les proportions des statues égyptiennes et grecques : lus à la société de l'Institut royal des Pays-Bas, séance du 29 novembre 1826. (Institut d'Amsterdam.) Voy. Humbert.

Sydney Hawkins (John). — Recherches sur la manière de peindre sur verre, usitée dans les édifices ecclésiastiques du moyen-âge : à la suite de son histoire de l'architecture gothique. — A history of gothic architecture. *London.* 1814.

Synesius, évêque grec. — Lettres sur les objets d'art apportés à Constantinople, et qui y ont péri.

## T.

Tagliazucchi. — Orazioni in lode di belle arti. *Torino.* 1730. in-8°. — Orazione e poesie per la restituzione della Academia del disegno. Libretto. *Torino.* 1736. in-8°.

Taillandier (Réné). — Épître à M. Gros, peintre (sur la coupole de Ste-Geneviève). *Paris.* 1825. in-8°.

Taillasson. — Du danger des règles dans les arts : poême. — Notices sur Salvator Rosa. Voy. le journal des arts. 1805. — Observations sur la peinture, lues à la séance de l'Athénée des arts, 7 fructidor an XII.

Talbot. Voy. Dillon.

Tambroni (le chevalier Joseph). Voy. Cennino Cennini. — Commentario intorno la vita di Antonio Canova. *Roma.* 1823.

Taquet (le père). — Perspective.

Tasker (John). — Avis aux peintres, ou Dissertations sur l'art de la peinture. *Paris.* 1817. in-4°.

Tassi (Francesco-Maria). — Le vite de' pittori, scult. ed architett. bergamaschi. *Bergamo.* 1793. in-4°. 2 vol. — Con aggiunte di Ferd. Caccia e note del Co. Giacomo Carrara scrittore.

Tavernier. — Perspective d'un jésuite parisien, par François Langlois et Melchior Tavernier. *Paris.* 1642: in-4°. 1 vol. 300 fig.

Taylor (Brook). — New principles of linear perspective, or the art of designing on a plan the representation of all sorts of objects in a more general and simple method than has been hitherto done. *London.* 1719. in-4°. 4e édition avec 13 pl. Voy. Kirby. — Traduit en français avec l'ouvrage de Murdoch et avec une méthode par M. de St-Jacques de Silvabelle. *Amsterd.* 1757. Traduit en italien par le père Jacquier. *Idem* intitulé : Perspective made easy by Kirby. *London.* 1755. in-fol. *Id.* 1761. in-fol. *Id.* 1768. in-fol. Voy. Malton, Kirby, Jacquier.

Taylor (Charles). — Treatise of drawing for youth, *London.* 1815. 33 plates.

Telin (Guillaume). — Bref sommaire des sept vertus. Sept arts libéraux, etc. *Paris.* 1533. in-8°.

Temenza (Thomas). — Vite de' più celebri architetti e scultori veneziani. *Venezia.* 1778. in-4°. 2 vol. — Vita di Jacomo Sansovino, scultore fiozentino. *Venezia.* 1752. in-4°.

Tenkate (Lomb.-Herm.). — Discours sur le beau idéal des peintres, des sculpteurs et des poètes. Il se trouve avec la traduction des œuvres de Richardson par Tenkate. *Amsterd.* 1728. in-8°.

Terbrugghen (Richard). — Critique de l'histoire des peintres par Sandrart.

Testelin (Henry). — Conférences de l'Académie avec les sentimens des plus habiles peintres sur la pratique de la peinture et de la sculpture, avec plusieurs discours académiques. *Paris.* 1696. in-fol.

Teyssèdre (A.). — Principes de perspective, suivis de la description de plusieurs instrumens, dont un de l'invention de l'auteur, au moyen desquels on peut dessiner avec une précision mathématique toutes sortes d'objets d'après nature, et mettre en perspective un tracé géométral quelconque. *Paris.* 1825. in-12. avec un grand nombre de figures. — Art de décorer les appartemens, contenant la composition et l'application des enduits, stucs anciens et modernes, marbres factices, pâtes moulées, etc. et des couleurs et vernis; la dorure sur bois et sur métaux; le choix et le collage des papiers de tenture; les moyens de donner aux divers ornemens des formes convenables à la décoration; ainsi que quelques idées sur l'embellissement des habitations, suivi d'un aperçu géométrique sur le toisé des surfaces. *Paris.* 1821. 1 vol. in-12. avec figures. — Notions élémentaires d'arithmétique, de géométrie, de mécanique, de physique, de dessin linéaire, de perspective et d'architecture, etc. *Paris.* 1824. 1 fort vol. in-12. avec gravures. — Le Guide de l'artiste et de l'amateur. On y trouve le poëme de Dufresnoy traduit; des réflexions sur la peinture; les notes de Reynolds sur ce même poëme de Dufresnoy; l'essai de Diderot sur la peinture, et divers autres morceaux. 1826. *Paris.* 1 vol. in-12.

Thénot (Jean-Pierre), peintre. — Essai de perspective pratique. *Paris*. 1826. in-8°.

Théophile, moine allemand de St-Gall. — Manuscrit du commencement du 12e siècle, sur la partie pratique de la peinture. Il y parle de la peinture à l'huile, des vernis. Raspe en a donné une traduction en anglais, avec quelques changemens, dans son critical essai. *London*. 1781. in-4°. — Traduit en allemand. *Brunswick*. 1774. in-8°. Il se trouve dans le 8e volume des œuvres complètes de Lessing. Voy. le Journal des savans, p. 493, juillet 1782. Voy. l'article de M. Castelan, dans le Moniteur du 4 mars ou août 1813. Voy. Cicognara, dans son ouvrage sur la sculpture. Voy. Éméric David, dans son discours sur la peinture moderne. A ce manuscrit est annexé celui d'Éraclius. Voy. Éraclius. Au nom de Théophile est ajouté celui de Presbyter ou Tutilo. Le titre de cet écrit commence ainsi : De omni scientiâ artis pingendi etc.

Thibault (J.-T.). — Application de la perspective linéaire aux arts de dessin; mise au jour par Chappuis, son élève. *Paris*. 1827. 1 vol. in-8°.

Thiers (A.). — Salon de 1822, ou Revue critique de l'exposition de cette année, précédée d'un historique des écoles italienne et française. *Paris*. 1822. 1 vol. in-8°. orné de 3 lithographies. — Annuaire de l'école française de peinture, ou Lettres sur le salon de 1819.

Thomasius (Christianus). — Dissertatio de jure circa colores. *Halœ*. in-4°.

Thomin. — Traité d'optique. 1749. in-8°.

Thomon (Thomas de). — Traité de peinture, précédé de l'origine des arts. *Pétersbourg*. 1814. in-8°. 1 vol.

Thompson (W.). — An enquiry into the elementary principles of beauty in the works of nature and art. *London*. 1798. in-8°. avec fig.

Ticcozzi (Stephano). — Dizionario de' pittori, dall rinovamento delle belle arti fino al 1800, avec les monogrammes des peintres. *Milano.* 1818. 2 vol. in-8°. — Lettera etc., ou Lettre sur deux tableaux de Tiziano. *Venezia.* 1816. — Vite dei pittori Vecelli di Cadore. *Milano.* 1817.

TIEDERMANN. — Essais sur la littérature et l'art.

TIEPOLO (Giam.-Battista). — Poemetto al sig. Tiepolo, pittore illustre, sopra la pittura. 1758. in-8°.

TILEMANN (Paul-Henric). — Commentatio historica moralis de eo quod justum est circà nuditatem. *Ienæ.* 1692. in-4°. — *Lipsiæ.* 1726. *Id.* 1728. in-4°.

TINCHANT (le doct.). — Doctrine nouvelle sur la reproduction de l'homme, suivie du tableau des variétés de l'espèce humaine. *Paris.* 1822. 1 vol. in-8°.

TINCOURT (le chev.). — Lettre à M^me^ la marquise de.... sur les tableaux et dessins du cabinet du roi, exposés au Luxembourg. *Paris.* 1750.

TINDAL. Voy. Spence.

TINGRY (P.-F.), de Genève. — Traité théorique et pratique sur l'art de faire et d'appliquer les vernis, etc., accompagné de nouvelles observations sur le copal. *Genève.* 1803. in-8°. Voy. la Bibl. britann. tom. 7 et 8. — Traduit en anglais, sous le titre de The Painter's and Varnisher's Guide. *London.*

TIRABOSCHI. — Notizie degli artefici modenesi, inserite nella biblioteca modenese. *Modena.* 1781. 7 vol. in-4°. — Storia della letteratura italiana. *Id.* 1785. in-4°.

TIRCHBEIN (Antoine), en allemand. — Instruction sur l'étude de la peinture. *Hambourg.* 1771. in-8°.

TITI (Filippo), abbate di città di Castello. — Nuovo studio di pittura, scult. ed architett. nelle chiese di Roma, Palazzi, Vaticano, etc. *Roma.* 1 vol. in-12. — Autre édition augmentée. *Roma.* 1763. in-8°.

TITI (il cav. Pandolfo). — Guida per il passagiere dilettante di pittura, scultura ed architettura, nella città di Pisa. *Lucca*. 1751. in-8°.

Tolomei (le chev. Francesco). — Guida di Pistoja, etc. Guide de Pistoja pour les amateurs des beaux-arts, avec des notices sur les architectes, les sculpteurs et les peintres de cette ville. 1822. in-8°.

Tortebat (François). — Abrégé d'anatomie accommodée aux arts de peinture et de sculpture. *Paris*. 1668. in-fol. Voy. Depiles.

Torri (il conte Luigi.). — Osservazioni intorno alla cera punica. *Verona*. 1786. in-8°.

Touchard-Lafosse. — Examen des travaux de l'art statuaire : notice qui se trouve dans le Dictionnaire chronologique des découvertes etc. de 1789 jusqu'à la fin de 1820. *Paris*. 1825. 17 vol.

Toussaint et Gauthier. Voy. Gauthier.

Trente. —Mémoires pour servir à l'histoire des beaux-arts de Luques.

Treshum (Henri). — Galerie britannique de peintures. *London*. 1815. in-fol. Voy. Ottley.

Trevilio (Bernardo). — Peintre contemporain de Leonard de Vinci. — Un livre sur la perspective, composé en 1524, avec des observations. Voy. Lanzi, tom. 6, page 177.

Trew (Christoph-Jacob). — Tabulæ osteologicæ, seu omnium corporis humani perfecti ossium imagines adductum naturæ representatæ ab anonymo, descriptæ A.-G. Lichtenstegen sculptore et Nic.-Frid. Eisenberger pictore effigiatæ et in publicum editæ. *Noriberg*. 1767. in-fol. max. tab. 42.

Tristam (Henri). — Recueil des gravures les plus rares des anciens maîtres, avec un texte descriptif et critique.

Troili (Giul.). Voy. Paradosso.

Troucquet (Sébastien). — L'art de faire une infinité de dessins. *Paris*. 1722. in-4°.

Truchet. — Sur l'art de la marquetterie. Voy. les mémoires de l'acad. royale des sciences. 1704.

Turnbull. — On the ancient painting, etc. avec une quarantaine d'estampes d'après des peintures antiques. *London*. 1740. in-fol. — Elles parurent en un plus petit volume sans texte, sous le titre de : Curious collection of ancient painting. *London*. 1741. in-fol.

## U.

Ubaldus. Voy. Guido Ubaldi.

## V.

Valenciennes (P.-H.). — Élémens de perspective-pratique, à l'usage des artistes ; suivis de réflexions et conseils à un élève, sur la peinture, particulièrement sur le genre du paysage. *Paris*. 1800. in-4°. (an viii.) 1 vol. in-4°. orné de 36 planches.

Valentin (Bolgam de Rufach). — Art und Weise allerhand Farben zu zubereiten, ou Art de préparer toutes sortes de couleurs. *Frankfort*. 1562. in-8°.

Valerius, minéralogiste. — On trouve dans cet auteur des notions sur le matériel de la peinture.

Valesio (Giov.-Luigi), pittore bolognese. — I primi elementi del disegno in grazia dei principianti nell' arte della pittura.

Valle. Voy. Dellavalle.

Vallée (L.-L.). — Traité de la géométrie descriptive. *Paris*. 1819. in-4°. 60 pl. — Traité de la science du dessin. *Paris*. 1821. in-4°.

Valori (le marquis Henri de). — Dissertation sur la statue de Milo. 1822. in-4°. — Ode à Girodet, peintre. *Paris*. 1824. in-8°.

Valverde (le docteur Jean). — Anatomie dessinée par Becerra. 1554.

Van Mander. Voy. Mander.

Vannetti (il conte Clementino). — Notizie intorno al pittore Gaspar-Antonio Baroni Cavalcabo di Sacco. *Verona.* 1781. in-8°.

Van Os. — Discours, où il explique quelques propriétés de la sculpture égyptienne, par un passage de Diodore de Sicile qui paraît y avoir rapport. — Quelques réflexions sur les rapports qui existent entre la peinture et la poésie, lus à l'Institut royal des Pays-Bas, séance du 29 novembre 1826.

Varchi (M. Benedetto). — Esequie etc., ou Oraisons funèbres récitées aux obsèques de Michel-Ange. Voy. Cellini. *Florence.* 1564. in-4°. La première de ses Lezioni est intitulée : quale sia più nobile la pittura o la scultura. La seconde renferme un Sonetto di Michel-Angnolo Buonarotti. *Firenze.* 1549. 1564. 1590. Voy. la lettre de Jac. Pontormo à B. Varchi, dans la Raccolta di Lettere sulla pittura. Varchi est l'auteur de la Storia fiorentina.

Varley (J.). — Practical treatise on perspective.

Vasari (Giorgio). — Le vite de' più eccellenti pittori, scultori ed architetti. La plus ancienne édition est de 1550. *Firenze.* 2 vol. in-8°. *Id.* 1568. in-4°. 3 vol. *Id.* 1771. *Id.* 1586. in-4°. 3 vol., avec fig. *Milano.* 1807. 6 vol. in-8°. Dans la bibliothèque Corsini à Rome se trouve cette seconde édition, augmentée des notes manuscrites que le prélat Bottari attribue à Sisto Badalocchio. — Edition de Bologna de Carlo Manolessi. *Bologna.* 1647. 3 vol. in-4°. *Id.* 1681. 3 vol. in-4°, avec fig. — Edition de Giov. Bottari. *Roma.* 1760. 3 vol. in-4°, avec fig. *Livorno.* 1767. — Traduit en français par Lebas de Courmont (voy. ce nom). *Paris.* 1803. 3 vol. in-8°. — Traduit en anglais sous le titre suivant : Vasari's lives of the most eminent painters, with observations on the art of painting. 1719. in-8°. — Traité de peinture. *Florence*. 1619. in-fol. — Autre édition de Vasari avec les notes de D. Venanzio Pagave. *Sienna*. Lanzi cite à l'article de Vasari un manuscrit de Zuccaro, intitulé : Postille (voy. Zuccaro). Il cite également un Postille d'un des Carracci, qu'on croit être Augustino Carracci (voy. aussi Bottari, Dellavalle et Félibien, t. 3, p. 119, 5e entretien). — Introduzione alle tre arti del disegno. — Opuscoli. — Raggionamenti del cavaliere Giorgio Vasari pittore ed architetto aretino etc., sopra l'inventione nella pittura, etc. *Firenze*. 1588.

VASSALI. Voy. Guyton.

VASSILI (Bazile). Voy. Grigorevitch.

VAULEZARD. — Perspective.

VECELLIO. — Gli abiti antichi e moderni di diverse parti del mondo. *Venezia*. 1590. in-8°.

VEDRIANI (Lodovico). — Raccolta de' pittori, scultori, ed architetti modenesi. *Modena*. 1662. in-4°.

VELASCO (Dom.-Antonio-Palomino). — El Museo pintorio y escala optica. *Madrid*. 1715. 2 vol. in-fol. *Id*. 1724. 3 vol. in-fol. Le 1er volume du Museo pintorio contient la Theorica de la pintura; le 2e contient la Pratica de la pintura, et le 3e contient Las Vidas de los pintores y estatuarios eminentes espagnoles. — Les Vies des peintres ont été traduites en anglais sous le titre de Velasco's lives of the spanish painters. *London*. 1739 et 1742. in-12.

VENDRAMINI MOSCA. Voy. Boschini.

VENNEKOOL. — Sur la perspective. 1664.

VENTURI (J.-B.). — Essai sur les ouvrages physico-mathématiques de Léonard de Vinci, avec des fragmens de ses manuscrits apportés d'Italie, lu à l'Institut national des sciences et des arts : suivi d'une notice sur la vie et les ouvrages de ce maître. *Paris*. 1797.

VENUTI. (Ridolfino-Marchese). — Riposta alle riflessioni, etc., ou Réponse aux réflexions du marquis D'Argens, sur son parallèle des peintres français et italiens. *Lucques*. 1755.

Verci (Giam.-Batist.). — Notizie intorno alle vite ed alle opere de' pittori, scultori, ed intagliatori di Bassano. *Bassano*. 1775. in-8°.

Vergnaud (A.-D.). — Manuel de perspective du dessinateur et du peintre. *Paris*. 1825. 1 vol. in-18, avec pl. dans la collection de Manuels de Roret.

Vernazza (di Fresnoy-Giuseppe barone). — Elogio di Giov.-Molinari. *Torino*. 1793. in-8°. — Notizie patrie spettanti alle arti del disegno. *Torino*. 1792. in-8°.

Vertue (George). Voy. Walpole.

Verwandschaft. — Ueber die Malerei und Bildhauerkunst, etc., ou Sur l'affinité de la peinture avec la sculpture.

Vesalius (Andreas). — Exposition de la structure anatomique du corps humain, traduit en français. 1767. 4 volumes in-12. — Von der Menschen-Anatomie, ein kurzer Auszug aus den Andreas Vesaln-Büchern durch D. Andreas Terrinum. *Verdolmetsch*. 1543. in-fol. *Id*. 1556. in-fol. — En français, par François Tortebat et Dominiq. Bonavera, graveur de Bologne. *Paris*. 1668. in-fol. — Zergliederung des menschlichen Kœrpers für Maler, Bildhauer und Künstler, etc. mit Figuren von Tizian und Johann Vankalker gezeichnet. *Augsburg*. 1706. in-fol. *Id*. 1764. in-fol. ou Anatomie du corps humain pour l'usage des sculpteurs et artistes; avec les figures dessinées par Tiziano, et gravées par Vankalker. *Augsburg*. 1768.

Veye, fils. — Méthode de dessin linéaire. *Paris*. 1824. in-8°.

Vianelli. Voy. Rosalba.

Viart (A.). — Ode à David, peintre. *Paris*. 1825. in-12.

VIATOR, chanoine de Toul. — De artificiali perspectivâ. Il écrivait avant Albert-Durer. *Tulli.* 1521. in fol.

VIDAUD (d'Anthon). — Dissertation sur la peinture, lue en séance publique extraordinaire de la société de Grenoble. 6 thermidor an XI. Voy. le Magasin encyclopédique.

VIDONI (le comte Bartolomeo). — La pittura cremonese descritta etc., ou Histoire de la peinture dans la ville de Cremone. *Milan.* 1824. in-4°. (Voy. les class. ital.)

VIEIL CASTEL (le comte Horace de). — Collection de costumes, d'armes et de meubles, pour servir à l'histoire de France. *Paris.* 1827. in-4°: avec lithographies coloriées.

VIELLE. Voy. Devielle.

VIGLANI (Giacomo da). — Vita di Mich.-Angelo Buonarotti. *Firenze.* 1753. in-4°. Voy. Vasari, vol. 2, p. 111, 203 et suiv.

VIGNOLA. Voy. Barocci.

VIGNY (de). — Mémoire sur la peinture sur verre. Voy. le journal économique de 1757, et le 1er volume des tablettes des sciences et des arts.

VINCENZIO DIMOLA (Pietro). — Lettere etc. ou Lettres sur les colosses du palais Quirinal. *Roma.* 1809. in-4°.

VINCHON, peintre. — Notice sur les peintures à fresques qu'il a exécutées dans la chapelle Saint-Maurice, à Saint-Sulpice de Paris. 1 vol. in-18. (Voy. le Moniteur du 17 décembre 1822.) L'auteur promet un traité pratique de la fresque.

VINCI (Giov.-Bat.). — Elogio storico del celebre pittore Antonio Cavallucci. *Roma.* 1795. in-8°.

VINCI. Voy. Leonardo da Vinci.

Violet. — Traité sur l'art de peindre en miniature, à l'usage des amateurs. *Paris.* 1788. 2 vol.

Visconti (Ennius-Quirinus). — Lettre du chevalier Ant. Canova, et deux mémoires sur les ouvrages de sculpture de la collection d'Elgin, lus à l'Institut de France par M. Visconti. *Paris* et *Londres.* 1816. Voy. ses œuvres complètes publiées à Milan par Giegler (J.-P.).

Vitellio. — Traité d'optique. *Basle.* 1752. in-4°. — De naturâ, ratione et projectione radiorum, visûs, luminum, colorum, atque formarum, quam vulgò perspectivam vocant, libri 10, avec grav. *Norimb.* 1551. in-fol.

Vittoria (Vinc.), peintre. — Osservazioni sopra il libro della Felsina pittrice per difeza di Rafaello da Urbino. *Roma.* 1679. in-8°. — Storia pittorica. *Roma.* 1703. in-8°. La mort de Vittoria, survenue en 1712, a empêché la publication de cet ouvrage.

Vives (Louis-Jean). — De corruptis artibus, ou Traité de la corruption et de la décadence des arts et des sciences. *Basle.* 1555. 2 vol. in-fol.

Viviani (Gaspard). — Quadro universale per uso delle belle arti. Cet ouvrage, dont il n'a paru qu'un volume, offre un mélange pris de l'histoire, de la mythologie et du costume de tous les peuples, à l'usage des artistes. *Roma.* 1806. Voy. les Archiv. litt. n° 15.

Viviani (Vincenzo). — Livre de proportions.

Vleughel (Nic.). — Prefazione al dialogo della pittura di M. Ludovico Dolce. *Firenze.* 1735. 1er vol. in-12.

Voch (Luc.), en allemand. — Traité sur la perspective. *Augsburg.* 1780. in-8°.

Vœlkel. — Sur le dépouillement des objets d'art faits dans la Grèce par les Romains. Voy. l'ouvrage de Sickler, dans lequel ce sujet est traité spécialement.

Vœnius (Ernestus). — Tractatus physiologicus de pulchritudine juxta ea quæ de sponsâ in canticis canticorum mysticè pronunciantur. *Bruxelles.* 1662. 1 vol. in-8°, avec figures.

Vogel (Aug.). — Callilogia, seu Pulchri contemplatio. *Lipsiæ.* 1802. in-4°. — Idées sur la théorie du beau considéré sous le rapport des arts imitateurs. — Il y traite de la règle du beau et de son application, de la vérité et de sa liaison avec le beau, de l'unité de l'ensemble ou de la perfection, de la position d'après les lignes droites et courbes, de la règle du beau relativement aux lignes courbes, des lignes ondulées, de la modification des formes, etc. *Dresde.* 1812. 1 vol. de 124 pag. 27 pl.

Vogtheren (Henri), en allemand. — Le Livre curieux des arts à l'usage des peintres, sculpteurs et orfévres. *Strasbourg.* 1543. in-4°.

Voiart (Mme Elise). — Histoire de la danse chez les peuples anciens et modernes. 1 vol. avec fig.

Voiart (J.-P.). — Entretiens sur la théorie de la peinture. *Paris.* 1800. in-12. — Notice historique sur la vie et les ouvrages de P.-P. Prudhon, peintre. *Paris.* 1824. in-8°.

Voitaberg (C.-F.). — De picturâ famosâ. *Iena.* 1705. in-4°.

Volkmann. — De la peinture et de la sculpture à Rome. — Sur les avantages des médailles pour les beaux-arts. Voy. les mémoires de l'Acad. de Turin. — Nouvelle édition de l'Académie de Sandrart. 8 vol. in-fol.

Volpati (Giovan-Battist.), pittore bassanese. — Il vagante corriero a' curiosi di pittura. *Vicenza.* 1685. in-4°. — La fama a' letterati di genio pittoresco. *Bassano.* 1701. in-4°. — La verita pittoresca rittamente scrutata, ed in metodico stile ridotta; dove si fa vedere che cosa sia la pittura etc. Lanzi en cite le manuscrit qui se trouve chez le comte Remondini.

Volta (Camillo-Leopoldo). — Notizie de' professori mantovani. On les trouve dans le Diario mantovano. 1777.

24 vol. — Descrizione storica delle pitture del regio ducale palazzo del T. *Mantova*. 1783. in-8°.

VOORSTRATEN, en hollandais. — Recueil de catalogues des tableaux vendus en Hollande, avec un très-grand nombre de noms de peintres et les prix.

VOSSIUS (Ger.-J.). — De graphice sive arte pingendi. C'est le 5e chap. de l'ouvrage intitulé : De naturâ artium.

VREDEMANN (Van.-John-Friess.), en hollandais. — Het perspective Konst. *London*. 1559. in-fol. — *Amsterd*. 1633. in-fol. — Marolois en a donné une traduction française intitulée : la Perspective, contenant la théorie et la pratique. *Amsterd*. 1662. in-fol. — Il en a paru une traduction latine. *La Haye*. 1647. in-fol.

VRIESSE. — Perspective.

VROLIK (M.-G.). — Considérations sur la diversité des bassins de différentes races humaines. *Amsterd*. 1826. in-8°. huit pl. anatomiques in-fol.

## W.

WAARE (Isaac). — The practice of perspective from the original italian of Lorenzo Sirigati. *London*. 1751. 1 vol. in-fol.

WALPOLE (Horace). — Anecdotes of painting in England; with some account of the principal artists, and incidental notes on others arts, collected by the late M. George Vertue, and naw digested and published from his original manuscript. Voy. Edward, voy. aussi Richardson. *London*. 1762. 1764. 1767. 9 vol. in-4°. Voy. la dernière édition de la bibl. d. s. W. u. d. f. K. tom. 8, p. 332. seq. *Id*. 1786. 5 vol. in-12. Walpole publia aussi d'après Vertue un catalogue des graveurs qui sont nés ou qui ont résidé en Angleterre. On y trouve la vie de G. Vertue. *London*. 1763. in-4°, avec fig.

WALTHER. — Sur les peintres d'animaux. — Versuche zur, etc., ou Essais sur le mérite de quelques tableaux de la galerie royale de Dresde et de leurs maîtres. *Dresde.* 1811. in-8°. 6 pl.

WATELET. — L'art de peindre, poème. *Paris.* 1760. in-4°. — Dictionnaire des arts de peinture, sculpture et gravure. *Paris.* 1792. 5 vol. in-8°. Cet ouvrage se retrouve dans l'Encyclopédie méthodique. — Vie de Boulogne, 1er peintre du roi. *Paris.* 1752. in-8°.

WATIN. — Le peintre-doreur et vernisseur. Diverses éditions. La dernière a été corrigée et augmentée par Charles Bourgeois. Voy. Bourgeois.

WEAVER (John.). — The art of dancing, with a treatise on action and gesture.

WEBB (Daniel). — Recherches sur les beautés de la peinture et sur le mérite des peintres anciens et modernes. Traduit de l'anglais par M. Bergier. 1764. in-8°.

WEINWICH (N.-H.). — Histoire etc. — Histoire de l'art de la peinture etc. *Copenhague.* 1811. in-8°.

WEISS (A.). — Albrecht-Dürer und sein Zeitalter. Albert-Durer et son siècle. *Leipsick.* 1819. 1 vol. in-4°. (A la fin de l'ouvrage, on trouve une énumération détaillée de tous les travaux de cet artiste.)

WERNER, en allemand. — Manière d'apprendre à dessiner au moyen de la géométrie et de la perspective. 1764. in-8°. — Instruction sur les arts du dessin. *Erfurt.* 1768. in-8°.

WEYERMANN (Campo.-Jac.). — De Levensbeschryvingen der Nederlanschen Konst-Schildern en Konst-Schilderessen met een Uytreding ower de Schilder-Konst der Ouden. *La Haye.* 1727. 1729. 1769. 3 vol. in-4°. fig. — Sur les peintres. — Sur l'école flamande. — Sur les progrès de la peinture chez les anciens.

WHITE (Ch.). — Essay on the causes of the variety of complexion and figures in the human species. *New-Brunswick* (amérique septentrionale.) — Nouvelle édition augmentée de citations prises dans Lord Kaim et Samuel Stonhope Smyth.

WIDTMAISSER (Joseph). — Kunstgründe der Zeichnung und Malerei, ou Fondemens de la peinture et du dessin. *Vienne.* 1731. in-4°.

WIELAND (C.-M.), en allemand. — Sur l'idéal des Grecs dans les arts. 2 vol.

WILLE. — Lettre de M. Wille à M. Fuesli de Zurich sur les peintres allemands et sur Albert-Durer en particulier : elle se trouve traduite dans le journal étranger. *Paris.* 1757.

WILLEMIN. — Sur le costume, avec 180 pl. — Monumens français inédits, avec un discours sur les arts du dessin en France. 1812.

WILLIANS (M.). — An essay on the mechanic of oil painting, with the recepts. *Bath.* 1787. in-4°.

WINCKELMANN (J.-Louis de). — Histoire de l'art chez les anciens, traduite de l'allemand (rédigée par Robinet). *Paris, Amsterdam.* 1766. in-8°. — De l'allégorie. Cet ouvrage a été publié en français avec les écrits de Sulzer et d'Adisson sur la même matière. *Paris.* 1799. 2 vol. in-8°. (an VIII.) — Nouveau dictionnaire des peintres, pour acquérir une connaissance exacte des bons tableaux anciens et modernes, avec un appendice de quelques monogrammes. 1796. in-8°. — Idées sur l'imitation des monumens grecs, en peinture et en sculpture. *Dresde.* 1754. *Id.* 1756. — Épître au sujet de l'ouvrage précédent. *Id.* 1755. in-4°. — Éclaircissemens sur le même ouvrage. *Id.* 1756. in-4°. Voy. ses Œuvres complètes.

WINSLOW (Jacques-Benigne). — Exposition anatomique du corps humain. *Paris.* 1732. 4 vol. in-4°.

WITT (Jean de). — Proportions du corps humain, gravées par Jean Punt, expliquées par J. de Witt. *Amsterd.* 1747. in-fol.

Wolff. — Psychologie.

Woods (Joseph). — Modern theories of taste. Voy. Essays of the London architectural society. 1812. Voy. le Monthly repertory. Mai 1812.

Wright. — History of the human muscles. 1791.

Wyart (B.). — Observations, etc. — Observations sur les ornemens du théâtre de Drury-Lane. *London*. 1813. in-4°.

## X.

Xauregui (Dom-Juan de). — Discursos apologeticos en que se defiende la ingenuidad del arte de la pintura que es liberal y noble de todos derechos. *Madrid*. 1626. in-4°. — Por el arte de la pintura. *Id*. 1633. in-4°. Voy. Dom. Nicolas Antonio. Bibl. hisp. nova. liv. 1er.

## Y.

Young (Ed.). — Conjectures on original compositions. *London*. 1759. in-8°. Il en a paru deux traductions allemandes. *Leipsick*. 1760. in-8°. *Id*. 1789. in-8°.

Young (Math.). — Sur les couleurs primitives. Voy. la Bibl. britann. tom. 18.

Young (William-Esq.). — Letters from a young painter abroad to his friends in England. 1748. 2 vol. in 8°.

Yves (Marie-André). — Essai sur le beau. Voy. le recueil de ses ouvrages.

## Z.

Zaccolini (fra Matteo), théatin et peintre. — Libri da lui composti, dove si tratta della prospettiva lineale, della descrizione delle ombre prodotte da corpi opachi rettilinei, della generazione e produzione de' colori e la prospettiva del colore. Voy. Baglioni. p. 317. On conserve beaucoup de ses manuscrits originaux dans la bibliothèque Barberini.

ZAIST (Giov.-Bat.). — Notizie istoriche de' pittori, scultori e architetti cremonesi, col supplemento e la vita del autore, scritta da Anton. Maria Panni. *Cremona*. 1774. 2 vol. in-4°.

ZANETTI (Antoine-Marie). — Sur les peintres de Venise et sur leurs ouvrages. — Della pittura veneziana. in-8°.

ZANI (D.-Fidentino-Pietro). — Materiali per servire alla storia della origine de' progressi della incisione in rame e in legno. *Parma*. 1802. in-8°. — Encyclopedia metodica, critica e regionata delle belle arti. *Parma*. 1817. grand in-8°.

ZANNELLI (Ippolito). — Vita del gran pittore Carlo Cignani. *Bologna*. 1722. in-4°.

ZANOTTI (Eustache). — Prospettiva. *Bolonia*. 1766. in-4°.

ZANOTTI (Giam.-Pietro), pittore. — Descrizione delle pitture di Bologna. *Bologna*. 1686. in-12. *Id*. 1706. in-12. — Vite de' pittori bolognesi non descritte nella Felsina pittrice. — Il passagiere desingannato etc. *Bologna*. 1676. in-12. *Id*. 1732. in-8°. *Roma*. 1769. in-4°. — Lettere in difeza di Malvazia. *Bologna*. 1705. in-8°. — Storia dell' Academia clementina di Bologna. *Bologna*. 1736. 2 vol. in-4°, avec fig. *Id*. 1739. in-4°. — Nuove fregie di gloria a Felsina sempre pittrice nella vita del Lorenzo Pasinelli, pittore bolognese. *Bologna*. 1703. in-8°. — Discorso, ove dialogo per difeza di Guido Reni. *Bologna*. 1710. in-8°. — Avvertimenti per l'incaminamento di un giovane alla pittura. *Bologna*. 1756. in-8°. — Descrizione ed illustrazione delle pitture di pellegrino Tibaldi e Nicolo Abbati esistenti nell' instituto di Bologna. *Venezia*. 1756. in-4°. — Prefazione alle vite del Baruffaldi (m. s. cité par Lanzi).

Zappi (Giam-Batt.). — Le pompe dell' academia del disegno; orazione recitata nell' academia di St-Luca per l'anno 1702. in-4°.

Zenale (Bernard da Trevigny). — Trattato di prospettiva. *Milano.* 1524. in-fol. Voy. P. Lomazzo, lib. 6, c. 21, et lib. IV, c. 15.

Zeno (apostolo). — Lettere. *Venezia.* 1746. 3 vol. in-8°.

Ziegler. Voy. Lewis.

Zingg (Adrien). — Studien, etc. — Etudes des dessinateurs paysagistes. *Leipsick.* 1812. in-4°.

Zschokke (Henri). — Dissertation sur l'origine et les lois des ombres colorées. *Arau* (en Suisse). 1826.

Zuccaro (il cavaliere Federigo). — L'idea de' pittori, de' scultori e de gli architetti, in due libri. *Torino.* 1607. in-4°. — Cet ouvrage se trouve aussi dans le 6e volume de la Raccolta di lettere sulla pittura, scultura e archit. *Roma.* 1654. 7 vol. in-4°. — Opuscoli. *Mantova.* 1604. in-4°. *Bologna.* 1608. in-4°. Postille alle vite del Vasari. Ms. Voy. Bottari tom. 5, delle Vite predette, p. 326.

Zufrudene (der). — Leben des M.-A. Buonarotti, avec son portrait.

# CATALOGUE SUPPLÉMENTAIRE.

OUVRAGES INDIQUÉS SANS NOMS D'AUTEURS, ET DISPOSÉS PAR ANNÉES ET PAR NUMÉROS.

1. De la perspective sous le rapport des arts (en allemand). 1509. in-fol. 37 figures en bois.

2. Ein fremdes und wunderbares Kunstbüchlein allen Malern, Bildschnitzern, Goldschmiden, etc., hoch nützlich zu gebrauchen durch Heinrich Vogtherrn, ou Petit Livret singulier et miraculeux, pour servir aux sculpteurs, peintres, orfévres. *Strasb.* 1537. 1540. 1543. in-4°.

3. Composizioni di diversi autori in lode del ritratto della Sabina scolpito in marmo da Gio Bologna. *Firenze.* 1583. in-4°, avec fig.

4. Galleria del cavaliere Marino, distinta in pitture e sculture, ode, madrigali e sonetti in onore de' più famosi pittori e scultori. *Venezia.* 1610. in-12. *Id.* 1674.

5. La pittura, diceria prima. *Venezia.* 1614. in-12.

6. Breve compendio della vita del famoso Tiziano, con lo albero della sua discendenza. *Venezia.* 1622. in-4°.

7. A proper treatise wherein is briefly set forth the art of limning. *London.* 1625. in-4°.

8. Viridiarum novum pro pictoribus aut fabris. *Noribergæ.* 1652. in-4°.

9. La poesia muta, celebrata della pittura loquace, ovvero Lodi al pennello di Elisabetta Sirani, pittrice bolognese. *Bologna.* 1666. in-12.

10. Il pennello lacrymato in morte di Elisab. Sirani, pittrice bolognese. *Bologna.* 1665. in-4°.

11. Trattato del disegno e della pittura in miniatura. *Venezia*. 1668. in-8°.

12. Description de divers ouvrages de peinture faits pour le Roi. *Paris*. 1671. in-8°.

13. Traité de la miniature, pour apprendre, etc. *Paris*. 1672. Cet ouvrage a eu plusieurs éditions. (Voy. Ballart).

14. Introduction to the general art of drawing and limning. *London*. 1671. in-4°.

15. L'Academia tedesca della architettura, scultura, e pittura. *Nüremberg*. 1675. 2 vol. in-fol. *Id*. 1679. in-fol.

16. Le peintre curieux (en allemand). *Dresde*. 1679. in-8°, avec figures.

17. Academia artis pictoricæ. Traduit de l'allemand sous le titre de : Académie d'architecture, peint. et sculpt. 2 parties. *Nüremberg*. 1679. in-fol.

18. Noms des peintres les plus célèbres, anciens et modernes. *Paris*. 1679. in-12.

19. Livre de secrets pour faire la peinture. *Paris*. 1682. in-12.

20. Discorso sopra il nuovo ornato della guglia di s. Pietro. *Roma*. 1684. in-fol.

21. Academia artium scientiarumque. Of hooghe School der Konsten en Weetenschappen, etc. Door T. E. G. E., ou Académie des belles-lettres et beaux-arts. Latin et hollandais. *Amsterdam*. 1688.

22. Geometry of landscape and painting made familiar, and easy chusing pictures. 1690. in-4°. (chez Baynes, à Londres).

23. The art of painting of the best italian, french, and german masters. *London*. 1692. in-fol.

24. Origine de la peinture sur verre. *Paris.* 1693. in-12.

25. Aggrippa's vanity of the arts and sciences. 1694.

26. Messkunst des menschlichen Kœrpers, ou Proportions du corps humain. *Nüremberg.* 1695. in-8°.

27. Academie diverse fatte nel campidoglio di Roma in onore della pittura, scultura ed architettura, con le orazioni recitate da varj prelati ed amatori del disegno. *Roma.* 1696. 4 vol. in-4°. *Id.* 1724. in-4°.

28. Traité du dessin et du lavis. *Paris.* 1696. in-8°. Voy. Buchotte.

29. Mémoires pour servir à l'histoire des sciences et des beaux-arts. *Trévoux.* 1701. 265 vol. in-12. — *Paris.* 1767.

30. Cabinet de singularités d'architecture, peinture, sculpture et gravure. *Bruxelles.* 1702. 3 vol. in-12.

31. Il triomfo delle tre nobili arti, pittura, scultura ed architettura. *Roma.* 1727. in-4°.

32. Anweisung zu der schœnen Lackir und Schildkroten-Arbeit; wie auch zur Zubereitung der schœnsten Farben und Maler-Künste, ou Instruction sur les ouvrages d'écaille vernissée et sur la préparation des belles couleurs pour la peinture. *Nüremberg.* 1706. in-8°.

33. Orazione sopra l'eccellenza delle tre nobili arti, dimostrata nel campidoglio dall' academ. di S. Lucca per l'anno 1729. in-4°.

34. Bibliothèque curieuse et instructive de divers ouvrages anciens et modernes, de littérature et des arts. *Trévoux.* 1704. 2 vol. in-12.

35. Vita di Luca Giordano, pittor neapolitano. *Napoli.* 1729. in-4°.

36. Memorial informatorio por los pintores. *Madrid.* 1729. in-4°.

37. Dialogue on beauty, in the manner of Plato. *London.* 1731. in-8°.

38. Apollo, containing two thousand answers to curious questions in most arts and sciences, serious, comical and humorous. 1711. 3 vol.

39. The art of painting in miniature, traduit en français. 1730. in-8°.

40. Orazione e componimenti poetici delle lodi delle belle arti, detti in campidoglio. *Roma.* 1739. in-4°.

41. The perfect painter, or a history on the origin, progress, and improvement of painting. 1730. in-12.

42. Description de divers fameux tableaux en Italie. 1729. 3 vol. in-4°.

43. The art of drawing and painting in water-colours. *London.* 1732. in-8°. *Id.* 1757. in-12. avec fig.

44. School of miniature. trad. en français. 1733.

45. Secrets concernant les arts et métiers. *Avignon.* 1737. in-12.

46. Plaidoyer en faveur de la poésie et de la peinture devant le public. *Paris.* 1739. 1740. 1749.

47. Observations sur la peinture. *Londres.* 1730. *Id.* 1736. in-8°.

48. A New Dictionnary of arts and sciences. *London.* 8 vol. in-8°. — *Venezia.* 1748. 9 vol. in-4°. — *Napoli.* 1748. 4 vol. in-8°. — *Venezia.* 1765. 6 vol. in-8°.

49. Dissertatione sopra questo Dizzionario. *Venezia.* 1753. in-8°.

50. Nouvelle méthode pour apprendre à dessiner. *Paris.* 1740. in-4°.

51. Disparери in materia di architettura e di prospettiva. *Venezia.* 1743. in-fol. — *Bresc.* 1772. in-4°.

52. The principles of painting. *London*. 1744. in-8°.

53. Anweisung zur Maler, Reisz und Zeichen-Kunst, ou Instruction sur l'art de la peinture et du dessin. *Leipsick*. 1744. in-8°.

54. Manière de graver à l'eau forte et au burin. *Paris*. 1745.

55. Observations sur les arts. *Leyde*. 1748. in-8°.

56. Lettre sur la peinture, etc. à M***. *Paris*. 1748. in-8°.

57. Kern-Historie der freyen Künste, ou Abrégé de l'histoire des beaux-arts. *Leipsick*. 1748. in-8°. *Id*. 1749. in-8°.

58. Vite di due celebri pittori, Carlo Gignani e Sebastiano Ricci, colla descrizione delle loro opere. *Venezia*. 1749. in-4°.

59. Nouveaux sujets de peinture et de sculpture. *Paris*. 1755. in-8°.

60. Viaggiana, or remarks on building, pictures, statues, inscriptions, etc. of ancient and modern Rome. *London*. 1750. in-12.

61. Die Fehler der Menschen nebst deren Verbesserung in saubern Kupfern, ou Sur les défauts des hommes et sur leur amélioration par les estampes. *Nüremberg*. 1751. in-fol.

62. Lettres sur les peintures d'Herculanum. 1751. petit in-8°.

63. Instruction sur l'art de peindre en miniature (ouvrage allemand). *Leipsick*. 1752. in-8°. *Id*. 1766. in-8°.

64. Abertura solemne de la real academ. de las tres bellas artes, pintura, escultura, y architectura, con el nombre de San Fernando. *Madrid*. 1752. in-4°.

65. Painting in miniature. *London*. 1752.

66. Le salon de Paris. *Paris.* 1753. in-12.

67. The lives of the most eminent modern painters, etc. Vies des plus éminens peintres modernes qui ont paru depuis Depiles, ou qu'il a omis dans son livre. *London.* 1754. in-8°.

68. Abuses of sculpture. *London.* 1756. in-8°.

69. Dialoghi sopra le tre arti del disegno. 1754. in-8°.

70. Lettre sur la peinture, la sculpture et l'architecture, augmentée de réflexions sur les tableaux de M. de Troy. *Amsterd.* 1749. 2ᵉ édition.

71. Magazine of arts and sciences. 1755.

72. Lettre à un amateur de peinture (en allemand.) *Dresde.* 1753. in-8°. Il s'y trouve des détails sur plusieurs peintres modernes, surtout hollandais et allemands.

73. Plan of an academy of painting, sculpt. etc. *London.* 1755. in-4°.

74. Relacion de la distribucion de los primos premios concedidos por el rey N. S. y repartidos por la real academia de S. Fernando a los discipulos de las tres nobles artes, pintura, escultura, y architectura, en la junta general celabrada en 23 diciembre de 1753. *Madrid.* 1753. in-4°.

75. Anweisung zu der Maler-Kunst, ou Instruction sur la peinture. *Leipsick.* 1756. in-8°.

76. La manière d'apprendre à peindre, ouvrage allemand, dans lequel on montre l'excellence et l'utilité de cet art, l'usage qu'on en doit faire et comment on doit s'y perfectionner. *Leipsick.* 1756. in-8°.

77. An essay to facilitate the inventing of Landscape, intended for the students in the arts. *London.* 1757. in-4°. On y trouve une collection de paysages exécutés

d'après l'idée de Léonard de Vinci, qui proposait de se servir des taches irrégulières qu'on voit sur les murs.

78. Sur l'art de peindre au pastel, à la cire. Mémoire inséré dans le journal étranger. 1757.

79. Moyen de devenir peintre en trois heures. *Paris.* 1757. in-8°.

80. Bibliothèque des belles-lettres et des arts (ouvrage allemand). *Leipsick.* 1757. 12 vol. in-8°. Voyez Philosophische Schriften, tom. 2. *Berlin.* 1761. —New. Bibliothek der schœnen Wissenschaften. *Leipsick.* 1769. Ce journal a été continué sous la direction de M. Weise pour les belles-lettres, et de M. Hagedorn pour les beaux-arts.

81. Histoire d'Hercule le thébain, tirée de différens auteurs, à laquelle on a joint la description des tableaux qu'elle peut fournir. *Paris.* 1758.

82. Handmaid to the arts in painting, sculpture, japoning, engraving, etc. *London.* 1758. 2 vol. in-8°. Voy. bibl. d. f. w d. k. t. 2° p. 617, 625, avec grav. *London.* 1764. in-8°.

83. Trattato di miniatura per imparar facilmente a dipingere senza maestro, con molti segreti per fare i colori e far l'oro brunito. *Milano.* 1758. in-12. Voy. Ballart.

84. Dizzionario portatile delle belle arti, che contiene quanto è di più ragguardevole nella pittura, scult., ed intaglio, colla vita de' più celebri professori delle medesime arti. *Venezia.* 1658, in-8°.

85. Phantasiologie, ou Lettres philosophiques à madame de ***, sur la faculté imaginative. *Oxford.* 1759. in-8°.

86. Young gentlemen's and lady's philosophy in a continued survey of the works of nature and art. 1759. 5 v. in-8°. 1772. in-8°.

87. Sammelung vermischter Schriften zur Befœrderung der schœnen Wissenschaften und der freyen Künste; ou Traités divers, relatifs aux belles-lettres et aux beaux-arts. *Berlin.* 1759. in-8°.

88. Das grosse universal Lexicon aller Wissenschaften und Künste, ou Dictionnaire universel des lettres et des arts. *Leipsick.* 1770. 60 vol. in-fol.

89. De l'origine de la peinture, et des plus excellens peintres de l'antiquité. 1660. in-4°.

90. Description des arts et métiers, par MM. de l'académie des sciences. *Paris.* 1761. 112 cahiers in-fol.

91. Beauty : a poetical essay, in three parts. *London.* 1765. in-4°.

92. Historisch-kritische Abhandlung über das Leben und die Kunst-Werke des berühmten deutschen Malers Lucas von Cranach von Herrn Hofrath Reimer in Aurich. *Hambourg* et *Leips.* 1761. in-8°, ou Dissertation sur la vie et les ouvrages de Lucas Cranach, mort en 1586.

93. Explication de l'académie de Saint-Luc, exposition du 25 août 1762, sous les auspices de M. le marquis Le Voyer d'Argenson. *Paris.* 1762. in-4°.

94. L'amateur, ou Nouvelles pièces et dissertations pour servir aux progrès du goût et des beaux-arts. *Paris.* 1762 in-8°.

95. Réponse à cette question : La peinture est-elle utile dans un état? Remarques sur plusieurs autres objets. *Hamb.* 1763. (ouvrage allemand) in-8°.

96. Remarques de la société des conciliateurs, sur les tableaux en jeu d'optique. Merc. de France. 1763.

97. Lexicon universale delle belle arti. *Zurich.* 1763.

98. Lettre à M..... sur les peintures, les sculptures et les gravures exposées au Louvre, en 1763. *Paris.* 1763.

99. Sehr geheim gehalten-und nunmehr freyen deckte experimentirte Kunststücke der schœnsten und raresten Farben zu verfertigen, ou le Secret de faire les couleurs les plus fines et les plus rares. *Zittau.* et *Leips.* 1763. in-8°.

100. An essay upon prints containing remarks upon the principles of picturesque beauty, the different kinds of prints, and the characters of the most noted masters, illustrated by criticism upon particular pieces, to which are added some cautions that may be useful in collecting prints. *London.* 1767. in-12. Traduit en allemand.

101. Gentlemen magazine. On y trouve, p. 354, des observations sur les tromperies commises au moyen des procédés de la restauration, et sur les suites qui peuvent en résulter pour la valeur et la restauration des tableaux. trad. en français.

102. Lettere di un vago italiano ad un suo amico. t. 3. *Pittburgo.* 1765. in-8°.

103. Observations d'une société d'amateurs sur les tableaux exposés au salon de 1761, tirées de l'Observateur de l'abbé Delaporte. *Paris.* 1761. in-12.

104. Critiques des peintures et sculptures de MM. de l'académie royale. *Paris.* 1765. in-4°.

105. Observations historiques et critiques sur les erreurs des peintres. Voy. Molé.

106. Anweisung zum Mignatur-Malen, ou Instruction sur la peinture en miniature. *Leipsick.* 1766. in-8°.

107. Reflexions on originality of authors. *London.* 1766. in-8°.

108. An enquiry into the causes of the extraordinary excellency of ancient greeks in the arts. Voy. le Monthly Review. novemb. p. 333. *London.* 1767. in-8°.

109. *Le pour et le contre;* being a poetical display of

the merit and demerit of the capital paintings exhibited at Spring-garden. *London.* 1767. in-4°.

110. Kurze Anweisung zum Wachsposiren, Gipsarbeiten und Færben, ou Instruction sur l'art de modeler en cire et en plâtre. *Francf.* et *Leips.* 1763. in-8°.

111. Essai sur la perspective linéaire et les ombres. *Francfort.* 1768. in-8°, avec fig.

112. A pindaric ode on painting, adressed to Joshua Reynolds, esq. *London.* 1768. in-4°.

113. A letter to his excellence the count***, on poetry, painting and sculpture. *London.* 1768. in-12.

114. Anfangs-Gründe zur Zeichen-Kunst für Anfænger in 20 Kupferrissen bestehend, ou les Fondemens du dessin pour les commençans. *Nüremberg.* 1768. in-4°, 20 gravures.

115. Grande notice de l'almanach sous verre contenant les découvertes, inventions, ou expériences dans les arts, etc. *Paris.* 29 vol. Elle existe depuis 1768.

116. Theoritische Abhandlung über die Malerei und Zeichnung, darinnen die Grundsætze zur Bildung eines guten Geschmaks in dieser Kunst vorgetragen werden, ou Traité historique contenant les fondemens du goût dans les arts. *Leips.* et *Francfort.* 1769. in-8°.

117. Le manuel des artistes, ou Dictionnaire historique et mythologique des allégories. *Paris.* 1770. in-8°. 4 vol.

118. Essai sur les avantages que retireraient les femmes de la culture des beaux-arts, etc. par un amateur (attribué au comte d'Hartig).

119. Life of Benvenuto Cellini a Florentine artist. 1771. 2 vol. in-8°.

120. L'Idea del perfetto pittore per servire di regola nel giudizio che si deve formare intorno alle opere di

pittori, accresciuta della maniera di dipingere sopra le porcellane, smalto, vetro, metalli e pietre. *Venezia.* 1771. in-4°.

121. Spectacle de la nature et des arts, en quatre langues, savoir : allemand, latin, français et italien, avec 48 planches. *Vienne.* 1774. in-4°.

122. Serie degli uomini i più illustri in pittura, scult. ed architett., con loro elogi e ritratti, finiti di stampare nel 1775. *Firenze.* 1775. in-4°.

123. Tablettes des sciences et des arts. 1776. 1 vol.

124. Dictionnaire de l'industrie, par une société de gens de lettres. *Paris.* 1776. 3 vol. grand in-8°.

125. Almanach de Gand, par une société d'amateurs. 1777. 2 vol.

126. A lecture on mimickry, ou Lettre sur la pantomime. *London.* 1777.

127. Introduction to the knowledge of the most eminent painters. 1778.

128. Appeal on the right of using oil-cement or composition for stucco. 1777. in-8°.

129. Memorie per le belle arti. *Roma.* 1780. et suiv.

130. Biographical memoirs of extraordinary painters exhibiting not only sketches of their principal works and professional characters, but a variety of romantic adventures and original anecdotes. *London.* 1780. in-12.

131. Catalogo delle pitture che si conservano nella chiesa de' P. P. dell' oratorio di Fano sotto il Titolo di S. Pietro in valle. *Fano.* 1781. in-12.

132. Nécrologie des hommes célèbres de France depuis 1764 jusqu'en 1782, par Poinsinet de Sivry, Palissot, Castillon, Lalande, François de Neufchâteau, Maret de Dijon, etc. *Paris.* 1782. 17 vol. in-12.

133. Observations sur les ombres colorées. 1782. in-12. Voy. Beguelin.

134. Londres et Paris, journal allemand. Il explique les nouvelles caricatures. — Paris et Vienne. Journal, faisant suite au précédent. *Weimar*. 1809.

135. Sketches on the art of painting. *London*. 1782. in-12.

136. Catalogo istorico de' pittori e scultori Ferraresi e delle loro opere. *Ferrara*. 1783. in-8°.

137. An essay on landscape-painting with remarks general and critical of the different schools and masters ancient and modern. *London*. 1783. in-8°.

138. The artist's repository and drawing magazine exhibiting the principles of the polite arts in their various branches. *London*. 1784. in-4°.

139. Vita del graziosissimo pittore Francesco Mazzuola detto il Parmigianino. *Parma*. 1784. in-4°. Cette notice a été réimprimée dans la Raccolta Ferrarese. *Venezia*. 1785.

140. Réflexions sur les tableaux de la galerie de Vienne. *Breg*. 1785.

141. School of arts. 1785. in-8°.

142. Traité de la peinture au pastel, du secret de composer des crayons, et des moyens de les fixer, avec l'indication d'un grand nombre de substances propres à la peinture à l'huile, par M. P. R. de C. *Paris*. 1789. in-12.

143. Histoire universelle, traitée relativement aux arts de la peinture et de la sculpt. 1789. 2 vol. in-12.

144. Mélanges sur les beaux-arts. *Paris*. 1789. 2 vol. in-8°.

145. Instruction sur la théorie et la pratique du des-

sin et de la peinture pour les commençans de cet art. *Altona*. 1788. in-8°, avec grav. (ouvrage allemand).

146. Magasin pour les arts du dessin. *Munich*. 1791. in-8°. (ouvrage allemand).

147. Manuale de' pittori, per il anno 1792. *Firenze*. in-8°.

148. Review of landscape, a didactic poeme. *London*. 1895.

149. Magasin encyclopédique (journal rédigé par Millin), commencé en l'an IV (1795). 123 vol. in-12 et 4 vol. de table.

150. Nuovo dizionario istorico. *Bassano*. 1796. in-8°.

151. De l'accord des beaux-arts avec les arts mécaniques. Ouvrage manuscrit, parvenu à la société d'émulation de Poitiers. 1797.

152. The complete connoisseur. 1798. 1 vol. in-8°.

153. Artist's assistant in the study and practice of mechanical sciences, or School of science, a practical introduction to painting, drawing, designing, perspective, engrawing, colouring, etc. *London*. 1801. avec fig.

154. Journal des modes et du luxe. 1808 (en allemand).

155. Magazine etc., ou Magasin de caricatures. *London*. 1815. in-fol.

156. Repertory of arts. *London*. 1806.

157. Introduction to the arts and sciences. *London*. 1806.

158. La critique des critiques. Voy. Girodet.

159. Annales de l'architecture des arts libéraux et mécaniques, des sciences et de l'industrie, par une société d'architectes, de savans, d'ingénieurs et d'artistes. *Paris*. 1808.

160. Abrégé de la vie des peintres dont les tableaux composent la galerie électorale de Dresde. *Dresde.* 1782. in-8°.

161. Ouvrage annuel contenant toutes les découvertes qui ont été faites dans l'année. Il paraît depuis 1810.

162. Biblioteck etc., ou Bibliothèque des arts oratoires et imitateurs. *Leips.* 1811. 7 vol. in-8°.

163. Choix de notices sur les tableaux du Musée Napoléon, extrait du Musée français. in-8°. *Paris.* 1812.

164. Les beaux-arts de l'école anglaise, avec des Essais biographiques, critiques et descriptifs. *London.* 1812. 1 vol. in-fol.

165. The Edinburgh encyclopedy, publiée par le docteur Brewster et autres. V. aussi la nouvelle encyclopédie par A. Rees. *London.* 1812.

166. Repository etc., ou Répertoire des artistes. *London.* 1813. in-4°.

167. Elementi di anatomia esterna. *Firenze.* 1813. avec 20 pl.

168. Histoire des arts et des sciences, imprimée par le libraire Rower. *Goetting.* 1813.

169. Beitræge zur Théorie etc., ou Mémoires sur la théorie des beaux-arts, etc. *Berlin.* 1814. 1 vol. in-8°.

170. Lettre à un jeune artiste pensionnaire du roi à Rome. 1800.

171. Aperçu de quelques faits révolutionnaires relatifs aux beaux-arts. *Paris.* 1816.

172. Notice sur les tableaux de la ville de Lyon. L'auteur est indiqué ainsi F. A. *Paris.* 1816. in-8°.

173. Precetti elementari sulla pittura di paesi. *Roma.* 1816. in-8°.

174. Annales of the fine arts, for 1816. *London.* in-8°.

175. The repository of arts and manufacture, de 1794 à 1818. *London.* 1818. 5 vol. in-8°.

176. Sur Sébastien Bourdon, etc. Considérations par A. X. *Paris.* 1819.

177. Transactions of the society of arts, avec planches. 1787. 1819.

178. Revue encyclopédique, ou Analyse raisonnée des productions les plus remarquables dans la littérature, les sciences et les arts, par une réunion de membres de l'institut et d'autres hommes de lettres. Le 1er cahier a paru en 1819.

179. Recherches sur l'état de la sculpture chez les premiers romains (insérées dans le Monthley Review). Cahier de décembre 1819.

180. Introduzione allo studio delle arti del disegno : col vocabulario compendioso delle arti medesime. *Milano.* 1820. 2 vol. in-8°.

181. Catalogo ragionato de' libri d'arte et d'antichità. *Pisa.* 1821. 2 vol. in-8°.

182. Traité des couleurs, sur 4 feuilles coloriées avec explication (chez l'auteur, rue Charonne, hôtel Vaucanson). *Paris.* 1824. in-8°. Cette table présente la succession des couleurs dans un ordre méthodique.

183. Etudes de coloris, étrennes nouvelles dédiées à la jeunesse. 1 vol. in-8° oblong, avec pl. coloriées. *Paris.* 1823.

184. Alcune memorie, etc., ou Souvenirs de Michel-Ange Buonarotti, tirés de quelques manuscrits. *Roma.* 1823.

185. Saggio sul bello, ou Essai sur le beau. *Padoue.* 1823. in-4°.

186. Discours prononcé dans l'académie américaine des beaux-arts de New-Yorck. *New-Yorck.* 1824.

187. Bulletin de la société d'encouragement pour l'industrie nationale. *Paris.* 1822. in-4°. On y trouve un rapport de M. Francœur, sur un instrument inventé par M. Clinchamp, auquel il a donné le nom d'Hyalographe, pour servir à tracer un dessin sur une surface transparente. M. Clinchamp a publié un nouveau traité de la perspective des ombres et de la théorie des reflets. *Paris.* 1826. in-4°.—M. Berri, dans la même séance, a présenté des échantillons de couleurs en détrempe, rendues insolubles dans l'eau.

188. Le messager des sciences et des arts. *Gand.* 1825. 2 vol. in-8°, avec fig.

189. Gedenkschriften in de hedendaagsche Talen, ou Mémoires publiés par la 3e classe de l'institut royal des sciences et des arts des Pays-Bas. *Amsterdam.* 1826. 3 vol. avec pl. On y trouve des réflexions sur le beau, par M. Kinker.

190. De la nécessité d'être exact dans la description des monumens archéologiques, par Jorand, peintre. *Paris.* 1820. in-8°.

191. Mélanges sur les beaux-arts, par Lionay. *Paris.* in-8°.

192. Traité d'anatomie, ayant rapport à la peinture, par Bradel. *Paris.* 1826. in-8°.

193. Le jeune dessinateur, ou Etude de paysages, avec un texte sur ce genre, par Blanchard. *Paris.* 1826. in-8°.

194. Du beau idéal en peinture, par Coutard. *Paris.* 1826. in-8°.

195. Notice sur la littérature et les beaux-arts de Suède, par Marianne Ehrenstrom. *Stockholm.* 1826. 1 vol. in-8°.

196. Géométrie perspective, avec ses applications à la recherche des ombres, par P.-G.-H. Dufour. *Paris.* 1827. in-8°, avec atlas in-4°.

197. La perspective à l'usage des gens du monde, ouvrage traduit de l'anglais sur la 10e édition, par M. Bulos. *Paris.* 1827.

198. De la délicatesse dans les arts, par A.-L. Marquis. *Paris.* 1827.

199. Costumes, meubles et instrumens relatifs aux arts industriels et économiques, aux mœurs et aux usages, ainsi qu'à la vie publique et privée des peuples de l'antiquité, ouvrage dédié aux savans et aux artistes, par MM. Labat et de Lasteyrie. *Paris.* 1827. in-4°.

200. Journal des artistes, annonces et comptes rendus des ouvrages de peinture, sculpture, poésie et musique. *Paris.* 1827.

201. Enseignement du dessin linéaire d'après une méthode applicable à toutes les écoles primaires, par M.-L.-B. Francœur. Voy. ce nom. *Paris.* 1827. 2e édition.

202. Cinquième édition de la géométrie descriptive de Monge, augmentée d'une *théorie des ombres* et de la *perspective,* extraite des papiers de l'auteur, par M. Brisson. Cette augmentation consiste en trois leçons inédites, sur la détermination géométrique des ombres, sur l'appréciation des teintes ou perspective aérienne, et sur la perspective linéaire. Voy. Monge. *Paris.* 1827.

203. Cours de dessin, à l'usage des écoles des beaux-arts et de celles des arts mécaniques, composé de modèles de tous genres et de leçons sur la perspective et sur la théorie des ombres, par MM. J.-A. Laurent, P. Laurent et J. Laurent. *Paris.* 1827.

204. Le coordonnographe et le panotrace, instrumens de perspective inventés par M. Boucher, officier supérieur au corps royal des ingénieurs géographes. *Paris.* 1827.

205. Art de la *lithophanie*, s'appliquant à toutes les combinaisons possibles des matières opaques et transparentes, pouvant produire des effets dits *lithophaniques*, et qui consiste à trouver dans les différens degrés d'épaisseur des matières transparentes et colorées toutes les dégradations d'ombres et de clairs d'un tableau, en même tems que ces produits *lithophaniques* sont à volonté des transparens ou des tableaux ordinaires; par M. Bourgoing (rue de Bourbon, n° 85). *Paris*. 1827.

206. Essai sur David, suivi de la liste des ouvrages de ce peintre célèbre et d'un appendice où est indiquée la part qui appartient dans ces ouvrages à chacun de ses principaux élèves; par M.-P.-A. Coupin. *Paris*. 1827.

207. Œuvres poétiques et didactiques de Girodet, par le même. *Paris*. 1827. 2 vol. in-8°.

208. Catalogue de la galerie de Vienne, par M. de Méchel. (Il y est fait mention d'expériences relatives à la découverte de la peinture à huile.)

209. Antologia dell' arte pittorica.

210. Collection complète des arts et métiers.

211. Dictionarium polygraphicum, or Body of arts. *London*. 2 vol. in-8°.

212. Discours sur le rétablissement des sciences et des arts.

213. Essai sur le perfectionnement des beaux-arts par les sciences exactes, ou Calculs et Hypothèses sur la poésie, la peinture et la musique; par L.-E.-C. *Paris*. 1 vol. in-8°.

214. Mémoire sur un nouveau plan d'une nouvelle espèce d'académie des beaux-arts. in-fol.

215. Origine de l'école lyonnaise. (Voy. le Voyage pittoresque et historique de Lyon.)

216. Réflexions sur l'architecture, la peinture et la sculpt. *Paris.* — L'ouvrage si connu de l'abbé Dubos et qui n'a pas été placé à son rang alphabétique, a pour titre : Réflexions sur la poésie et sur la peinture, par l'abbé Jean-Baptiste Dubos. *Paris.* 1719. 2 vol. in-12. Autres éditions augmentées en 1733 et 1740.

217. Sur les tableaux. in-8°.

218. Abhandlung von den Verdiensten der Malerei um die Tugend, ou Traité de l'influence de la peinture sur les mœurs. Voy. le 6e vol. D. N. bibl. d. s. W. u. d. f. K. p. 1—24.

219. Abhandlung über die Wirkung des Lichts und Schatten in Absicht auf die Malerei aus dem Franzœsischen des Herrn C***. Neue bibl. d. s. W. u. d. f. K. Tom. 2e, p. 201—223, ou Traité de l'effet du clair-obscur dans la peinture, traduit du français, du comte de C***.

220. Abstract of the instruments of institution of the royal academy of arts in London established december 10—1768. *London.* in-8°. Voy. newe Bibl. d. s. W. u. d. f. K. tom. 9e, p. 148 et suiv. On trouve un extrait de ces recherches sur l'établissement de l'académie royale des arts à Londres en 1768, dans la préface des traductions françaises, par Jansen, des Discours de Reynolds.

221. Angleterre ancienne, ou Mœurs, costumes, usages de ses anciens habitans. in-4°.

222. Antologia Romana, ouvrage périodique, peut-être du conseiller Bianconi. 3 vol. au moins.

223. Brief über die Malerei-Bibl. d. s. W. u. d. f. K. tom. , p. 409 seq., ou Lettre sur la peinture. Voy. Bibliothèque des belles-lettres et des beaux-arts.

224. Coup-d'œil sur les plus belles galeries, muséums, cabinets, ou Collections de tableaux, pierres gravées, camées, peintures antiques, etc.

225. Description du grand ouvrage que M. Jouvenet, ancien directeur de l'académie, a peint dans la chapelle à Versailles, avec quelques réflexions sur les règles de l'art à cette occasion.

226. Dissertation sur la connaissance des arts fondés sur le dessin, et surtout de la peinture; insérée dans le Mercure de France.

227. Élémens du dessin, ou Proportions des plus belles figures de l'antique, 37 figures mesurées, traduit de l'allemand par Huber. *Paris.* in-4°.

228. Effigies pictorum illust. quos Belgium habuit. *Antuerp.* in-4°.

229. Histoire de la peinture sur verre. Voyez le Musée des monumens français, par Percier et Guyot. 6 vol. grand in-8°. 250 gravures. in-8°.

230. Histoire complète des peintres, dont 3 volumes furent publiés du vivant de l'auteur, et le reste après sa mort.

231. Histoire universelle des beaux-arts.

232. L'art du lavis ou de laver. in-12.

233. Leben des Malers Jobst Kraasbeck, neue Erweiterungen, etc. n° 68, p. 159 seq., ou Vie du peintre Kraasbeck.

234. Leben des Johann-Peter Feurleins, Anspachischer-Kunst-Maler, Bibl. der schœnen Wiss. u. d. f. K. tom. 9e, p. 336, ou Vie de Jean-Pierre Feurleins, peintre d'Anspach.

235. Leben des Adrian Brauwers, neue Erweiterungen, 67 Stück, p. 50—69, ou Vie d'Adrien Brauwers.

236. Lettre à un artiste-peintre. in-12.

237. Lives of eminent painters. *London.* in-8°.

238. Mémoires pour l'histoire des sciences et des

beaux-arts, recueillis par l'ordre de M^{sr} le duc de Maine; plusieurs volumes périodiques. *Amsterd.*

239. Memorie intorno alla vita ed alle opere dell' insigne pittore Amatteo Pomponio. Voy. Raccolta d'opuscoli scientifici e filologici, tom. 48, p. 113—141.

240. Mémoires de l'académie de Turin, contenant différentes questions relatives aux beaux-arts.

241. Neue Bibliothek der schœnen Wissenschaften und der freien Künste, 5ter Band, p. 150—158, ou Nouvelle bibliothèque des belles-lettres et des beaux-arts.

242. Notice des bons ouvrages didactiques et des bonnes gravures sur la peinture et les beaux-arts. *Paris.*

243. Notizia delle pitture d'Italia.

244. La physionomie raisonnée. in-12.

245. Pièces concernant la peinture et l'exposition des tableaux. *Paris.* in-12. 4 parties.

246. Pitture delle chiese di Fabriano, trascritte da un m. s. dell' archivio di S. Niccolo collegiata insigne di quella città.

247. Serie degli uomini i più illustri nella pittura, etc. par plusieurs auteurs. *Firenze.* 1770.

248. The life of Thomas Wordlidge, en anglais et en allemand.

249. Valuable secrets in arts and trades, etc. Containing upwards of 1000 approved receipts. 1 vol.

250. Voyage d'un amateur des arts en Flandre, dans les Pays-Bas, en Hollande, etc.

251. Cours d'études du paysage, par M. Coste (J.-B.). *Paris.* 1809. in-fol.

252. Histoire de l'académie de peinture, manuscrit cité souvent par Nougaret (voy. ce nom). Cet auteur cite souvent aussi le manuscrit de M. de S***, ainsi que le

catalogue manuscrit de tous les livres de peinture, etc., par M. Leprince, attaché à la bibliothèque du roi.

253. Parallèle de la peinture et de la musique. Il se trouve à la fin de l'Histoire de la danse, par Bonnet. (Voy. ce nom.)

254. Dictionnaire d'architecture et de peinture, par Roland de Virloys. Il parle de tableaux exécutés en plumes.

255. L'homme du monde, éclairé par les arts; par Blondel, architecte du roi, et publié par M. de Bastide. 1774. 2 vol. in-8°.

256. Phrenology in connexion with the study of physiognomy. — Outlines of phrenology. — Phrenology, or the doctrine of the mind; and of the relation between its manifestations and the Body. — A wiew of the philosophical principles of phrenology. *London*. 1827. Par Spuzzheim (G.). Voy. ces noms.

257. Mémoires de la Chine. On trouve dans le t. 2° de ces mémoires des considérations sur les couleurs. Plusieurs ouvrages sur ce pays nous instruiraient peut-être de quelques procédés intéressans concernant le technique de la peinture. On peut consulter Duhald (J.-Bapt.), Description de la Chine. *Paris*. 1735. 4 vol. in-fol. — Mémoires concernant les Chinois par les missionnaires. *Paris*. 1776. 16 vol. in-4°. — Lettres édifiantes, etc. — Le comte (Louis). Nouveaux Mémoires sur l'état présent de la Chine, etc. *Amsterdam*. 1693, 1698 et 1701. 3 vol. in-12. On peut consulter aussi au sujet des Japonais, l'abbé Grozier et Kempfer dans ses *Amœnitates japonicæ*.

258. La société hollandaise des sciences de Harlem a proposé, en 1818, la question suivante :

Comme on admire dans les chefs-d'œuvre des sculpteurs grecs la beauté idéale, qui s'approche tellement de la perfection qu'elle ne semble pas être susceptible d'être poussée plus loin, on demande « 1° La beauté des plus belles statues humaines de la Grèce est-elle fondée sur une vraie perfection physique de la forme humaine, et du moins y est-elle renfermée ? 2° Dans le cas de l'alternative, en quoi consiste cette perfection ? 3° Quels sont les préceptes les plus utiles qui peuvent être déduits de cette connaissance pour les progrès des arts ? » Celui qui voudra répondre à cette question, pourra admettre comme reconnues les propositions, les mesures et les formes de chaque partie des plus belles statues humaines, comme elles sont déterminées par Albert-Durer et autres, et qu'on trouve dans les meilleurs écrits sur les statues de la Grèce ; mais on doit alors examiner, par des recherches physiques, si ces proportions, mesures et formes, s'accordent parfaitement avec la vraie perfection de chaque partie du corps humain, et avec celle du corps entier.

# CATALOGUE

## D'ESTAMPES

### PUBLIÉES D'APRÈS L'ANTIQUE.

# CATALOGUE

## D'ESTAMPES

### PUBLIÉES D'APRÈS L'ANTIQUE,

COMPRENANT LES MUSÉUMS, LES VILLA, CABINETS, ETC.

Voyez le volume 2, page 90, chapitre 15.

---

## OBSERVATIONS.

Tous les jours les artistes qui desirent interroger les anciens, sont embarrassés pour découvrir les recueils des estampes qui offrent les copies gravées des monumens. Cet embarras provient de ce que le plus grand nombre des recueils de gravures d'après les antiquités sont considérés dans les bibliothèques comme des ouvrages d'érudition, faits plutôt pour l'instruction des savans que pour l'instruction des artistes, ensorte que les peintres aujourd'hui sont peu familiers avec le titre des recueils de gravures qu'il leur importe si souvent de consulter. Il serait donc nécessaire, pour les aider dans ces recherches, de leur offrir un catalogue à peu près complet de toutes les gravures publiées d'après l'antique. Or c'est dans cette vue que j'offre ici un essai, ou, pour mieux dire, une ébauche d'un travail semblable, qui nécessiterait, pour être complet, d'assez longues recherches, que je ne me suis pas cru obligé d'entreprendre.

Mariette, dans son traité des pierres gravées, a donné une Bibliothèque Dactyliographique. Fabricius a publié sa Bibliotheca Antiqua. Orbelin, dans son Orbis Antiquus, a donné un excellent Catalogue. Franzius, dans le 1er volume de la Bibliotheca Bunaviana, a donné un Catalogue des ouvrages qui ont paru sur les antiquités, etc. ; mais tous ont-ils signalé les ouvrages renfermant des gravures?

Il existe dans certaines bibliothèques un assez grand nombre d'anciens ouvrages sur les antiquités, avec des gravures exécutées souvent sur bois d'après des originaux antiques qui semblent avoir été perdus depuis. La plupart de ces estampes, bien que traitées assez grossièrement, offrent une mine précieuse que tout vrai peintre serait heureux de pouvoir exploiter à volonté.

Nous allons donc recueillir ici un certain nombre d'indications de ces sortes d'ouvrages que les artistes seront bien aise de trouver réunis dans ce traité.

Pour faciliter les recherches, nous avons crû devoir composer ce Catalogue de sections comprenant chacune un genre distinct d'ouvrage. Dans la première seront réunis les ouvrages gravés d'après les muséums, les galeries, les villa; la seconde section comprendra les statues; la troisième, les bas-reliefs; la quatrième, les pierres gravées, les médailles, les camées, etc.; la cinquième, les peintures et les mosaïques; la sixième, les ornemens, les candelabres, les vases, etc.; et la septième contiendra les ouvrages divers en général, gravés d'après l'antique. Enfin ce Catalogue sera terminé par l'indication de quelques cabinets connus en Europe, etc., et par la liste des principales antiques que l'on voit à Rome aujourd'hui.

# CATALOGUE.

## *Muséums, Galeries, Villa, Cabinets, etc.*

MUSEUM Capitolinum.

Museo Capitolino illustrato (Bottari).

Museo Capitolino (Foggini).

Museum Clementinum.

Museum Chiaramonti.

Museum Florentinum (Gori). 1731. 1742. in-fol. Voy. Vicar (pierres gravées).

Galeria impériale di Firenze, incisa sotto la direzione del sig. Benvenuti, ed illustrata da' sig. Zannoni, Montalvi e Bargigli. *Firenze.* 1812. 1820. in-8°.

Museum Etruscum (Gori). *Florence.* 1737. 2 volumes in-fol.

Museum Romanum (Michel-Ange de la Chausse).

Museum Cortoniense (Gori). 1 vol. in-4°.

Museum Farnese (Peduzzi). 8 vol.

Musée français, commencé en 1791 par Pierre Laurent, graveur du roi, grand in-fol. continué depuis par lui et publié par MM. Robillard-Perouville et Laurent (partie des bas-reliefs et des statues. *Paris.* 1810. grand in-fol.) 80 livraisons. Les explications des antiques sont de Visconti et de M. Croze Magnan. Continué sous le nom de Musée Royal, par M. Henri Laurent, fils de M. Pierre Laurent. 40 livraisons. Les explications des antiq. sont de Visconti et de M. le comte de Clarac.

Musée des antiques du Musée de Paris, par M. Bouillon. Le texte est de M. de Saint-Victor.

Musée des antiques du Musée de Paris, par Filhol.

Annales du Musée de Paris, publiées au trait par Landon.

Monumens antiques inédits du Musée de Paris, par M. Thomas Piroli. *Paris.* 1804. 3 volumes in-4°. Les explications sont de M. Schweighaeuser et de M. Louis Petit Radel.

Le Musée des antiques, tel qu'il existait à Paris au commencement de 1814; 53 feuilles grand-aigle, 318 sujets. Le texte explicatif, rédigé par M. Petit Radel, forme 2 vol. in-4°. (100 fr. texte et pl. Voy. le Moniteur. septembre 1825.)

Musée de sculpture ancienne et moderne, ou Description de tout ce que le Louvre, le Musée Royal des antiques et le jardin des Tuileries renferment en statues, bustes, bas-reliefs, inscriptions; accompagnée d'une Iconographie grecque et romaine, et de plus de 1200 statues antiques, tirées des principaux musées et de diverses collections de l'Europe, par M. le comte de Clarac. *Paris.* 1827.

Le Musée français, collection gravée, etc. *Paris.* 1827. Le texte est de M. Jal. (Voy. ce nom.)

Musée Royal Bourbon, de Naples (Bechi Guill.). *Paris.* 1825.

Museum d'Herculanum, ou Antiquités d'Herculanum. in-fol. *Napoli.* 1757. — Traduit en français par M. David. in-4°.

Museo Veneto (Zanetti). 2 vol. in-fol, 100 pl.

Museum Augustum (Becker). 1805.

Museum Britannicum. 1 vol.

Museum Matthei (G.-Ch. Amaduzzi). *Roma.* 1770. 1779. — Vetera monumenta quæ in hortis cœlimontanis et in œdibus Matthæis adversantur.

Museum Justiniani. — Galleria Justiniana. *Roma*. 1631. 2 vol. in fol. gravée en 321 morceaux.

Museum Odescalcum du duc de Bracciano, gravé par S. Bartholi. 1702. Augmenté. *Rome*. 1747. 1751. 1752. 1753. 2 vol. in-fol. avec notes, par Nic. Galeotti.

Musées des antiques du roi de Prusse, par Levezow. 1805.

Museum veronese (Maffeï). *Verona*. 1749. in-fol. — Dissertatione sul museo veronese ed altre antiquità. 1745. in-4°.

Museum Calicolarianum veronese. *Verona*. 1622. in-fol.

Museum Kirckerianum (ou du Collége romain), par Bonanni. *Roma*. 1709. in-fol. *Amstelod*. 1678. in-fol. *Roma*. 1763.

Museum Borgia.

Musei Lheupoli antiqua numismata descripta et illustrata. *Venet*. 1736. 2 vol. in-4°.

Museo Moscardo. *Padova*. 1650. 1656. in-fol. *Verona*. 1672. in-fol.

Museum Guarnaccianum (Gori). *Floren*. 1744. in-fol.

Museum Nanni, observations de Passeri.

Monumenta Græca, ex museo Nanni. *Roma*. 1795. in-4°.

Ex museo reg. Sueciæ statuarum series. *Stockholm*. 1795. in-fol.

Museum Regium (du roi de Dannemark, Oligerus J.). *Hafniæ*. 1696.

Museum Worsleyanum. *London*, 1794. 2 vol. in-fol.

Musée Malboroggh (Cypriani).

Musée du prince Biscaris à Catane. Voy. le Moniteur universel, 27 juin 1823.

Museum Veronese. *Verona*. 1749. in-fol.

Museo della reale academia di Mantoua. 1790. in-fol.

Antiquités du musée du roi de Sardaigne.

Énumération des principaux morceaux que renferme le musée de Bonn (voir le Kunstblatt de Stuttgard, journal). 1826.

Van Rymsdyk's. Museum Britannicum. *London*. 1778. in-fol.

Museum Schoepflini, tomus primus : lapides, marmora, vasa. (Oberlin.) 1785.

Egyptian monuments preserved in the british museum, after the drawings of Alexander. *London*. 1805. grand-in fol.

Collection d'estampes pour la description de la galerie des antiques de Dresde, par J.-G. Lipsius. *Dresde*. 1803. in-fol.

Villa Pinciana ou Borghese (Manilli). 1630. in-8°. Idem, par Dom. Montelatici. *Roma*. 1700. in-8°. Idem, dessinée par Camuccini. 1795. Idem, par Lamberti. gravures au trait. *Roma*. 1796. 2 vol. in-fol. Sculture del Palazzo della villa Borghese. 2 vol., auxquels on a réuni les Monumenti Gabini par Visconti dans un 3e vol.

Villa Pamphili, par Barrière. 1 vol. in-4°.

Villa de mylord, comte de Pembroke à Wilton, 25 pl., le texte par Kennedy. *Londres*. 1769. Idem, gravée par Carry Creed, 40 feuilles in-4°. Idem, traduite en italien. *Firenze*. in-8°.

Cabinet de Sans-Souci, publié par Math. Oestereich. 1769. in-fol.

Cabinet des antiques du roi de Pologne, à Dresde; c'était la galerie Chigi. Voy. Joh.-Guil. Berger. — Programma de monumentis veteribus musei Dresnensis. *Vitebergæ*. 1745. in-4°.

Cabinet des antiques de M. Thomas, interrompu par la mort de l'auteur.

Cabinet de sir Charles Townley, acheté par le gouvernement anglais en 1807.

Cabinet impérial de Saint-Pétersbourg (Koehler). 1810.

Marmora Pisaurensia (Olivieri).

Marmora Taurinensia. 1747. 2 vol. in-4°.

Monumenti Gabini (trouvés à Gabie). Explications de Visconti. *Roma.* 1797. 2 vol. in-8°. (Voy. Villa Pinciana.)

Recueil de marbres antiques de la galerie de Dresde. 1733. in-fol.

## *Statues.*

Adam. 60 statues antiques (inédites). 1606. in-4°.

Augustini veneti, icones sapientium. 52 planch. *Rom.* 1569. *Padova.* 1648.

Bellori. Veterum illust. philosoph. 92 gravures. *Rom.* 1683.

Bouillon. Musée des antiques, avec des explications. *Paris.* 1826. 3 vol. grand in-fol.

Cavaceppi. Antiques restaurées dans son atelier. 1769. 2 vol. in-fol.

Cavalleriis (G.-B. de). Statuæ antiquæ. *Roma.* 1585. in-4°. *Id.* 1645. in-4°.

De Rossi (raccolta di statue). *Roma.* 1704. in-fol. 162 feuilles.

Ferrus. Antiquités de Naples. 12 statues trouvées à Cumes.

Fulvius Ursinus. Illustrium imagines (Bustes). *Roma.* 1569. in-4°. *Anvers.* 1606. in-4°. En français par Baudelot. *Paris.* 1710.

Homelio (C.-S.). Effigies jurisconsultorum. *Leips.* 1760. in-8°.

Krans (L.-V.). 15 statues et 60 autres morceaux antiq. *Augsbourg*. in-fol.

Maffeï. Raccolta di statue antiche. *Roma.* 1707. in-fol.

Mulleria (Maria-Clara). Diverses attitudes de femmes d'après l'antique. *Noribergæ.* in-fol.

Munch (Gust.). De statuis veter. rom. *Hafniæ.* 1714.

Piranezi. Voy. ses antiquités.

Perrier 1 vol. de 100 statues. 1638. 60 de ces statues ont été copiées en petit par Poilly.

Sandrart. Admiranda artis statuariæ, etc. *Noribergæ.* 1680. in-fol.

Saintnon. Statues et bas-reliefs. *Paris.* 1763. 18 morceaux.

Spoor (Henricus). Medici et philosophi antiq. 1707. in-4°.

Zanetti. Statue antiche di Venezia. *Venet.* 1740. in-fol. *Id.* 1743. in-fol.

## *Bas-reliefs.*

Barbault. Bas-reliefs et statues antiques de Rome.

Bartoli (P.-S.). Admiranda rom. — Columna Trajana. Id. Antonina. Id. Théodosiana. — Antichi sepolchri. *Rom.* 1680. *Leyde.* 1727. 1728. — Antiche lucerne sepolcrali. *Rom.* 1690. *Rom.* 1697.

Bellori. Veteres arcus augustorum. *Rom.* 1690. in-fol.

Hager (Gius). Illustrazione d'un zodiaco orientale del gabinetto delle medaglie di S. M. in Parigi. *Milano.* 1811. in-fol. avec fig.

Millin. Bas-reliefs.

Perrier. 50 bas-reliefs antiques.

Piccioni (Matteo). Bassi-rilievi nel arco di Constantino in Campidoglio. *Rom.* 1690. in-fol.

Saintnon. Bas-reliefs et statues. *Paris.* 1763. 18 morceaux.

Zoega. Bassi-rilievi antichi di Roma, colle illustrazioni. 1783. grand in-4°.

Bassi-rilievi volsci in terra-cotta. *Roma.* 1785. in-fol.

Dagincourt. Collection de terres-cuites. *Paris.* 1815. 1 vol. in-4°.

Taylor (Combe). Terres-cuites du musée britannique provenant de la collection de S.-Ch. Townley; 79 pièces, tant statues que bas-reliefs. *London.* 1813. 40 planch.

## *Pierres gravées, médailles, camées.*

Albani (numismata Albani). Voy. Venuti.

Avelines. Un cahier de têtes antiq. d'après les pierres gravées et cornalines du musée français. *Paris.*

Agostini (Leonardo). Gemme antiche figurate. *Rom.* 1657. in-4°. — Traduit en latin par Gronovius. *Amstelod.* 1685.

Bauduri (Anselmi). Numismata imp. *Rom.* 1718. *Paris.* 1718.

Bartholi (P.-S.). Médailles du cabinet de la reine Christine. *La Haye.* 1742. in-fol. — Pierres gravées. 1749. in-fol. (Voy. le Museum Odescalcum.)

Beger. Specilegium antiquum. 1685. in-fol. — Thesaurus Palatinus. 1685. — Thesaurus Brandenburg. select. *Colon.* 1696. 3 vol. in-fol.

Bellori. Veterum illust. imagines ex gemmis. *Rom.* 1685. in-fol.

Bossi. Pierres gravées.

Bracci. Pierres antiq. qui portent le nom du graveur. 1 vol. avec fig.

Buonarotti (Filip.). Osservaz. sopra alcune medagl. del cardinale Gasparo di Carpegna. *Rom.* in-4°. fig. — Discorso sopra un bellissimo cameo del triumfo di Bacco. avec fig.

Canini. Iconografia. *Rom.* 1669.

Capello. Prodromus... Museo Antonii Capelli (272 estampes). *Venet.* 1702.

Carcavi. Médailles.

Caylus. Les pierres gravées du cabinet du roi. 400 pl. petit in-4°. Voy. Mariette.

Chamillart. Médailles et pierres du cab. du père Chamillart. 1711. in-4°.

Chéron (Elisabeth). Pierres gravées.

Chistelius (Joannes). Dissertations diverses. *Antverpiæ.* 1661. fig.

Cipriani. Cabinet du duc de Malborough.

Crassier (de). Gemmæ. *Leodii.* 1740.

Decamps. Selecta numismata in œre maximi moduli e museo illust. D.-D. Francisci Decamps, abbatis S. Marcelli. 1696.

Delachaux. Description des pierres gravées du cabinet du duc d'Orléans. *Paris.* 1780. 2 vol. in-fol.

Dennery. Pierres gravées.

Devonshire. Les pierres gravées de mylord Devonshire.

Doisel (Jacques). Thesaurus selectorum numismat. *Amsterd.* 1677. in-4°. Les médailles y sont classées par sujets.

Dubois (L.-J.-J.). Choix de pierres gravées antiques, égyptiennes et persannes. *Paris.* 1817. in-4°.

Dumersan. Notice des monumens du cabinet des médailles et antiques de la bibliothèque du roi. *Paris.* 1820. 1 vol. in-12. fig.

Ebermayer. Cabinet de pierres gravées. *Norimbergæ.* 1720.

Eckel (Joseph-Hilaire). Pierres gravées du cabinet impérial de Vienne. *Vienne.* 1788. in-fol. — Doctrina numorum veterum. *Vindeb.* 1792. 8 vol. in-4°.

Erizzo. Sopra le medaglie antiche. *Venez.* 1568. in-4°. avec fig.

Ficoroni. Divers ouvrages. 1718. 1757. fig.

Fulvius (Ursinus). Illustrium imagines, etc. *Antverpiæ.* 1598.

Gori (Jean-Antoine). Le gemme antiche di Ant.-M. Zanetti. *Venez.* 1750. in-fol. Voy. Smith.

Gorlœus. Pierres gravées. *Leyde.* 1695. 2 vol.

Gravelle (l'évêque de). Pierres gravées. *Paris.* 1732. in-4°. 205 planch. — Traduit en anglais. *Paris.* 1737. 1741.

Gravesol. Dissertation sur plusieurs médailles.

Gronovius. Effigies virorum et fœminarum illust. *Lugduni.* 1697. in-fol. fig.

Hardouin. Numismata.

Hedlinger. Médailles.

Hermsterhuis. Lettre sur une pierre antique. *La Haye.* 1762. in 4°. fig.

Joachim (Jos.-Fr.). Cabinet de médailles. *Nüremberg.* 1766. 3 vol. in-4°. fig.

Lachausse. Pierres gravées.

Leblond (de). Voy. Crassier et de la Chaux.

Lepoix. Discours sur les médailles et gravures antiq. 1579. fig.

Leriget (de la Faye). Son cabinet. *Paris*. in-8°. 31 planches.

Licetus. Camées.

L'imiers. Collect. de pierres antiq. sur lesquelles les auteurs ont mis leurs noms.

Lippert. Dactyliotheca. 4000 pierres. *Leipsick*. 1762. 2 vol. in-4°.

Lipsius. Bibliotheca numaria. *Leipsick*. 1801. in-8°.

Maffeï (Fr.-Scip.). Gemme antiche figurate. *Rom*. 1707. 1708. Voy. Rossi.

Mariette. Pierres gravées du cabinet du roi. *Paris*. 1750. 2 vol. in-fol. — Recueil de pierres gravées antiques. *Paris*. 1732. in-4°.

Maugeart (Dom.). Introduct. à la science des médailles. *Paris*. 1763. Il a rangé les médailles par sujets.

Menestrier (le père). Médailles. 1 vol. in-4°. fig. — Quelques figures de costume gravées en bois.

Millin (Aubin-Louis). Pierres gravées des plus célèbres cabinets de l'Europe. *Paris*. années 1817 et suivantes.

Milliotti. Description des pierres gravées du cabinet de Saint-Pétersbourg. *Vienne*. 1805. 2 vol. in-fol.

Mionnet, premier employé du cabinet des médailles de la bibliothèque du roi. Description de médailles dessinées par MM. Garson et Saint-Ange Desmaisons, et gravées par M. Rubière. L'ouvrage sera composé de 12 volumes in-8°. Le 4e volume a été annoncé pour 1825. Les deux collections de médailles grecques et de la Sicile, jointes à celle qui a été acquise de M. Cousinery, donnent un nouvel intérêt au bel ouvrage de M. Mionnet, dont elles enrichiront les supplémens. — Description des médailles antiques, grecques ou romaines, avec leur degré de rareté et leur estimation; ouvrage servant de Catalogue à une suite de plus de 20 mille empreintes en soufre. *Paris.* 1820.

Mongez. Pierres gravées de la galerie de Florence.

Moscardo. Cabinet de ***. *Padova.* 1650. in-fol. fig.

Moulinet (de). Pierres gravées du cabinet de la bibliothèque de Sainte-Geneviève de Paris. 1692. in-fol.

Ogle. Pierres antiques. 1741. 30 pl.

Passeri. Thesaurus gemmarum select.

Patin. Médailles de la bibl. de Venise, avec un grand nombre de figures. *Venise.* 1683.

Pellerin. Numismata musei pisani, etc. 229 médailles. *Venet.* 1747.

Piccolomini (monsignor). Son cabinet. 40 pl.

Pintius (Jos.-Ant.). De numism. ravennalibus. *Venet.* 1750. in-4°. fig.

Rapponi (M.-S.). Recueil de pierres grav. concern. l'histoire, la myth., le costume. *Rom.* 1786. in-fol.

Rossi (de). Gemme antic. figurate, avec explications de Maffeï. *Rom.* 1707. 1708. Voy. Maffeï.

Rubens (P.-P.). Commencement d'un recueil de camées (il n'en a paru que 8).

Rubens (Albertus), frère de P.-P. Gemmæ etc. — Tractatus de re vestiariâ. *Antverpiæ* 1665. in-4°. fig.

Rullenger. Recueil de médailles inédites. *Rome.* 1813. 92 méd.

Savot. Médailles. *Paris.* in-4°.

Sestini (Domenico). Descrizione di alcune medaglie greche etc. Description de quelques médailles grecques appartenant au musée du prince héréditaire de Dannemarck. *Florence.* 1821. in-4°. planches. — Lettere e dissertazioni numismatiche etc. Lettres et mémoires numismatiques sur quelques médailles rares. *Florence.* 1821. in-4°, avec 2 pl.

Smith. Dactyliotheca smithsiana, par Gori. *Venise.* 1767. 2 vol. in-fol.

Spanheim. De præstantiâ et usu numismatum. *Londres.* 1706. 2 vol. in-fol.

Spilbury (J.). Collection of fifty prints, from antique gems in the collection of earl Percy. 1785. in-4°.

Stephanonius (Petrus). Gemmæ. *Roma.* 1627. in-4°, avec fig.

Stephanonius filius (Jacobus). Gemmæ. *Patavii.* 1646. in-4°. fig.

Stosch. Pierres gravées du cabinet du roi de Prusse. *Berlin.* 1717. in-4°. fig. — Publiées par Franenholz. 1798. — Publiées par Schlitegrott. *Nüremb.* 1798.

Trésor britannique, ou Recueil de médailles.

Trévisani. Les médailles de son cabinet. *Venise.* 1748.

Tristan (J.). Médailles (au nombre de 13 à 14 cents). *Paris.* 1644. 3 vol. in-fol.

Vaillant. Numismata. *Roma.* 1743.

Venuti. Numismata maximi moduli ex museo card. Alex. Albani. *Roma.* 1739. in-fol.

Vicar. Les pierres du cabinet d'Orléans, dessinées par Vicar, le texte par Leblond et Lachaux. *Paris.* 1780. — Pierres gravées du cabinet de Florence, dessinées par Vicar, le texte par Mongez.

Vico-Ænea. Gemme e camei. *Roma.* grand in-fol. 34 planches.

Victorii. Cabinet etc. *Rome.* 1737. in-4°. fig. — *Amsterd.* 1692. in-4°.

Wilde (J. de). Gemmæ selectæ, etc. *Amsterd.* 1703. in-4°. fig.

Winckelmann. Description des pierres grav. du cabinet de Stosch. *Florence.* 1760. in-4°.

Worlidge. Select. collection of gems from the antique. 1768. — Collection de dessins tirés des pierres antiques de T. Worlidge. *Londres.* 2 vol. in-fol.

Recueil de pierres gravées antiques. *Paris.* 1732. 2 vol. in-4°.

Gemmæ antiquæ dactylioth. ducis marlburiensis selectæ. *London.* 2 vol. in-fol.

Thesaurus gemmarum, etc. 3 vol. in-fol. Chaque pierre gravée est entourée d'arabesques.

## *Peintures antiques, vases peints, mosaïques.*

Aldobrandine (la Noce) est gravée dans l'Admiranda de P. S. Bartoli, dans Pignorius (Laurent), dans Turnbull. On la trouve aussi dans le Thesaurus antiquus Italiæ, tom. 6, page 3 : dans la Dissertation qu'en a faite Boettiger. 1810. etc.

Allegranza. Recueil de peintures antiq.

Bains de Titus. Voy. Ponce. in-fol. — *Id.* par Mirri. 1776. in-fol. — *Id.* par Carletti. *Rom.* 1800. 61 feuil. — Bains de Livie et de la Villa Adriana, par Ponce. *Paris.* 1783. 1789. in-fol. Voy. Carloni.

Barberini (Roma ou Pallas). Peinture conservée au palais Barberini. Elle est gravée dans plusieurs recueils.

La Vénus du même palais est gravée, ainsi que la Roma, dans la Description du palais Barberini publiée à Rome. 1674. in-fol.

Bartoli (P.-S.). Recueil de peintures antiques. 1757. in-fol.

Buonarotti. Peintures antiques découvertes en 1760 à Tarquinia, ville appartenant jadis aux Etrusques.

Byres. Peintures antiques découvertes à Tarquinia.

Capponi. Voy. Orazi.

Carloni et Mirri. Peintures ant. de la Villa Adriana.

Cassini (J.-M.). Pitture antiche. *Roma.* 1780. in-fol.

Collection de peintures antiq. qui ornaient les palais, les thermes, mausolées, chambres sépulcrales des empereurs Tite, Trajan, Adrien et Constantin. *Rom.* 1782. in-fol. 53 pl.

Gau. Peintures égyptiennes. 1823.

Herculanum (peintures d'). Elles sont insérées dans les antiquités d'Herculanum, et composent 5 vol. in-fol. — Publiées et copiées au trait par Killian (G.) 8 vol. petit in-fol. — Copiées en petit par Piroli. — Copiées en petit, ainsi que tout l'ouvrage, avec le texte en français, par David. in-4°.

Holstenius. Ninfeo, titre donné par Lucas Holstenius à une peinture antique représentant un paysage et trouvée dans les jardins Barberini, publiée à Rome en 1676. (Voy. le Thesaurus Grævii, tom. IV, p. 799.)

Manuscrit du 8e siècle (Iliade d'Homère). On vient de découvrir à Milan, dans la bibliothèque ambroisienne, un manuscrit de l'Iliade d'Homère, qui, par son antiquité (il paraît être du huitième siècle), ainsi que par soixante peintures du moyen âge, dont il est enrichi, excite l'attention la plus vive de la part des savans. Les caractères sont grands et angulaires, d'après l'usage des plus beaux siècles; sans distinction des mots, sans accens ou autres signes de l'orthographe moderne. Les peintures, sur du parchemin de veau, représentent les événemens les plus mémorables de l'Iliade. On les a fait graver en taille-douce, procédé qui seul a pu les rendre avec la plus exacte vérité. Il est à remarquer que ce manuscrit ne contient pas l'Iliade toute entière, mais seulement les fragmens relatifs aux peintures. (Extrait de la Revue encyclopédique. Tom. 5, page 198.)

Micali. Les peintures Etrusques des grottes de Tarquinia sont gravées dans son ouvrage.

Millin cite (Magasin encycloped. Janvier 1813) les peintures antiques dessinées dans l'ouvrage de M. Nicolas, sur les environs de Naples.

Nazons (peintures du tombeau des) trouvées en 1674, près le pont Môle à Rome, gravées par S. Bartoli. 1680.

Orazi a gravé en 1728 une peinture antique provenant du cabinet du marquis Capponi; elle représente un architecte accompagné des instrumens de son art. Cette peinture, dont la draperie est d'une vérité remarquable, a été trouvée près l'arc de Drusus, à Rome, en 1727.

Ornati delle pareti e dei pavimenti delle stanze dell' antica Pompeï. *Napoli.* 1796. 2 vol. in-fol.

Pacho. Peintures de Cyrène. Voy. son Voyage dans la Cyrénaiqne. *Paris.* 1827.

Picturæ antiquæ cryptarum : par S. Bartoli. *Rome.* 1706. Les mêmes par Caylus avec additions d'autres peintures : 30 exemplaires seulement.

Peintures (quatre), découvertes sous le règne de Pie VI, près de Saint-Jean de Latran, représentant des servantes dans les festins.

Ponce. Les peintures des bains de Titus. *Paris.* 1783. in-fol. *Id.* 1789. in-fol.

Rive (l'abbé). Pyramide de Caius Sextus, avec les peintures de l'intérieur de la pyramide. in-fol. On trouve une de ces peintures gravée dans Nardini à la fin de sa Roma antica, et dans les Sepolcri antichi de S. Bartoli.

Spon a publié, dans ses recherches d'antiquités, quelques peintures antiques.

Térence et Virgile. Manuscrits du 4e siècle (bibliothèque du Vatican). Les peintures de ces manuscrits ont été gravées par S. Bartoli. Voy., sur le Virgile, Galeotti dans son Museum Odescalcum. Tom. 2, p. 11. Le Térence a été publié avec gravures, à Urbino. 1736. in-fol.

Thermes de Constantin (peintures antiques trouvées dans les), et conservées dans le palais Ruspigliosi. Voy. l'ouvrage de Dagincourt.

Turnbull. Curious collection of ancient paintings. Voy. aussi son ouvrage intitulé : On the ancient painting. *London*. 1741. in-fol. 40 peint.

Villa Adriana (les peintures de la), à Tivoli. Voy. Carloni. Voy. Bains de Titus.

Villa Negroni (peintures antiques de la), dessinées par Mengs.

Winckelmann. Monumens inédits. Une très-faible gravure d'un charmant paysage antique de la villa Albani.

Aringhi (Paul). Peintures des cimetières de Rome. *Roma*. 1651. in-fol.

Boldetti (Sigismond). Pitture e sculture sacre estratte dei cimiteri di Roma.

Bosio. Peintures des Catacombes. Voy. sa Roma subterranea. 2 vol. in-fol.

Torregius. De cryptis Vaticani..

Bien que je ne m'engage point ici à indiquer les monumens antiques en peinture inédits, j'ajouterai quelques observations.

Les peintures trouvées en 1700 à la villa Corsini, celles qu'on trouva en 1722 et 1724 sur le mont Palatin, ont été détruites. Le musée Borgia renferme quelques peintures antiques. Dans la galerie de Dresde, on montre 20 petites peintures qu'on dit avoir été trouvées à Antium. Midelton possédait une peinture antique, qui représente une site champêtre et qui est gravée au commencement de ses Antiq. monumens. Le docteur Mead était propriétaire de quelques peintures antiques, qui provenaient du palais Massimi. La collection de peintures antiques possédées par le cardinal Massimi, a été indiquée par l'abbé Dubos, qui dit aussi que M. Crozat possédait plusieurs peintures antiques.

A Paris on voit, chez M. Morel de Vindé, la peinture d'un beau coq, grand comme nature; il provient d'Herculanum.

A Cadix on voit, chez un riche particulier, une peinture antique de 6 pieds de haut, représentant des armes, telles que lances, boucliers, etc., le tout sur un fond drapé; les teintes en sont très-fraîches, le coloris en est très-vrai et le fini très-remarquable.

Les 3 Grâces du palais Doria, à Rome, sont douteuses.

Le palais Altieri, à Rome, conserve quelques peintures antiques : celle qui représente Coriolan, a été gravée dans le recueil de l'Admiranda de S. Bartoli; quelques-unes proviennent du tombeau des Nazons, les autres peintures de ce même tombeau ont été détruites.

Les 9 Muses et Apollon, gravés dans le 1er vol. de la

collection d'Herculanum et envoyés de Naples à la Malmaison avec des bronzes et des momies, ont été vendus depuis à Paris; on les y voit aujourd'hui dans le riche cabinet de M. Durand, qui en a fait l'acquisition.

J'ai ouï dire à Rome qu'un des gardiens des thermes de Titus, avait aperçu l'apothéose de Titus, peinte sur un plafond de ces thermes, mais que des éboulemens avaient recouverts cette peinture. Cet homme, qui disait l'avoir vue, ajoutait même que les figures étaient grandes et que le tableau semblait très-beau. Je n'ai pu rien recueillir depuis sur ce sujet. Si le fait est vrai, il aura été utile de le consigner.

### *Peintures sur vases.*

Becchetti. Vases. *Rom.* 1795. 7 pl.

Boettiger. Les vases peints de Dresde.

Buck (Adam). Cent gravures d'après des peintures sur vases grecs qui n'ont été publiées ni par des dessins ni par des gravures; extraites d'une collection particulière conservée en Angleterre. *London.* 1812. grand in-fol.

D'Hancarville. 1re collection de William Hamilton. 1766. — 2e collection d'Hamilton, gravée par Ange Clener sous les auspices de Tischbein et Italinski. 4 vol. : édition anglaise faite à Naples, traduite en français. 4 vol.

Dempster. Vases peints.

Dubois (Maison Neuve). Introduction à l'étude des vases antiques. *Paris.* 1817. grand in-fol.

Millin. Peintures de vases antiques tirés de différentes collections, gravées par Ange Clener. *Paris.* 1808. 2 vol. in-fol. — Peintures et vases de la Malmaison, publiés par livraisons. in-fol. (c'est la même collection que celle de M. Dubois Maison Neuve). 2 vol. grand in-fol. — Description de trois peintures inédites de vases grecs, du musée Portici, représentant des Priapées. *Paris.* in-4°. 3 pl. (ouvrage attribué à Millin).

Millingen. Peintures antiques de vases grecs, de la collection de sir Goghill. *Rome.* 1817. grand in-fol. — Peintures inédites de vases grecs. 1<sup>r</sup> vol. in-fol. 60 planches, 120 pages de texte.

Passeri. Picturæ Etruscorum in vasculis nunc primùm collectæ. *Romæ.* 1767. 1773. 3 vol. in-4°.

Tischben et Italinski. Collection de vases peints. Voy. D'Hancarville.

Catalogue of a magnificent collection of greek vases sold by King and Lochée. 1815. in-8°.

## *Mosaïques.*

Arnald (dom Pedro). Mosaïques de Rielva et de Jumilla en Espagne.

Artaud. Mosaïques du midi de la France, avec un texte explicatif. *Paris.*

Ciampini (Jean-Julien). Mosaïques chrétiennes des églises de Rome. 1647. 1 vol. in-fol.

Lysons (Samuel). Mosaïques d'Angleterre.

Mosaïque de Preneste, aujourd'hui Palæstrine. (Voyez Kircher, Montfaucon, Thomas Shaw, l'abbé Barthélemy.) On voit cette mosaïque gravée par les soins du prélat Casali.

Mosaïque d'Italica, par M. Alex. Delaborde. 1802. 1806.

Opus musivum Villæ Adrianæ, par Savorelli. *Florence.* 1779.

Mosaïque du musée du Vatican, etc.

Description d'une mosaïque représentant des jeux de Cirque, découverte à Lyon le 18 février 1807, avec pl.

## *Ornemens, vases, candélabres.*

Albertoli. Ornamenti. in-fol.

Antonini. Manuale, di vasi, ornamenti, etc. *Roma*. 1777. *Id*. 1781.

Antonini (Carlo). Rosaces, candélabres. 1731.

Aquila. Raccolta di vasi. *Roma*. 1713.

Englefield. Vases, gravés par Moses. 1819.

Ficorini. Delle maschere sceniche. — Maschere antiche di marmo.

Fortunius. Patères. in-fol.

Kraff. La première partie de son architecture ancienne et moderne offre un choix d'ornemens antiques.

Moses (H.). A collection of antiques vases, altars, pateras, tripods, candelabra, sarcophags, etc., from various museums and collections, gravés au trait en 170 pl. avec un essai historique. *London*. 1814. 1 vol. petit in-4°. — Select greeck and roman antiquities, from vases, gems, and other subjects of the choicest Workmanship. 36 pl. avec description. in-4°.

Passeri. Lucernæ fictiles. *Pisa*. 1739. *Id*. 1749. 4 volumes. fig.

Pergolesi. Ornements in the etruscan and grotesque styles. grand in-fol.

Piranesi. Vasi, candelabri, cippi, sarcofagi, etc. *Roma*. 1778. 2 vol. in-fol.

Prossalendi. Patères.

Rocchegiani. Divers ornemens.

Scharz (G.-H.). Raccolta di vasi ornati.

Smith (G.). Ornamental designs after the manner of the antique, etc., avec description. in-4°. 40 pl.

Tatham. Etchings of ancient ornemental architecture. in-fol. 100 pl.

A collection of vases from the antique, etc. in-fol. 42 pl. — Ornaments selected from the antique; lithographed on 21 leaves folio, exhibiting a variety of foliage and fragments of ornaments in a bold and free style.

Les ornemens de la Sainte-Maison de Lorette.

## *Ouvrages divers gravés d'après les antiquités.*

Aleandre (P.-J.). Explications d'antiques. *Paris.* 1717. in-4°.

Antolini (Giov.). Le rovine di Veleja, etc., ou Les ruines de Veleja. *Milan.* 1819. 1 vol. avec grav.

Bauduri (D.-Anselm.). Antiquités de Constantinople. *Paris.* 1711.

Bavay. Antiquités.

Bayer (S.-Théod.). Sur la Vénus de Gnide. (In comment. acad.)

Bechetti. Ouvrages gravés d'après l'antique.

Bechi (Guillaume). Notice sur le musée royal Bourbon de Naples. 1825.

Bianchi.

Bianchini. Histoire universelle par les monumens.

Bignoli. Collection d'antiquités grecques et romaines, dessinées et gravées par lui-même. *Milan.* 1821. in-fol.

Bischof.

Boissard.

Bonamy. Delle antichità siracusane. *Palermo.* 1717. 2 vol. in-fol.

Boucher et Dietrick. Têtes d'après la colonne Trajanne. 1766.

Bouillard. Histoire de l'abbaye Saint-Germain-des-Prés. 1724. in-fol.

Brigentii. Villa Borghese.

Calmet (le père). Commentaires de la Bible. Voy. le tom. 1er sur les instrumens de musique des Juifs.

Cavallieri. Antiq. italic.

Caylus. Antiquités.

Chardin. Voyage en Perse.

Chevalier (Nic.). Antiquités d'Utrecht. *Utrecht*. 1709. in-fol.

Cockburn. Delineations of the city of Pompeï engraved by Cooke. in-fol. (les 2 premières parties ont paru en 1819).

Coluth. Antiquités.

Congers Midleton. Antiquités germaines. *London*. 1745. in-4°.

Dagincourt (J.-B.-L.-G. Séroux). Histoire de l'art, démontrée par les monumens, depuis sa décadence dans le 4e siècle, jusqu'à sa renaissance dans le 14e siècle. *Paris*. 1819. 6 vol. 325 pl. Publiée par MM. Treuttel et Würtz. — Traduite en italien (Milano). — Traduite de nouveau et éclaircie par Etienne Ticozzi. 1827.

Decamps. Antiquités.

Delachau (l'abbé). Dissert. sur les attributs de Vénus. 1776. in-4°.

Dempster (Thomas). Etruria regalis. 2 vol. in-fol. (ouvrage posthume).

Denon (Vivant). Voyage en Egypte.

Dorville. Antiquités.

Ficorini (Franc.). Dissertatio de larvis, scenis et figuris comicis antiquorum Romanorum. *Roma.* 1754. 85 pl.

Frœlich. Tentamen rerum numism.

Gau (F.-C.). Antiquités de la Nubie, ou Monumens inédits des bords du Nil, situés entre la première et la seconde cataracte, dessinés et mesurés en 1819. *Cologne.* 1822. in-fol. — Antiquités de l'Egypte. 20 pl. de bas-reliefs et peintures dessinés sur les lieux.

Geozzini (V.). Monumenti sepolcrali della Toscana disegnati da V. Geozzini, ed incisi da Gio Paolo Larinio, sotto la direzione dai S. S. cav. Benvenuti ed L. de Cambery. *Firenze.* 1819.

Gesner.

Golzius. Numism.

Gori. Trésor des dyptiques.

Grivaud (de la Vincelle). Recueil de monumens, la plupart inédits, découverts dans l'ancienne Gaule, ouvrage qui peut faire suite aux recueils du comte de Caylus et de la Sauvagère. 1817. 3 vol. in-4° ornés de 40 planches.

Gruyer.

Guasco. Statues, antiquités.

Guattani. Monumenti antichi inediti. *Roma.* 1794. 6 vol. in-4°.

Guyot (Laurent). Antiquités expliquées par la mythologie.

Harris (W.) et Angell (Samuel). Sculptured metopes discovered among the ruins of the temples of the ancient city of Selinus in Sicily : ou Métopes sculptés, découverts au milieu des ruines appartenant à l'ancienne ville de Sélinus en Sicile. *Londres.* 1826. in-fol. avec 9 planches.

Haym. Tesoro britann.

Hunter.

Iablonowski. Diverses antiquités gravées.

Inghirami (le chev. Francesco). Monumenti etruschi o di etrusco nome, etc., ou Monumens étrusques ou de dénomination étrusque, dessinés, gravés et expliqués. *Fiesole*. 1819. in-4°.

Larcher (le père).

Le Grand. Galerie antique. in-fol.

Le Plot. Les marbres de Dresde.

Leroy. Voy. Stuart.

Mamachi.

Magnan.

Malvaria. Marmora felsinea.

Marini.

Martin et Lettice. Antiquities of Herculanum. *London*. 1773. avec grav.

Martorelli. Antiquités napolitaines.

Mazochi. Antiquités de la campagne de Rome.

Mazois. Antiquités d'Herculanum.

Mezzobarba.

Micali. Peintures des grottes étrusques de Tarquinia.

Millin (Aubin-Louis), mort à Paris en 1818. — Sur la glyptographie.

Mongez. Voy. dans l'Encyclop. méthodique la partie de l'antiquité.

Montfaucon (dom Bernard de). L'antiquité expliquée, etc. *Paris*. 1619. 15 vol. in-fol.

Morell.

Mulleri (Fréd). *Gena.* 1664. in-4°.

Murphy (James Cavanah), architect. The arabian antiquities of spain representing on 100 engrawings the principal remains of architecture, sculpture, paintings, and mosaics of the spanish arabs : from drawings made on the spot.

Nointel.

Panckoucke (C.-L.-F.). Description de l'Egypte, ou Recueil des observations qui ont été faites en Egypte pendant l'expédition de l'armée française. *Paris.* 1824. 25 volumes. in-8°, ornés de 900 estampes imprimées sur les cuivres mêmes de la première édition.

Paulmier de Granménil. Antiquités de la Grèce. 1776. in-4°.

Paruta. Divers ouvrages sur les médailles et les antiq. 1649.

Pedrusi.

Pignorius. Sur les antiq. égypt. *Venise.* 1605. in-4°, avec fig.

Piranesi (Giov.-Batist.). Opere varie. *Roma.* 1750. in-fol.

Poncelin (de la Roche-Tillac). Chefs-d'œuvre de l'antiquité sur les beaux-arts, gravés par B. Picart. 1684. 1784. 2 vol. in-fol.

Quatremère de Quincy. Jupiter Olympien. 1 volume in-fol.

Renard. Fragm. d'archit. et de sculpt. antiq. *Paris.* — Marmora Oxoniensia. — Sculptures grecques et romaines. *Paris.* 1754. in-fol. 62 pl. — Choix des monumens les plus remarq. des Egypt. Grecs. Volsq. Etrusq. consistant en bas-reliefs, statues, etc. *Rom.* 1789. 1 vol. in-fol. 154 pl.

Reusch. Capita deorum etc., in gemmis incisa. *Francfort.* 1721. in-fol.

Riccobaldi (Gius. M.). Antiquités de Volterra. *Firenze.* 1758. in-4°.

Rochegiani. Recueil des costumes.

Rodulphino (Venuti). Antiquités romaines. 1736. in-fol. — Archæologia etc. *London.* 1770.

Rosin. Antiquités romaines. *Utrecht.* 1701.

Scaicchi.

Scamozzi. Discorsi sopra le antich. di Roma. *Venez.* 1582. in-fol. 40 fig.

Scheyb.

Séguin.

Séroux. Voy. Dagincourt.

Séveran. Rome souterraine.

Siarso. Antiquités romaines. *Venez.* 1739.

Spon. Sur les antiquités en général, ouvrage latin. *Lyon.* 1685.

Stuart. Antiquités d'Athènes. Voy. à la fin de cette section.

Tassie.

Theupoli (Ant.-P.). Numismata.

Thomasini.

Vauthier et Lacour. Monum. de sculpt. anc. et mod. *Paris.* 1809.

Visconti. Iconographie grecque, continuée par Mongez. *Paris.* 1821.

Wilkins. Antiquities of magna græcia etc. in-fol.

Willemin. Costumes civils et militaires de l'antiquité,

d'après les anciens monumens, 188 planches avec le texte explicatif, 2e édition.

Winckelmann. Monumens inédits.

## *Autres ouvrages sans nom d'auteurs.*

Speculum romanæ magnificentiæ. *Rom.* 1575. in-fol. 118 planches.

Lytologia ò explication de las piedras de Valencia, por J.-V. del ormo. *Valencia.* 1654. in-4°.

Recueil d'antiquités (en allemand). *Leipsick.* 1779. 2 vol.

Monumens égyptiens. *Rome.* 1791. 2 vol. in-fol. gravés en 200 pl.

Dilettanti society's specimens of ancient sculpture, selected from different collections in great britain. *London.* 1809. atlas fol. 75 pl.

Il Gabinetto aureo.

The unedited antiquities of attica, by the society of dilettanti. in-fol.

Memorie sulle belle arti. 2 vol.

Les antiquités d'Angleterre. 2 vol. in-fol.

Antiquitates sacræ et civiles Romanorum. *Paris.*

Je terminerai ces indications par celles qui ont rapport aux monumens d'Athènes, conservés à Londres dans le Musée britannique.

Stuart. The antiquities of Athens, etc. Les antiquités d'Athènes mesurées et dessinées par James Stuart et par Nicolas Revett, peintres et architectes. *Londres.* 1762. 4 vol. in-fol. 384 pl. — Autre édition. *Londres.* 1816. — Traduit en français par Leroi, même format. — Autre édition de cette traduction de Leroi, par Landon. *Paris.* 1721. in-fol.

Ce recueil, remarquable par la naïveté de l'imitation

et le sentiment du goût grec, contient entr'autres, les sculptures du Parthénon, celles de la Lanterne de Démosthènes, du temple d'Erecthée, du temple de Thésée, du temple de Jupiter, et différens fragmens trouvés, scit à Délos, soit dans d'autres îles grecques.

Lord Elgin, ayant en 1816 enlevé les sculptures du Parthénon, lesquelles font aujourd'hui partie de la collection du Musée britannique à Londres, il paraît utile d'indiquer les principaux ouvrages qui ont été publiés sur ces précieux monumens, bien que ces écrits ne soient pas tous accompagnés d'estampes. Voici donc ceux dont j'ai pu recueillir les titres.

Barrow (E.). Account of the Elgin marbles, with an abridged and topographical account of Athens. 4 vol. 40 planch. Le 1er vol. parut en 1817.

Canova and Visconti on the Elgin marbles. 1816. in-8°.

Report of the committee of the house of commons, on the Elgin marbles. 1816. in-8°.

Memorandum on the earl of Elgin's pursuits in Greece. 1815. in-8°.

Engravings from the Elgin marbles. 1816.

Elgin marbles exemplified in 50 etchings with remarks by Laurence. 1818. petit in-fol.

The Elgin marbles of the temple of Minerva at Athens engraved on sixty one plates selected from Stuart and Revett's antiquities of Athens; to which are added, the report from the select committee of the house of commons respecting the earl of Elgin's collection of sculptured marbles, and an historical account of the temple. 1821. in-4°.

Quatremère de Quincy. Lettres sur les figures du Parthénon.

Combe (Taylor, conservateur des antiquités du Musée britannique). — Lettre sur les marbres d'Elgin.

Antiquités grecques, ou Notices et Mémoires sur des recherches faites en Grèce, dans l'Ionie et dans l'Archipel grec, en 1799 et années suivantes, par le comte Elgin avec cinq appendices ; ouvrage traduit de l'anglais, par M.-B. de V. de l'académie celtique de Paris, etc. *Bruxel.* 1820. in-8°.

La précieuse et unique collection de lord Elgin, dont le gouvernement britannique a fait noblement l'acquisition, moyennant la somme de 1,300,000 francs, est une des grandes conquêtes de l'art moderne. On a demandé s'il eût été préférable de laisser à Athènes même ces riches reliques de l'école de Phidias ; on a même appelé barbare la manière précipitée avec laquelle on a soustrait du Parthénon ces rares débris ; mais quel est l'artiste un peu passionné qui n'interposera pas entre de tels reproches et ces beaux monumens sa joie, ses félicitations et les sentimens de sa reconnaissance au sujet du grand avantage qui doit résulter pour l'art de modèles grecs aussi élevés, de leçons aussi instructives et aussi nouvelles? En effet quelle influence ne doivent pas exercer de pareilles leçons sur le goût du beau, et sur le savoir dans l'art de l'imitation ; et combien l'estime pour l'art antique même des époques primitives ne doit-elle pas augmenter, lorsqu'on saura comprendre le style si relevé de ces très-anciennes productions ! C'est sans doute par l'effet de cette belle émulation et de cette amélioration dans le goût artistique, que M. Cockerel, architecte du bâtiment de l'institution Bristol à Londres, a pris la résolution de lui faire don des plâtres ou ectypes de toutes les statues qui décoraient autrefois le fronton du temple de Jupiter Panhellenius à Egyne. On chercherait vainement en Europe une collection pareille aujourd'hui [1].

[1] Un tel dévouement semble prescrire le devoir de signaler aussi le zèle d'un artiste français dont on n'a pas assez publié le généreux enthousiasme et le talent.

Quoique le nom de M. Giraud, statuaire, soit connu et même illustré par l'écrit intitulé : *Recherches sur l'art statuaire* (voy. au Catalogue l'article Eméric-David), il importerait, pour l'honneur de l'art moderne, qu'on publiât des notes propres à faire connaître le genre de mérite de cet artiste si remarquable. Voici celle que je crois convenable de communiquer ici.

M. Giraud, ainsi que David son contemporain et du même âge que lui, alla à Rome avec la résolution ferme d'apprendre l'art et de désapprendre les routines académiques : tous deux parvinrent à ce but. Mais M. Giraud ayant produit peu d'ouvrages et n'en ayant même pas livré au public, il en est trop peu connu. Arrivé à Rome, il s'enferma pour ainsi dire dans le musée du Vatican, et parvint à y établir son domicile pendant trois ans. La grande aisance dont il a joui toute sa vie, lui permettait de faire toutes les dépenses nécessitées par un enthousiasme toujours croissant pour la perfection. Pendant près de dix ans qu'il habita Rome, il fit de longues études anatomiques à l'Hôpital du Saint-Esprit, et il recueillit les empreintes des plus belles pièces antiques qu'il faisait mouler à grands frais. Aujourd'hui il aime à raconter que, pour obtenir la permission de faire mouler l'Apollon du Belvedère, il eut beaucoup de difficultés à vaincre, et que, pour mettre dans ses intérêts un gardien, il lui fit présent de six couverts d'argent et d'une cueillère à ragoût. Ce fut ainsi qu'il parvint à réunir la plus rare collection qui existe en ectypes, collection bien mieux choisie que celle que Raphaël Mengs avait formée dans le même tems à Rome pour ses études.

De retour à Paris, M. Giraud voulut en généreux artiste faire jouir les élèves de l'avantage d'étudier tant de fragmens classiques qu'on ne leur avait jamais offerts. Il ouvrit ses appartemens pendant quelques années aux jeunes gens studieux et aux savans ; mais les ennemis des progrès lui suscitèrent des dégoûts. Il voulut faire alléger le poids des contributions imposées sur le vaste local qui contenait tant de beaux modèles ; on ne tint nullement compte de ses réclamations. Il voulait continuer une figure commencée sur un individu, qui devint sujet à la levée militaire ; on le lui enleva, malgré ses instances. Enfin on voulait, non refroi-

Les notices suivantes ne seront pas de trop ici. On cite au nombre des rares collections d'Europe, en fait de pierres gravées, médailles et antiquités en général :

Celle du Conseil de Leipsick.

Celle du château de Rosembourg, à Copenhague.

Celle de l'Empereur de Russie, contenant les collec-

dir le talent de cet artiste, cela était impossible, mais le dégoûter de produire, et on y parvint. M. Giraud conserve encore aujourd'hui dans sa maison (coin de la place Vendôme) deux figures qu'il a exécutées en cire molle. L'une représente un faune accroupi et jouant de deux flûtes; l'autre, qui fut faite après celle-ci, mais qui n'est pas terminée, représente un homme nu dans l'action de bêcher, et propre à un Cincinnatus. La vérité de l'une et de l'autre est indicible; le faune est vivant, son ventre replié, sa main gauche, etc., sont d'une telle perfection d'imitation et d'une propriété de caractère si frappante, qu'on ne peut comparer cet ouvrage qu'aux excellentes sculptures sorties du ciseau grec, ensorte que si jamais, ce qui est plus que douteux, on fait mouler cette figure, il sera impossible au plus fin connaisseur de ne pas en croire l'empreinte le résultat d'une antique précieuse. La tête sourit, la figure respire, et le dos semble absolument de chair. Une foule d'artistes allèrent dans le tems admirer cette figure qui fit une très-grande sensation et un bruit qu'on s'efforça d'étouffer. La seconde figure faite plus tard, fut moins connue et se trouve être moins avancée que la première; mais, dans son genre, elle est peut-être plus surprenante, non comme production de la plastique, mais comme méthode, énergie, résolution, savoir et sentiment. Jamais aucun moderne n'a su animer aussi bien que notre artiste la matière; au prime-abord cette figure saisit, et la grande surprise que produit le laconisme du langage, a quelque chose d'extraordinaire. Qu'il est à regretter que l'auteur ait suspendu un travail si franchement, si savamment dirigé! M. Giraud, à l'instar des statuaires grecs, mania aussi le pinceau et parvint à une naïveté très-vive de dessin.

J'ai donc cru qu'il était du devoir d'un observateur impartial de publier de tels faits, tant pour rappeler que les mêmes maximes des Grecs doivent produire en tout tems les mêmes résultats, que pour rendre justice et hommage à un homme, qui jusqu'à la fin de sa carrière brûle du feu sacré de son art, aime à dévoiler les secrets des Grecs et ne cesse de former des vœux pour que sa patrie soit illustrée désormais par des

tions de Natter et d'Orléans, et les anciennes collections de Strozzi et Ludovisi.

Celle de Poniatowsky, en Russie.

Celles des ducs de Besborough, de Devonshire, de Carlisle, de Bedford et de Malborough, en Angleterre.

Celles de M. le duc de Blacas, de M. le comte Portalis et de M. le baron Roger, à Paris. Les 3 derniers ont aussi une belle collection de vases.

Le cabinet des médailles et des pierres gravées de S. M. le roi de Prusse a été l'objet d'une notice de M. Dejonge, directeur de ce cabinet, publiée à La Haye. 1823. in-12.

Quant à la collection de Florence, elle contient 4000 pierres antiques. La collection des médailles du cabinet du roi de France est de 120 mille pièces. Voy. Mionnet et Dumersan.

On a réuni aussi au cabinet du roi, à Paris, 20000 empreintes en soufre d'après des pierres, médailles, etc. On conserve les moules de ces ectypes, dont le public peut faire acquisition.

M. Tassie de Londres a fait aussi une collection d'empreintes glyptographiques qu'il a portée au nombre de 4000 [1].

élèves bien instruits, à l'aide d'institutions publiques autres que celles que l'on s'obstine à maintenir et à perpétuer. M. Giraud fut membre de l'ancienne académie, et conserve chez lui son morceau de réception : c'est une figure en marbre.

[1] M. Dumersan, qui s'occupe depuis long-tems de diverses branches de l'antiquité et particulièrement des médailles et des pierres gravées, vient de faire un essai qui lui a complétement réussi. Après avoir tiré des empreintes dans des moules faits avec soin sur les pierres mêmes, il a donné à ces empreintes les couleurs variées des agathes et des sardonyx, en imitant fidèlement leurs couches superposées, leurs nuances et jusqu'à leurs accidens. L'illusion est complète, surtout lorsque ces empreintes

Le musée de Paris contient encore, aujourd'hui 1827 : statues 210, groupes 21, bustes et têtes 150, bas-reliefs 22, total 403 sujets, sans compter une centaine de colonnes de tous marbres, des siéges, des candélabres, des autels, etc., faisant de plus près de 150 pièces.

Il convient d'indiquer encore le cabinet du roi qui renferme aussi une riche collection d'antiquités (outre celle des camées, médailles, etc.). Cette collection est tout-à-fait distincte et séparée du musée royal pour des motifs qui sont apparemment déterminés par l'intérêt de la science et des arts : mais on se demande pourquoi l'étude de l'antiquité, qui se poursuit autant sur les monumens de petite dimension que sur les grandes statues ou sur les colosses, se trouve empêchée dans ses comparaisons par l'effet d'une distinction et séparation de lieu et de collection ? Il serait aisé au moins par le secours des empreintes de réunir ces modèles pour l'usage des savans et des artistes, et cela en un seul musée d'ectypes. Cette suite précieuse ferait un des principaux ornemens de Paris. Voy. ce qui a été dit pag. 424, tom. 3.

Tous les jours l'Europe s'enrichit de nouvelles découvertes dont quelques-unes sont indiquées, mais dont d'autres restent ignorées des savans. Cet abandon n'aurait pas lieu, si l'on avait recours à un musée calcographique d'antiquités, tel par exemple que celui dont on trouve le projet au vol. 2 de cet ouvrage. Toutefois c'est un vrai service que rendent à l'art les écrivains qui se donnent la peine de signaler les raretés en antiques, car il résulte de ces indications, quelles qu'elles soient, que l'attention

polychromes sont sous verre, ce qui d'ailleurs les préserve de la poussière, ou du contact des corps étrangers. On peut s'en procurer des collections entières, ou seulement quelques pièces ; et, pour se diriger dans le choix des sujets, on peut consulter le Catalogue que M. Dumersan a joint à sa notice des monumens du cabinet des médailles et antiques de la bibliothèque du roi.

des amis de l'antiquité est éveillée sur ces sujets dont l'examen apporte de nouvelles lumières aux arts et à l'archéologie. Le voyage de Millin dans le Milanais, par exemple, fait connaître au lecteur deux colosses trouvés dans le 18e siècle sur le mont Palatin, dans l'enceinte des anciens jardins Farnèse. « L'un, dit-il, est un Hercule en » basalte; l'autre représente Bacchus, qui s'appuie né» gligemment sur un vieux satyre. Ce groupe, dit-il, est » mutilé, mais ce qui en reste, annonce une haute beauté » d'exécution. Ces deux groupes sont gravés dans l'ouvrage » de Bianchi (Palazzo dei Cesari), pl. 19 et 20. Le Bacchus » a été défiguré dans la planche qui sert de frontispice » aux Ragionamenti de Bartoli. *Parma*. 1757. in-4°. On » voit aujourd'hui ces deux colosses à Colorno, maison de » Plaisance des ducs de Parme, sur les bords de la » Parma. » Dans l'Amalthéa de Boettiger on trouve encore une explication par Hirt, d'un monument découvert à Rome, et qui représente la fille de Pélias. — Celle d'une figure en marbre d'un Amour jouant aux osselets, par Levezow. — On a encore un rapport de M.-F. Osann, par lequel il fait connaître une statue d'Hermaphrodite trouvée à Pompéï.

Quant aux peintures, les écrivains nous font part de tems en tems d'heureuses découvertes. C'est ainsi qu'une note insérée dans le Constitutionnel, journal du 30 juin 1825, nous apprend qu'une Thalie et une Bacchante, un Ulysse et une Pénélope ont été trouvés admirablement conservés dans des maisons particulières de Pompeï, « tableaux où brille un talent si parfait qu'il n'est aucun » peintre de nos jours qui ne pût s'enorgueillir de ces » belles compositions. »

Je vais terminer ce Catalogue par un aperçu des principales antiques qu'on voit à Rome. Cette indication est extraite de l'ouvrage de Vasi. (L'auteur de la Nuova descrizione de' monumenti antichi ed oggetti d'arte nel Vaticano e nel Campidoglio, etc. traite particulièrement des nouvelles découvertes faites de nos jours).

*Antiques qu'on voit à Rome, et qui sont indiquées dans l'ouvrage de Vasi.*

| | |
|---|---|
| Vénus.<br>Faune.<br>Tête de Méduse.<br>Tête de Faune.<br>Bas-reliefs, etc. | Palais Ruspoli. |
| Statues, bustes, bas-reliefs, etc. | Palais Chigi. |
| Collection de camées, pierres gravées, médailles. | Palais Niccolini. |
| Camées et autres antiq. | Collége Romain. |
| Faune.<br>Silène.<br>Camées, pierres gravées, etc. | Palais Altieri. |
| Esculape.<br>Femme grecque.<br>Vénus marine.<br>Apollon.<br>Bacchus.<br>Faune.<br>Statues de Junon 2. | Jardins Farnèse. |
| Apothéose d'Homère, bas-relief.<br>Tête colossale d'Alexandre. | Palais Colonna. |
| Statues, camées et pierres grav. | Palais Bracciano. |
| Statues, camées et pierres grav. | Palais Strozzi. |

| | |
|---|---|
| L'Amour de Lysippe.<br>Diane.<br>Apollon.<br>Deux Muses.<br>Bacchus. | Palais Lante. |
| Quelques statues et bustes.<br>Buste colossal d'Alexandre. | Villa Mattei. |
| Diverses statues, bas-reliefs, etc. | Villa Altieri. |
| Diverses statues, bas-reliefs, etc. | Villa Strozzi. |
| Apollon.<br>Apollon.<br>Apollon.<br>Hercule.<br>Hercule.<br>Empereurs divers.<br>Antinoüs.<br>Mercure.<br>Jupiter buvant dans la corne d'Amalthée, grand bas-relief.<br>Roma.<br>Faunes 2.<br>Gladiateur.<br>Vase orné de bacchanals.<br>Bacchus.<br>Sybille.<br>Bacchante.<br>L'hymen.<br>Vestale.<br>Hermaphrodite.<br>Une chèvre.<br>Pallas.<br>Cérès 2.<br>Une des Heures.<br>Léda.<br>Junon.<br>Amazone, etc. | Palais Justiniani. |

| | |
|---|---|
| Jupiter.<br>Esculape.<br>Vase.<br>Jupiter.<br>Bustes.<br>Minerve.<br>Mercure.<br>Bas-reliefs, etc. | Villa Justiniani. |
| Candélabre antique. | Saint-Agnès. |
| Thésée et le Minotaure, groupe.<br>Apollon, bronze.<br>Bustes, etc. | Palais Albani. |
| Apollon.<br>Agrippine.<br>Les trois Grâces.<br>Faune endormi.<br>Vénus.<br>Iris.<br>Bacchus.<br>Narcisse.<br>Diane chasseresse.<br>Silène.<br>Septime-Sévère.<br>Marc-Aurèle.<br>Un lion.<br>Amazone.<br>Satyre.<br>Junon, etc. | Palais Barberini. |
| Hermaphrodite.<br>Bustes.<br>Bas-reliefs.<br>Différentes statues.<br>Une vache. | Villa Aldobrandini. |
| Apollon.<br>Diane.<br>Gladiateur.<br>Une figure de chasseresse.<br>Bustes, bas-reliefs, etc. | Palais Santa-Croce. |

| Sujets | Lieux |
|---|---|
| Esculape.<br>Apollon.<br>Vénus.<br>Antonin le pieux.<br>Apollon.<br>Mars.<br>Apollon et Diane.<br>Pan et Syrinx.<br>Cléopâtre.<br>Gladiateur.<br>Bacchus.<br>Mercure.<br>Agrippine.<br>Tête de Bacchus, bas-relief.<br>Tête de Pyrrhus, bas-relief.<br>Groupe D'Electre et Oreste.<br>Groupe D'Aria et Pœtus. | Villa Ludovisi. |
| Diane.<br>Pallas.<br>Cheval de bronze.<br>Buste de Scipion l'africain.<br>Candélabre. | Palais Ruspigliosi. |
| Apollon.<br>Diane.<br>Amour.<br>Pan.<br>Hercule.<br>Amour endormi.<br>Gladiateur.<br>Enfant sur un cheval marin.<br>Aristide représenté assis.<br>Statue de Pompée.<br>Bas-reliefs, bustes, etc. | Palais Spada. |
| Diverses statues et bas-reliefs. | Jardins du Quirinal et du Vatican. |

# LISTE

DE

# QUELQUES PEINTRES

DU MOYEN AGE.

# LISTE
## ALPHABÉTIQUE
# DE QUELQUES PEINTRES
## DU MOYEN AGE.

---

## CONSIDÉRATIONS

### SUR LA LISTE ALPHABÉTIQUE DE QUELQUES PEINTRES DU MOYEN AGE.

Voyez le chapitre 72.

---

Nous ne connaissons aucun auteur du moyen âge qui se soit occupé expressément de recueillir les noms des artistes de cette époque, que nous comprenons depuis le tems de Constantin, vers l'an 300 de notre ère, jusqu'au commencement de l'école primitive moderne en 1250. Ce n'est qu'en compulsant les historiens, les chroniques, les anciens registres ecclésiastiques et municipaux, enfin un certain nombre d'écrits des 1ers siècles de notre ère, que certains archéologues modernes sont parvenus à rassembler des citations propres à composer cette liste.

Parmi les savans qui se sont donné la peine de jeter du jour sur ce point historique de l'art, M. Eméric David doit être cité le premier. Il est vrai que le grand ouvrage de Dagincourt s'adresse au lecteur par des images nombreuses gravées d'après des originaux ; mais par ses recherches M. Eméric David nous fait entendre pour ainsi dire les mêmes explications que durent donner jadis les personnes chargées des descriptions de tant de beaux ouvrages, précieux ornemens des temples chrétiens. Ce savant passe en revue toutes les époques; il cite tous les évêques, tous les abbés qui ont contribué aux embellissemens, aux richesses en peinture et en sculpture des basiliques, des monastères, des chapelles. Qui ne croit pas, en lisant son ouvrage, voir reluire l'or des absides et des tabernacles? Qui ne voit pas éclater les couleurs prismatiques des vitraux, les broderies magnifiques des draperies, des tapis, des bannières? Toute la sainteté des images, toute la solennité du coloris a passé dans ses descriptions poétiques. Ces moines, pieux et vigilans, dont les mains conduisaient le pinceau, on croit les voir tout occupés soit à décorer les voûtes ou les dyptiques, soit à miniaturer élégamment le vélin des manuscrits. Enfin c'est bien la peinture du moyen âge que nous dépeint cet habile écrivain inépuisable d'ailleurs dans ses heureuses citations. Il nous étale l'opulence surabondante de Constantin avec le même talent, avec la même vérité dont il usa pour nous dépeindre auparavant, dans un autre ouvrage classique, la majesté et la naïveté des dieux de l'antique statuaire.

Je vais emprunter à l'archéologie artistique de cet auteur plusieurs noms de peintres qui ont fleuri depuis l'empereur Constantin dans le 4e siècle, jusqu'à Cimabüe dans le 13e.

## LISTE *alphabétique des peintres et sculpteurs connus du moyen âge.*

ANANIAS, *peintre.* —— Un Christ, à Edesse. DAMASCENUS. *Orthodoxæ fidei.* l. 4. c. 17. — Cédrenus appelle Ananias peintre habile.

ANDRÉAS, *peintre.* CEDRENUS. p. 501. édit. basileensis.

ANSELME, *sculpteur. Giulini Mem. di Milano.* p. 396.

APOLLONIUS, *mosaïciste* grec, maître de Tafi.

BARNABA, *peintre.* —— 1050.

BERLINGHIERI (Bonaventure), de Lucques, *peintre,* florissait à Sienne en 1235.

BIZANNO, *peintre.* —— 1184.

BIZANNO neveu, *peintre.* —— 1190.

BLACHERNITA (Michaël et Siméon), *peintres.* —— Des peintures, à Rome. MENOLOG. GRÆCOR. ED. CARD. ALBANI. ROMÆ. Le manuscrit original est conservé au Vatican. Ces peintures diffèrent beaucoup entr'elles quant au style.

BRUUN (dit Candidus), moine; *peintre* et poëte.

CONSTANTIN (l'empereur), *peintre.* SIGEBERTUS, *in Chron. ad annum* 918. LUITHPRANDI. *Hist. sui temporis.* l. 3. c. 9. ——Cet empereur, réduit à vivre du travail de ses mains, exerça la peinture.

DELLO, de Florence, *peintre.*

EPHRAIM. ——Il décora l'église de Ste-Marie de Bethléem. Ce peintre prend le titre d'historiographe.

ERIBERT, *peintre en miniature.* —— 900.

FULQUES, moine de Reims, *sculpteur.*

FULQUES, abbé de Lobbes, *peintre.*

GELASIO di Nicolo, élève de Théophani de Constantinople, et chef de l'école de Ferrare, florissait vers 1242. —— Des peintures, à Ferrare (Lanzi).

GEORGIUS, *peintre.* ——On voyait à Rome diverses peintures de cet artiste. *Menolog. Græcor.*

GIOVANNI, de Venise. —— 1227.

GIOTTINO, *peintre.*

GIUNTA, de Pise, *peintre.* —— 1230.

**GUIDO**, *peintre.* —— 1110.

**GUIDO**, de Sienne, *peintre.* —— 1121.

**GUIDO**, *Ventura Ursone.* —— 1248.

**GUINAMAND**, *statuaire.* —— Le tombeau de S$^{t}$-Front. —— 1077.

**HILARIUS**, de Bithynie, *peintre.* —— Rival de l'ancien Euphranor; il excella, parmi les peintres d'Athènes, dans l'art de bien exprimer l'espèce humaine. Il fut égorgé par les barbares sous l'empereur Valence. (Eunapius, *in prisco.*)

**HELDRIC**, abbé de S$^{t}$-Germain d'Auxerre, *peintre en miniature.* —— 1000.

**HILPIUS**, *peintre.* (*Lupus abbas ferreriensis epist.* 60. tom. 11.) —— *Hist. Francorum.* pag. 760. édit. Paris.) —— 1000.

**HUNAND**, moine de S$^{t}$-Bénigne, *sculpteur.*

**JEAN**, moine de S$^{t}$-Gall, *peintre.* —— La Chapelle du palais de l'empereur Othon III, à Aix-la-Chapelle, fut peinte par Jean qui avait été appelé pour cet ouvrage. —— 990.

**JOANNES** (*pictor*), florissait vers 1176 à Bolonia.

**LAMBERT**, *sculpteur.*

**LAZARE**, *peintre* grec. Il fut envoyé en ambassade par l'empereur Michel au pape Benoît III.

**LAZARUS**, moine, *peintre.* Les images sacrées sorties de son pinceau attirèrent sur lui une violente persécution et en firent un martyr de son art. Ce fut envain que l'empereur Théophile lui fit brûler les mains pour l'empêcher de tenir son pinceau; caché dans le souterrain de l'église de S$^{t}$-Jean-Baptiste, ce religieux peignit avec ses doigts mutilés l'image du grand saint sous la protection duquel il s'était mis. — *Maimbourg*, hist. des iconocl. — *Zonoras*, tom. 3. — *Cédrenus*, europal. — (*Châteaubriand*, génie du Christian.) La vie du moine Lazarre, peintre, a été publiée par Baldi.

**LUC**, *peintre* toscan. —— On l'a confondu souvent avec S$^{t}$ Luc l'évangéliste. *Voyez* l'ouvrage de Manni, qui traite de cette question. *Voyez* encore Schlehter. —— 1030.

**LUCAS** (Florentin), *peintre.* —— Vers 1025.

**LUCAS**, d'Antioche, *peintre.* —— Un Christ de la plus grande majesté. — Les portraits des principaux apôtres, ouvrages admirés par toute la terre. *Nicephorus Callisti filius. Ecclesiast. hist.* l. 11. c. 43. — Il était aussi bon médecin que peintre habile.

**LUCILLUS**, *peintre.* Cet artiste, qui florissait sous le règne de l'empereur Honorius, est très-vanté par Symmachus. l. 11. epist. 2. et l. 9. epist. 47. —— 395.

**MADALUPHE**, chanoine de Cambrai, *peintre.* —— 950.

MALLIUS, *peintre* romain, florissait du tems de Macrobe, vers l'an 400 environ.

MARCELLUS, moine de St-Gall, *peintre en miniature.* —— 1000.

MARGHERITONE, d'Arezzo, *peintre.* —— 1211.

MARTINELLA, de Bassano, *peintre* du 13e siècle, mort en 1262.

MENAS, *peintre.* —— Des peintures, à Rome. *Menolog. Græcor.*

METHODIUS, moine romain, *peintre.* —— Il peignit une galerie pour Bogoris, roi des Bulgares. (*Voy. Lebeau*, hist. du bas-empire. l. 70, et l. 15.) — Il fit encore pour Bogoris un tableau représentant le jugement dernier. Cédrenus nous assure que ce tableau convertit ce prince à la foi. —— 853.

MINO, da Turrita (Fra.), *peintre.* —— 1225.

MODESTUS, moine de St-Gall, *peintre en miniature.* —— 1000.

NESTOR, *peintre.* —— Des peintures, à Rome. *Menolog. Græcor.*

NICOLO, della Masnada di San Georgio, *peintre.* —— Des peintures, à Ferrare. —— 1220.

NOTKER, moine de St-Gall, *peintre* illustre, médecin et poète. —— 990.

OTHON, *statuaire.* —— Le tombeau de Guillaume-le-Conquérant. —— 1087.

PANTALEO, *peintre.* —— Des peintures, à Rome. *Menolog. Græcor.*

PAPIENSIS (Donatus Comes Bardus). —— Un Christ. — Une Madone. — Des saints, peints sur toile, à Gènes.

PARVUS (Michael), *peintre.* —— Des peintures, à Rome. *Menolog. Græcor.*

PAULUS. *peintre.* Artiste distingué. *Nicephorus Gregor.* lib. 8. p. 137. édit. basil. anno 1562.

PIETROLINO, *peintre.* —— 1110.

RÉNÉ (le roi), *peintre. Voy.* le Magaz. encyclop. décembre 1813. p. 339—350.

RICHENAW, *peintre, statuaire, ciseleur,* poète et musicien.

RICO (André), *peintre.* —— 1000.

ROBERTUS, *peintre.* —— *Monasticum anglicanum.* tom. 1. p. 623. —— 1176.

RUSTICO, de Florence, *peintre.* (Moreni. pl. 4. p 168.) —— 1066.

SIMEON, *peintre.* —— Des peintures, à Rome. *Menolog. Græcor.*

SINSONIUS, *peintre.*

SINTRAME, moine de St-Gall, *peintre en miniature.* —— 900.

SYROPERSA, *peintre,* florissait de 491 à 518 après Jésus-Christ. ——

Il fut employé par l'empereur Anastasius. (Cedrenus.) — On trouvait ses peintures trop libres.

TAFI (André), *peintre*, élève d'Apollonius, *peintre* ou *mosaïciste* grec. —— 1213.

THEODOSE le jeune. —— Ce prince avait du talent pour la peinture et la sculpture. —— 408.

TRANSMANDUS, *peintre* italien. —— *In Brunonis hist. belli saxonici.* tom. 1. *insign. Germanicarum rerum scriptorum. Freheri.*

TULLIO, di Perugia, *peintre.* —— Des portraits. —— 1219.

TUOTILO, moine de St-Gall, *peintre* et *ciseleur. Ekkehardus minimus.* c. 22. *de vitâ B. Notheri Balbuli.* Renommé pour son double talent.

URSONE florissait à Bologne. —— 1200.

VALENTINIEN (l'empereur), *peintre* et *statuaire.* Amianus Marcellinus. lib. 30. —— Amianus parle de ce prince comme s'étant occupé avec succès de la peinture et de la statuaire. —— 364.

VENTURA, di Bolonia, *peintre.* —— On a de cet artiste des tableaux datés de 1217. —— 1197.

WOLVINUS, orfèvre. —— Un bas-relief en argent, à l'autel dit Ambrosien, à Milan.

*N. B.* Parmi les collections de peintures de cette époque, on doit citer celle que possède M. le chev. Arthaud, à Paris.

# LISTE

# DES PEINTRES

## DE L'ÉCOLE PRIMITIVE MODERNE.

# LISTE

ALPHABÉTIQUE

# DES PEINTRES

## DE L'ÉCOLE PRIMITIVE MODERNE.

## CONSIDÉRATIONS

**SUR LA LISTE ALPHABÉTIQUE DES PEINTRES DE L'ÉCOLE PRIMITIVE MODERNE, COMPRISE DEPUIS CIMABUE VERS L'AN 1250, JUSQU'A LÉONARD DE VINCI EN 1450. INTERVALLE DE DEUX CENTS ANS.**

Voyez le chapitre 76.

VOICI une liste alphabétique de plusieurs peintres de l'école primitive moderne. On pourrait étendre beaucoup cette liste en faisant des recherches dans les historiens, dans les chroniques et dans les monumens de cet âge; mais, si ces recherches nous fournissaient seulement un plus grand nombre de noms d'artistes, elles ne nous apporteraient aucune nouvelle instruction. Ce sont donc plutôt les meilleurs tableaux de ce tems qui pourraient, quoi qu'en disent les peintres à préjugés, devenir utiles à l'art en rappelant la naïveté et la décence des images primitives, et en remettant sur la véritable voie graphique tant d'artistes qu'égarent tous les jours l'abus du sentiment. Il est vrai que ce fut à cette époque que prit naissance le goût barbare qui influa sur tout l'art moderne ; mais parmi tous les peintres que nous allons citer, il s'en est trouvé qui étaient les conservateurs des antiques documens et des antiques procédés graphiques, lesquels aperçus à travers leurs ouvrages pourraient aujourd'hui contribuer à rattacher l'art moderne à l'art des Protogène et des Apelle, si dans nos écoles on s'efforçait de les faire revivre.

---

## LISTE *alphabétique des peintres de l'école primitive moderne.*

AGOSTINO, di Bramantino, florissait à Milan.

ALFONSO (Franco) florissait vers 1446.

ANDRÉA, da Murano, florissait en 1400. —— On voit de lui à Murano un tableau de S^t^-Pierre, martyr, avec d'autres Saints, parmi lesquels Zanetti admirait S^t^-Sébastien à cause de la beauté du torse.

ANDRINO, di Ederia, florissait à Milan.

ANGELINO (Fra.). Né en 1387. Mort en 1455.

ANGELO (Bella-Vita) florissait en 1420, à Cremone.

ANGELUS. —— On voit de ses peintures au couvent de Corpus-Domini, à Venise.

ANGIOLILLO, di Rocca di Rame, élève de Zingaro.

ANGIOLO (Franco), élève de Colantonio del Fiore, contrefit la manière de Giotto.

ANTONIO, da Ferrara, florissait vers 1459, à Ferrare.

ANTONIO, d'Amato. (*Voy.* Raimo Tesauro.)

AVANZI (Jacopo) florissait à Bolonia.

BALDOVINETTI (Alexis). Né en 1425. Maître de Ghirlandajo.

BARNABO, di Modena, florissait en 1377. —— On voit de ses peintures à Modena in Alba.

BARTOLI (Domenico), élève et neveu de Bartolo. —— Il fut étudié par Raphaël et par Pinturiccio.

BARTOLO (Tadeo di), né à Sienne en 1384. Fils d'un Bartolo, et maître de Bartoli.

BASAITI (Marco) florissait à Venise. —— A S^t^-Piétro, église patriarcale, un tableau daté de 1420. — A S^t^-François-della-Vigna, un autre tableau. — A S^t^-Marcillano, deux autres tableaux, dont l'un est daté de 1420. — A l'église des Anges, une Assomption. — Une autre Assomption avec un superbe paysage d'un coloris très-frais. (*Voy.* l'ouvrage de Boschini.)

BASSINI florissait à Modène.

BEATO ANGELICO ou ANGELUS. (*Voy.* Fiesole.)

BERNA de Sienna. Né à Sienna. Contemporain d'Antonio Veneziano, qui mourut vers 1383. —— (Lanzi vante son grand tableau du palais public à Sienne.)

BERNARDINO, di Murano, florissait à Venise.

BIANCHI (Francisco) florissait à Modena. Mort en 1510.

BICCI (Lorenzo di), père de Néri, florissait à Florence en 1420. Il étudia Spinello Aretino. —— On voit de ses peintures à S[ta]-Maria-Nova et à Ste-Croix à Florence.

BOLOGNESE (Ercole) florissait à Bolonia.

BOMBOLOGNO florissait en 1370. —— On voit de lui à Ste-Cécile de Bolonia, un Christ peint sur bois.

BONACOSSA florissait à Bolonia en 1448.

BONASIA (Bartoli). —— On voit de ses peintures à Modena, au couvent de St-Vincent.

BONONIO (Jachobilus de). —— On voit de lui un petit tableau à Venise, aux Conventuels de St-Archangelo.

BOTICELLI (Sandro Fileppi ou Filipepi, dit), né à Firenze en 1437. Mort en 1505.

BUFFAMALCO (buon amico di Cristofano, dit IL). Florissait à Firenze en 1351. Elève de Tafi. —— Peignit au Campo Santo à Pise, et travailla avec Bruno Nello di Dino et Bartolo Gioggi. (*Voy.* Ponte.)

BRUNO. (*Voy.* Buffamalico.)

CAMPANA (Andréa) florissait à Modéna.

CASELLA (Polidore) florissait vers 1345.

CASTAGNO (Andréa del), né à Florence en 1403. Mort en 1477. —— On voit à Florence, à St-Lucia di Magnuoli, un tableau et quelques peintures de cet artiste. — Au monastère des Anges, un crucifix au milieu de plusieurs saints peints sur mur. (*Voy.* Vittore Pissano. *Voy.* aussi Piétro Pollajulo.)

CAVALLINI (Piétro). Né à Rome vers 1259. Mort en 1344. *Peintre* et *sculpteur*, maître de Pistoja.

CECCO, di Martino, florissait en 1380. Il était frère de Simon Memmi.

CHRISTOFORO peignait à Bolonia en 1350. —— On voit de ses peintures hors de la porte de St-André, à Bolonia. — Un Christoforo Franco de Bolonia fut son élève. (*Voy.* Franco Bolognese.)

CIMABUE ou GUATTIERI (Giovani), né à Florence en 1240. Mort en 1300.

COLANTONIO del Fiore, né à Napoli en 1354. Mort en 1444.

COSIMO TURA florissait à Ferrara.

COSIMO (Piétro Roselli dit) ou COSIMO ROSELLI, né à Florence en 1441. Mort en 1521. Maître d'Andréa del Sarte et de Fra Bartoloméo.

COSIMO (Andréa).

DALMASIO LIPPO ou LIPPO dalle Madone, né à Florence, élève de

Vitale delle Madone, et mort vers 1410. —— Une Madone à S^t-Andréa delle Scuole. — Une autre à Servi. — Une autre à S^t-Benedetto ; elle a été transportée dans le mur où on la voit. —Une autre à S^t-Giaccomo maggiore ; elle vient du palais ruiné de Bentivoglio.

DELLO, de Florence, né vers l'an 1380.

DIODATO, di Lucca, florissait en 1288.

DONATO, né à Venezia. Mort en 1459. Il étudia Jacobello del Fiore.

DONATUS comes Bardus, papiensis. ——Un très-aucien tableau sur toile, dans l'oratoire de la Vierge. — Un crucifix, une madone et des saints, à Savone.

DUCIO, di Boninsegna, peignait à Sienne en 1282. Mort en 1340. Il fut élevé de Segna.

EUSTATHE. Il signait : EUSTATHE L'A HISTORIÉ, pour dire : Eustathe l'a fait. —— Un tableau de deux pieds, sur fonds d'or. — Il représente des apôtres debout. Ce tableau appartient au cardinal Fesch. On croit Eustathe du 14^e siècle.

EYCK (Jean Van), dit *Jean de Bruges*. Né à Maaseyck vers 1370. Mort en 1448. —— Il fut beaucoup copié et imité. (*Voy.* Goës (Hugues-Vander). *Voy.* aussi Hemmeling, Ouwater, Thieri-Tharlem. *Voy.* Roger de Bruges [1].)

EYCK (Hubert Van), frère de Jean de Bruges, né à Maaseyck en 1366. Mort en 1426.

FABRIANO (Gentile da). Né à Florence en 1393. Il mourut âgé de plus de 80 ans. Il y eut vers le même tems un Antonio et un Giuliano da Fabriano.

FIESOLE (Fra Giovanni da) ou BEATO GIOVANNI ANGELICO. Né à Florence en 1387. Mort en 1457. Son nom de famille est SANTI TOSSINI.

FRANCESCA (Piero della), ou PIETRO BORGHÈSE, né à Borgo-S^t-Sepolcro en 1398. Mort en 1484. Maître de Laurentino.

FRANCESCO del Fiore. —— Un dyptique peint par lui, et daté de 1412, se voyait chez le célèbre Strange, graveur à Londres, ainsi que d'autres peintures vénitiennes de ces tems.

FRANCESCO, di Simone, né à Naples en 1320. Mort en 1370. Fils de Maestro Simone.

FRANCO, Bolognese, florissait en 1313.

GADDI (Gaddo), né à Florence en 1239. Mort en 1312. —— Mosaïques.

[1] On lit dans la Revue Encyclopédique, année 1819, que deux tableaux de Jean-Van Eyck viennent d'être payés en Angleterre la somme de cent mille francs.

GADDI (Taddeo), fils de Gaddo, né à Florence vers 1300. Mort en 1353. Il eut deux fils peintres, Giovanni et Angiolo, qui furent ses élèves, ainsi que Silvestro et Lorenzo Camaldolese.

GALASSO (Galassi) florissait à Ferrara vers 1400.

GENNAZO (di Cola) florissait à Napoli dans le 14e siècle.

GIOTTINO (Tomasso di Stefano, dit IL), né à Florence. Mort en 1356. Maître de Tossicani.

GIOTTO (di Bondone). Né à Florence en 1276. Mort en 1336.

GOZZOLI (Benozzo), né à Florence en 1400. Mort en 1478. Il a peint au Campo Santo de Pise.

GUARIENTO. —— On voit de sa peinture dans le chœur des Ermites de Padoue.

GUERARD D'HARLEM, ou GUÉRARD DE St-JEAN, né à Harlem, florissait vers 1366. Contemporain de Van Eyck, d'Ouwater, etc.

JACOBELLO, del Fiore. Etudié par Donato.

JUSTO, di Alemania. Il signait JUSTUS.—— A Gênes, un tableau à Ste-Marie-de-Castello, dans la galerie qui conduit de la sacristie au cloître. Ce tableau, qui représente une Annonciation, est peint, dit Gravier, con estrema diligenza e franchezza. — Il peignait en 1451.

KATARINUS florissait à Venise.

LAODICIA, né à Pavie, florissait à Milan.

LAUDADIO florissait à Ferrara, vers 1380.

LAURATI (Pietro), né à Sienna, florissait de 1327 à 1355.

LAURENTINO D'ANGELO, né à Arezzo, élève de P. della Francesca.

LIANORI (Pietro di) florissait vers 1442.——On voit de cet artiste, à Bolonia, un St-André dans l'église de St-André delle Scuole. — Un crucifix se voit aux Célestins de la même ville.

LIPPI (Fra Filippo), né à Florence vers l'an 1400; mort à Spoletto en 1469, élève de Masaccio et maître de Pesellino, Boticelli et autres. —— A St-Théodore de Gênes, on voit plusieurs de ses peintures; elles sont très-estimées.

LIPPI FILIPPINO, fils de Filippo, né à Florence, mort en 1505.

LIPPO DALMASIO. (*Voy.* Dalmasio.)

LORENZETTI (Ambrogio), frère de Pietro Laurati.

LORENZO (Dom.), Camaldoleze, élève de Tadeo Gaddi, florissait à Bolonia vers 1320, et florissait à Florence, où l'on voit de ses peintures dans le cloître d'egli Angeli; mort à 55 ans.

LORENZO, di Pavia. (*Voy.* Papien.)

LUCCA DELLA ROBBIA, né à Florence, en 1388; il fut *modeleur* et *peintre.*

MACHIAVELLI (Zenobio), de Florence, né vers l'an 1444.

MAESTRO (Simone), de Naples, mort en 1346; élève de Tomasso Tesauro.

MAESTRO MINO florissait à Sienne vers 1289. —— Il a fait une peinture remarquable à Siènne, dans la salle du conseil.

MARASCA (Jacopino) florissait à Crémone vers l'an 1430.

MARGHERITONE, né à Arezzo en 1213, mort en 1290, *peintre* et *sculpteur.*

MARONUS (Jacobus di Alessandria). —— A $S^t$-Jacques des PP. Mineurs de Savone, on voit de lui une Nativité et plusieurs saints.

MASACCIO di San Giovanni, né en 1401, mort en 1443.

MASOLINO da panicale. Il précéda Masaccio, et fut *peintre* et *sculpteur.* Il naquit en 1377. (*Voy.* Pazzi.)

MAZO di Bologna florissait à Bologna.

MELLO (Paul), né en 1389, mort en 1472.

MEMMI (Simone), ou Simone di Martino, né à Sienne en 1284, mort en 1344. Il fut le contemporain et l'émule de Giotto, et travailla avec Lippo Memmi. Il était frère de Cecco di Martino.

MENABUOI. Il y a eu à Florence trois peintres de ce nom et contemporains : Jean, Antoine et Giusto. Ce dernier mourut en 1397. —— On voit des peintures de Menabuoi à $S^t$-Jean-Baptiste de Florence.

MICHELE DI MATTEO. —— Une Madone à $S^t$-Domenico, et un bel ouvrage hors de la porte de $S^t$-Martin de la Pescheria à Bologne. Cette peinture a été couverte de chaux. — 1445.

MICHELE DA RONCHO florissait à Milan en 1375.

MICHELINO florissait à Milan.

MORAZZONE florissait à Milan en 1441.

MUTINA, né en Bohème, florissait dans le $14^e$ siècle.

NELLO (Bernardino), né à Pise, élève d'Andrea Orcagna. —— Peintures au dôme de Pise. — Un Nello di Vanni ou Nello di Dino a peint au Campo Santo.

NERI. —— Un tableau à $S^t$-Romualdo de Florence. — Dans le même tems que lui, florissait un Neri Nello, qu'il ne faut pas confondre avec d'autres Nello.

NERITO (Jacopo) florissait en 1332.

NICOLO (Friulano) florissait en 1332.

OBERTO (Franciscus de), *peintre.* —— On voit à Gènes, au-dessus de la porte de la sacristie de l'église de $S^t$-Dominique, une Madone et des anges : peinture datée de 1368. Cet ouvrage, dit Gravier, est d'un travail très-remarquable.

OLIVIERO (da S. Giovanni). Ce peintre, selon Lanzi, florissait à Ferrare.

ORCAGNA ou ORGAGNA (Andrea), né à Florence en 1320, mort en 1389. —— Il peignit avec son frère Bernardo Orcagna au Campo Santo de Pise et à la chapelle Strozzi. — Il y a eu plusieurs Orcagna qui fleurirent dans le 13e et le 14e siècle. Cione Orcagna, orfévre, chef de la famille. Trois fils : Andrea, *peintre, sculpteur* et *architecte* ; Bernardo, *peintre* ; Jacopo, *sculpteur* et *architecte* ; et un petit-fils Mariotto, *peintre*, etc., etc. (*Voy.* Traini, et Nello.)

OURWATER (Albert-Van), né à Harlem, florissait vers 1366. Contemporain des Van Eyck, de Guerard d'Harlem, etc., etc.

PAOLO (M.). —— On voit à Venise de ses peintures à l'église de St-Marc. A Vicenze, on en voit une dans la sacristie des PP. Conventuels : elle est datée de 1333.

PAOLO (di Jacopo) florissait à Bolonia en 1370. —— On voit de lui, à Bologna, un christ et des prophètes.

PAPIEN (Laurentius) ou Lorenzo di Pavia, né à Savone, florissait vers 1513. —— A St-Jacques de Savone, il existe de lui un St François et un tableau représentant la famille de la Vierge.

PARADIXUS. —— On voit de lui aux Augustins du pays de Verruchio, un christ, les prophètes et les évangélistes : peinture datée de 1404.

PAZZI, fils de Spinello. Il imita Masolino da panicale.

PERINO et PICTOR DI NOVA. Ces peintres florissaient en 1365.

PESELLINO (Francesco), ou le *peintre* florentin, ou Pesellino Peselli né à Florence en 1426, mort en 1457, (fils de Pesello.) Elève de son père et de J. Fra Lippi.

PESELLO (Francesco), né à Florence, père de Pesellino.

PETRUS, filius Petri Pictoris de Novaria. Il florissait en 1370 à Milan.

PIERANO (Stefano di St-Agnese) florissait en 1381. Le coloris de ses peintures pourrait le faire croire beaucoup plus moderne ; mais il écrivait sur ses tableaux leur date.

PIERO ou PIETRO COSIMO. (*Voy.* Cosimo Roselli.)

PISANO (Victore ou Pisanello), né à Venise, florissait vers 1450. Elève d'Andrea del Castagno.

PISANUS, *peintre* et *ciseleur*. —— Une médaille en bronze de Jean Palœologue, empereur de Constantinople porte dans une inscription le nom de Pisanus, peintre. (Laur. Pignorium epistola 20, symbolarum epistolicarum.)

PISTOIA, élève de Cavallini.

POLLAJUOLO (Antonio del), né à Florence en 1426, mort en 1498. Il fut *peintre, statuaire* et *graveur*. —— On voit de lui un tableau remarquable dans la chapelle du marquis Servi aux Servites de Florence. Cet artiste passe pour un des premiers dessinateurs qui aient possédé l'anatomie.

POLLAJUOLO (Pietro del), frère du précédent, né à Florence en 1433, mort en 1498. Il était *peintre* et *statuaire*.

POLITO (Pietro) del Dunzello, mort vers 1470.

PONTE (Giovanni da) florissait vers l'an 1400, élève de Buffamalco.—— On voit de lui quelques fragmens de peinture à S$^t$-Francesco d'Arezzo.

PUCCI (Angnolus Puccius) florissait en 1350.

QUIRICUS de Muriano florissait à Venise.

RAMBALDO florissait à Florence vers 1380.

RIPANDA (Jacopo) florissait à Bologne.

ROSSELLI (Lorimo), né à Florence en 1416.

SACCHI DI PAPIA (Pietro-Francesco), né vers l'an 1430. —— Le musée de Paris possède de ce peintre le tableau qui était à Gènes dans le petit oratoire de S$^t$-Ugo, et qui fut supprimé. — Gravier, qui cite ce tableau, dit encore que dans la chapelle Raimondi de S$^t$-Jacques, des PP. Mineurs à Savone, on voit les Noces de S$^{te}$ Catherine; et sur les côtés de la chapelle, des traits de la vie de S$^t$ François. L'ouvrage porte la date de 1487.

SEBETO florissait à Venise.

SEGNA. (*Voy.* Duccio.)

SEMITECOLO (Nicolao) peignait à Venise en 1370. —— Selon Boschini, on voit de lui à Venise dans l'oratoire de l'école des teinturiers, l'histoire del Volto Santo.

SERAFINO de' Serafini florissait à Modena en 1385. — On voit de ses peintures dans le dôme de Modena.

SIGNORELLI (Luca), né à Cortona en 1439, mort en 1521, élève de Pietro della Francesca. —— Il fut, dit-on, un de ceux qui les premiers s'occupèrent sérieusement de l'anatomie. — Il fut étudié par Michel-Ange, par Bernabei, etc.

SILVESTRO de' Boni.

SILVESTRO (dom) Camaldolese. Il étudia Tadd. Gaddi. —— Il peignit des miniatures.

SIMONE peignait en 1370. —— A Bologne, selon Malvasia, on voit de lui un Christ à S$^t$-Jacques le majeur; un autre à S$^t$-Etienne; une Madone qu'on a découverte sous la chaux, et sa fameuse Madone à S$^t$-Michel in Bosco. — Un Simone Cremonese florissait à Cremone en 1335. — Un Simone Papa, né en 1430, mourut en 1488.

SOLARIO (Antonio dit Lo Zingaro), né à Civita en 1382, mort en 1455. — A Naples, au dire de Lanzi, on donne le nom de Zingaresches aux peintures faites depuis l'époque de ce peintre jusqu'au tems de Bernardo Tesauro qui florissait en 1480.

SPINELLO (Aretino), né à Casentino en 1308, mort en 1400. Il fut père de Pazzi, qui imita Masolino. —— On voit de ses peintures au Campo Santo, à St.-Miniato de Florence, à St.-Domenico et à St.-Agnolo d'Arezzo.

STARNINA (Gherardo), né en 1354, mort en 1403. —— Cet artiste travailla en Espagne.

STEFANO FIORENTINO, né à Florence. (*Voy.* Tomasso di Stefano.)

STEFANO da Ferrara florissait à Ferrara.

STEFANONE florissait à Napoli. Mort vieux en 1390.

TACCONI de Cremone. —— Il a peint un orgue à St-Marco de Venise. — Selon Boschini, il florissait en 1490.

TAFI (Andrea), né à Florence en 1213, mort en 1294, élève d'Apollino.

TESAURO Filippo, né à Naples vers l'an 1260, mort en 1320, élève d'un Tomasso.

THÉODORIC de Prague peignait vers 1357.

THÉOPHANE, *peintre* grec, fondateur de l'école vénitienne dans le 13e siècle, selon Zanetti.

THIERRI, né à Harlem, florissait en 1440. —— Contemporain de Van-Eyck.

TOMASO da Modena florissait en 1351. Le coloris de ses peintures le ferait croire de beaucoup antérieur à cette date.

TOMASSO di Stefano, élève de Stefano Fiorentino. —— On voit de ses peintures à Assise et à St.-Remigi de Florence. Il vivait à Naples sous le règne de Charles d'Anjou, et était contemporain de Cimabüe.

TOSSICANI (Giov.), né à Arezzo, élève de Giottino. ——. On conserve de lui, dans le baptistaire d'Arezzo, les figures de St Philippe et de St Jacques.

TRAINI (Francesco), né à Florence; élève d'André Orcagna. —— On voit de Traini un tableau remarquable à Ste-Catherine de Pise.

TROTTO ou TROSA, peignit en 1444, dans la chapelle de Théodolinde ou de St-Cloud (cathédrale de Monza), l'histoire des rois Lombards.

TUCIUS de Audria peignait en 1427.

UCELLO (Paolo), né en 1389, mort en 1472.

UGOLINO, né à Sienne avant 1260, mort en 1339.

VANNI (Turino di), de Pise, florissait en 1340.

VERROCCHIO. (*Voy.* la liste des peintres modernes.)

VITALE dit delle Madone. —— A S^t-Domenico de Bologne, il y a, selon Malvasia, une peinture de Vitale ; elle est datée de 1340. — Il cite encore de ce maître, la Madona del Monte, datée de 1320, et d'autres peintures à S^t-Petronio et à S^ta-Maria Magdalena. — Il peignait à Bologne en 1320, et il fut le maître de Dalmasio Lippo.

VITO (Nicolas), élève de Zingaro : selon Lanzi, ce peintre florissait à Naples.

VIVARINI (Bartolomeo) florissait à Venise. —— Il y a, dit Boschini, plusieurs tableaux de lui à S^t-Jean in Bragora, dont un daté de 1498 ; un autre, daté de 1475, se voit à S^ta - Maria Formosa. D'autres peintures, datées de 1422, existent à S^t-Jean et S^t-Paul des Dominicains ; il y a une autre peinture à l'église des Pères Conventuels, et une autre à S^t-Pierre martyr, à l'île Mutano. — Il y a eu un Giovanni Vivarini en 1440 ; un Antonio Vivarini en 1440 ; un Luigi Vivarino qui florissait en 1490.

VOLCKAERT, fils de Nicolas Volckaërt, naquit à Harlem, et florissait en 1450.

VOLTRI (Nicolo da') florissait en 1401.

WURMSER, de Strasbourg, florissait dans le 14^e siècle.

ZINGARO. (*Voy.* Solario.) Nicola, son élève, florissait à Naples.

# LISTE

DES

# PRINCIPAUX PEINTRES MODERNES.

# LISTE

ALPHABÉTIQUE

# DES PRINCIPAUX PEINTRES MODERNES,

QUI ONT FLEURI DEPUIS LÉONARD DE VINCI, VERS L'AN 1450, JUSQU'A NOS JOURS EN 1827;

SUIVIE D'UN

SUPPLÉMENT CONTENANT LES NOMS DES AUTRES PEINTRES INDIQUÉS SEULEMENT DANS CETTE LISTE.

---

## CONSIDÉRATIONS GÉNÉRALES.

QUEL objet doit-on se proposer, en publiant une liste générale des peintres modernes depuis le tems de Raphaël jusqu'à nos jours? Doit-on penser à servir l'intérêt des spéculateurs en tableaux et la curiosité des amateurs qui se plaisent à former, à étaler des collections; ou bien doit-on penser au profit de l'art seulement, et à coopérer par le moyen de ces nomenclatures à la théorie de la peinture? Quelle sera enfin la règle qui autorisera à fixer telle ou telle démarcation pour séparer par cette liste les peintres médiocres d'avec les peintres habiles et classiques? A ces questions se rattachent des idées qui ne sont pas sans intérêt.

Quelque nombreuse que soit cette liste des peintres, jamais elle ne paraîtra complète aux yeux de ces amateurs et de ces propriétaires de tableaux qui veulent qu'on ne laisse rien échapper de l'historique qu'ils ont recueilli sur la peinture; aussi un nom de plus est-il pour ces curieux une espèce de bonne fortune. C'est pour cela que les marchands de tableaux ont souvent pour leur usage des listes manuscrites avec des notes au sujet d'une foule de peintres dont les noms sont répétés dans les ventes, et au sujet des prix qu'on a affectés dans les enchères aux productions de ces peintres dont le nom a été plus d'une fois inventé par des brocanteurs. Le propriétaire d'un tableau passable, dont l'auteur n'est pas célèbre, ne se résoudra donc jamais à autoriser l'oubli de ce nom dans les listes; et, pour en provoquer la publication, il exagérera les qualités de ce peintre et les vantera aux personnes qui sont dans le cas, en répétant ce nom, de le rendre imposant et de lui donner du crédit. Cependant il faut poser une limite à ce nombre infini de peintres, et il faut bien se restreindre dans un choix.

On peut évaluer à 6000 les noms des peintres imprimés dans les catalogues ou les listes historiques. Doit-on réunir ces six mille noms, et n'en peut-on pas compter les deux tiers qui sont indignes d'être accolés aux plus célèbres? Lanzi compte parmi les italiens seuls 3,000 peintres; le nombre des espagnols monte à 800; Descamp compte près de 1000 flamands et hollandais; on en cite au moins 200 de l'école allemande et 300 de l'école française. Ajoutons les peintres anglais et portons-en le nombre à 200, et celui des peintres des autres nations à 500; nous aurons réuni ce nombre de 6000.

Si donc, après avoir fait un choix dans ce nombre immense des peintres qui ont fleuri jusqu'à nos jours depuis la renaissance de l'art, on veut admettre une seconde cathégorie, il n'y a pas de raison pour n'en pas reconnaître une troisième, en sorte que cette liste deviendrait interminable. Cependant tel peintre qui, par un de ses tableaux, semble avoir un certain mérite, paraîtra peut-être plus que médiocre, si on examine quelques autres de ses productions. Ce sont les préventions de l'amour-propre et de la cupidité qui ont fait admettre cette foule de noms qui devraient rentrer dans leur première obscurité; et c'est beaucoup par ignorance aussi qu'on a accueilli ces faibles productions. Une telle indulgence, il faut le dire, a été très-funeste à l'art. Quand le connaisseur voit figurer sur les itinéraires d'Italie ou de Flandre les noms des mille et mille peintres dont il aperçoit les tableaux dans les églises et les palais, il ne peut, il est vrai, blâmer l'importance locale que des compatriotes mettent à ces recueils de noms nationaux la plupart ignorés de l'Europe; mais ce même connaisseur verrait avec peine figurer dans une liste générale, ces mêmes peintres qu'on a pour ainsi dire exhumés et ressuscités pour l'honneur de quelques bourgs, ou plutôt pour l'honneur de l'auteur de ces listes, à l'aide desquelles il fait preuve d'une certaine érudition. Lanzi semble s'être proposé plutôt de découvrir dans ses voyages et ses recherches des noms de peintres, que de découvrir des qualités dans la peinture. Le nombre de ceux que cite Vasi dans sa description de Rome est extrêmement grand. Presque tous ces noms sont heureusement tombés dans l'oubli, et ce serait un effort ridicule que celui de l'ignorant qui s'attacherait à les faire revivre aujourd'hui; car enfin il faut respecter l'art, et ce n'est pas prouver que les modernes ont excellé dans la peinture, que de prouver qu'un nombre infini de peintres ont produit des tableaux, personne n'ignorant que ce sont les choses médiocres qui sont les plus communes. Or, s'il eût mieux valu que ces artistes n'eussent jamais existé, mieux vaudrait aussi que leurs noms ne soient jamais imprimés.

La liste que je publie ici n'est donc que trop nombreuse, quoiqu'elle ne monte qu'à deux mille noms; et je me crois à l'abri des reproches pour n'avoir pas fait figurer tels ou tels peintres que j'ai cru devoir au contraire délaisser. Malgré tout, je suis loin de prétendre que le choix que j'ai fait ne doive pas être contesté au sujet de quelques noms assez obscurs; mais un autre choix eût probablement été contesté de même.

Parmi les noms presque superflus que j'ai été obligé d'introduire pour ainsi dire malgré moi, j'ai préféré, au sujet des écoles d'Italie, par exemple, les élèves des anciens maîtres, parce qu'il peut se faire que ce ne soit pas sans profit qu'on accrédite ces noms, puisque du tems de ces artistes les documens élémentaires du dessin étaient bien mieux pratiqués que de nos jours. J'ai donc préféré ces noms à ceux des époques inférieures, où la routine, le mauvais goût et le maniérisme ont fait concevoir de tous côtés au bel art de la peinture des monstruosités.

C'est sûrement par routine, plutôt que par raison, qu'on a francisé un certain nombre de noms italiens, bien que dans les livres français on écrive le nom des contemporains étrangers avec leur orthographe véritable. Aussi paraît-il étrange de lire sur la même page Canova et le Bernin ; on voudrait y lire ou Canove et le Bernin, ou bien Bernini et Canova. Mais pourquoi Canove, pourquoi Jordans, au lieu de Giordano ; pourquoi le Titien, au lieu de Tiziano ; pourquoi encore Pietre Teste, au lieu de Pierre Testa, car on peut franciser le nom de baptême sans franciser le nom propre ? D'un autre côté on a italianisé fort inconsidérément le nom de Nicolas Poussin, en faisant précéder ce nom de l'article le : il semble assez singulier d'entendre dire Le Poussin, puisque son vrai nom est Poussin. Il faut, je crois, ne pas perpétuer ces abus.

Quant à la distinction d'écoles et d'élèves, je renvoie à ce qui sera développé au vol. 3, pag. 97 : je dirai seulement qu'il m'a paru convenable d'indiquer à chaque nom de peintre le nom de celui dont il a suivi le style, soit qu'il ait étudié chez ce maître comme disciple, soit que, sans avoir étudié sous lui, il en ait adopté la manière. Ce qui nous importe en effet, ce sont les rapprochemens et les comparaisons relatives à la marche de l'art, mais ce ne sont point les faits historiques, lesquels constatent que tel ou tel maître a eu réellement tel ou tel peintre pour élève.

Les peintres, dont on ne caractérisera dans cette liste les ouvrages par aucune indication particulière, tels que peintre de portraits, de paysages, de fleurs, etc., sont supposés avoir représenté des sujets historiques, mythologiques, etc., et dans une dimension ordinaire.

Quant aux imitateurs ou aux élèves moins illustres que leurs maîtres, nous avons cru devoir reporter leurs noms dans une liste supplémentaire.

Plusieurs écrivains se sont occupés des monogrammes

ou signatures monographiques de certains peintres, mais comme le nombre n'en est pas très-grand, cette indication ne m'a pas paru nécessaire ; elle ne semble très-importante que pour l'histoire de la gravure, la plupart des peintres étant dans l'usage d'écrire leur nom et la date sur leur tableau. Au catalogue on trouvera l'indication de quelques écrivains qui se sont occupés de recueillir ces monogrammes.

Il nous reste à parler du reproche d'aridité qui nous sera fait au sujet de cette liste par les lecteurs qui aiment les biographies détaillées et qui sont plus frappés des accessoires que du principal dans ces vies des peintres, où l'on rassemble des anecdotes qui n'ont aucun trait à l'art. Pour donner une idée de ces recueils d'historiettes ou de ces contes burlesques qu'on trouve dans la plupart des écrits sur la vie des peintres, et pour ôter tout regret au sujet de notre silence sur les particularités de cette espèce, nous allons emprunter quelques-uns de ces contes que nous prendrons dans le premier ouvrage de ce genre qui nous tombe par hasard sous la main. Voici donc ce qui est dit au sujet de quelques peintres dans l'ouvrage de Nougaret, intitulé : Anecdotes des beaux-arts.

« Martin Hemskerck était si timide qu'il montait au » haut de la Tour d'une église, lorsqu'à la procession de » la Fête-Dieu il entendait tirer des coups de fusil. »

« Pietro Cosimo Roselli craignait si fort le tonnerre, » que, long-tems après qu'il était passé, on le trouvait en » quelque coin enveloppé de son manteau. Rien ne lui » donnait plus d'inquiétude que le cri des petits enfans, » la toux fréquente des enrhumés, le bruit des cloches » et le chant des moines. La pluie était au contraire un

» de ses plus grands plaisirs.... » L'auteur ne nous apprend rien de plus au sujet de ce Cosimo.

Il en cite un autre qui pendant les orages s'enfermait dans une haute fontaine de cuivre et n'en découvrait que peu à peu le couvercle, que vite il refermait aussitôt qu'il éclairait : voilà pour les poltrons. Quant aux ivrognes, les traits ne lui manquent pas. « Jean de Mabuse vendait tout » ce qu'il avait pour payer le vin qu'il buvait au cabaret. » Un jour le seigneur chez lequel il était employé résolut » de vêtir toutes les personnes de sa maison d'une manière » uniforme, riche et neuve pour la reception du souverain » qui devait loger chez lui. Mabuse vendit son uniforme, » et avec l'argent se régala au cabaret, puis il se costuma » tout en papier peint qui imitait l'habit qu'il avait vendu, » en sorte que personne d'abord ne s'aperçut de la ruse. » Cependant le prince le sut et en rit beaucoup; mais le » seigneur devint furieux, craignant d'être soupçonné » d'avoir vêtu tous ses gens de la sorte. »

Passons à un ivrogne reconnaissant. « Mieris (François) » sortant presqu'ivre d'un cabaret, au milieu d'une nuit » très-obscure, se laissa tomber dans un cloaque; il y au» rait péri, si un savetier et sa femme attirés par ses plain» tes ne fussent pas sortis de leur boutique pour le retirer. » Ces pauvres gens le lavèrent, le mirent dans un lit bien » chaud et le ranimèrent, en sorte que le lendemain il put » retourner chez lui. Mieris se renferma plusieurs jours » et fit avec soin un tableau qu'il fit porter à ses bienfai» teurs. Sa touche habile fut reconnue par un amateur qui » compta 1600 livres au savetier, qui sut par là d'où lui » venait ce tableau. »

« Comme Grimoux ne travaillait que par fougades, le

» duc d'Orléans, qui désirait avoir de ses ouvrages, le fit » travailler dans un appartement au premier étage, où on » l'enferma et où on lui fournit tout ce qui lui pouvait » être nécessaire et commode. Dès qu'il se sentit ainsi » captif, la colère s'empara de lui, et souvent il se mettait » à la fenêtre pour dissiper cet ennui. Un de ses amis l'y » aperçut et lui demanda à quoi il était occupé. A rien » du tout, répondit-il, on me tient ici renfermé, et je suis » incapable de travailler ainsi. Quel contre-tems, lui dit » cet ami ! si tu eusses été libre, je t'aurais régalé aujour- » d'hui d'un déjeûner de ton goût. A ces mots Grimoux » ne connaît plus de danger. Attends-moi, s'écrie-t-il, je » vais bien les attraper. Aussitôt il se jette par la fenêtre » et se casse la cuisse. » Ce même Grimoux (conciliez tout cela) avait une si haute idée de sa réputation, qu'au moindre bruit qu'il entendait le soir, lorsqu'il sortait, il criait : je suis Grimoux ; et lorsqu'un ivrogne passait, il l'entraînait au cabaret et y restait toute la nuit avec lui.

Le même auteur cite de Vandyck une réponse, qui est indigne de cet artiste. « La reine d'Angleterre se faisant » peindre remarquait que Vandyck soignait beaucoup » plus les mains que les autres parties du tableau ; elle » lui en demanda la raison. Madame, dit-il, je me suis » moins arrêté à rendre vos traits, parce que je n'attends » rien de votre visage, c'est de vos belles mains que je » serai récompensé de mon travail. »

Ce livre est rempli de semblables historiettes qui tendent à avilir l'art et à flétrir l'estime qu'on doit avoir pour ceux qui professent la peinture.

Quelquefois les faits les moins intéressans sont rapportés pour grossir ce recueil sans choix. C'est ainsi qu'il y est dit, que « dans le dernier siége que soutint la ville » de Tournay, un boulet de canon passa au travers d'un » tableau peint sur bois par Rubens, et n'y fit d'autre » mal qu'un trou régulièrement rond. »

Souvent il régale de véritables lazzis ses lecteurs. « Un » riche imbécille, dit-il, vint trouver le peintre...., et lui » dit : Représentez-moi, dans mon portrait, lisant tout » haut un livre que je tiendrai à la main. » Ailleurs on lit : « En peignant le plafond de sa fameuse chapelle, Michel-» Ange s'accoutuma tellement à regarder les objets de bas » en haut, qu'après avoir terminé ce grand ouvrage, il fut » long-tems sans pouvoir baisser les yeux, en sorte que s'il » avait à lire une lettre ou à fixer quelque autre objet, il » était contraint de le tenir au-dessus de sa tête. » Il cite plusieurs peintres qui, pour expédier leur tâche, se servaient d'un pinceau de chaque main, l'une peignait les clairs, l'autre les ombres. « Mutiano voulant être assidu » plus que de coutume à son travail, et ne point sortir que » le tableau important qu'il faisait ne fût terminé, se fit » raser la tête, en sorte qu'on ne le vit en ville qu'après que » ses cheveux furent poussés. » Mais il en revient toujours à des traits ignobles de folie. Voici ce qu'il dit de Jacques de Florence : « Jacomo ne voulait point absolument qu'on » mît de couvert lorsqu'il prenait ses repas ; sa barbe n'a » jamais été faite, et sa malpropreté était si grande, que » de sa vie il ne s'est lavé les mains. — Un autre était si » laborieux pour servir son avarice, que le jour même de » l'enterrement de sa femme il eut constamment le pin-» ceau à la main. » Il raconte ailleurs l'indécente plaisanterie du peintre Nunciata, qui, ayant reçu l'ordre d'exécuter une Madone et de la représenter d'un certain âge et différente des vierges ordinaires, la peignit avec de la barbe au menton.

Terminons par la description fort courte qu'on trouve dans le même livre d'un tableau de Guercino. « Un ta-
» bleau fort singulier de Guercino représente St Roch
» soupçonné d'être espion, et conduit en prison par un
» soldat à grands coups de pieds dans le cul. »

Je pense donc qu'aucun ouvrage didactique ne doit répéter ces contes d'almanach, ces particularités fort peu instructives de la vie privée des artistes; ce qu'il faut connaître, ce n'est pas ce qui se passait dans leur ménage, mais ce qui se passait dans leur esprit.

---

# LISTE *alphabétique des principaux peintres modernes.*

On a placé entre deux parenthèses le nom du pays. Les noms de maîtres suivis ou imités sont en caractères italiques et distingués par deux crochets.

ABBATE ou ABBATI Nicolo del, ou Messer Nicolo. *Peintre* et *architecte.* — (Modena.) — Né vers 1512. Mort en 1571. [*Raphaël. Corrégio. Primaticcio.*] —— Ses tableaux à huile sont très-rares. — Il a fait des fresques à Modena, à Bologna ; on en voyait aussi à Fontainebleau. Elles furent détruites en 1740.—Il y a eu quatre autres peintres de ce nom : Pietro Paolo, frère de Nicolo, qui peignait des batailles ; Giulio Camillo, autre frère de Nicolo, et qui l'accompagna en France, où François Ier l'avait appelé ; Ercole, fils de Giulio, qui peignait dans la manière vénitienne ; et Pietro Paolo, petit-fils d'Ercole, mais qui lui fut inférieur. Ce dernier mourut âgé de 38 ans, en 1630. (*Voy.* Primaticcio.)

ACHEN Jean Van. *Peintre* et *graveur.* — (Cologne.) — Né vers 1556. [*Spranger. Corrégio.*] (*Voy.* Isacs.)

ACHTSCHELLING Lucas. — (Bruxelles.) — Né vers 1570. [*Vadder (Louis).*] —— Paysages. (*Voy.* J. V. Oost le vieux.)

ADRIAENSEN Alexandre. — (Anvers.) — Né vers 1628. —— Fruits. Fleurs. Poissons. Vases.

ADRIANO. — (Espagne.) — Né vers 1630. [*Paul de Cespedes. Tiziano.*]

AELST Everard Van. — (Delft). — Né vers 1602. Mort en 1658. —— Objets inanimés. (*Voy.* Rachel Ruisch et Stuven.)

AELST Willem Van. — (Delft.) — Mort en 1679. [*Aëlst (Everard Van), son oncle.*] —— Fleurs et fruits. — Il travailla sept ans en Italie.

AERTGEN FOULON ou Aert Claesoon. — (Leyden.) — Né vers 1498. Mort en 1564. [*Enghelbrechtsen (Cornille). Franc Flore et Hemskerck, pour les parties d'architect.*] (*Voy.* Aertsen.)

AERTS Richard, dit Richard-à-la-Jambe-de-bois. — (Wyck sur mer. Noort Hollande.) — Né en 1482. Mort en 1577. [*Mostaërt (Jean.)*]

AERTSEN Pierre, dit Pierre-le-Long. — (Amsterdam.) — Né en 1519. Mort en 1573. [*Aertgen-Foulon.*] —— Histoire. Il peignit aussi des intérieurs de cuisines.

AGRICOLA. —— Il eut pour élève Fabio-Ceruti, paysagiste.

AGUERO Benoît-Emmanuel. — (Madrid.) — Né en 1626. Mort en 1670. [*Mazo Martinez (J.-B. del).*] —— Paysages. Batailles.

ALBANI Francesco. — (Bologna.) — Né en 1578. Mort en 1660. [*Denis Calvart. Caracci.*] —— Grande et petite dimension. (*Voy.* Andréa Sacchi, Massari, et Jean Van Baëlen.) — Em. Taruffi fut un de ses élèves.

ALBERT-DURER. Son vrai nom doit s'écrire Albrecht-Dürer. *Peintre-géomètre, graveur* et ingénieur. — (Nuremberg.) — Né en 1470. Mort en 1528. [*Wolgemuth.*] —— Moyenne et petite dimension. — Il a été beaucoup copié et imité. (*Voy.* entr'autres Grunewalt.)

ALBERTI Léon-Baptiste. *Peintre, sculpteur, graveur, architecte* et écrivain. — Florissait vers 1480.

ALBERTINELLI Mariotto. — (Firenze.) — Né en 1467. Mort en 1512. [*Cosimo Roselli.*] —— Emule de fra Bartolomeo.

ALBONI Paolo ou Paolo-Antonio. — (Bologna.) — Mort vieux en 1734. [*Manière flamande.*] —— Paysages.

ALDEGRAEF. *Peintre* et *graveur.* — (Soust, en Westphalie.) — Florissait vers 1538.

ALEMAGNA Giusto di. — (Allemagne.) — Florissait vers 1451. —— On voit des tableaux de ce peintre allemand à Gênes, où il florissait.

ALFANI Domenico, et Orazio di Paris. — (Perugia ) — Nés en 1483 et 1510. Morts en 1536 et 1583. [*P. Perugino. Raphaël.*] —— Ces deux élèves de P. Perugino ne contribuèrent pas peu à agrandir le style de leur maître.

ALFARO DE GAMEZ Don Juan de. — (Cordoue.) — Né en 1640. Mort en 1680. [*Tiziano. Van Dyck. Velasquez. Ant. del Castillo.*] —— Histoire. Portraits. Paysages. Tous les genres. Il excella dans les copies de Tiziano et de Van Dyck.

ALLEGRI Pomponio, fils d'Ant. Corregio. (*Voy.* Corregio.)

ALLORI Alessandro, dit Bronzino. — (Florence.) — Né en 1535. Mort en 1607. [*Angiolo Bronzino, son oncle.*] —— Beaucoup de portraits. — Il fut maître de Cigoli.

ALLORI Cristoforo, fils d'Alessandro. — Né en 1577. Mort en 1621. [*Andrea del Sarto. Leonardo da Vinci.*]

ALONZO. (*Voy.* Cano.)

ALTDORFER Albert. *Peintre* et *graveur* — (Allemagne.) — Né en 1488. Mort en 1538.

ALUNNO Nicolo. — (Foligno.) — Florissait de 1458 à 1492. Maître de P. Perugino. —— Il peignit en détrempe.

AMIGONI Jacopo. Mort en 1752. [*Manière vénitienne dégénérée.*] —— Histoire. Conversations. — Petite dimension.

ANDRÉ Jean, dit le frère André. — (Paris.) — Né en 1662. Mort en 1753. [*Carlo Maratti. Jouvenet.*]

ANDREA DEL SARTO, dit Andrea Vannucchi. — (Florence.) — Né en 1488. Mort en 1530. [*P. Roselli. Michel-Ange. Leonardo da Vinci. Raphaël. Fra Bartolomeo.*] —— Aidé quelquefois par ses élèves Jacone et Puligno, mais surtout par ce dernier. — Imité par Pietro Francesco di Jacopo di Sandro, Mannocio, Andrea Sguarzella, qui vécurent longtems en France. — Il y eut beaucoup de bons copistes de ses tableaux dans son école. (*Voy.* Francia Bigio, F. Salviati, G. Vasari, etc.)

ANDRIA Tuccio, ou Tuzio di Andria. — (Andria.) — Florissait vers 1487 dans le royaume de Naples. Il travailla à Gêne et à Savone.

ANDRIESSENS Henri, dit Mancken Heyn. — (Anvers.) — Mort en 1655. —— Objets inanimés. Il signait quelquefois ses tableaux *Mancken Heyn.*

ANGELI Filippo d', dit Il Néapolitano. — (Rome.) — [*Sebast. Ricci.*] —— Batailles. Paysages. — Il mourut jeune sous le pontificat d'Urbain VIII. — Un Julio C. Angeli fut étudié par C. Franchi. — Un Giuseppe Angeli, qui vivait en 1763, fut le meilleur élève de Jean-Baptiste Piazetta

ANGELICO. (*Voy.* Fiezole.)

ANIELLO Falcone. — (Napoli.) — Né en 1600. Mort en 1680. [*Spagnoletto.*] —— Batailles. — Imité par Bourguignon.

ANSALDO Giov. Vacchino Andrea. — (Voltri, près Gênes.) — Né en 1584. Mort en 1638. [*L'école de Gênes et l'école vénitienne.*] —— Orazio de' Ferrari, Giovacchino et Assereto furent ses élèves.

ANSELMI Michel Angelo. — (Sienna ou Lucca.) — Né en 1491. Mort en 1554. [*Corrégio. Raffaellino da Reggio.*] —— Ses tableaux de chevalet sont rares. — Il y a eu un Marco-Anselmi ou Marco de Sienne. (*Voy.* Sodoma et Marc de Sienne.)

ANTIQUUS Jean. — (Groningue.) — Né en 1702. Mort en 1750. [*Guerard Vander Veen. Benheimein. Jean Abel Wassenbergh. Gimmnich.*] —— Plafonds en Hollande.

ANTIQUUS Lambert, frère de Jean. —— Paysages.

ANTONELLO di Messina, ou Antonello degli Antoni. — (Messina.) — Né en 1447. Mort en 1496.

ANTONILEZ Joseph. — (Séville.) — Né en 1639. Mort très-jeune. [*Rizi (Franç.)*] —— Paysages. *Voy.* Barco (Alonzo del.)

ANTONIO Veneziano. [*Tiziano.*] —— On croit qu'il y a eu deux peintres de ce nom. (*Voy.* la liste des peintres de l'école primitive.) — Un Pierre Antonio de Cordoue fut élève d'Antonio del Castillo ; il naquit en 1614 et mourut en 1675. — Un Antonio Damato florissait de 1475 à 1555. — Il y eut aussi Antonius et Bartolomeus, frères de Murano, qui florissaient à Padoue en 1451, et dont on voit des peintures à St-Francesco-Grande, ainsi qu'à la Chartreuse de Bologne.

ANTONIO della Coma. — Florissait à Crémone en 1478.

APPEL Jacques. — (Amsterdam.) — Né en 1680. Mort en 1751. [*Timothée de Graëf. David Vander Plas. Meyring.*] —— Portraits et paysages.

APPELMAN Bernard. — (La Haye.) — Né en 1640. Mort en 1686. —— Paysages. Vues d'Italie avec figures.

ARELLANO Jean de. — (Santorcaz, en Espagne.) — Né en 1614. Mort en 1676. [*Mario de' Fiori. Jean de Solis.*] —— Fleurs.

ARENTS Jean. — Florissait en 1590. —— Paysages.

ARLAUD Jacques-Antoine. — (Genève). — Né en 1668. Mort en 1743. —— Portraits. Miniatures. — Un Arlaud était bon peintre en émail.

ARNOID de Vuez. — (Oppenois, près St-Omer.) — Né en 1642. Mort en 1724. [*Le frère Luc.*] —— Il travailla pour Le Brun.

ARNOLD de Beer. — Florissait en 1529.

ARPINO il cavaliere d'. *Voy.* Cesari (Gius).

ARTOIS Jacques Van. — (Bruxelles.) — Né en 1613. [*Wildens. Les Vénitiens* pour le coloris.] —— Paysages. — Figures par Teniers, Baut, Michau. (*Voy.* Huysmans.)

ARTVELT André Van. — (Anvers.) — Né vers 1570. —— Marines. Orages.

ASCH Pierre-Jean Van. — (Delft.) — Né en 1603. Mort très-vieux. —— Paysages. — Petite dimension.

ASPER Jean. — (Zurich.) — Né en 1499. [*Holbein.*] —— Ses deux fils imitèrent aussi Holbein. — Il y eut dans le même tems un Aspertino (Amico), qui fut peintre et graveur.

ASSELYN Jean Van. — (Anvers.) — Né en 1610. Mort en 1660. [*Isaac-Van-Ostade.*] —— Paysages. Animaux. Marines.

ASSEN ou ASS'N Jean Van. — (Amsterdam.) — Né vers 1631. [*Ant. Tempesta. L'école d'Italie.*]

ASSISI Andrea Luigi di, dit l'Ingegno. — (Assisi ou Ascési.) — Né en 1470. Mort en 1556. [*P. Perugino.*] —— Compétiteur de Raphaël, il concourut, dit-on, à donner de la grandeur au style et au clair-obscur de la peinture, mais il cessa de peindre étant fort jeune.

ATHANASIO Don Pédro. — (Grenade.) — Né en 1638. Mort en 1688. [*Alonzo Cano.*]

BAAN Jean de. — (Harlem.) — Né en 1633. Mort en 1702. [*Piemans, son oncle. Jacques de Backer. Van Dyck.*] —— Portraits. — Son neveu Jean

Van Swéel fut son élève. (*Voy.* Bodekker, Laveeq et Raveystein (Nicol.)

BAAN Jacques de, fils de Jean. — (La Haye.) — Né en 1673. Mort en 1700. [*Jean de Baan, son père.*] —— Portraits. Fresques à Florence.

BABEUR Théodore. — (Hollande.) — Né vers 1570. [*Peter-Néefs.*]

BACCICIO Jean-Baptiste Gaulli, dit. — (Gênes.) — Né en 1639. Mort en 1705. [*Borgozone. Bernino.*] —— Giov. Odazzi, Fr. Civalli, Lud. Mazzanti furent ses élèves.

BACCIO della porta, dit di San Marco. — (Florence.) — Mort en 1517.

BACKER Jacques de, dit Jacques Palermo. — (Anvers.) — Florissait vers 1540. Mort à 30 ans. [*Son père.*] —— Regardé comme un des meilleurs coloristes d'Anvers.

BACKER Jacques. — (Harlingen.) — Mort en 1641. —— Il passe pour avoir bien dessiné les femmes dans ses tableaux.

BACKER Nicolas de. — (Anvers.) — Né vers 1648. [*Kneller.*] —— Portraits. — Il travailla à Londres.

BACKER ou BACHER Adrien, neveu de Jacques. — (Amsterdam.) — Mort en 1686. [*Rembrandt.*] —— Emule de Govaërt Flinck.

BACKHUYSEN Louis. — (Embden.) — Né en 1631. Mort en 1709. [*Albert Van Everdingen.*] —— Marines. Tempêtes. (*Voy.* Rietschooff.)

BADALOCCHIO Sisto ou Rosa. *Peintre et graveur.* — (Bologna.) — Etait jeune en 1609. [*Lanfranco. Les Caracci.*]

BADENS François, dit le *Peintre italien.* — (Anvers.) — Né en 1571. [*Jacques Mathieu Badens, son père.*] —— Conversations et assemblées galantes.

BADENS Jean, frère de François. — (Anvers.) — Né en 1576. Mort en 1603. [*J.-M. Badens, son père.*]

BAELEN Henry Van. — (Anvers.) — Né en 1560. Mort en 1632. [*Adam Van Oort et les maîtres italiens.*] —— Fonds par Jean Breughel. — Fleurs par Breughel de Vlour, pour lequel il fit quelquefois des figures. — Un Thierry Van Baelen fut élève de Frankhals. (*Voy.* Seghers, Snayers, Sneyders, etc.)

BAELEN Jean Van. — (Anvers.) — Né en 1611. [*Henry Van Baelen, son père. F. Albani.*] —— Grande, mais surtout petite dimension. — Il fit des figures pour plusieurs peintres.

BAKERÉEL Guillaume et Gilles frères. — (Anvers.) — Nés vers 1570. —— L'un peignait la figure, l'autre le paysage. — Sandrart a compté dans Rome sept à huit artistes de ce nom. — Il y eut un Jacques Bakeréel qui fut étudié par Genoëls.

BAILLY David. — (Leyden.) — Florissait en 1623. [*Adrien Verburght. Cornille Vander Voort. Steenwyck.*]

BALESTRA Antonio. —(Verona.) — Né en 1666. Mort en 1740. [*Carlo-Maratti.*] —— Giov. Bat. Mariotti, Giusep. Nogari, Pietr. Longhi furent ses élèves. (*Voy.* Cignaroli.)

BAMBOCHE. *Voy.* Laar (Pierre Van).

BANDINELLI Baccio. *Peintre et sculpteur.* — (Florence.) — Né en 1487. Mort en 1559. [*Francesco Rustico, sculpteur, élève d'André Verrochio.*] *Voy.* Salviati (Francesco).

BAPTISTE Jean-Baptiste Monnoyer. — (Lille.)— Né en 1635. Mort en 1699. —— Fleurs. — Il fut maître de Verbruggen, peintre de fleurs.— Son fils Antoine Monnoyer fut son élève.

BARBALUNGA ou Antonio Ricci Da Messina. — (Messina.) — Né en 1600. Mort en 1649. [*Domenichino.*] —— Il copia long-tems Domenichino. (*Voy.* Suppa.) — Un Antonio Rizi, espagnol, fut père de Fr. Rizi de Madrid. (*Voy.* ce nom.)

BARCO Alonzo del. — (Madrid.) — Né en 1645. Mort en 1685. [*Joseph Antonilez.*] —— Paysages. — Un Jean Rodrigues del Barco, peintre castillan, du 15e siècle, peignit avec Garcia, pour le duc d'Albe, son palais *del Barco d'Avila.*

BARENTSEN Dirck. — (Amsterdam.)— Né en 1534. Mort en 1592. [*Barent dit Le Sourd. Son père. Tiziano.*]

BARROCCI Federigo. — (Urbino.) — Né en 1528. Mort en 1612. [*Bat. Franco dit Il Semolei, peintre vénitien, né vers 1498, graveur et imitateur de Michel-Ange.*]——Il fut imité par Alessandro Vitali, par Antonio Viviani dit Il Sordo da Urbino, par Filippo Bellini, par François Barocci, son neveu, et surtout par F. Vanni. (*Voy.* Pesarese, Salembeni et J.-B. Paggi.)

BARROSO Michel. — (Consuengra dans la nouvelle castille.) — Né en 1538. Mort en 1590. [*Becerra. Corrégio. F. Barocci.*]

BARTOLOMEO Baccio della Porta dit Fra. — (Près Florence.) — Né en 1469. Mort en 1517. [*Cosimo Roselli. Leonardo da Vinci, Andrea del Sarto.*]——Gabriel Rustici fut son élève.

BARZON François. — Employé sous Louis XIV. [*Claude Lorrain. Poussin.*] ——Marines et paysages.

BASAITI Marco. — (Friuli.) — Né de parens grecs. Florissait en 1520. —— Il égala presque J. Bellini.

BASSANO Jacopo da Ponte ; dit Il. —(Bassano.) — Né en 1510. Mort en 1592. [*Tiziano.*] —— Jacop. Apollonio, Giov. et Luc Martinelli, Ant. Scajario, Jacop. Guadagnini, Giov. Bat. Zampezzo, Giov. Ant. Lazzari, furent ses élèves et plus ou moins ses imitateurs. Plus tard, en 1700, il fut imité aussi par Maderno da Como. — Son père Francesco da Ponte fut, dit-on, l'inventeur du genre qu'adopta Jacopo, et que suivirent les autres Bassano. — On fit beaucoup de pastiches de ce maître. — Orrente et Alex. Loarte l'imitèrent en Espagne.

BASSANO Francesco da Ponte, fils aîné de Jacopo. — Né en 1546. Mort en 1591.

BASSANO Leandro da Ponte, dit le Chevalier Leandre, fils de Jacopo. — Né en 1558. Mort en 1623. [*Son père.*] —— Bon portraitiste.

BASSANO Giov. Baptista, fils de Jacopo. — Mort en 1613. [*Son père.*]

BASSANO Girolamo, fils de Jacopo. — Mort en 1622. [*Son père.*]

BASSI Francesco, dit Il Cremonese da' Paësi. — (Cremona.) — Né en 1642. Mort en 1700. [*Manière vénitienne.*] —— Maître de Francesco Bassi, dit le jeune.

BATTONI Pompeo. — (Lucca.) — Né en 1708. Mort en 1787. [*Brugieri. G. D. Lombardi.*] —— Il fut étudié par A. Cavallucci.

BAUBRUN Louis, Henry et Charles. — (France.) — Florissaient vers 1600. —— Ils travaillèrent à Paris et succédèrent à Freminet.

BAUER, ou BAUWER Jean-Guillaume. *Peintre* et *graveur.* — (Strasbourg.) — Né en 1600. Mort en 1640. [*Fred. Brendel.*] —— Il peignit en petit, et à gouache. — Architectures antiques. Cavalcades, etc.

BAULLERY Jérôme. —(France.)— Florissait vers 1600. ——Successeur de Freminet.

BAUT François. —Florissait vers 1660. [*Breughel. Teniers.*] ——Il faisait les figurines dans les tableaux d'architecture de Dupont surnommé Pointié, et dans ceux de N. Boudewyns. — Il a fait aussi les figures dans les paysages de Van Artois.

BECCAFUMI Domenico Mecherino, dit. *Peintre, sculpteur* et *graveur.* — (Sienna.) — Né en 1484. Mort en 1549. [*Perugino Michel-Ange. Puccio-Rampana.*]

BECERRA Gaspard. *Peintre sculpteur,* et *architecte.* — (Baeza, dans l'Andalousie). — Né en 1520. Mort en 1570. [*Al. Berruguete. Michel-Ange. Raphael.*] (*Voy.* Barroso).

BECHYDEN. — (Anvers.) [*Vander-Werff.*] —— Maître de Verhaëgen.

BEEK David. — (Delft.) — Né en 1621. Mort en 1656. [*Vandyck.*] —— Portraits.

BÉELDÉMAKER François. — (La Haye.) — Né en 1669. Mort vieux. [*Jean Béeldémaker, son père. Guillaume Doudyns.*] ——Histoires. Chasses. Plafonds.

BÉGA Cornille. *Peintre* et *graveur.* — (Harlem.) — Né en 1620. Mort en 1664. [*Adrien Ostadé.*] —— Assemblées de paysans. Conversations,

BEGYN Abraham. — Né en 1650. Mort après 1690. [*Berghem.*] —— Paysages. Les figures et les animaux par Fred. Moucheron. Peu de tableaux de chevalet.

BEICH Jaochim-François. — (Ravensbourg, en Suabe). — Né en 1665. Mort en 1748. [*Son père. Gaspre-Poussin. Salvator Rosa.*]——Batailles. Paysages. — Copié par Fr. Solimène.

BELLI. — [*Vouët.*]

BELLIN. — [*Fouquier.*]—— Paysages.

BELLINI Jacopo. — (Venezia.) — Mort en 1470. [*Gentile da Fabriano,* et plus tard *Squarcione.*] —— Ses ouvrages ont presque tous péri. — Imité par Liberale da Verrona.

BELLINI Gentile, fils de Jacopo. — (Venezia.) — Né en 1421. Mort en 1501. [*Son père. Son frère.*]

BELLINI Giovanni, fils de Jacopo. — (Venezia.) — Né en 1426. Mort en 1516. [*Son père,* et plus tard *Giorgione,* son élève.]——Il y eut un Bellin-Bellini qu'on prend quelquefois pour Gentile ou pour Giovanni ; on ne connaît de ce dernier que des Madones. — Un Filippo Bellini fut plus tard imitateur de F. Barocci. (*Voy.* Pellegrino di San Danielo.) — Araldi (Alessandro) fut élève des Bellini.

BELTRAFFIO, ou Boltraffio ou Bultraffio, Giov. Antonio.—(Milano.)— Né en 1467. Mort en 1516. [*Leonardo da Vinci.*] —— Ses ouvrages sont excessivement rares, même à Milan.

BELVEDERE Andrea. — (Napoli.) — Né en 1646. Mort en 1732. [*Giov. Bat. Ruoppoli.*] ——Fruits et fleurs. —Il fut imité par Tom. Realfonso, Giac. Nani, Balt. Caro.

BEMMEL Willem Van. — (Utrecht.) — Né vers 1620. [*Zaftleven.*] —— Paysages. Vues d'Italie.

BENEFIALE Marco. — (Roma.) — Né en 1684. Mort en 1764. [*C. Cignani,* et *les Caracci* pour le coloris.]

BENOZZO. (*Voy.* Gozzoli.)

BENT Jean Vander. — (Amsterdam.) — Né en 1640. Mort en 1680. [*Pierre Wouwermans. Vanden Velde.*]

BERCKMANS Henri. — (Clunder, près Willemstadt.) — Né en 1629. [*Philippe Wouwermans. Thomas Wilieborts. Jacques Jordaëns.*] —— Histoire et portraits.

BERGAMASCO Giov. Baptista Castello, dit Il. *Peintre, sculpteur* et *architecte.* —(Bergamo.)—Né en 1509. Mort en 1579. [*Luc. Cambiaso. Les maîtres vénitiens et romains.*]—— Son fils Fabricio Castello qui résida en Espagne, où il fut élève de François Urbin, fut père de Félix Castello, célèbre peintre de batailles, mort en 1656 à l'âge de 54 ans. Ce dernier fut élève de Vincent Carducho.

BERGEN Van. — (Bréda.) — Né vers 1670. Mort jeune. [*Rembrandt.*]

BERGHEM Nicolas Klaas, dit. *Peintre* et *graveur.* — (Harlem.) — Né en 1624. Mort en 1683. [*Pierre Van Harlèem, son père. Jean Van Goyen. Nicolas Moyart. Pierre Grebber. J.-B. Weeninx. Jean Willis.*] —— Paysages et animaux. — Il signait N. Berchem. — Grifflier imita sa dernière manière, qui était négligée et briquetée; elle fut imitée aussi par Zoolemaker. — Un Henri Carré, qui florissait en 1712, l'a imité aussi. (*Voy.* Herman-Zacht, Jacques Hugtenburg, Jacques Ruisdaël, Sibrechts, Visscher, etc.)

BERGHEN Thierry Van. — (Hollande.) — Né en 1640. [*Adrien Vanden Velde.*] —— Paysages et animaux.

BERKHEYDEN Job. — (Harlem.) — Né en 1698. [*David Teniers.*] —— Fêtes de villages et portraits.

BERKHEYDEN Guérard, frère de Job. — (Harlem.) — Né en 1643. Mort en 1693. [*Vanderheyden.*] —— Intérieurs de villes et d'églises avec figures. — Souvent les figures de ses tableaux étaient exécutées par son frère Job, et par Vanden Velde.

BERNARDI da Bologna. — (Bologna.)

BERNINI Giov. Lorenzo, dit le chevalier Bernin. *Sculpteur, peintre* et *architecte.* — (Napoli.) — Né vers 1598. Mort en 1680.

BERRUGUETE Alphonse. *Peintre, sculpt.* et *architecte.* — (Paredes de Nava.) — Né vers 1480. Mort en 1561. [*Michel-Ange*]. —— Un Pierre Berruguete imita P. Perugino. — Ant. del Rinçon fut son contemporain en Espagne, et travaillait dans le même genre, c'est-à-dire dans la manière d'Andrea del Castagno et de D. Ghirlandajo.

BERTHOLET, ou Flemael. *Peintre, sculpteur* et *architecte.* — (Liége.) — Né vers 1614. Mort en 1675. [*L'école d'Italie.*]

BERTIN Nicolas. — (Paris.) — Né vers 1667. Mort en 1736. [*Vernansal le père. Boulogne l'aîné. Jouvenet.*] (*Voy.* Tocqué.)

BERTO Linajulo. — (Florence.) —— Contemporain de Pezellino.

BEVILACQUA. (*Voy.* Salimbeni.)

BEUCKELAER Joachim. — (Anvers.) — Né en 1530. Mort en 1570. [*Pierre Aertsen*]. —— Gibier. Cuisines.

BEZZI Giov.-Franc., dit Il Nosadella. — (Bologna.) — Mort en 1571.

BIAGIO Pupini, dit Biagio Bolognese. — (Bologna.) — Florissait en 1530.

BIANCHI Ferrari, dit Il Frari Francesco. — (Modena.) — Florissait en 1481. Mort en 1510. [*Bilivert*]. —— On le croit à tort maître de Corrégio.

BIANCHI Pietro. — (Roma.) — Né en 1694. Mort en 1739. —— Plusieurs genres.

BIANCUCCI Paolo. — (Lucca.) — Né en 1483. Mort en 1553. [*Guido-Reni. Sassoferrato.*]

BIBIENA Ferdinando Galli. *Peintre et décorateur.* — (Bologna.) — Né en 1657. Mort en 1739. [*Pasinelli. Cignani.*] —— Il eut pour frère Bibiena (Francesco), peintre et architecte. — Après eux, Alessandro, Antonio, Giuseppe et Carlo Bibiena furent aussi des peintres décorateurs.

BIE Adrien de. — (Liere.) — Né en 1594. Mort après 1623. [*Vautier Abts. Scoof* (*Rudolf.*)] —— Histoire et portraits. — Petits sujets peints sur des matières précieuses. (*Voy.* J.-H. Roos et Théodore Roos.) — On le croit père de Cornelis Van Bie, auteur de la vie des peintres, etc.

BIGIO Francesco. —— Contemporain d'Andrea del Sarto avec qui il travailla.

BILIVERT Giovanni. — (Florence.) — Né en 1576. Mort en 1644. [*Cigoli.*] —— Fidani, Salvestrini, Fr. Bianchi furent ses élèves.

BISCAINO Bartolomeo. *Peintre et graveur.* — (Genova.) — Né en 1630. Mort en 1657. [*Valerio-Castello.*]

BISET Charles Emmanuel. — (Malines.) — Né en 1633. —— Bals. Assemblées galantes. Jeux. Toilettes. Concerts. Dans quelques-uns de ses tableaux, l'architecture est de Herderbergh et le paysage de Emelraët. — Il fit des figures dans les tableaux de Ferd. Van Kessel.

BLANCHARD Jacques. — (Paris.) — Né en 1600. Mort en 1638. [*L'école française et la vénitienne. N. Bolleri, son oncle.*]

BLANCHET Thomas. — (Paris.) — Né en 1617. Mort en 1689 à Lyon où l'on voit ses principaux ouvrages.

BLANKHOF Jean Antoine, dit Jean Maet. — (Alcmaër N. Holl.) — Né en 1628. Mort vers 1670. [*Arnold Teerling. Pierre Scheynburg. Van Everdingen.*] —— Marines. Tempêtes.

BLENDIGER. — Né en 1700. —— Il vécut en Italie et à Nuremberg.

BLES Henri de. — (Bovines, près Dinant.) — Florissait vers 1480. —— Paysages; il y mettait souvent une chouette.

BLOCK Benjamin. — (Lubeck.) — Né en 1631. —— Il eut deux frères peintres, Emmanuel et Adolphe. (*Voy.* Fischer.)

BLOCKLAND. *Voy.* Montfort (Ant.)

BLOEMAERT Abraham. — (Gorcum.) — Né en 1564. Mort en 1647. [*Son père Franc. Flore. Blocklant. Langen-Pier.*] —— Il eut trois fils peintres, Henri, Adrien et Cornille : ce dernier était peintre et graveur. (*Voy.* Drillenburg, Ghérardo delle Notti, Uytenwaël, Knufer, Terbruggen, P. Valks, et C. Poëlemburg.)

BLOEMEN Jean-Franç. Van, dit Orizzonti. — (Anvers.) — Né en 1656. Mort en 1749. [*Vander Kabel.*] —— Paysages. Vues d'Italie où il résida. (*Voy.* Zuccharelli.)

BLOEMEN Pierre Van, frère de Jean-Franç. — (Anvers.) — Né vers 1656. Mort après 1699. —— Paysages. Architecture. Batailles. Caravanes. — Il résida long-tems en Italie avec son frère. — Cet artiste est connu aussi sous le nom de Standart.

BLOEMEN Norbert Van, frère de Jean-Franç. — (Anvers.) — Né en 1672. —— Portraits. Conversations.

BLONDÉEL Lansloot. — (Bruges.) — Florissait vers 1510. —— Ruines. Architectures. Incendies. — Il marquait ses ouvrages d'une truelle.

BOCCACCINO Camillo. — (Cremona.) — Né en 1460. Mort en 1518. [*Camil. Boccaccino, son père. Corregio. Pordenone.*] —— On croit que ce peintre, appelé aussi Boccacino Boccaci, fut étudié par B. Garofalo.

BOCKHORST Jean Van, dit Langhen-Jan, ou Jean-Lelong. — (Munster.) — Né en 1610. [*Jacq. Jordaens. Vandyck.*] —— Il y eut aussi un Langen Pierre, étudié par Ab. Bloëmaert. — Il y eut encore deux peintres connus sous le nom de Pierre Lelong ou Langen-Pierre. Le plus jeune des deux fut étudié par Cornelisz (Cornille). — Langhen-Jan fut étudié par Teniers le jeune, qui était son contemporain.

BOCKHORST Jean de. — (Deutekom.) — Né vers 1661. Mort en 1724. [*Kneller.*] —— Histoire. Portraits. Batailles.

BODEKKER. — (Pays de Clèves.) — Né en 1660. Mort en 1727. [*Jean de Baan.*] —— Portraits.

BOEHM, ou BEHAM Barthélemi. — Né en 1496. Mort en 1540. [*Albert-Durer.*]

BOEL Pierre. *Peintre* et *graveur.* — (Anvers.) — Né en 1625. [*Snayers.*] —— Animaux et fleurs. — Grande dimension.

BOEYERMANS T. —— Descamps dit que ce maître est trop peu connu : il vante ses tableaux de l'église des Jésuites, à Ipres.

BOL Jean. — (Malines.) — Né en 1534. Mort en 1603. —— Histoire. Paysages. Animaux. — Petite dimension. — Huile. Détrempe et miniature. — Imité par son fils François Boëls, qu'il ne faut pas confondre avec Pierre Boël. (*Voy.* Hoëfnaeghel.)

BOL Ferdinand. *Peintre* et *graveur.* — (Dordrecht.) — Né vers 1620. Mort en 1681. [*Rembrandt.*]

BOLOGNESE Giov.-Francesco Grimaldi, dit Il. *Peintre* et *graveur.* — (Bologna.) — Né en 1606. Mort en 1680. [*Caracci.*] (*Voy.* aussi ce nom à la liste des peintres de l'école primitive).

BONACCORSI. (*Voy.* Perin del Vaga.)

BONFIGLI Benedetto. — Mort après 1496. —— Histoire et arabesques.

BONIFAZIO, dit Bonifazio Veneziano, ou Veronese. — (Verona.) — Né en 1491. Mort en 1553. [*Tiziano. Giorgione. Palma.*]

BONINI Girolamo, dit l'Anconitano. — (Ancona.) — Mort après 1660. [*Fr. Albano.*]

BONONE Carlo. — (Ferrara.) — Né en 1569. Mort en 1632. [*Corregio. Les Caracci.*] —— Lionello Bonone, son neveu, fut son élève.

BONVICINO Alessandro, dit Il Moretto da Brescia. — (Brescia.) — Il florissait vers 1516. Mort après 1547. [*Tiziano et divers maitres.*] —— Histoire et portraits. — J.-B. Moroni fut son élève.

BONZI. (*Voy.* Gobbo.)

BOONEN Arnold. — (Dort.) — Né en 1669. Mort en 1709. [*Arnold Verbuis. Godef. Schalcken.*] —— Portraits. — Quelques petits tableaux. (*Voy.* Vandick (Philippe), Quinkzart et C. Troost.)

BOONEN Gaspard, frère d'Arnold. — (Dordrecht.) — Né en 1677. Mort en 1729. [*Son frère.*] —— Portraits.

BORDONE Pâris. —(Trevigi.)—Né en 1500. Mort en 1570. [*Giov. Bellini. Tiziano. Giorgione.*]

BORGHT Pierre Vander. — (Bruxelles.) — Né en 1625. —— Histoire et beaucoup de paysages.

BOS Jean-Louis de. — (Bois-le-Duc.) — Florissait vers 1450. ——Fleurs. Insectes.

BOS Jérôme de. *Peintre* et *graveur.* — (Bois-le-Duc.) — Florissait vers 1450. — Sujets monstrueux et infernaux.

BOSCH Balthaz. Vanden. — (Anvers.) — Né vers 1675. Mort en 1715. (J. Thomas.) —— Portraits et petits tableaux d'un goût plus relevé que ceux de Thomas qui imitait Teniers. — Beaucoup d'ateliers de peintre ou de sculpteur. — Animaux par Van Bloëmen. — Architecture par Verstraëten. — Ciels et fonds par Huysmans de Malines. — Il y a eu un Louis Vanden Bosch, *voy.* Roore (Jacques), et un Corneille Bos Vandenbosche ou Busvandenbos, peintre et graveur, né à Bois-le-Duc, en 1510.

BOSSCHAERT. (*Voy.* Willeborts.)

BOTH Jean, dit Both d'Italie. *Peintre* et *graveur.* — (Utrecht.) — Né en 1610. Mort après 1650. [*Son père, peintre sur verre. Abr. Bloemaërt. Claude Lorrain.*] —— Paysages. — Figures et animaux par son frère André et par Poëlemburg. (*Voy.* Guill. de Heus, H. Verschuuring).

BOTH André, frère de Jean. — (Utrecht.) — Mort en 1650. [*Son père.*

*Abr. Bloëmaërt. Bamboche.*] —— Il travaillait avec Jean et faisait les figures de ses tableaux. — Il fit aussi seul des tableaux de bambochades.

BÖTSCHILD Samuël. — (Sangerhausen en Saxe). — Né vers 1640. —— Il a peint les plafonds du grand jardin de Dresde. — Fehling, son cousin, fut son élève.

BOUCHER François. — (Paris.) — Né en 1704. Mort en 1768. [*F. Lemoyne. Piazetta.*]

BOUCQUET Victor. — (Furnes.) — Né en 1619. Mort en 1677. [*Marc Boucquet, son père.*]

BOUDEWINS. — (Bruxelles.) — Né vers 1660. Mort après 1700. —— Paysages. — Les figures et les animaux, par François Baut. — On l'appelle souvent Baudwins. — Il fit quelquefois les figures dans les tableaux de Dupont.

BOULLOGNE Louis, le père. — Né en 1609. Mort en 1674. —— Père de Bon et de Louis Boullogne.

BOULLOGNE, dit Bon Boullogne, fils de Louis. — (Paris.) — Né en 1649. Mort en 1717. [*Les Caracci. Louis, son père.*] —— Pastiches. — Deux filles peintres, Geneviève et Magdeleine. (*Voy.* Cazes, et J. Raoux.)

BOULLOGNE Louis, fils de Louis. *Peintre* et *graveur.* — Né en 1654. Mort en 1734. —— Inférieur à son frère Bon Boullogne.

BOURDON Sébastien. *Peintre* et *graveur.* — (Montpellier.) — Né en 1616. Mort en 1671. [*Poussin.*] —— Histoire. Paysages. Bambochades. (*Voy.* Schur.)

BOURGUIGNON. *Voy.* Courtois (Jacques).

BOUSSONNET Stella-Antoine. — (Lyon.) — Né en 1682. Mort en 1730. [*Stella-Jan, son oncle.*]

BOUSSONNET Stella-Claudine. — Née en 1636. Morte en 1697.

BRAKENBURG Reinier. — Né en 1649. [*Brauver. Van Ostade*]. —— Assemblées de paysans et de gens du monde.

BRAMANTINO. — Né en 1444. Mort après 1529. [*Fra Carnevale. And. Mantegna.*] —— Son vrai nom est incertain. Quelques-uns veulent qu'il se soit appelé Bartoloméo Suardi. — Nolfo da Monza et un Bramantino, savant dans la perspective, furent ses élèves. (*Voy.* Melozzo.)

BRAMER Léonard. — (Delft.) — Né en 1596. [*Rembrandt.*] —— Grande et petite dimension. — Petits sujets sur cuivre. — Des vases. *Voy.* A. Verdoël.

BRANDENBERG Jean. — (Zug en Suisse.) — Né en 1660. Mort en 1729.

[*Thom. Brandenberg, son père. Jules-Romain.*] —— Plafonds à Zurich.

BRANDI Hyacinthe. — (Poli.) — Né en 1623. Mort en 1691. [*Caracci. Lanfranco. Sementa.*]

BRANDMULLER Grégoire. — (Bâle.) — Né en 1661. Mort en 1691. [*Gaspard Meyer. Charles Lebrun.*] —— Il travailla aux tableaux de Lebrun. — Il eut deux fils peintres, Grégoire et Frédéric.

BRAUWER Adrien. — (Harlem.) — Né en 1608. Mort en 1640. [*Franç. Hals.*] —— Sujets analogues à ceux de Teniers. — Contemporain de Rubens. — Emule d'Adrien Van Ostade. (*Voy.* Craësbecke (Joseph), Rokes, Tilborgh, Fouchier, etc.)

BRAY Jacques de. — (Harlem.) — Né en 1579. Mort en 1664. [*Salom. de Bray, son père.*] —— Il eut un petit-fils qui fut peintre de fleurs.

BRÉA da Nizza-Lodovico. — (Nice.) — Vivait en 1483. Mort après 1513. —— Il travailla à Gênes. (*Voy.* Semini et Teramo.) — Dans le même tems florissait Fava (Gio ou Giacomo.)

BREDA Alexandre Van. —— Paysages. Vues d'Italie. Places publiques.

BREDA Jean Van, fils d'Alexandre. — Né en 1683. Mort en 1750. [*Son père. Wouwermans. Breughel de Vlour.*] —— Batailles, rues, marchés, etc. — Imité par François Van Breda, son fils et son élève.

BREDAEL Pierre Van. — (Anvers.) — Né en 1630. Mort après 1689. [*Jean Breughel.*] —— Paysages, environs de Rome, ruines, grottes, cirques, fontaines, figures et animaux. — Il y a eu deux Bredaël, celui-ci est Bredaël le Vieux. — Il fit des figures dans les paysages de Faistenbergen.

BRÉEMBERG Bartholomé. *Peintre* et *graveur.* — (Utrecht.) — Né vers 6120. Mort en 1660. —— Histoire, paysages, ruines des environs de Rome. — Quelquefois figures par C. Poëlemburg.

BREKELENKAMP Nicolas. — (Hollande.)

BRENDEL Frédéric. — (Strasbourg.) —— Maître de J. Guillaume Bauer.

BREUGHEL Pierre, dit le Vieux ou le Drôle. — (Breughel, près Breda.) — Né vers 1510. Mort en 1560. [*Pierre Koëck. Jérôme Koëck.*] —— Paysages. — Il peignait à huile et à détrempe.

BREUGHEL Pierre, dit Breughel d'Enfer, fils aîné de Breughel le Vieux. [*Jérôme de Bos.*] —— Incendies.

BREUGHEL Jean, dit Breughel de Vlour, fils cadet de Breughel le Vieux. — (Bruxelles.) — Né en 1589. Mort en 1642. [*Marie Bessener, son aïeule. Pierre Goëkindt.*] —— Paysages et animaux. — Fleurs et fruits. — Petite dimension. — Nombre considérable d'ouvrages. — Il fit des figures dans les tableaux de Steenwick et de Mom-

www.ingramcontent.com/pod-product-compliance
Lightning Source LLC
LaVergne TN
LVHW010514100826
845148LV00001B/7

* 9 7 8 2 0 1 2 6 2 8 5 0 2 *